云南金属材料产业发展研究

和段琪　蒋兴明　梁双陆　等著

北　京
冶　金　工　业　出　版　社
2015

内 容 提 要

针对云南金属材料产业发展，本书分别对优化提升的金属材料产业、加快发展的金属材料产业、小金属材料产业、贵金属材料产业、有价金属材料产业、稀土金属材料产业的发展态势和产业发展方向进行了探讨。

本书可供经济管理部门、相关企业的科研人员和管理人员阅读，也可供高等院校师生参考。

图书在版编目(CIP)数据

云南金属材料产业发展研究／和段琪等著．—北京：冶金工业出版社，2015.6

ISBN 978-7-5024-6919-1

Ⅰ.①云… Ⅱ.①和… Ⅲ.①冶金工业—工业发展—研究—云南省 Ⅳ.①F426.3

中国版本图书馆 CIP 数据核字(2015)第 117571 号

出 版 人 谭学余
地　　址 北京市东城区嵩祝院北巷 39 号 邮编 100009 电话 (010)64027926
网　　址 www.cnmip.com.cn 电子信箱 yjcbs@cnmip.com.cn
责任编辑 杨秋奎 加工编辑 李维科 美术编辑 彭子赫 版式设计 孙跃红
责任校对 禹 蕊 责任印制 彭子赫
ISBN 978-7-5024-6919-1
冶金工业出版社出版发行；各地新华书店经销；三河市双峰印刷装订有限公司印刷
2015 年 6 月第 1 版，2015 年 6 月第 1 次印刷
787mm×1092mm 1/16；14.75 印张；356 千字；227 页
55.00 元

冶金工业出版社 投稿电话 (010)64027932 投稿信箱 tougao@cnmip.com.cn
冶金工业出版社营销中心 电话 (010)64044283 传真 (010)64027893
冶金书店 地址 北京市东四西大街 46 号(100010) 电话 (010)65289081(兼传真)
冶金工业出版社天猫旗舰店 yjgycbs.tmall.com

前　言

本书是以2011年9月完成的《新兴科技与传统产业深度融合 加快培育和发展云南省战略性新兴产业——功能性新材料研究报告》为基础修改而成的。本书在收集整理云南金属材料产业发展的基础上，着眼于新兴产业发展和传统产业改造升级的方向，分析了金属材料产业发展态势和发展方向，研究了部分功能性新材料产业的发展方向。

本书是集体智慧的结晶，并参考了大量的文献资料，具体撰写分工如下：第一章优化提升的金属材料产业由梁双陆（第1、5、6节）、陈瑛（第2、3节）、罗平（第4、7节）负责撰写，第二章加快发展的金属材料产业由梁双陆（第1节）、李娅（第2、3、4节）负责撰写，第三章小金属材料产业由和段琪负责撰写，第四章贵金属材料产业由蒋兴明负责撰写，第五章有价金属材料产业由李娅（第1节）、梁双陆（第2、3、4节）负责撰写，第六章稀土金属材料产业由蒋兴明、黄宁负责撰写。王宜国、胡时耀、张继红、金振辉、赵泽宽、徐卫华、梁玉浩、郭长海、王楠、史亚飞、赵浩东、钟振华、梁世国、崔然然、林闽、王颖、刘风、徐杰、谢祥稼等同志参加了部分撰写工作。在撰写过程中，叶燎原、刘绍忠、龙江、许云、杨先明等专家给予了指导。全书内容由和段琪审定、蒋兴明审稿、梁双陆统稿。

本书作为资料型的研究成果，期待为科研机构和实践工作部门提供借鉴参考。

本书可供经济管理部门、相关企业的科研人员和管理人员阅读，也可供高等院校师生参考。

由于作者水平所限，书中不妥之处，请广大读者批评指正。

著　者

2015年1月

目　　录

1 优化提升的金属材料产业

我国锡、锌、铅、镍、铜、铝、铁等矿产资源丰富，已经形成了以矿产采选、冶炼、加工为基础，以科研、技术、人才为支撑，具有较强竞争力的原材料产业体系。优化提升锡、锌、铅、镍、铜、铝、铁的产业结构，加快培育和发展锡、锌、铅、镍、铜、铝、铁功能性新材料产业。

1.1 锡金属材料产业

1.1.1 锡的应用领域

锡耐弱酸弱碱腐蚀，系无毒绿色金属，能与大多数金属形成合金。锡的性能具有质软、富有展性、可塑性强、良好的韧性、导热性、耐蚀性、抗疲劳、无毒性、熔点低、常温下稳定性好等诸多优点。

锡的物理化学特性使其具有广泛的用途。锡被用来生产锡箔及装饰艺术品，在浮法玻璃生产线中作为玻璃的载体，配制锡合金，生产锡焊料以及锡的各种有机和无机化工产品，从而被广泛地应用于冶金、电子、包装、电器、化工、建材、机械、汽车、航天、军工等行业，并且其用途还在不断扩展。电子、镀锡板、锡化工三个产业是锡和锡产品的主要应用领域。

锡具有良好的耐腐蚀性，即使被腐蚀，所生成的化合物一般无毒，故大量用作热镀锡以生产镀锡薄板，作为包装材料用于食品工业中。锡与其他金属所组成的合金具有良好的抗腐蚀和力学性能，所以各种锡合金用于机械制造和军事工业中，其中以焊料、青铜、黄铜和耐磨合金为主。锡基轴承合金是优良的耐磨材料，它有低的摩擦系数和良好的韧性、导热性和耐蚀性。锡还能配置成易熔合金、焊锡、印刷合金、锡青铜和含锡黄铜等。含锡的锆基合金在原子能工业中作为核燃料包装材料，可避免锆的迅速腐蚀；含锡钛基合金中锡起固熔强化作用，增加钛的强度，用于航空、造船、原子能、化工、核医疗器械等工业部门。锡铌金属间化合物可作为超导体。

高纯锡具有相当高的化学稳定性，塑性高，能承受很大的冷加工变形，是一种应用前景很好的功能材料，广泛应用于国防、航天航空、电子工业及原子能工业，主要用于制备化合物半导体、高纯合金、超导材料、焊料及化合物半导体掺杂剂。用高纯锡制备的锡基轴承合金应用于汽车、坦克、装甲运兵车、舰艇、移动电站等各种重要装备的内燃机、蒸汽机和压缩机上。高纯锡制备的环保锡线抗氧化性强，流动性好。

锡的化学性质十分稳定。锡与水不会发生化学反应，即使长期与潮湿空气接触，也只会在锡的表面逐渐形成一层紧密的氧化物薄膜，防止锡继续氧化。锡与有机酸几乎不发生作用，而与无机酸的作用很缓慢。锡的化合物用途广泛，如纯锡用于镀锡和制造锡管，纯锡箔用于包装和电器工业，氧化锡用于陶瓷工业，氧化亚锡用于玻璃工业，氯化亚锡用于丝染织工业，锡的化合物还用作杀虫剂、防污剂、木材防腐剂和火焰遏制剂等。

目前尚未找到锡的完全替代品，特别是锡作为国际公认的“绿色金属”，随着世界各国环保意识的增强和相关政策的实施，以及电子、化工等行业的快速发展，锡及其制品的市场前景非常广阔。从现有的技术水平看，锡的生产不能超越从锡矿中选冶的资源制约。因此，在一个较长的时期内，锡及锡产品具有较长的生命周期，显示锡行业具有稳定发展的良好前景。锡是重要的战略物资，在现代国防、现代工业和尖端科技以及人类生活中是不可缺少的金属。随着科学技术的发展，锡的应用领域日益扩大。

锡的优良性能及锡资源的稀缺性，导致国际上对锡及锡基新材料的研发不断深入，不断创新出新的应用领域。目前锡的应用领域如下：

（1）电子信息领域。电子行业是锡金属消费的龙头行业，约占全球锡金属总消费量的32%，锡在有铅电子焊料中的含量为60% ~63%，随着环保意识的不断增强，无铅化成为全球锡焊料的发展趋势，因此对锡的需求不断增加，目前无铅焊料中锡金属的含量上升到95% ~98%。同时，为满足电子工业表面贴装技术的需要，焊料的形式正向多丝、膏等多规格、多品种发展，其中免清洗焊膏及焊剂正成为精密电子器件的主要焊接材料。总之，锡的无毒性使其成为众多领域传统材料的“绿色替代品”，全球各地正在改进电子合金焊料的标准，合金焊料无铅化进程正在世界各地推进，比如在焊接材料中替代铅，在化工材料中取代锑、铅、镉等。

（2）探矿领域。锡矿资源和金属锡作为重要的战略资源，已经受到发达国家和主要产锡国的高度重视，纷纷增加锡的储备，抑制出口，造成惜售现象突出。由于已知储量资源的短缺，各国加大了探矿和探矿技术研发的力度，云南个旧在已知资源枯竭的基础上，通过深部探矿获得丰富的资源储量，引起了主要产锡国的高度重视。

（3）采选冶领域。锡矿采选冶技术发展较为平稳，国际上产锡国锡冶炼的主流生产技术包括反射炉、电炉、奥斯麦特炉等技术，这些技术在世界锡产量中所占的比例分别为50%、17%、20%。整体上锡业采矿和冶炼技术发展的方向主要是应用机械化程度高、环境污染小、综合回收高、自动化控制水平高的工艺和设备。

（4）锡深加工领域。锡深加工技术主要集中在世界上主要的化工公司，我国通过引进国外先进的锡化工和锡材加工技术，消化吸收，自主创新，研发出了拥有自主知识产权的深加工技术。

锡合金方面，由于锡价昂贵，多数国家都致力于开发低锡合金或代锡合金。但由于锡所具有的某些优异特性及不可替代性，总的来说锡合金的应用及耗锡比例较为稳定。

锡化学制品方面，不断开发新的产品及拓展新的应用领域，同时研发锡化学制品的替代品。

铟锡氧化物在未来十年将有大量需求，即使价格高涨，铟锡氧化物的需求仍将继续增长。据估计，至2015年，铟锡氧化物涂层基板的产值将达到80亿美元，而铟锡氧化物墨和膏一旦成为商品，也将有6亿美元的产值。由于铟锡氧化物稀缺，目前它已作为一种新型的战略资源而被世界各国所争夺。

（5）锡弹。环境保护的压力使锡成为弹药和车轮平衡负重中铅的无毒的代用品。目前这项用途每年消费锡50t。锡弹的需求量有可能增加很快，特别是英国、丹麦、加拿大等国禁止狩猎者在荒郊野地用铅弹猎鸟，以消除对环境的污染问题。

（6）锡基阻燃添加剂正替代传统三氧化二锑。新型、环保、无毒的锡酸锌阻燃剂在各种塑料、橡胶和其他聚合物中的应用有所增加。这些添加剂的无毒性，加之其显著的抑烟性能已使其逐渐取代三氧化二锑等阻燃剂。此外，其他一些锡基阻燃剂也大有前途，这些称为“涂覆填料”的材料显示出较强的阻燃功效，可与标准的同类产品相媲美。从长远看，这些材料能成为锡的新用途，用量将超过锡酸锌。

（7）有机锡。有机锡具有品种繁多、用途广泛等特点（已开发的有机锡产品多达千种，但较常用的约30种），是锡消费量增长最快的领域，其中应用最大的是作为聚氯乙烯的热稳定剂。在热稳定剂、农药等传统应用方面，有机锡的开发及生产向无毒（或低毒）、高效、复合型、多功能的方向发展。此外，有机锡的开发正向医药等新的应用领域扩张。

1.1.2 产业发展态势

从锡业的全球产业链看，基本形成了采选业集中在资源地，而冶炼业集中在中国、东南亚等发展中国家。云南的锡冶炼具有技术优势和产能优势，对全球锡矿资源有聚集力。锡的深加工业集中在发达国家，尤其是高端的锡基新材料生产技术被发达国家封锁。云南依托锡产业优势，加快了深加工技术研发的步伐，已经研发出多种锡基新材料系列产品，发展态势良好。

1.1.2.1 锡的全球产业链基本形态

由于锡应用广泛且历史悠久，锡业已经融入国际化生产过程，形成了全球产业价值链形态。从锡产业的上下游关联看，锡业完整的产业链是：锡资源地质勘探业→锡矿开采业→锡矿选矿业→锡矿冶炼业→锡材加工业→锡产品商业→锡产品研发科技服务业（见图1－1）。

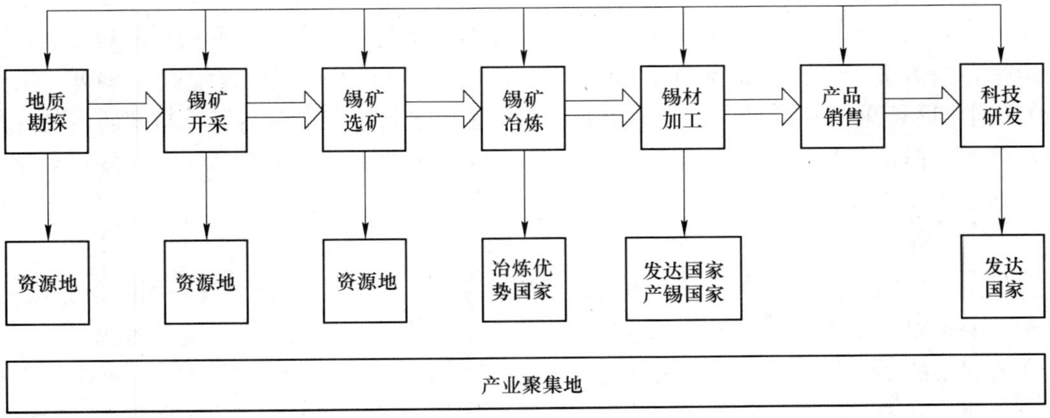

图1－1 锡业全球产业链示意图

锡的勘探、开采和选矿主要集中在锡资源国，主要产锡国都已经掌握了勘探技术和开采技术，发展比较平稳，而深部勘探和开采技术则主要由发达国家掌握，南非、美国、加拿大、澳大利亚等国深部复杂矿床开采深度已达2000m以上。锡矿的冶炼主要集中在发展中国家。锡具有熔点低、易加工的特点，所以在主要产锡国都分布有锡材加工业，但锡材品种、质量与世界工业发达国家有较大差距。中国是世界上最大的锡生产国和消费国，但还处于低价出口金属锡、高价购进锡深加工产品的产业格局，锡基新材料的高新技术尤其是在尖端应用领域的产品生产主要被发达国家垄断。

1.1.2.2 锡矿采选冶工业集中在资源地

锡矿的资源分布决定了锡矿采选冶工业的分布格局，也基本决定了世界锡精矿产地的格局。

A 世界锡采选冶工业主要分布在资源地

从世界范围来看，锡矿的采选业主要集中在中国、东南亚、南美洲等国家和地区，冶炼业也主要集中在这些地区，这三大区域的锡精矿产量占全球的80%以上。南美的采矿成本较高，且锡矿资源多为国家所有，其锡精矿产量一直保持稳定。世界锡供应的增量主要来自中国和东南亚等国家和地区。中国的锡精矿产量一直处于上升的趋势；而东南亚的锡精矿产量则出现较大幅度的波动，1980～1993年，该地区的产量一直下降；1993～2010年，该地区的产量逐渐得以恢复。锡的行业集中度比其他金属高，全球精锡产量最高的10家精锡生产企业的精锡产量占世界总产量的70%以上。企业之间的竞争呈现寡头竞争格局。

B 中国的锡矿采选冶工业在世界占有重要地位

中国是世界上最大的锡生产国和出口国，所以中国的锡矿采选冶工业在世界占有重要地位，全球10大锡生产企业中中国就占了4家。据中国有色金属工业协会的统计数据，2010年我国锡精矿产量为83636t（金属量），同比增加15.4%；精锡产量为14.9万吨，同比增长11.1%。当年中国与世界其他主要精锡生产国相比，生产状况较为良好。中国的锡矿资源主要分布在云南、广西、湖南三省区，其中云南个旧和广西南丹大厂两个特大型锡矿区是中国最重要的锡矿资源集中地。

由于我国和世界对精锡的消费需求大且我国具有冶炼技术优势，国内资源难以满足下游冶炼业的需求，需进口锡冶炼原料。2010年我国进口锡矿砂及其精矿19840t（实物量），同比增长94.4%。虽然折合成金属量后，进口锡精矿在精锡冶炼原料中所占的比例还比较小，但预计将呈现增加趋势。随着我国对锡及锡制品出口的限制，国内锡产业相关企业加强了锡深加工产品的开发力度。

C 云南锡采选冶工业在全国占有重要地位

虽然云南锡矿资源丰富，但云南的锡冶炼业采用奥斯麦特技术，处于国际领先水平，锡矿资源难以满足冶炼能力需求，每年需从其他省区购买和从国外进口锡矿资源。

云锡集团不仅具有达到国际先进水平的以奥斯麦特冶炼技术为核心的锡粗炼生产技术，更成功开发了一大批先进生产技术与工艺，诸如砂矿水采水运，锡矿泥重选，以电热机械结晶机、真空炉为核心的火法精炼等，为公司的发展提供了有力保证。将奥斯麦特冶炼技术与原有的火法精炼技术相配套，代表了当今世界锡冶金技术的最高水平。该公司实施了“高密度组装技术（SMT）封装用锡基球形焊锡粉产业化关键技术与设备开发”项目，建成了具有世界先进、国内领先水平的 BGA（球栅阵列）生产线。此外，还成功研制出一大批具有国际先进水平的锡采选冶装备，例如全液压全断面天井钻机、中国漆面摇床、离心选矿机等。在这些技术和装备中，有 41 种先进技术、相关设备及产品（其中设备 13 种）出口到英国、荷兰、马来西亚、泰国、巴西、玻利维亚、秘鲁等主要产锡国。

因此，云南在锡冶炼上具有独占性的技术优势，在精锡生产上具有较强的垄断地位。

1.1.2.3 锡深加工业集中在发达国家

我国是世界上的产锡大国和出口大国，但还不是锡加工强国。锡深加工技术主要集中在世界主要化工公司。

我国的锡消费中，电子信息工业方面用锡居主导地位，主要以焊锡和易熔合金的形式消费，占锡消费总量的 70% 左右，而镀锡板消费锡占 15%，化工用锡只占锡消费总量的 9% ~10%。长期以来，我国在出口精锡的同时，又不得不进口高附加值的锡化合物，特别是锡的有机化合物产品。与发达国家相比，我国锡的应用才起步不久，但发展较快。2010 年我国共计进口锡合金、锡材和其他锡制品 13147t，同比减少 1.7%；出口锡合金、锡材和其他锡制品 8395t，同比增加 82.5%。

从锡的消费结构看，我国与发达国家相比有较大差距：初级产品比重大，例如焊锡占 50%（以焊块、焊条为主）；合金占 21%；而深加工产品所占比重小，例如锡化合物仅占 4%。

从锡产品结构来看，我国锡产品共有 76 种，其中精锡产品 5 种，锡铅焊料锭、条、丝 8 种，锡基铸造合金 7 种，无机锡化合物 12 种，有机锡化合物 12 种，锡基轴承合金 7 种。其中，以焊锡为主的初级产品占了大部分，为 19.7%（折锡量），而以锡合金、锡材加工及锡化工制品为代表的锡加工和深加工产品仅占 9.1%，其余为精锡产品。

从锡加工方面看，我国精锡的品种及质量已达到国际先进水平；焊锡锭、条的生产及国家标准与发达国家的水平基本相当，也达到了国际先进水平，基本上可满足国内需求，并可部分出口。但其他锡深加工产品无论是产品品种、质量及档次与国外相比仍有差距。比如发达国家的有机锡用量占锡消费量的比重较大，而我国在这一领域仅刚刚起步，即使是像焊锡这样的传统产品也只不过是产量大而已，其品种也只有 30 多种，而国外的焊料种类已达上百种。为满足国内需求，每年需从国外大量进口锡深加工产品。

所以，我国锡产品的深加工与国外相比有较大的差距：一是产品品种、规格少，特别是高附加值、高技术含量的产品较少；二是产量、规模小，远远不能适应市场发展的需要。

云南在锡深加工方面已开发出一些具有自主知识产权的技术和产品，但总体上品种少、质量不高的问题仍然突出。云南通过引进国外先进的锡化工和锡材加工技术，消化吸收，自主创新，研发出了一些拥有自主知识产权的深加工技术。如云锡集团拥有球状锡粒、分析纯硫酸亚锡、无铅氯化亚锡、锡酸锌、羟基锡酸锌、锌酸亚锡等深加工专有技术。从国外引进锡深加工产品的生产工艺和设备，现已能生产如球形焊粉、BGA、有机锡、锡酸锌等产品；但铟锡氧化物靶材等高端产品还不能生产。1998 年，率先引进了具有国际先进水平的超声雾化设备用于球形焊锡粉的生产，使云锡集团焊锡粉的品质处于国内领先水平。国内小作坊式的陶瓷釉料行业对所用二氧化锡的质量要求不高，大多用到云锡集团为主的国内二氧化锡。但诸如意大利著名品牌卡罗比亚、福禄等走高端路线的陶瓷生产商，则更多地选择在质量上保证产品稳定性的英国凯琳沃克（Keeling & Walker）的二氧化锡。电子陶瓷用二氧化锡对纯度要求非常高，凯琳沃克的电子陶瓷类用氧化锡在国外直接供给西门子电子及其他高端企业，纯度在 99.85% 以上；云锡集团生产的二氧化锡产品纯度为98%左右，还达不到高端用氧化锡的纯度要求。

1.1.3 技术分析

虽然现在我国锡材加工能力不断增强，但在品种和质量方面与发达国家相比还有较大差距，高端应用的锡基新材料还存在着较大的技术缺口。

1.1.3.1 铟锡氧化物及技术分析

氧化铟锡（ITO）材料是一种 N 型半导体材料，该种材料包括 ITO 粉末、靶材、导电浆料及 ITO 透明导电薄膜。其主要应用分为：平板显示器产业，如液晶显示器、薄膜晶体管显示器、电激发光显示器、场发射显示器、电致有机发光平面显示器、等离子显示器等；光伏产业，如薄膜太阳能电池；功能性玻璃，如红外线反射玻璃、抗紫外线玻璃（如幕墙玻璃、飞机、汽车上的防雾挡风玻璃、光罩）和玻璃型磁盘等领域。

液晶显示等平板显示的快速发展导致 ITO 靶材的需求量不断增加，也对 ITO 靶材提出了更高的要求，大尺寸、高密度、高纯度、更稳定的镀膜性能是 ITO 靶材的发展方向。

国内处于领先地位的是中色（宁夏）东方集团公司，该公司在 2008 年已基本掌握了 ITO 靶材的烧结工艺，现可生产出 300mm × 600mm × (6 ~ 10)mm，相对密度不小于 99%，稳定在 99.5% 左右的大尺寸、高密度 ITO 烧结靶材。经过德国贺利士公司、深圳南玻镀膜公司、蚌埠华益镀膜公司等用户试用，各项性能指标均达到或接近日本日矿和韩国三星康宁靶材水平。

1.1.3.2 焊锡膏及技术分析

焊锡膏是为适应高密度组装技术（SMT）的需要而逐渐发展起来的，它将通常的焊料球粉和焊剂科学地结合起来，使其成为一种高技术、高附加值的新型焊料。由于它的使用，可使焊料的供给及用量实现自动控制，既保证了焊料成分的稳定，又防止了对电路板的污染，从而满足了高密度组装微结合技术发展的要求，被广泛应用于航空、航天、通信、计算机、医疗电子、汽车、办公自动化、家用电器等领域电子产品的生产中。

我国正成为世界上最大的电子产品加工基地。但我国 SMT 用焊锡粉无论产量，还是质量均不能完全满足电子工业快速发展的需求，现阶段国内球形焊粉市场主要被国外产品所控制，究其原因是我国在球形焊粉制备工艺技术与装备方面与国外相比尚有较大差距。因此，加快高品质球形焊粉制备工艺与技术装备研究及产业化实施，将对满足我国电子工业需求和促进相关行业发展起到积极的促进作用。

1.1.3.3 锡基合金及技术分析

锡基轴承合金的主要成分是锡、铅、锑、铜。其中锑和铜用于提高合金强度和硬度。它的摩擦系数小，硬度适中，韧性较好，并有很好的磨合性、抗蚀性和导热性，主要用于高速重载荷条件下工作的轴瓦，与其他轴承材料相比，具有更好的适应性和压入性，广泛用于大型船用柴油机、涡轮机、交流发电机，以及其他矿山机械和大型旋转机械等。锡基合金品种多，既有传统产品，又有尖端技术产品，总体上我国的锡基合金在高端应用领域存在着技术缺口，而国外对技术的封锁很严，在高品质的锡基合金产品上具有垄断地位。

1.1.3.4 硫酸亚锡及技术分析

硫酸亚锡是一种重要的无机化工原料，主要用于各种金属及合金的表面处理、印刷电路板及其他化学工业。如用于镀锡或化学试剂，合金、马口铁、汽缸活塞、钢丝等的酸性电镀，电子器件的光亮镀锡等。另外，还用于铝合金制品涂层氧化着色，在印染工业中用作媒染剂，在有机溶液中作为双氧水去除剂等。随着国民经济的发展和科学技术水平的提高，市场上对硫酸亚锡，尤其是高纯硫酸亚锡的需求量与日俱增。但是，由于硫酸亚锡的化学性质极不稳定，在溶液中易水解生成碱式硫酸盐沉淀，二价锡易被氧化生成四价锡，使硫酸亚锡产品溶解性变差，严重影响产品质量。因此，制备硫酸亚锡，特别是制备高纯度的硫酸亚锡有很大难度，国内外研究者为此做了大量工作。制备硫酸亚锡的工艺方法较多，大体上可分为化学法和电化学法两大类。在硫酸亚锡的化学制备方法中，由于氯化亚锡-硫酸沉淀法工艺简单，反应速度快，设备投资少，易于实现工业化，曾经是制备硫酸亚锡的主要间接化学方法之一。但由于其产品纯度差，晶形差，水溶性不好，已不适应市场上对高质量硫酸亚锡的要求，所以该法已逐步失去市场竞争力。氧化亚锡-硫酸合成法是我国制备硫酸亚锡的主要化学方法，其不足之处是设备投资大，生产成本高，锡的利用率仅70%，但由于该法反应速度快，易于控制，产品质量比沉淀法好，在合成法基础上，将沉淀剂碳酸钠改为盐酸氨后，锡利用率达到85.6%，产品纯度可达98%。该方法已被我国许多厂家所采用，其他化学方法一般都用于实验室少量制备，未见工业应用报道。

由于化学方法本身的局限性，产品质量已很难满足市场要求，电化学制备方法越来越被更多的厂家所接受。其中直接电解法电流效率极低，已经被隔膜电解法所淘汰。由于微孔性隔膜容易成型和安装，不易破损，电流效率极高，电解条件易于控制，产品纯度可达99%以上。所以，近年来建成的硫酸亚锡生产厂都采用微孔性隔膜电解法。而阴离子隔膜电解法是近几年才迅速发展起来的制备方法，其电流效率比微孔性隔膜电解法高出约10%，节能效果明显，而且基本无污染，该方法尚处在推广阶段，是一种最具前景的制备方法。

1.1.3.5 二氧化锡及技术分析

二氧化锡又名氧化锡，可用于制造不透明玻璃、防冻玻璃、高强度玻璃、瓷釉和玻璃擦光剂；用作搪瓷色料、锡盐制造、大理石及玻璃的磨光剂；用于制锡盐、催化剂、媒染剂，配制涂料，玻璃、搪瓷工业用作抛光剂；制备熔炼玻璃的二氧化锡电极；用于新型环保银氧化锡电触头材料的原料（替代有毒的银氧化镉材料）；具有催化作用和气体探测功能的高级表面活性材料。国内的二氧化锡纯度不高，只能供给国内小作坊式的陶瓷釉料行业，而在电子陶瓷类用氧化锡等高端应用中还存在着技术缺口。

1.1.3.6 高纯锡及技术分析

高纯锡一般是指4N以上的精锡。高纯锡在半导体器件、超导材料和工程物理等方面有着广泛用途。生产高纯锡一般用普通精锡为原料，生产的方法有电解提纯法，电解—真空挥发提纯法和电解—区域熔炼提纯法三种。

高纯锡生产的研究始于20世纪50年代。20世纪60年代初期苏联采用电化溶解—化学净化—电解—区域熔炼法生产高纯锡，1970年经过改进后采用真空挥发—电解—区域熔炼法。中国于1969年开始生产高纯锡，首先是用电解法，后来改为电解—真空挥发提纯法。日本用区域熔炼再结晶法生产高纯锡。

1.1.4 产业发展思考

1.1.4.1 加强锡化学制品的开发

一是重点发展塑料稳定剂，即针对我国塑料工业快速发展对塑料加工用稳定剂需求量增长较快的特点，加强食品包装和房屋内装饰塑料制品、水管等聚氯乙烯（PVC）制品稳定剂的以锡稳定剂取代铅镉稳定剂，实现进口替代。二是重点发展农药和杀菌防腐剂，即发展有机锡替代目前主要在使用的以氯化三苯锡、三丙基锡为有效成分的农药。三是重点发展防污涂料，即发展三苯锡、三丁基锡类有机锡替代传统的氧化亚铜涂料。四是重点发展阻燃剂，即发展锡化合物作为棉花、亚麻、粘胶人造丝、纸、木材、羊毛、蚕丝及聚合物等产品的阻燃剂及烟雾抑制剂。

1.1.4.2 加快开发性能优异的焊料

低锡焊料应用于汽车水箱、水管、电光源等锡焊料中。特种焊料可以满足某些特殊要求，虽然每种产品用量不大，但仍有较高的应用价值，有必要顺应环保要求开发无铅焊料，如发展高密度组装封装用锡基球形焊锡粉和电子工业用锡基焊接材料。

1.1.4.3 积极开发生产低锡轴承材料

积极开发铝基高锡合金复合钢带，铜铅基低锡合金复合钢带，以及可以代替巴氏合金的锡合金，如高锡铝合金、铜铅合金、铝铅合金、锡青铜、低锡铝合金等。

1.1.4.4 加大力度开发锡加工材料

向精细化、专业化、系列化的方向发展开发锡基新材料，一是开发菱形棒、八角形棒、星形棒等用量大、品种繁多的条、杆、棒、型等锡材，以替代进口锡材；二是开发高档锡箔。

1.1.4.5 大力开发高纯锡

发挥云南在锡冶炼和提纯方面的优势，在精锡基础上开发更高纯度的锡及锡化合物。

1.2 锌金属材料产业

1.2.1 锌的应用领域

锌能与多种有色金属制成合金，其中最主要的是锌与铜、锡、铅等组成的黄铜等，还可与铝、镁、铜等组成压铸合金。锌的优越性能使其广泛应用于钢铁、冶金、机械、电气、化工、轻工、军事和医药等领域（见表1－1）。镀锌是世界精锌最主要的消费领域，约占全球精锌消费总量的47%；消费量占第二位的是黄铜，约占精锌消费的19%；精锌的消费还包括压铸合金、氧化锌等。中国的精锌消费结构与世界总的消费结构类似，主要区别在于中国精锌消费中用于电池的比例较大。镀锌板是镀锌的最大消费领域，热镀锌钢管、镀锌钢带、型钢镀锌等也是电力、交通运输业以及基础建设等行业必不可少的原材料。

表 1 - 1 锌金属性质及其应用领域

性 质	初级用途	最终用途
与铁反应，抗腐蚀性，电化学性	钢铁保护层（热镀锌，电镀，富锌涂料）	建筑、能源/动力、道路设备、农业、汽车/运输
低熔点，低流动性，良好的表面处理能力，强度高	压铸合金	汽车设备、房屋设备、器具、装置、玩具、工具
合金特性	黄铅（铜锌合金）、铝合金、镁合金	建筑/建设、装置、汽车、电子元件
可锻造性和抗腐蚀性	锌板	建筑/建设
电化学性	电池	汽车/运输、计算机、医药设备、消费产品
化学性	氧化锌、硬脂酸锌	轮胎、所有的橡胶物品、油漆颜料、陶瓷釉面、静电复印纸
本质的营养性	锌化合物	食品工业、动物饮料、肥料
治疗作用	锌化合物	制药工业、化妆品

1.2.2 产业发展态势

从全球产业链看，锌产业已经形成了较为完整的产业链，锌锭等初级产品的生产集中在亚洲和欧洲。由于中国加快工业化进程的需要，中国已经成为世界最大的锌锭生产国，但锌基新材料的生产还较为落后，技术缺口很大，依赖进口，其中云南锌冶炼在全国具有重要地位，为锌基新材料产业发展奠定了良好基础。

1.2.2.1 锌的全球产业链形态

锌从原矿开始，经过采矿和选矿，得到含锌 45% ~55% 的锌精矿，然后送入冶炼厂进行冶炼。锌的完整产业链如图 1 - 2 所示。

影响锌产能的关键环节，一是锌矿储量及其品质、采选矿企业采选技术对采选生产能力的影响；二是冶炼企业中精锌的生产能力及其共生关系；三是下游企业对各种锌基材料的需求。

锌矿矿山的生产能力与盈利能力取决于以下因素：（1）矿山铅锌矿储量、基础储量及其品位，即矿山的基础储量决定了矿山自有的可开采的矿产量及其可持续开采的周期，而矿石的品位决定了选矿的难易程度；（2）矿山采选技术（入选比率及回收率）决定了采选企业的最大生产能力；（3）产量、锌精矿的价格和公司的直接成本、运营费用及税收等决定了矿山的盈利能力。国际市场上，铅锌精矿贸易非常频繁，且其存在许多贸易惯例，因此影响矿山盈利的关键驱动因素为：金属价格、加工费、计价金属比重、精矿生产成本及运费。

铅锌生产过程以及行业结构表明，行业价值主要包括矿山和冶炼商两个部分。价值链的主要增值因素在各环节成本、收入的分析，由于铅锌精矿以加工费的方式核算，因此金

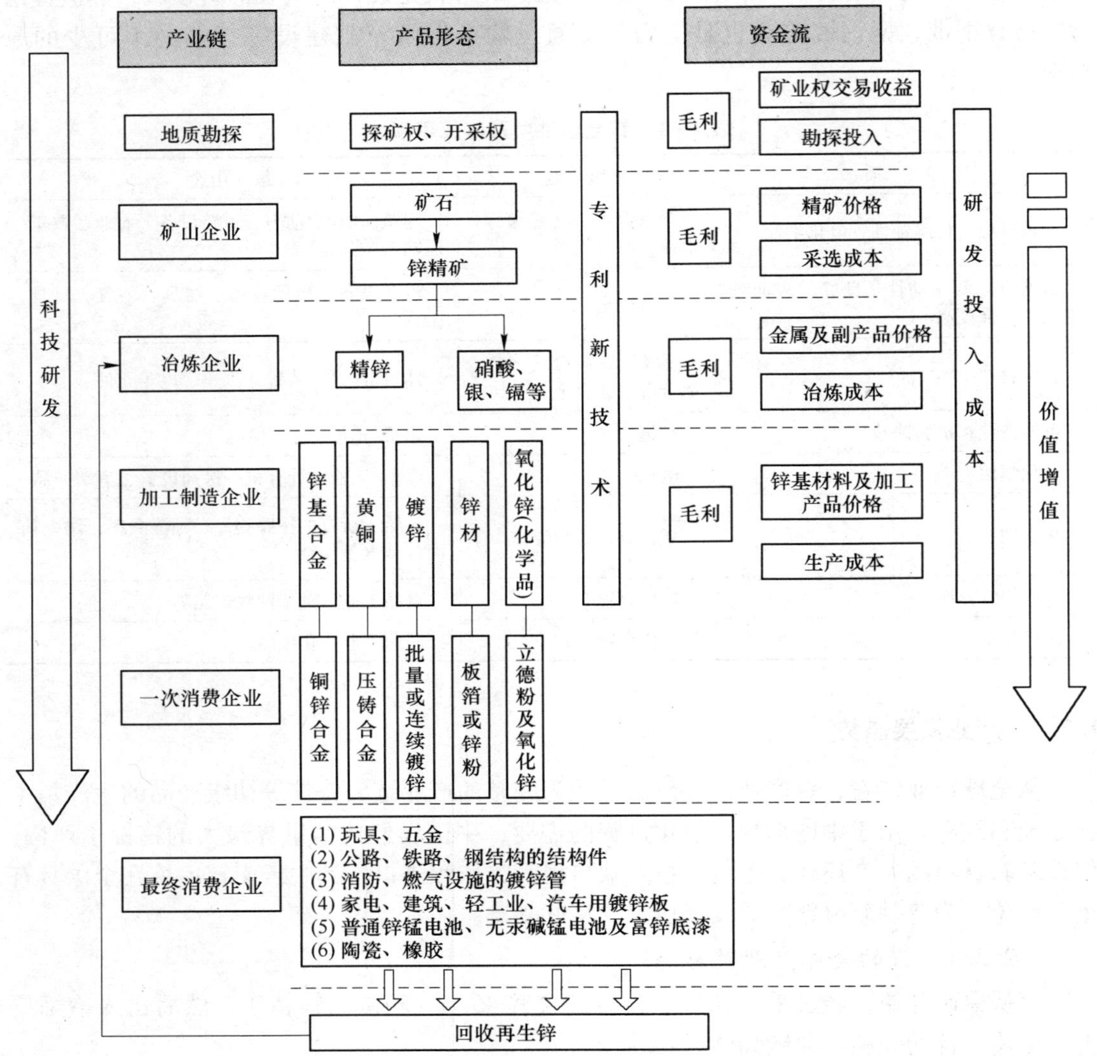

图 1－2 锌产业链及其价值链示意图

属价格和加工费是影响矿山和冶炼商收入主要因素。锌价高低和采选、冶炼成本是影响锌行业整体盈利能力的两大关键因素，而加工费的高低或者说精矿价格的相对变化，是影响矿山与冶炼商分享行业利润的核心因素。决定加工费的关键在于产业链中各环节的供需状况，即精矿的产量能否满足冶炼需求。

1.2.2.2 锌冶炼业集中在亚洲和欧洲

A 中国已成为最大的锌锭生产国

全球锌精矿生产主要集中于澳大利亚、北美和中国等国家和地区，而冶炼业主要集中在亚洲和欧洲地区，因而锌精矿存在从澳大利亚、美洲等地流向亚洲、欧洲等冶炼产能丰富地区的趋势，而锌的最终用途主要分布于美国、中国、法国、日本与德国这五个国家（见表 1－2）。

表 1 – 2 锌产业链的空间分布及锌资源的流向

项 目	锌资源储量	锌精矿	锌金属冶炼	锌金属消费
空间分布	集中于澳大利亚、中国、秘鲁、美国和哈萨克斯坦	集中于秘鲁、澳大利亚、北美与中国	亚洲与欧洲	集中美国、日本、法国与德国，2000 年起中国排名第一
资源流向（不含中国）		出口锌精矿	进口锌产品	
资源流向（中国）		最大进口国	自有不足，进口锌产品	

全球有 36 个国家建立了炼锌工业，世界锌生产的主要国家有中国、加拿大、韩国、日本、西班牙、澳大利亚等，中国、欧洲、加拿大是全球精锌的主要产地，三者每年生产的精锌总量占全球总量的 60% 以上。1998 年以来，亚洲已成为世界精锌的生产中心和锌金属的生产和消费中心。

锌的最终用途是建筑业和交通运输业，发达国家这两个用途分别占 45% 和 25%。锌的初级用途是镀锌、黄铜、氧化锌、锌合金等。其中镀锌领域的需求增长很快，在锌的用途中保持绝对优势。据国际铅锌协会统计，西方国家镀锌领域用锌量占锌消费量的 47%，其中美国达到 55%，日本为 52%，法国为 48%，德国为 31%。从 2000 年开始，中国超过美国成为世界最大的锌消费国，2008 年占世界消费总量的 35%，2009 年在全球主要锌消费体需求大幅减少情况下，中国的需求量却上涨了 17.8%。

B 我国锌产品生产不能满足消费需求

（1）我国锌冶炼业不能满足锌的消费要求。我国 2009 年锌精矿产量为 332 万吨，精锌的产量为 428 万吨，进口量为 67 万吨，出口量为 2.9 万吨，消费量为 440 万吨（见图 1 – 3）。我国锌冶炼能力高于锌精矿的生产能力，冶炼能力快速增长，同时锌消费能力高

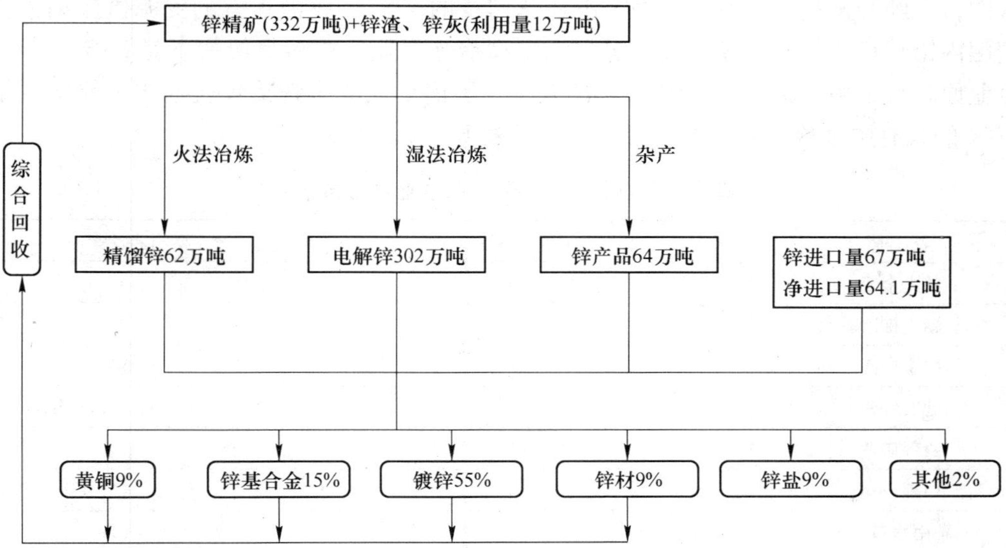

图 1 – 3 2009 年中国锌产业链结构

于冶炼生产能力。虽然锌精矿产量较高，但冶炼产能丰富，导致每年仍需要大量进口锌精矿来弥补。冶炼能力的大幅提高，使精矿进口需求大幅提升。

我国锌产业链中精矿产能与精矿消费能力不匹配，锌冶炼生产能力与锌消费需求不匹配，原料不足是影响锌精矿与精锌供给的主要因素，我国锌产业链表现为“上游产能过剩，而下游产能不足”的特点。可以预见，未来锌产业布局向资源富集地区进一步发展，产业集中度将进一步提高。

（2）我国锌产业链中价值增值空间在缩小。随着产业布局调整，锌的主力产区开始向资源更丰富的地区转移，在工业化进程的不断深入和经济全球化趋势愈演愈烈，以及全球物流运输成本不断攀升的背景下，全球锌资源生产越来越集聚于资源富足地区，采选冶一体化企业比例将上升，因此使得锌产业中价值增值部分受锌资源的影响将增强。以2009年为例，对我国铅锌冶炼上市企业销售净利润率进行了比较，具体情况如图1－4所示。

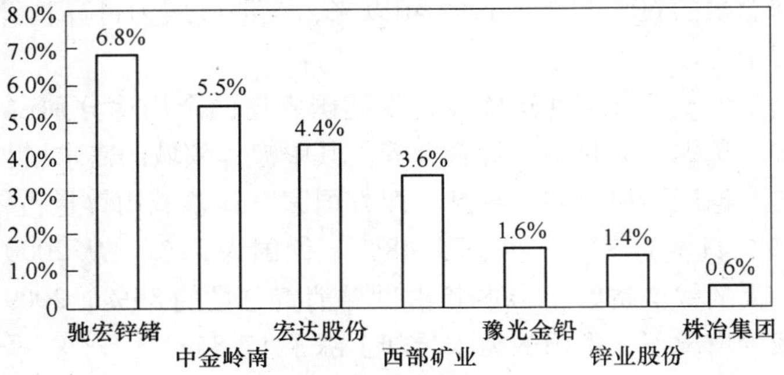

图1－4 2009年我国铅锌冶炼上市企业销售净利润率比较

我国铅锌生产在面临矿产量增速滞后于冶炼产量增速的同时，产业结构调整及内需的进一步扩大使铅锌矿进口量迅猛增加，这反映了我国铅锌矿资源的匮乏。在现有800多处矿区中，已经开发利用了500多处，占锌总储量的93%。我国现有的资源供应偏紧将影响到国内铅锌行业的可持续发展，多数大中型冶炼企业的原料自给率不足30%，新建冶炼企业原料自给率也都没有达到30%的要求。国内十大原生锌冶炼企业中，原料自给率达50%的只有中金岭南和驰宏锌锗两家（见表1－3）。

表1－3 我国部分铅锌冶炼企业矿石自给率

企 业	铅锌生产能力/万吨·a^{-1}	矿石自给率/%
豫光金铅	50	1
湖南株冶	60	1
中金岭南	28	50
驰宏锌锗	26	70（锌）；40（铅）
西部矿业	11	182
白银公司	20	40
湖南水口山	18	10

注：资料来源于中国有色网。

由于原料自给率较低，冶炼企业生产受原料供应状况的影响较大，并且在加工费谈判中处于弱势，利润空间小。由此，原料自给率将成为锌冶炼企业发展的重要支撑点，以2009年为例，国内重点铅锌冶炼企业中，没有铅锌矿山资源的株冶集团销售净利润率只有0.6%，而自有铅锌矿山资源的驰宏锌锗的销售净利润率则达到6.8%，盈利能力差距比较明显。以驰宏锌锗为例，公司主要拥有会泽铅锌矿和昭通铅锌矿，均属于国内为数不多的富矿。其中会泽铅锌矿铅和锌总储量（金属量）约315万吨，平均品位达到25%以上，远高于国内铅锌矿山6.8%的平均品位水平；而昭通铅锌矿已探明的铅和锌的总储量（金属量）为30.5万吨，铅锌平均品位达18.58%，也属国内不多的富矿。

国内十大锌冶炼企业的平均原料构成中，企业自有矿山产量仅能够满足约三成的原料需求，其余近七成的原料需要外购。外购原料包括国内购买以及进口原料，其中国内购买占比近四成，进口原料占比三成。在资源对外依赖度不断提高的背景下，要求加快采选冶一体化的步伐。少数有实力的企业逐步向矿山延伸，出现采选业与冶炼业整合的趋势。

C 云南锌冶炼在全国具有重要地位

云南在中国锌产业中具有不可替代的资源战略地位，其丰富且高品位的锌资源决定了锌采选企业的锌精矿产量远高于我国其他地区，2009年云南省锌金属产品产量为790600t，占全国的17.9%。以2007～2009年我国主要矿山精矿产量来看（见表1－4），兰坪金鼎锌矿、驰宏锌锗的产量远高于其他地区，而且在前16家主要矿山中云南就有6家，这决定了云南在中国锌产业资源链中的重要地位。

表1－4 我国主要矿山锌精矿产量 （万吨）

企业	2009年产量	2008年产量	2007年产量
兰坪金鼎锌业有限公司	157	166	187
云南驰宏锌锗股份有限公司	156	162	127
中金岭南有色金属股份有限公司	123	117	100
西部矿业集团有限公司	85	104	95
云南华联锌铟股份有限公司	60	75	54
白银有色金属有限责任公司	64	68	65
柳州华锡集团有限责任公司	60	50	43
云南昊龙集团	45	50	60
东升庙矿业有限责任公司	40	39	39
万城商务矿业有限公司	40	35	35
蒙自矿冶有限责任公司	30	35	31
紫金矿业公司	32	33	45
内蒙古银都矿业	40	27	24
白音诺尔铅锌矿	28	24	28
云南铜业有限公司	25	23	25

注：资料来源于安泰科。

在中国锌产业链中，云南具有不可替代的锌采选冶及多种资源综合利用的战略地位。云南先后建成以云南冶金集团（含会泽铅锌矿、昆明冶炼厂、澜沧铅锌矿）、鸡街冶炼厂、兰坪金鼎有色金属有限责任公司为主的复杂难选、多伴生铅锌矿的铅锌生产系统，其中国有矿山企业24个，铅锌综合生产能力约占全国铅锌总生产能力的10%，铅锌产量占全国总产量的12.70%。云南铅锌企业冶炼规模大，整体冶炼技术领先，冶炼产能水平及伴生组分分离相对不高，主要冶炼企业及其产量见表1－5，其中驰宏锌锗的锌产量在主要冶炼企业中排名第四，对比精锌矿产量，锌冶炼产能略有下降，全省铅锌行业综合回收的有价元素只有硫、金、银、锗、镉、铟六种，而湖南株洲冶炼厂可综合回收19种有价元素。

表1－5 主要冶炼企业及其产量 （万吨）

冶　炼　厂	2009年产能	2009年产量	2008年产量
株冶火炬金属股份公司	50	40.1	43.8
葫芦岛有色金属集团	39	35	34.6
中金岭南有色金属股份有限公司	30	23.9	23.7
云南驰宏锌锗股份有限公司	16	18.7	18.9
陕西东岭集团	23	13.9	9.4
河南豫光金铅集团	20	13.7	23.4
白银有色金属有限责任公司	17	13.2	14.7
云南金鼎锌业公司	12	12.2	12.4
紫金矿业公司	20	11.3	10.3
中色库博红烨锌业	11	10.1	10.1
云南祥云飞龙实业公司	12	8.2	8
罗平锌电	12	5	7.5
四川宏达股份公司	10	5.7	8.2

注：资料来源于安泰科。

云南是我国锌资源储量最丰富的地区，但与锌资源储量丰富及冶炼业较发达相对应的则是锌的消费量相对要低，锌的最终消费集中于华北和华东经济比较发达的地区。云南锌产业以原料型初级产品为主，大部分产品停留在金属锭状态，产品附加值低，深加工率较低。

因此，云南在全国锌产业链中体现为不可替代的主要资源供给者。

1.2.2.3 再生锌发展潜力大

从世界范围看，再生锌工业已成为整个锌工业的重要组成部分。根据美国锌贸易公司估计，全世界每年消费的锌中（包括锌金属和其化合物）原生锌占70%，再生锌占30%。国际铅锌协会估计，西方世界每年消费的锌锭、氧化锌、锌粉和锌尘总计在650万吨以上，其中200万吨来自再生锌。美国2004年从废料和新碎料中回收生产再生产锌约40万吨，其中从新碎料中回收34.5万吨，从废料中回收5.5万吨。再生锌在美国精炼锌可供量（矿山产量＋再生金属产量＋纯进口量＋储备量）中约占25%。全世界有原生锌厂79家，再生锌厂50家，美国有12个大、中型再生锌冶炼厂。

我国再生锌产量占消费量的比例为0.97%~3.5%，而发达国家锌二次资源回收率已达到锌产量的30%，这与我国巨大的精炼锌消费量是不适应的，与发达的工业化国家相比更是存在很大差距。如果锌的二次金属回收率达到消费量的30%，意味着我国每年可回收90万吨锌，这将在很大程度上缓解锌资源不足的压力。

1.2.2.4 锌基材料的生产缺口较大

2000年以来我国锌消费呈快速增长趋势，锌基材料的初级消费领域（见图1-5），与全球锌初级消费领域的相同点在于镀锌是锌消费的主要形式，而我国的电池用锌消费量较大，占比达11%，高于全球电池用锌的消费比例。

在国家扩大内需政策的作用下，国内锌需求持续旺盛，消费稳步增长。特别是在基础设施建设、房地产、交通运输、汽车、家电等锌的主要消费领域，仍保持良好发展势头，成为支撑锌消费超预期增长的主要动力（见图1-6）。

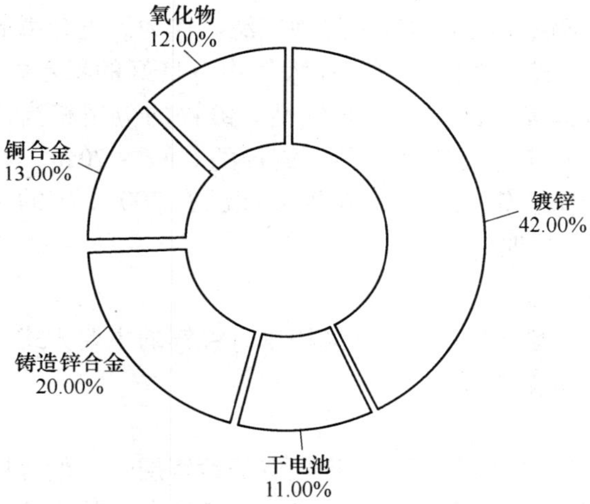

图1-5 我国锌材料产品结构

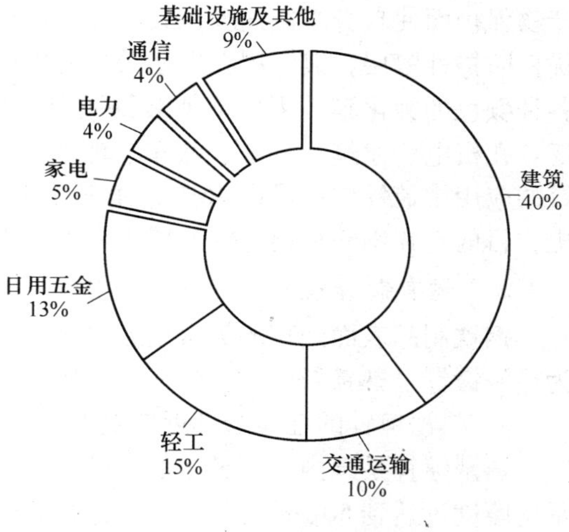

图1-6 我国锌的消费领域结构

1.2.3 技术应用及发展

从全球看，锌新材料的科技进步正在持续深化。其中，锌冶炼技术向湿法方向发展，进步较慢；镀锌、锌基合金、电池用锌技术进步较快；而高纯锌、再生锌和纳米氧化锌技术最为前沿，集中在发达国家。

1.2.3.1 锌金属冶炼技术的应用及发展

现代锌的生产方法常用火法和湿法两种。由于湿法炼锌具有资源综合利用较好、单位能耗相对较低、环境友好程度高等优势，其成为国际锌冶金技术发展的主流，产品量接近总产量的90%。硫化锌精矿加压直接酸浸技术是湿法炼锌的重大技术进步，特别是两段加压浸出的工业应用实现了名副其实的全湿法炼锌。

国际上锌冶炼厂已采用的沸腾焙烧炉面积达到123m^2，日处理锌精矿800t。另外还准备建设日处理1000t的炉子；浸出槽容积400m^3，净化槽容积400m^3，浸出矿浆浓密槽直径65~70m；高压浸出釜有效容积达到150m^3；采用大电解槽、大型极板电积工艺，大型

极板面积 $26m^2$，超大型极板面积达 $3.4m^2$（是过去手工操作时的几倍以上），普遍采用机械化剥锌和极板整理、装出槽生产线；生产过程的自动化控制程度普遍很高；劳动生产率高达 400t/(人·a) 以上。

当前，国际炼锌技术的发展趋势是生产规模日益高度集中，以先进工艺技术为基础，工艺设备大型化，生产过程连续化、机械化，计算机过程控制技术的广泛应用和计算机过程控制及信息系统集成技术的推广。国际上有色金属企业的资本集中度日益提高，公认的锌冶炼厂经济规模为 10 万吨/a 以上。

1.2.3.2 镀锌技术应用及发展

相关统计表明，全球每年因腐蚀所带来的损失高达 7000 亿美元，我国每年因腐蚀（黑色金属）所造成的直接经济损失约占国民生产总值的 4%。为保证产品的使用寿命，几乎所有涉及金属保护的生产部门都在寻求更新、更高、更有效的防腐蚀方法以达到有效防止或控制腐蚀现象的目标。锌金属的抗腐蚀性使其既可以防止金属腐蚀又能受自身腐蚀产物保护而使自身腐蚀速度减慢，因此在抗腐蚀领域中的应用最为广泛。作为黑色金属的优良防护性镀层，镀锌层在经铬酸盐处理后形成表面钝化膜，在大气中有良好的稳定性，各种颜色的钝化膜，不仅增加装饰效果，也提高了镀层的耐腐蚀性。镀锌的应用相当广泛，在机电、建筑、五金、汽车、船舶、轻工等行业几乎占各种镀种的 60% ~70%，在锌的应用中镀锌用锌量占 46%，尤其在用于防止钢铁制品的锈蚀方面已有 200 多年的历史，目前它在钢铁材料防蚀涂层中仍占有重要的地位。

A 现有镀锌技术的应用及发展

钢铁制品表面处理的最常用方式之一就是表面镀锌。实际应用中，镀锌的主要方式分为热浸镀锌（热镀锌）、电镀锌（冷镀锌）、机械镀锌。

a 热浸镀锌的性能及其近期发展

热浸镀锌是国内应用最多的一种镀锌方式，它能使工件获得较厚的镀锌层，一般锌层平均厚度可达到 50μm 以上，并具有镀层均匀、附着力强、使用寿命长等优点。其传统工艺流程主要是先去除工件表面油污，再将工件酸洗除锈，水洗后放入溶剂中清洗（溶剂有氯化铵、氯化锌或是氯化铵和氯化锌的混合液等），然后将工件放入镀锌槽中镀锌，最后甩干整修后完成。

在热镀锌过程中，国内热镀锌厂普遍采用浓硫酸、浓盐酸等强腐蚀性溶液作为酸洗溶剂，工件经过热镀锌后，会发生氢脆现象，个别还会使工件表面被过度腐蚀，造成表面缺陷。另外，由于加工工艺以及工件的几何形状，有时会产生锌料黏结的现象。如螺栓热镀锌时，螺栓的螺纹处常会产生锌料黏结的情况，影响螺栓的正常使用。

随着亚洲国家热镀锌线的增加，锌价格的急剧上涨，油价升高，全球变暖，推动了热镀锌技术的发展。全球技术人员正在开发的热镀锌新技术，包括：（1）减少锌在镀层中的含量，节锌、节能并减少二氧化碳和氮氧化物排放，提高产量和产品质量。（2）在提高防腐蚀性能的同时尽可能减少氢脆现象的产生。（3）伴随着近 30 年来热轧和冷轧宽带钢的飞速发展，带钢镀锌技术得以大规模发展，引入四辊式光整机控制板形，提高镀锌板表面质量。（4）此外还正在努力开发新钢种，如超高强度钢（UHSS）和新镀层（锌池中含镁），研究开发了一些热镀锌新技术，涉及退火炉、锌池、气刀和冷却塔等领域，并对生产线进行了改造。

b 冷镀锌工艺的应用及其发展

冷镀锌即电镀锌，是将直流电通入一定的镀液中，使金属或合金沉积到阴极（镀件）表面上的过程。在不改变零件主体性能的情况下，在镀件表面电镀一层薄镀层可提高零件耐腐蚀、耐磨性能，并具有装饰作用。电镀锌板材广泛用于3C产业，如计算机箱、DVD、VCD、CD-ROM、服务器与家电面板等。

c 机械镀锌工艺的应用及其发展

机械镀锌的原理不同于电镀锌，其原理包含物理和化学两方面的作用，在旋转的滚筒内放入被镀零件、玻璃、水、化学促进剂和锌粉，利用镀层金属的微粒来冲击产品表面，并将涂层冷焊到产品的表面上。这种方法在根本上消除了氢脆的威胁，且污染小。机械镀锌的镀层均匀光亮，镀层厚度可通过计量加料，按工件服役环境的腐蚀条件要求在5～110μm内进行控制，且容易实现镀层合金化。

机械镀锌应用范围比较广泛，不但适用于五金产品，如标准件、紧固件、制钉、五金小冲压件、高强度零件的镀锌防腐，而且还广泛应用于机械、仪器仪表、市政建设、建筑建材、矿山冶金等。特别适用于户外要求长期不锈蚀的建筑五金件、电力传输紧固件、弹簧钢冲压件、造船与桥梁紧固件等。

机械镀锌铁是一种与电镀锌、热镀锌铁、达克罗处理不同的防腐镀层工艺过程，它的工艺特点是：室温条件生产操作，镀层形成不属于电沉积，是由装载零件镀筒的旋转，使筒内的零件和介质相互碰撞，通过机械能传递来形成镀层；镀层结构为微粒级球形锌粉，受机械力传递碰撞变形，成为扁平、碟形锌颗粒的层状叠加来凝结为镀层，这种结构镀层具有金属锌的基本物理特征，镀层的功能作用是阳极性保护镀层。其工艺特性是：对高强钢工业零部件不产生氢脆危害，对小型可滚镀零件的重防腐镀层（25～110μm）可替代热浸镀锌工艺，具有工业应用的竞争优势。机械镀锌技术在国内应用尚不广泛。

B 镀锌新工艺的发展

全球工业发展对钢铁的需求越来越大，把阴极保护功能和涂膜的屏蔽功能融合为一体的新型防腐蚀技术，得到了广泛的关注，并在实践中得到了较好的应用。

a 传统冷、热镀锌技术的改进

（1）超高纯镀锌。日本同和矿业公司采取电解法和真空蒸馏法相结合的新型精炼技术，成功地制成了纯度为99.99999%的超纯金属锌。

（2）钢板电镀锌合金。该种钢板先预镀非晶态中间层的合金镀层，厚度为0.01～2μm。然后电镀0.5～100μm厚的锌镀层，镀层具有均匀的外观。通过加入镍、锡、钴、铬等合金元素，在成本增加很少或不增加的情况下，不仅保持了锌镀层的牺牲阳极保护特性，又可使镀层的性能，尤其是耐蚀性能获得大幅度提高。

（3）热镀合金技术。为降低成本，提高热镀锌产品的耐蚀性、表面特性及力学特性，热镀合金技术呈现出新的趋势。热镀锌合金使用最广泛的有锌铝铅、锌铝锑、锌铝铅锑三种产品，国际上普遍使用的优质热镀锌合金主要有锌铝铼合金、锌铝硅合金及无铅热镀合金。

（4）Galfan镀锌法。Galfan镀锌法是在钢板上镀一层含有微量稀土元素、95%锌、5%铝的合金。这种合金镀层有好得异乎寻常的成型性能，抗蚀性比常规镀层至少高1～2倍，对涂料有很强的吸附能力。1982年Galfan镀锌产量为1600t，1988年产量为36.5万吨，1989 年产量达 56.5 万吨。

b 新型镀锌技术的发展

随着人们环保意识的增强，以及矿产资源可持续利用需求的增强，传统镀锌工艺技术的发展将受到限制。粉末渗锌技术及达克罗镀锌技术越来越受到各国的关注，因其节能、环保、节省成本，且防腐蚀性能突出，未来有可能替代传统镀锌工艺。

(1) 粉末渗锌技术的应用。粉末渗锌技术，起源于英国和前苏联，20 世纪 90 年代引进我国，经过研究、实验，已成功开发出粉末渗锌技术和系列成套设备，并有五项成果获得了实用新型专利，即粉末渗锌设备，炉体回转粉末渗锌设备，粉末渗锌螺纹钢以及管材、型材。

由于粉末渗锌技术有诸多的优异性能，所以它已在室外钢铁结构及紧固件、高速公路、护栏、桥梁、水暖器材及建筑五金、汽车工程机械、海洋化工、冶金、发电等工程中的耐高温部件中广泛使用。

热镀锌所制作的高速公路护栏，一般使用年限为 6 年。而渗锌护栏（渗锌厚度为 90 ~ 100μm）可保 30 年内无损，并且不需要大维修。每千米护栏（双向、四排护栏）使用热镀锌需花费 68 万元，而渗锌仅需 23 万元左右，是前者花费的 1/3 左右，其经济效益极高。另据统计全国有铁路线路 7 万多千米，每年用于铁道道钉的浇油维护费用大约为 4 亿元，若采用渗锌道钉，30 年内免大修，仅此一项可为国家节约费用 120 亿元以上。

(2) 达克罗工艺。20 世纪 70 年代初期，美国人发明了一种特殊的表面处理新工艺（达克罗工艺），即在被涂物件上形成锌铬膜的一种全新的防锈技术，它具有不产生氢脆、防蚀能力强、环境污染小等一系列优点，从而引起了世人的注目。1976 年前后，先后转让给美国的 M. C. I. 公司、法国的 DACRAL 公司和日本的 NDS 公司。1990 年我国由于汽车工业发展的需要，从日本引进了这种工艺，并作为一种比较清洁的生产方式而加以推广，达克罗工艺在我国已形成了一个崭新的产业。

达克罗是一种表面防腐层，它的出现对传统镀锌技术形成了强烈的冲击，被认为是将替代传统镀锌技术的防腐技术。它是以锌粉、铝粉、铬酐为基料制成的一种无机水溶性涂料直接浸涂在处理后的工件表面，经烘干、烧结，最后形成一层无机膜层（锌铬涂层）的表面处理技术，可以避免氢脆现象的发生，其产生的锌铬涂层的耐腐蚀性比普通镀锌高出 5 ~ 7 倍。而其关键性技术就是达克罗溶液的配方，这直接决定了最后成品的质量。而正是由于这一点，达克罗的价格相对热镀锌而言要贵上许多，这使得达克罗和热镀锌的市场竞争在价格方面处于劣势。在实际应用中，达克罗产品的一大缺陷就是形成的锌铬涂层的厚度一般都很薄（只有 6 ~ 8μm），在运输、使用过程中极易受到破坏，而不能起到应有的防腐功效。往往基于这点很多原本采用达克罗的厂商，改用保守稳固的热镀锌产品，这一点也阻碍了达克罗技术的进一步推广和应用。

(3) 提高镀锌层使用寿命的新技术。镀锌层的使用寿命取决于镀层的耐蚀能力，镀层的耐蚀能力越强，则镀层的使用寿命就越长。提高镀锌层的使用寿命的技术包括：稀土元素在镀锌防腐蚀应用、纳米金属基复合材料、纳米氧化铈/锌金属基复合材料的制备和应用。

1.2.3.3 锌基合金应用及发展

传统锌合金以黄铜为主，除黄铜外，以锌为基础加入铝、铅、镁、镉、钛等元素可形成二元锌合金，与铅、铝、黄铜等可形成三元合金，以及四元压铸合金。由于锌合金的生产特别适于冶炼厂的生产工艺流程，只要在初级产品铸锭之前向金属熔体中加入合金元素，控制相应的技术条件，就可以得到合格的合金产品。锌及锌合金具有易加工、良好的耐腐蚀性、焊接性，且价格低廉，因而广泛用于电镀、钟表、印刷、日用五金、建筑、汽车制造、机械运输、电器及包装等部门，在国民经济中也是重要的基础材料之一。

A SJ 系列新型锌基合金

SJ 系列新型锌基合金❶产品的使用寿命达到或超过青铜，部分产品的寿命达到青铜产品寿命的40倍，价格上与青铜件相比有大幅度下降，一般为青铜件的三分之二左右。该系列产品的铸造性能优越，摩擦系数小，使用寿命长，并具有减震、无磁性、无火花等一系列优良特性，可以作为青铜和黄铜的优秀代用新材料，可作为低速、重载和低温条件下工作的耐磨性构件、模具等，如滑块、滑板、导板、导套、轴瓦、轴套、各类螺母、轴承保持器、塑料模具、冲载模具等产品。

B 适于高速重载的锌合金

常用的锡青铜合金及其代用品 ZA 合金❷系列只适于低中速、中重载的耐磨件上，高速重载则不行。漱川凶夫等人发现在 ZA 合金中加入硅可提高耐磨性和承载能力，故在日本研究出新型的 ZA 合金，可用于高速重载的轴承上。

C 抗高温蠕变锌合金

在使用中发现锌合金抗高温蠕变性能较差，因此国内外研究者针对此问题，研究抗高温蠕变的锌合金。在 ZA 合金中加入适量锰（Mn）及微量元素，可使合金在较高温度下有较高的 σ_b❸值。此外锌铜钛（Zn-Cu-Ti）系合金也是抗高温蠕变的材料之一。

D 锌铝硅系合金（Zn-Al-Si）

这类合金的特点是强度、耐磨性较高，经变质处理后性能还能提高。有研究者研制的 Zn-A1-Si 就是其中之一。

E 锌铜钛系合金（Zn-Cu-Ti）

美国、德国、日本、比利时等研制了 Zn-Cu-Ti 的变形锌合金，由于铜、钛的共同作用明显改善了合金的物理和机械性能，再结晶温度提高了 50～100℃，抗蠕变性能提高了近500倍，可达到 α 黄铜的软态水平，添加一些合金元素也能改善其性能。这类合金主要

---

❶ SJ 系列新锌基新型合金是 SJ 系列高强度锌基耐磨合金，是一系列新型锌基耐磨合金，被誉为“魔术合金”和“白色青铜”，具有耐磨性好，机械性能优越，加工铸造性能好，无火花等特性，可用来替代青铜、黄铜以及 ZA27-2 锌基合金，制造各类重型、轻型机械的磨损件（轴瓦、滑块、涡轮等），成本仅为青铜的 1/2。

❷ 传统的压铸锌合金有 2 号、3 号、5 号、7 号合金，称为 ZA 合金，应用最广泛的是 3 号锌合金。20 世纪 70 年代发展了高铝锌基合金 ZA-8、ZA-12、ZA-27。其中 ZA-3 有良好的流动性和机械性能，应用于对机械强度要求不高的铸件，如玩具、灯具、装饰品、部分电器件。ZA-5 有良好的流动性和机械性能，应用于对机械强度有一定要求的铸件，如汽车配件、机电配件、机械零件、电器元件。ZA-2 用于对机械性能有特殊要求、对硬度要求高、耐磨性好、尺寸精度要求一般的机械零件。ZA-8 有良好的流动性和尺寸稳定性，但流动性较差，应用于压铸尺寸小、精度和机械强度要求很高的工件，如电器件。Superloy 的流动性最佳，应用于压铸薄壁、大尺寸、精度高、形状复杂的工件，如电器元件及其盒体。

❸ σ_b 值是指金属材料中的抗拉强度，说明金属材料在拉断前所能承受的最大应力。

用于生产板材、带材，其次是挤压制品，少量用于压铸件。这类合金还具有良好的机械加工性能和优良的成型性，适用于形变复杂要求多次冲压工序才能完成的工件，因此可降低成本。

F 锌合金基复合材料

为了进一步提高锌合金的强度、硬度和耐磨性，人们又研究了在合金内加入特殊的颗粒或纤维，制成颗粒或纤维复合材料，或是用锌合金与其他金属加工成复合材料。

B. K. Prased 用碳化硅加入锌铝铜镁合金中形成颗粒复合材料，其耐磨性大大提高。用经预处理的碳化硅颗粒，经半固体化搅动铸造与热挤压相结合的联合工艺制备成的复合材料，其室温强度提高 40% ~50%，耐磨性提高了 3 倍。

1.2.3.4 电池用锌技术应用及发展

A 锌镍蓄电池

锌镍蓄电池由锌电极与镍电极组成，兼有锌银电池锌负极高容量和镉镍电池镍正极长寿命的优越性能，其产生至今有一百多年的历史，但由于锌电极循环寿命短、深放/放电能力差及其他原因，使得这种电池的研制工作进展缓慢。技术上的突破使其得以迅速发展，性能上该电池具有容量大、能量高、安全性好、工作电压高、无记忆效应等优点，属于“绿色电池”。随着贮氢合金材料和锂离子镶嵌技术的发展，金属氢化物镍、镍氢动力电池和锂离子电池有很大发展，但由于环境适应性和安全性及价格的影响，限制了上述电池及铅酸蓄电池的普及与应用。锌镍电池以其优异的电气性能、原材料丰富、成本低等特点，是未来电动车辆主要的候选电池。

B 锌银蓄电池

锌银蓄电池是一种性能极为优良的碱性电池，具有比能量高、大电流放电性能卓越、机械性能好等一系列优点。由于其突出的优点及较贵的制造成本，使得锌银蓄电池成为一个应用范围受局限的电化学体系，该电池主要应用于军用飞机、野外摄像照明、各种医疗设备及其他特种设备等高技术领域。

C 锌溴储能电池

具备深度放电能力的溴化锌电池可提供兆瓦级的储电能力。工业和商业企业为了在能源使用高峰时间供应足够的电力，规模较大的设施都使用高负荷存储设备，在非高峰期储存多余电量。从储能电池的普遍成本看，电解液成本占到总成本的 30%，所以电解液成分的价格在很大程度上决定了电池的整体造价。而锌溴电池的电解液成分为锌和溴，其中锌是一种很常见的金属，容易大量获取而且价格较低，而另一种成分溴更是常见，甚至在污水中就能提取，这个先天的特质决定了锌溴电池在成本方面具有的优势。钠硫电池和钒电池的每度电造价成本基本在 500 美元左右，而锌溴电池相应的成本则在 100 美元上下，与常见的铅酸电池造价相当。由此可见，锌溴电池的价格优势非常明显，这为锌溴电池的大规模、大范围应用奠定了良好的基础。溴化锌电池有稳健的能量密度、良好的功率密度，比起传统的铅酸电池具有明显更优的周期，特别是深度放电能力更优，只需要更换电池槽即可翻新，无需像铅酸电池那样完全更换。

D 锌空电池技术

以空气中的氧做正极活性物质的一种高效环保型电池，其比能量大（在 340A · h/kg

以上，而铅蓄电池的比能量只有20～50A·h/kg)、价格低、原材料易得、制作工艺简单，被誉为面向21世纪的环保型新能源。锌空电池可用于：取代普通的中性和碱性干电池，如R20型锌空电池的容量达20A·h，其连续大电流（负载电阻1Ω）放电时间为普通氯化铵型电池的20倍；作备用电源代替笨重的铅酸蓄电池，如单体300A·h圆柱形锌空电池，其质量仅为0.75kg，而同样的铅蓄电池的质量则大于8kg；在没有工业电的地方如野外、山区、林区、海上用作电源；作军用电源和电站调峰用，锌空电池除可用于步兵随身携带电源外，还可用作潜艇潜入水下的动力电源，代替所使用的铅蓄电池，以提高潜艇速度。锌空电池一方面因制作原料简单节约了成本，另一方面使用空气中的氧作为电池正极，减轻了对环境的污染，减少了电池的废弃物。

E 太阳能电池

据美国物理学家组织网2010年12月8日报道，美国普渡大学科学家用一种以溶液为基础的薄膜沉积法，使用地球上储量非常丰富的铜锌锡硫化合物制成太阳能电池。已往研究表明铜锌锡硫化合物有望取代碲化镉及铜铟镓硒薄膜太阳能技术，从而降低太阳能发电成本，使可再生能源在生活中真正替代化石燃料，但其转化效率还不到1%。在最新研究中，科学家通过让该纳米晶体的各种组分使用更加合理，研发出一种更稳固实用的薄膜涂层方法，对铜锌锡硫太阳能电池的设计做出了显著改进。合成出这种纳米晶体后，科学家将其应用于一个衬底上，做出一个厚度为1μm的薄膜。这种纳米晶体薄膜上有很多包裹严实的大晶粒，这大大提高了制得电池的转化效率。研究人员将其放在太阳光模拟器下“浸泡”，15min后，转化效率达到7.2%，但将模拟器关闭不再施加光线后，效率则下降到6.89%。虽然市场上还没有出现铜锌锡硫薄膜太阳能电池或铜锌锡硫化合物太阳能电池，但该研究中的太阳能电池与其他方法制造的太阳能电池相比极富竞争优势。这种太阳能电池由低成本且来源丰富的材料制成，易于大规模生产且性能非常稳定，其全域转化效率高达7.2%，高于同类太阳能电池，其转化效率在未来还有很大的提升空间。

1.2.3.5 锌铸件技术应用及发展

压铸锌铸件是锌的主要应用之一，产生了很多锌铸件系列合金产品。ZA合金系列已投入商业生产，并显示出比一般锌合金更好的各项性能。ZA8合金可以用与生产一般锌合金一样的设备压铸，保持了高产率的优点，并且该合金在100～150℃时有极好的机械性能，所以ZA8在某些领域内将得到广泛的应用。另一些合金如ZA12和ZA27尽管不能进行热压铸，但在非压铸状态下生产的合金却具有较高的强度。这两种合金正在开拓不适应压铸合金的新领域。虽然ZA8、ZA12、ZA27已经在一定范围内得到使用，但还需进行详细的研究，特别是稳定性能的研究。如果确定了最佳成分，得到最佳性能，这些合金可望得到大规模的应用。

1.2.3.6 氧化锌的应用及发展

活性氧化锌广泛用于橡胶工业，主要用作天然橡胶、合成橡胶及乳胶的硫化活性剂、补强剂及浅色橡胶制品的着色剂，使橡胶制品具有良好的耐磨性、耐撕裂性和弹性；颗粒微细的活性氧化锌可用作聚烯烃和聚氯乙烯等塑料的光稳定剂及合成氨生产中用作脱硫剂等。普通碱式碳酸锌主要用作橡胶硫化促进剂、油田开采及化肥生产中的脱硫剂等。透明碱式碳酸锌主要用作透明及浅色橡胶制品，如透明橡胶鞋底及乳胶制品等。

1.2.3.7 高纯锌及其制备

高纯锌是纯度为4N以上的金属锌，杂质含量和晶体缺陷都很少，作为金属锌的一种深加工产品。高纯锌是一种新型的多用途功能材料，广泛用于彩色显像管用荧光材料、化合物半导体、还原剂或合金、精密铸件、医药制剂、功能陶瓷材料、摄像管靶面材料、助熔剂、电子制冷元件、反应堆液态冷却载体、锌合金牺牲阳极、电容器复合镀膜以及作为保险粉、吊白块及相关有机产品等的原料。如以高纯锌为原料制备的锌压铸合金制品可用于汽车工业中的精密制造；高纯锌制备的高纯硒化锌化合物可代替砷化镓和磷化铟，用作感光半导材料；高纯硒化锌和硫化锌化合物是作为稳定的蓝色荧光材料。高纯制备的无汞锌粉电池材料可消除干电池中重金属对环境的污染；高纯锌制造的银锌电池，具有体积小而能量大的特点，适用于飞机及宇宙飞船上仪表的电源。高纯锌制备的参比电极是唯一一种既可在海水中也可在土壤中使用的参比电极。高纯锌片可用作滤光片和X光探头。

高纯锌的制备方法包括：（1）重精馏法。重精馏法的原理和粗锌精馏原理相同，都是基于各个杂质的沸点不同对锌进行提纯。不纯的锌经蒸馏后，除铅稍有蒸发外，基本可以把高沸点杂质除掉。锌蒸气经冷凝就可得较高纯度的含镉锌，锌与镉的沸点很接近，可用分馏法把锌与镉分开。（2）真空蒸馏法。利用在同一温度下，蒸馏金属与所含杂质之间蒸气压力的差异，达到分离的目的。真空蒸馏法中，大多数重金属的分离较容易，仅镉和铅较难除去。（3）其他方法，如电解精炼法、惰性气体精馏法、区熔精炼法、Zn(Ⅱ)—NH_3—NH_4Cl—H_2O体系制备高纯锌。

1.2.3.8 纳米氧化锌的抗菌性及应用

锌是人体六大酶类、200种金属酶的组成成分或辅酶，对全身代谢起广泛作用。锌主要含于肉类与谷物中。缺锌时，以食欲减退、生长迟缓、异食癖和皮炎为突出表现。锌在生物领域中最为突出的应用就是作为抗菌剂。

纳米氧化锌粉末无毒、无味、对皮肤无刺激、不易分解、不易变质、热稳定性好，本身为白色，易于着色。更重要的是，它具有很强的紫外线吸收能力，对UVA（长波320～400nm）和UVB（中波280～320nm）均有屏蔽作用，此外，还具有渗透、修复功能。可用作美容美发护理剂中的活性因子，不仅能大幅度提高护理效果，还可避免紫外线对皮肤的伤害。纳米氧化锌粉末在阳光下，尤其是紫外线照射下，有极强的化学活性，能与多种有机物发生氧化反应（包括细菌内的有机物），从而把大多数病菌和病毒杀死，可做抗菌剂。纳米粒子的微细结构使其对环境中的化学或物理指标的变化极为敏感，可作为疾病检测指示剂，对人体内的病变做出早期预测。例如，当肿瘤只有几个细胞大小时就可以将其检测出来，并加以根除。国际上纳米技术尚未能区分对人体有用与有害的细胞，一旦采用纳米技术则是将其所遇到的全部细胞杀死。

1.2.4 技术分析

尽管锌金属材料技术进步较快，但由于锌优越的抗腐蚀性能及延展性能，使其在现代工业生产、大量基础设施建设及船舶、航空领域中广泛使用，而锌对生物体的重要性也扩大了其在未来的应用范围，充分利用其优越的物理、化学及生物性能，并与其他金属的性能互补配合使用，极大地发挥其优越性能，服务于生产、生活的各个环节。因此，锌新材料还存在着世界性技术缺口，中国与发达国家的差距明显，技术缺口较为突出。

1.2.4.1 世界性锌金属材料

A 炼锌技术

湿法炼锌是最主要的炼锌方法。炼锌技术主要从硫化锌精矿的直接氧压浸出；硫化锌精矿的常压富氧直接浸出；设备大型化、高效化；浸出渣综合回收及无害化处理；工艺过程自动控制系统等几个方面寻求突破。火法炼锌中的竖罐蒸馏炼锌已趋于淘汰；电炉炼锌规模小且未见新的发展；等离子炼锌技术及喷射炼锌技术在20世纪80年代实现了钢厂烟灰回收锌的示范工厂，但尚未见有关进一步的商业化进展的报道；密闭鼓风炉炼铅锌是世界上最主要的且几乎是唯一的火法炼锌方法，其技术发展主要从加强二次含铅锌物料的处理措施；改进冷凝效率；富氧技术的运用等方面寻求突破。

B 热镀锌技术

热镀锌技术发展及其存在的技术缺口主要体现在两个方面：一是热镀锌板技术；二是热镀锌合金技术。随着热镀锌板市场需求增加，热镀锌生产线急剧增加，而锌冶炼厂数量少、锌矿生产能力小的问题，导致了锌供应紧张。世界相关研究人员开始重视节锌技术和开发锌含量较低的新镀层。因此，减少锌在镀层中的含量，节锌、节能并减少二氧化碳和氮氧化物排放，提高产量和产品质量，是未来技术的发展趋势，针对这些问题，研究人员开发的热镀锌新技术涉及退火炉、锌池、气刀和冷却塔等领域。但是，在退火炉工艺方面，由于环保限制和高燃料价格的限制，未来的技术发展在实现无火焰燃烧以提高加热炉效率、减少燃料消耗、减少二氧化碳和氮氧化物排放方面还存在技术缺口；在锌锅硬件工艺方面，沉没辊上锌渣的生长处理存在技术缺口；在气刀工艺方面，在控制锌层重量和锌层厚度均匀性方面存在技术缺口；此外在热镀锌线优化控制方面，在线测量反馈材料性能及在线镀液成分分析技术方面有待突破。

C 电池用锌技术

锌镍电池技术最为突出的技术难题就是解决充放循环寿命较短的问题，锌电极变形、锌枝晶的生长、抵制自放电产生氢和锌从负极向正极迁移等是其技术缺口。碱性锌银电池也存在循环寿命明显不足的问题，如在高倍率放电时仅能循环30~50次，低倍率放电只能循环200~400次，相比镉镍及铁镍蓄电池的循环次数（1000~2000次），锌银蓄电池的循环寿命是比较短的，这成为锌银蓄电池主要的技术缺口。碱性锌空电池发展的主要障碍是电池在激活状态下易受环境的影响而发生电解液“干涸”或吸潮及碳酸化。这主要是由于锌空电池阴极活性物质（氧）必须由外界进入电池内，电池才能正常工作。这样电池不仅从外界环境吸收氧，而且还存在与其他物质的交换（如水分交换和吸收二氧化碳），正由于水和二氧化碳的影响，导致电池的输出能力下降和容量衰减。锌空电池的开放性给电池密封带来了一定的困难。开放性结构使电池设计和电极工艺具有特殊的难度，致使锌空电池尚没有广泛商品化与应用，这也成为锌空电池的技术缺口。

1.2.4.2 中国的锌金属材料

A 我国锌冶炼技术发展及其与世界水平的差距

我国锌冶炼工艺技术，以湿法冶炼为主，其次是火法冶炼。采用湿法炼锌的企业中，株冶以常规浸出工艺为主，白银西北铅锌冶炼厂、赤峰库博红烨锌厂、云南祥云飞龙等采用高温高酸浸出法进行冶炼，使我国湿法炼锌工艺流程呈现出多样性；此外，随着单系列10万吨/a电锌冶炼厂的建设，我国几大锌厂的装备和自控水平已进入世界先进行列，但在工艺操作方面，劳动生产率及电解液净液深度与发达国家相比仍有一定差距。

湿法炼锌是世界锌冶金的主流技术，其发展趋势是在提高有价金属综合回收率的同时，通过设备大型化，过程连续化、自动化和机械化，减少环境污染，降低物耗和能耗。中国的湿法炼锌工艺水平和规模有了很大提高，但距国际先进水平尚有一定差距。国外先进水平的湿法炼锌厂通常采用长周期锌电积（36～72h）、机械化剥锌，而我国锌电积周期皆为24h，均采用人工剥锌，极板消耗大，劳动强度大，劳动生产率低，炼锌厂的整体机械化和自动化水平不高，析出的阴极锌片厚度很难达到3mm以上，无法满足机械剥锌机组的技术要求。另外，常规低锗浸出液的深度净化技术也可借鉴国外技术，但在富锗复杂锌精矿高效综合利用及高锗溶液的深度净化方面，没有产业经验可循。

我国是世界上最大的锌生产国，但不是锌生产技术的强国。我国锌冶炼技术的总体发展水平很不平衡，大量工艺技术相对落后，同时存在装备水平不高的中、小型炼锌厂，甚至有相当一部分采用原始冶炼工艺的土法小冶炼厂还在一些边远地区继续生产。我国湿法锌所占比例为62%，全部采用传统湿法工艺。

国内锌冶金技术发展的动向有：（1）高铁硫化锌精矿自催化高温加压酸浸新工艺；（2）低品位氧化锌矿选冶联合新工艺。

B 我国镀锌技术及其与世界水平的差距

我国钢材的镀锌率只有20%左右，与日本、美国等发达国家的55%～60%的比例相比还有很大差距。汽车、家电、高速公路及优质建材等对镀锌板需求上升，使得国内镀锌行业的投资建设迅猛发展。就国内市场而言，热镀锌仍然处于主导地位，其技术发展成熟，并具有一定的价格优势，应用较为广泛；而达克罗技术也日益受到关注，有着较大的发展空间。国内镀锌市场很长一段时间内都会以这两种技术为主。

（1）汽车用热镀锌技术。发达国家在钢基体化学成分、钢板表面轧制质量、热镀锌镀层厚度均匀性、合金化最佳相结构及工艺控制方面的一系列技术问题均已得到解决。但在对锌液成分的改善和对稀土元素等微量元素的添加所产生的影响、镀锌板表面粗糙度控制、在线预磷化热镀锌产品处理技术、提高热镀锌产品冲压零件成型性能（如防锈油、无机和有机润滑膜）、气刀技术处理镀层表面质量、锌渣生成机理及其控制、锌锅流场研究以及改进锌锅加热方式和锌锭的加入位置等方面还存在技术缺口。

（2）机械镀锌。该技术源于欧美，国内开发研究的机械镀锌设备还停留在小型化阶段，工艺尚未达到完全成熟的水平，适用的镀锌产品的种类较少。无锡市可来迪机械镀锌设备厂引进该技术，率先在国内推出大型的机械镀锌设备及加工技术。

（3）电镀锌技术。我国具有自主知识产权的电镀技术得以不断开发，包括：1）带钢连续电镀锌技术的突破。世界上带钢连续电镀锌生产线核心工艺设备技术此前一直由日本新日铁和奥地利安德里茨公司垄断。2007 年由北京冶金设备研究设计总院研发成功的，具有我国自主知识产权的电镀锌生产线在山东平度投产成功，打破了电镀锌技术被少数发达国家垄断的局面。2）北京科技大学开发的两类锌-镍合金电镀技术，即锌-镍合金镀层高速电镀技术与常规锌-镍合金镀层电镀技术。前者作为汽车制造用高耐蚀性表面处理钢板，镀层耐蚀性是电镀锌镀层的 5 倍以上；后者镀层的耐蚀性是电镀锌镀层的 5～10 倍，且耐热性比镀锌层大幅提高。

C 我国锌合金及铸件技术发展及其与世界水平的差距

我国锌合金及铸件工业技术装备水平落后，能耗大、成本高、经济效益差，缺少先进的检测和控制手段，产品质量不高，与世界先进水平相比还存在较大差距。国内熔炼铸造工艺落后、轧制水平差距很大、成品率低，产品质量不高、电池锌饼制造工艺中冲床冲剪速度低、质量差、生产率低，电池锌筒仍保持手焊工艺，国外则采用先进的多次深拉伸成型法。

D 我国电池用锌技术发展及其与世界水平的差距

国内外干电池锌的通用材料是锌合金，使用锌合金作干电池的负极材料存在两个主要问题：一是电池在短期存放过程中产生点蚀直至穿孔漏液，降低电池的使用寿命；二是该合金中的镉元素熔点较低，在低的熔化温度下极易挥发而污染环境，造成工人慢性中毒。

E 我国再生锌技术发展及缺口

我国从事再生锌生产的企业屈指可数，工艺技术、装备水平普遍不高，有的家庭式小作坊企业甚至还是以牺牲环境、增加社会成本来赢得企业利益。

原料问题是我国再生锌产业面临的主要问题，例如锌在钢材镀锌领域消费中，镀锌钢材在进入二次熔炼环节时全部挥发，并没有采取任何措施进行回收利用；锌锰电池行业，因消费量大且过于分散，再者锌的价值比较低，集中回收还应该得到加强。

F 我国锌基新材料需要进行产品结构调整

我国锌基新材料产品结构正在进行如下调整：大力开发热镀锌合金和压铸锌合金产品；氧化锌品种的开发和生产应瞄准橡胶工业；开发优质立德粉；开发锌铝超塑性合金和锌线；开发锌合金，替代防锈铝合金；开发锌铜钛合金；开发新型高性能锌基复合材料；根据市场需求，除上述锌产品外，还需要开发其他锌产品，见表 1－6。

表 1－6 主要锌新材料

序号	产品名称	主 要 用 途
1	锌基稀土合金	新型涂层材料
2	一水硫酸锌	用于化工、医药、化纤等工业部门及饲料添加剂
3	高纯锌	用于合金制造、镀锌、压延、油漆、医药、化工、电气
4	PX 系列喷涂锌丝	防腐层喷漆用

续表 1－6

序号	产品名称	主 要 用 途
5	锌基铝镁三元合金	铸造用新型锌合金
6	新型高阻尼锌合金	用于生产薄壁和轻质压铸件
7	超细锌粉	特殊材料，富锌防腐涂料的关键原料、机械镀锌，化工（如保险粉、立德粉、吊白块、染料中间体等）、冶金、医药、农药等行业
8	醋酸锌	化纤触媒和木材防腐剂
9	活性氧化锌	橡胶硫化剂、合成氨催化剂
10	硫化锌荧光粉	磷光剂
11	低铁电池锌饼	作锌-锰干电池负极整体锌筒

1.2.4.3 云南锌金属材料

A 云南已有的先进技术

良好的资源基础使得云南在锌资源开发与利用过程中，处于产业链前端部分，因而采选与冶炼技术在全国乃至全世界都占据前列；镀锌领域与高纯锌生产领域已研究出国内领先技术。典型技术有：

（1）铅锌矿床深部找矿预测及开采技术。云南冶金集团提出“深部流体贯入—高盐地层萃取—成矿构造控制”的矿床成矿模式，结合长期勘探实践经验，进行隐伏矿床的预测，揭示了“阶梯状成矿、等间距成矿、等深距成矿”等理论，取得探矿找矿的重大突破。已探获铅锌金属储量 200 多万吨，平均铅锌品位在 25% 以上。近几年，又与有关科研、设计院所共同研究开发了“高地应力水体下破碎矿体上向（或下向）胶结充填采矿技术”，形成了有关方面的技术优势。

（2）高铁锌精矿铁自动催化加压浸出新工艺。云南冶金集团和昆明理工大学，联合开发了高铁锌精矿铁自动催化加压浸出新工艺，处理含锌 42.17%、铁 14.38%、硫 29.25% 的精矿，工业性连续试验指标达到：锌浸出率 98.05%，铁浸出率 29.22%，元素硫转化率 92.2%。该技术已建成投产了 10000t/a 电锌的生产线和 20000t/a 的试生产线，进入了产业化阶段。

（3）高硅氧化锌矿的处理有突破性进展。云南祥云飞龙实业有限公司，将高硅氧化锌矿与硫化矿焙砂中温和酸浸出渣按适当配比混合，再经高温高酸浸出，用针铁矿法沉铁、脱硅、净液、电解生产电锌，已取得国家专利。该厂已采用上述工艺生产多年，锌的总回收率达 94% 左右。2005 年该厂电锌产量已突破 50000t/a，证明该工艺成熟可靠。该厂同时用硫酸浸出处理锌 7% ~8% 的低品位氧化矿，浸出率达 70% ~80%，并用酸洗萃取—电积工艺回收过去堆积的锌浸出渣，电锌产能已达 10000t/a，这些技术为经济有效地利用我国难处理的高硅氧化锌矿开创了新途径，从而形成了达国际先进水平的氧化锌矿提锌工艺。

（4）活性氧化锌制备技术。昆明理工大学提出超声波-微波联合法从锌浮渣中制备活性氧化锌，达到国际先进水平。

（5）富锗硫化锌精矿冶炼的深度净化。云南冶金集团自主研发的长周期电积—机械剥锌技术，在国内率先实现锌长周期电积，并于2005年首次成功实现机械剥锌。高起点、低能耗、低污染地发展我国锌冶金产业十分必要。该技术采用选择性浸出工艺，实现了锌与锗等杂质的分离，有效解决锗走向分散的难题，提高了锗回收率；通过对净化工艺的研究开发与优化组合，实现了浸出液深度净化，杂质含量降低一个数量级以上；同时，研发的长周期电积工艺与关键设备及复配胶质改性电积添加剂等专有技术，解决了电积时间延长、电效严重下降的难题，电积周期48h以上仍保持电流效率不下降，锌片的厚度达3mm以上，满足了机械剥锌的技术要求；通过对引进剥锌机的改进，改善了设备性能，缩短了维护、检修耗时，提高了有效工作率，剥锌成功率提高到90%以上。2005～2008年，云南冶金集团在曲靖有色基地建成的年产10万吨锌厂已实现锌浸出率大于87%，直收率大于86%，冶炼回收率大于96%，熔铸直收率98.5%，锗在中浸渣中的沉淀率大于96%，劳动生产率提高5倍以上等指标，为云南有色金属支柱产业的发展和地方经济腾飞作出了积极贡献。

（6）镀锌技术。昆钢镀锌彩板引进国外先进热镀锌技术，已具备年产15万吨镀锌卷板，10万吨彩涂卷板生产能力，填补了云南镀锌板和彩涂板的空白，满足了西部地区及东南亚国家对镀锌板和彩涂板的需求。昆明理工大学材料保护研究所经十余年的研究和工业应用推广，在借鉴国外工艺的基础上开发出独创的工艺和专用设备，已实现工艺、设备和原料的工业应用一体化。该机构推广的技术内容有：机械镀锌工艺，长年提供专用活化剂、锌粉和玻璃珠，通用型机械镀锌主设备（JDX100-3型和JDX300-3型）及辅助设备的设计、制造及机械镀锌机械化、自动化成套设备。

（7）高纯锌生产技术。云南冶金集团2005年研发提出高纯锌生产技术，将普通工业锌锭加入工频炉内熔化，同时加入质量分数0.1%～1.0%的铜、铁、锡金属添加剂，混匀后浇铸成锌阳极板，按5～10℃/s的速度冷却至室温，锌阳极板装入用普通滤布制成的隔膜袋中与铝板制成的阴极板一同加入电解槽，用铝板作阴极通上直流电获得锌片，剥离下来后在频炉内熔铸获得5N高纯锌锭，再经真空蒸馏塔内真空中挥发，常温下冷凝后获得6N高纯锌，最后经熔铸获得6N高纯锌锭。

B 云南欠缺的先进技术

云南高品位的铅锌矿为锌的采选与冶炼提供了优越的自然资源条件，多种成分伴生的难选矿也为提高云南锌矿的采选及多种资源综合利用创造了较好的条件。但是与云南资源优势、采选与冶炼先进工艺相对的是锌产业链后端，即锌产品精深加工制造业，一直是云南发展的劣势，主要体现在：

（1）锌合金技术。云南锌合金技术还属起步阶段，已经掌握锌合金锭的生产技术，但锌板材的熔炼铸造工艺、轧制工艺、电池锌饼制造工艺等还存在技术缺口。

（2）锌电池。云南碱性干电池领域发展属于刚刚起步阶段，尤其是在锌银电池、锌空电池领域里刚刚起步，仅有个旧市锌空电池项目于2010年开始启动，尚未进入实质性生产阶段，存在明显的技术缺口。

1.2.5 产业发展潜力分析

在产业链环节中具有可控性的领域即是该产业收益递增的空间。锌产业链中，云南在锌资源与锌冶炼领域具有较强的控制力，但在锌材加工如镀锌、锌合金及电池用锌领域缺乏控制力，属于起步阶段，落后于国内其他锌材加工地区，导致以锌材为基础的高端锌基新材料落后于国内其他地区，但是在高纯锌技术方面具有领先优势。

1.2.5.1 云南未来锌资源开发潜力大

云南铅锌资源特征明显，比较优势突出，铅锌成矿地质条件优越，找矿潜力巨大。虽然矿产资源的静态保有储量限定了可利用的资源基础，但一方面先进技术的合理应用可以最大程度综合开发利用矿产资源；另一方面本地探矿潜力及周边地区矿产资源探矿程度及其资源丰裕程度扩大了可利用开发资源的空间。

首先，云南本身具有高品位铅锌矿探矿经验与技术，而且，隐伏矿床探测技术的进步有利于突破现有资源储量的限制；其次，云南本地矿产资源的可探矿潜力巨大，云南滇西三江铅锌成矿带和滇东北铅锌成矿带均处于构造交汇部位，具备超大型矿床共同特点的全部或绝大部分要素，获认可的超大型矿床仅有兰坪铅锌矿，找矿潜力巨大，具备生成超大型铅锌矿床的条件；同时，在云南实施矿产资源企业“走出去”到东南亚、南亚国家合作开发国外铅锌矿资源，在对外部资源开发利用以实现国际化经营上具有先天的地理优势。

1.2.5.2 云南未来锌采选冶业优势显著

历史上锌采选冶行业中，云南一直处于领先地位，具有较强的控制力。但是我国锌冶炼产能高于锌矿产量，精锌矿供不应求，需要通过进口才能满足锌消费的需要，而且这一趋势还将持续下去。因此，在我国锌冶炼产能过高的情况下，云南在冶炼方面的优势技术上有巨大的发展空间。

云南在难选、低品位铅锌矿冶炼方面具有技术优势，在复杂成矿条件下已经形成锌矿开采技术，复杂难选，多组分伴生选矿技术，氧化底吹湿法炼锌，高硅氧化锌矿处理以及锌冶炼中在线检测、智能优势控制等技术，这些技术的推广应用具有巨大的发展空间。

1.2.5.3 云南锌基高端新材料发展潜力巨大

锌消费领域中有近55%的锌材用于镀锌，镀锌在机电、建筑、五金、汽车、船舶等行业广泛应用，近20%的锌材用于锌合金，锌合金广泛用于电镀、钟表、印刷、日用五金、建筑、汽车制造、机械运输、电器及包装等部门。我国机械行业自2006年以来再现高增长势头，如船舶制造、工程机械、机床、冶金设备等需求旺盛，对镀锌板的市场需求将不断增加。另外汽车工业在一段时期内仍是需求增长较快的行业，车身对镀锌钢板、镀锌合金板的需求也会不断增加。云南在镀锌板及锌合金的生产方面相对落后，而且规模较小，通过引进外资有所改变，可围绕上述领域结合镀锌板、锌合金的不同要求，进行高起点技术研发，攻克镀锌工艺及锌合金工艺中的难题，以新型镀锌技术、新型锌合金、新压铸合金等延伸云南锌产业链，同时，改变云南过去锌消费领域的劣势。

锌消费领域中锌基电池是一个重要的领域。随着全球及我国对环境保护、碳排放的要求越来越高，作为传统碱性干电池及铅酸蓄电池的替代产品，锌银电池、锌溴储能电池及锌空电池具有无污染、蓄电能力强的特点，未来市场的认可程度将越来越高，市场潜力巨大。如果能克服相应的技术难关，云南良好的锌资源优势就可以通过锌基电池行业的发展既带来锌资源的较大增值空间，又能起到保护环境的作用。此外，在医学及相关应用领域，纳米氧化锌粉的卓越抗菌性能将能得到较为广泛的应用。

因此，云南在现有锌采选冶绝对优势的基础上，高起点发展高端锌基材料具有较大的发展空间。

1.2.5.4 云南发展高纯锌有优势

云南高纯锌生产技术已能生产6N的高纯锌，在技术上具有领先优势，云南冶金集团正开展高纯锌生产技术开发的研究。进行大尺寸阳极熔铸工艺研究；大型电解槽结构优化，电解液循环方式确定；多极板条件下阳极隔膜装置优化；阳极熔铸—电解制取高纯锌工艺、设备成套技术研究；建设年产300t高纯锌中试生产线，高纯锌产率高于95%，锌含量不低于99.9999%，加工费低于2000元/t，以满足无汞锌粉电池对锌的要求，为万吨级高纯锌产业化生产提供成套技术。良好的技术与资源条件表明，云南在发展高纯锌上具有较大的空间。

1.2.6 产业发展思考

1.2.6.1 锌矿资源的综合利用

云南锌产业链中采选冶产业已处国内领先地位，但是，复杂难选锌矿中的伴生组分较多，而且在滇东北与滇西两个成矿带中伴生组分存在较大差异，虽然伴生组分已有较高的利用效率，但仍有部分伴生组分分离不彻底，影响精锌及锌材的生产。锌矿资源综合利用的另一个重点是锌资源的回收再利用，即提高再生锌的比例。因此通过锌资源的综合利用获取高纯锌，分离伴生组分中的稀有金属，加大再生锌的生产力度是未来锌产业的重点领域之一。

1.2.6.2 镀锌板材及工件

重点发展钢板热镀锌及热镀锌合金板材，因其良好的抗腐蚀性及表面性能而用于汽车、交通运输、机械及建筑等行业；重点发展超高纯镀锌，主要用作半导体、光电材料以及红外线检测；重点发展机械镀锌，用于中小型机械部件，并推动大部件的机械镀锌技术研发。

1.2.6.3 锌合金

重点发展适于高速载重、抗高温蠕变、新型高阻尼及强度较大的锌合金，以及锌合金复合材料，用于电镀、钟表、印刷、日用五金、建筑、汽车制造、机械运输、电器及包装等行业。

1.2.6.4 锌基电池

加快发展光电材料硫化锌、硒化锌等。重点发展锌空电池、锌基太阳能电池、锌溴大型储能电池，用于军事、航空等领域，结合现有产业情况适度发展锌镍蓄电池、锌银蓄电池，用于电动车、军用飞机、野外摄像照明、各种医疗设备及其他特种设备等高技术领域。

1.2.6.5 纳米氧化锌

借鉴高纯锌的生产技术，重点发展纳米氧化锌作为抗菌剂，用于医疗卫生、食品包装、餐具、饮水用具、儿童玩具、家电制品、家庭日用品、建筑装饰材料、IT 产品、通信产品等领域。

1.3 铅金属材料产业

1.3.1 铅的应用领域

铅有延伸性，具有密度大、熔点低、塑性好、耐腐蚀性强、不易被 X 射线和 β 射线穿透、热胀系数大等特性，应用广泛。

铅能以金属、合金或化合物形式用于国民经济的诸多部门。铅最大的用处是制造铅蓄电池，汽车、飞机、拖拉机、火车、电车、坦克，还有照明光源，都使用铅蓄电池。在颜料和油漆中，铅白是一种普遍使用的白色染料。在玻璃中加入铅制成的铅玻璃，有很好的光学性能，可以制造各种光学仪器。另外，铅能吸收放射性射线，可作原子能工业及 X 射线仪器设备的防护材料。目前，国内外正研究将铅应用于电动汽车和电动自行车（动力电池）、重力水准测量装置、核废料包装物、氡气防护屏、微电子和超导材料、防振材料等，有的已进入实用阶段。铅的应用领域主要有：

（1）电池类。蓄电池行业是耗铅的第一大户，铅在该领域的消耗占总消耗的 80% 以上，且呈增长趋势。铅电池的工作电压稳定，安全，造价低。传统的铅酸蓄电池用铅锑合金或铅钙材料做栅板。铅酸蓄电池广泛用于汽车、农业及工程机械、铁路机车、电瓶车等。

（2）电缆护套。过去电缆护套普遍采用铅锑合金，铅能和盐酸或硫酸发生化学反应，形成几乎不溶的氯化铅或硫酸铅，从而防止铅继续被腐蚀，可以有效保护电缆。但电缆护套大量被塑料及其他材料所取代，电缆护套用铅呈下降趋势。

（3）机械制造业。轴承合金、焊料合金及模具合金都使用铅，随着机械制造业的发展，耗铅量还会适度增加。

（4）船舶制造业。船舶使用铅板、铅管及其他铅合金材料，主要是抵挡海水侵蚀。船舶制造业在中国是一个有发展前途的行业，军用舰艇及民用船舶都有发展的潜力，远洋运输货轮还大量出口。船舶制造业用铅量占全国铅消费量的 7.0%，估计用铅量还会有较大幅度的增加，特别是铅合金材料。

（5）轻工业。轻工业用铅主要是文体用品，应用不会有太多增长，基本上维持现有水平。

（6）氧化铅。氧化铅主要用作铅酸蓄电池的电池糊，生产塑料的稳定剂，生产橡胶制品的硫化活性剂，生产陶瓷的釉料添加剂，制造防射线玻璃、光学玻璃和水晶玻璃，以及各种颜料、涂料等。

（7）建筑业。铅板作为优良的建筑材料，使它在建筑业中占有一席之地，如由于纯铅可吸收地震时释放的大部分能量，用于建筑物上作为防振材料和减振材料。铅可用作聚氯乙烯（PVC）的稳定剂，能抑制聚氯乙烯（PVC）等聚合物在加工和使用过程中由于热、光、氧的作用而引起的降解和变化，铅系热稳定剂占全部稳定剂用量的60%（不含铅的皂类）。

（8）颜料及化工。作为颜料用铅有铅丹、铅白，作为化学药品用铅有氧化铅、硼酸铅、醋酸铅、碳酸铅、硅酸铅等。

（9）其他应用。在国防工业中，子弹用铅也是铅的一大用途；研制的超导材料及多种陶瓷材料中，铅可作为其主要成分。

1.3.2 产业发展态势

1.3.2.1 铅的全球产业链形态

同其他有色金属类似，从物流方向来看，铅锌产业形成了以下产业链：铅采矿业→铅冶炼工业→铅加工制造业。其具体的产品形态分别为铅精矿→精铅、铅合金→电池、电缆护套、焊料等（见图1－7）。

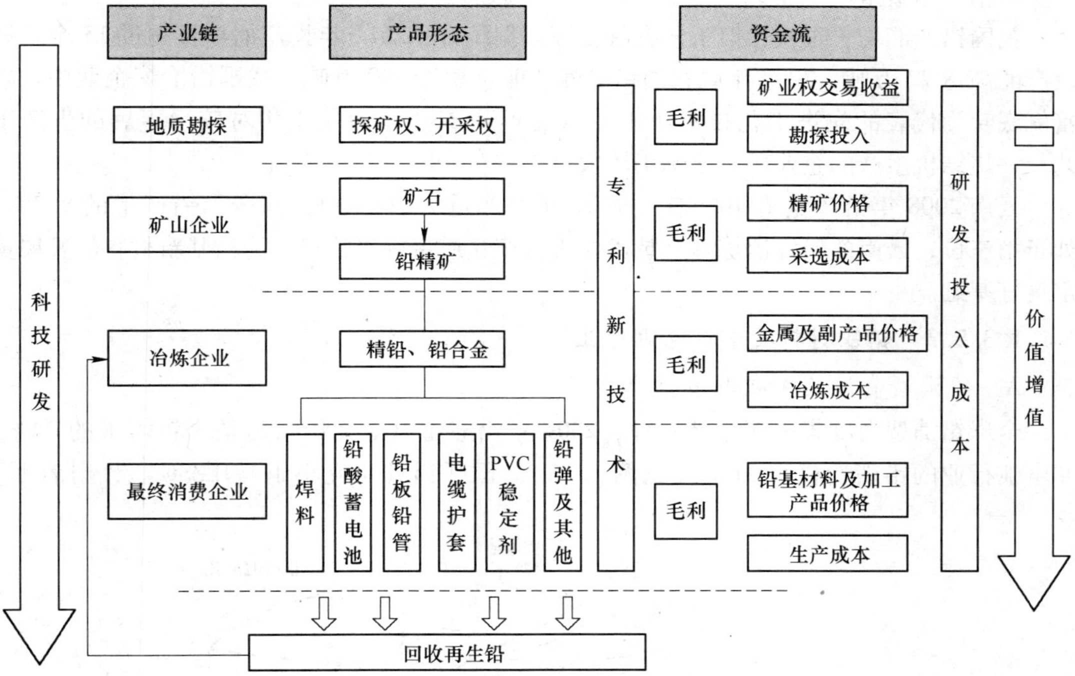

图1－7 铅产业价值链

全球铅产业价值链向上游转移的趋势越来越明显。由于下游企业对精铅或铅合金的大量需求，铅消费的高集中性及其较高的可循环性，改变了下游产业价值链的增值能力，可保证有效实现铅资源价值在下游产业的增值，因此，作为有色金属产业价值链的另一关键环节，即将铅资源转换为铅加工品，通过铅产业链的延伸，使铅进入消费领域实现铅资源价值增值。从整个产业链的价值分布来看，铅产业链下游企业尤其是铅酸电池企业是整个产业链利润较薄弱的环节。

1.3.2.2 铅冶炼业向中国等国家转移

随着汽车工业、通信、电力、交通铁路、计算机系统、广播电视等基础产业的发展，因其对铅酸蓄电池的大量需求而带动铅金属的大量需求。与此同时，随着铅产业链中铅冶炼与主要铅酸电池的生产中心向亚洲迁移，中国成为铅产业生产的世界中心。

我国铅锌龙头企业产业集中，投资规模有限，矿山不集中，冶炼分散。全国铅产量达10万吨的有9家，前十名企业总产量占全国矿产铅产量的40%；全国铅冶炼企业铅矿资源的自给率为50%，不能满足铅冶炼企业的生产能力。与此同时，铅的进出口平淡，2010年以来，国内矿山增产明显，而国际市场精矿供应紧张，加工费持续下降，因此精矿进口减少。据海关统计，2010年上半年我国进口精铅8097t，同比减少93.6%；出口精铅11395t，同比增加36.4%；净出口精铅3296t。

此外，我国铅供应偏紧，精铅消费增速高于生产增速。2010年上半年我国精铅表观消费量为173.8万吨，较2009年同期下降近1%，下降的原因在于2009年同期进口精铅多，2010年精铅进口减少，产量增速减慢。根据对各用铅领域的调研，2010年上半年我国实际精铅消费量增幅在9%左右，高于生产增速约两个百分点。

我国铅产能增长很快，但工艺有待提高。据统计，2011年投产的项目超过15个，涉及产能高达77万吨，2009年底我国铅冶炼产能将超过500万吨。我国铅冶炼企业中，以富氧底吹为代表的先进工艺技术所占比重还不到30%，而使用相对较为落后的生产工艺——烧结机生产的企业所占比例仍较大。

云南2008年铅产量为400681t，2009年铅产量为360756t，占全国铅产量的8.2%，处于第三位，云南的铅锌冶炼具有技术先进、产品质量好等特点，为铅基新材料的发展奠定良好基础。

1.3.2.3 铅基材料集中在电池行业

A 铅消费高度集中在电池行业

全球铅消费高度集中于电池行业，2009年铅酸蓄电池耗铅量占整个铅需求的79%，非电池行业的铅消费仅占21%（见图1－8）。国际铅锌研究小组（ILZSG）数据表明，

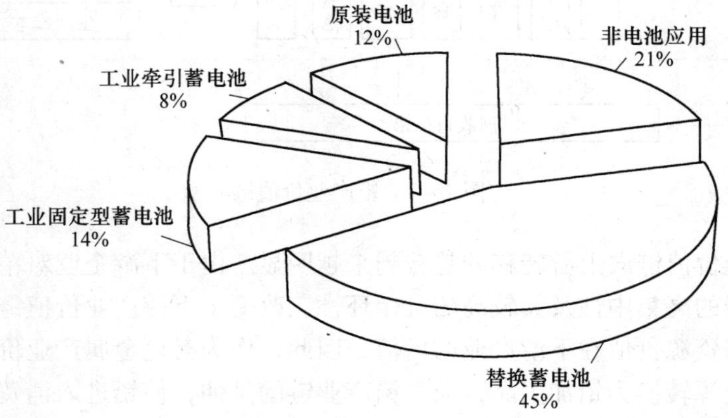

图1－8 2009年全球铅消费领域分布

美国消费的铅中，生产铅酸电池的比例最高，超过86%。基于环境的因素，铅焊接合金、电缆护套的铅用量等都在逐步减少；而铅消费中，轧制和挤压产品的市场大量萎缩。尽管各国发展阶段不同，铅的消费结构存在差异，但从全球来看，铅酸蓄电池还难以被其他高能环保电池所替代，蓄电池将继续成为唯一一个在用铅量上持续增长的行业。

B 铅酸电池业由欧美向亚洲转移

由于铅酸蓄电池属于高污染产品，发达国家出于保护环境的考虑，早已限制铅酸蓄电池制造业在本国的发展，转而主要向发展中国家采购。全球主要蓄电池厂商纷纷在亚洲投资设厂。

北美各大生产企业的合并是蓄电池市场发展的一个趋势，并转向通信领域寻求缓慢、稳固发展，尽管北美蓄电池需求依然旺盛，但生产在逐年缩减。北美已不再大量生产25A · h以下的电池，这类电池主要在中国、韩国等国家生产，并由亚洲生产商向北美公司销售。进口到北美的电池为1.25亿~1.5亿美元。与此同时，大型企业将逐渐脱离简单的锂电池产品，向市场需求量大的大容量、高品质铅酸蓄电池产品方向发展。因此，许多大型生产商将利用低廉的劳动力成本与土地成本，以及较低的环保壁垒，生产产品容量为25A · h以下的铅酸蓄电池。

铅酸蓄电池行业是典型的高耗能、高污染行业，生产过程中，电能消耗很高，也会带来铅尘、铅烟、酸性含铅废水、酸雾、废渣等排放。这也是全球酸蓄电池生产重心由发达国家不断转移到发展中国家的重要原因。

中国蓄电池产业曾经主要集中于农业和运输业用电池，而目前已经扩展到所有领域应用的蓄电池类型，包括重要的小型阀控式铅酸电池、摩托车用电池和锂电池（SLI）的生产，中国生产包括从高锑合金到钙-钙合金的所有类型蓄电池。全球主要蓄电池厂商纷纷在中国投资设厂，已有美国爱克塞、美国三瑞、美国大力神、日本汤浅、日本松下、德国哈根等国际知名蓄电池企业在国内设立合资厂。

铅酸蓄电池市场竞争激烈，产业整合、兼并重组过程加快，骨干企业规模不断扩张，小型企业屡屡发生停产、倒闭。国内铅酸蓄电池生产较为集中的地区有浙江长兴地区、河北保定地区、广东珠江三角洲、福建泉州地区、河南济源地区、江苏苏北地区、山东胶东半岛等。

随着我国对铅酸电池生产企业的环保节能要求越来越高，相关企业的综合生产成本也将被提高，直接导致行业集中度逐渐提高。

1.3.2.4 再生铅产业有一定发展潜力

再生铅产业具有明显的资源和环保优势，规范再生产铅产业的相关政策法规陆续出台。在相关产业政策的正确引导下，能够有效解决铅资源短缺、铅污染严重等诸多问题。随着资源稀缺性问题日益突出，铅资源的回收利用受到各国的重视，主要回收废旧铅酸蓄电池、电缆包皮、印刷合金、铅锡焊料、各类轴承合金等。由于再生铅是从铅废料中直接回收，与从矿石中提取铅相比，再生铅生产周期短，能源消耗少，成本明显偏低。据有关专家测算，再生铅能耗仅为原生铅的25.1%~31.14%。美国有23个生产再生铅的工厂。

许多国家再生铅的产量已超过了原生产铅产量，2009 年法国与俄罗斯的铅再生率达到 100%，除日本以外其他发达国家都在 70% 以上。全世界再生产铅产量占精炼铅产量和消费量平均都在 45% 以上。我国再生产铅生产企业有 300 多家，但基本都是小型企业，生产能力在 20000t 以上的企业屈指可数，全国规模较大、比较正规的无污染的再生铅生产企业只有 3 家，铅再生率仅为 31% 左右（见图 1 – 9）。因此，我国再生铅具有较强的技术与市场潜力，从市场来看节约生产成本、增加产业利润具有较大的提升空间；而大规模再生铅企业的缺乏，意味着从技术上引进、消化、吸引并创新具有较大的技术提升空间。我国再生铅企业工艺主要采用传统的小反射炉、鼓风炉和冲天炉等熔炼工艺，板栅和铅泥一起混炼，基本上未经预处理；一些小企业、个体户甚至采用原始的土窑土炉冶炼；存在着企业数量多、规模小、耗能高、污染严重、工业技术落后、金属回收率和综合利用率低等问题，这些问题将制约再生铅产业发展。

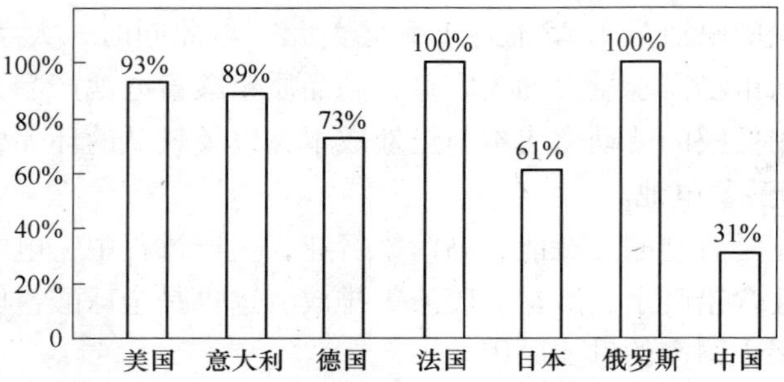

图 1 – 9　2009 年世界主要铅生产国家的铅再生率

1.3.3　技术分析

铅的科技进步，主要围绕着铅的高效利用和降低铅的危害两个方向展开，中国虽然已在技术上取得很大进步，但还存在着较大的技术缺口。

1.3.3.1　科技发展趋势分析

A　铅冶炼技术研发以降低环境影响

国内外研发的多项直接炼铅新工艺都先后应用于大型工业化生产，按照实现强化作业的技术手段可分为闪速熔炼和熔池熔炼两类。其中，属于闪速熔炼的有基夫赛特（Kivcet）法、奥托昆普熔炼法等，其共同特点是将经过充分磨细和深度干燥的炉料用工业氧气高速喷入高温反应器内，在高度分散状态下实现硫化铅的受控氧化；而氧气底吹炼铅法、气底吹-鼓风炉还原炼铅法等均属于熔池熔炼，其冶金反应过程集中于被工艺气体强烈搅动的熔体中。国际上发展的直接炼铅工艺还有奥托昆普闪速炉熔炼法、瓦纽可夫法等。奥托昆普公司在 20 世纪 70 ~ 80 年代开展了两次奥托昆普闪速炼铅半工业实验。

国内外都在寻求一种熔炼强度高、过程连续、焙烧与熔炼结合的精矿直接熔炼工艺，以实现硫化铅精矿的自热或半自热熔炼并消除或减轻对环境的污染。

B 以新工艺改进提高铅酸蓄电池的性能

铅酸蓄电池在理论研究方面，在产品种类及品种、产品电气性能等方面都取得了长足的进步，不论是在交通、通信、电力、军事，还是在航海、航空各个经济领域，铅酸蓄电池都起到了不可缺少的重要作用。尽管铅酸蓄电池是最古老的二次电池，但凭借其电池电势高、结构简单、使用温度范围大、原料来源丰富和优良的价格性能等特点，使其在市场中的领先地位保持了100余年。铅酸蓄电池的发展方向主要有：

（1）12V和36V汽车铅酸蓄电池。汽车生产商正在努力生产一种备受大众消费者和环境保护主义者青睐的混合动力汽车。当前汽车使用较多的是12V/14V电池体系，但达不到作为汽车动力电源的要求；若干年内，混合动力汽车是汽车行业发展的方向，这需要更高的电能和更大的功率，所以汽车电池将由12V/14V体系向36V/42V体系转变。现在国外正着重发展能满足这些要求的36V汽车铅酸蓄电池。

（2）水平铅酸蓄电池。水平铅酸蓄电池在生产过程中没有铅蒸气产生，也没有板栅洗涤产生的含有酸、重金属的废水排放，所以被称为绿色铅酸蓄电池。其具有高的比能量和比功率，可快速充电，资源丰富且可以回收、技术成熟、无电解液分层现象，但是寿命较短。由于水平铅酸蓄电池具有良好的性价比，已经广泛应用于电动汽车、移动通信电源和电动牵引车等方面。

（3）卷绕式铅酸蓄电池。该电池极板很薄，降低了充放电时电极所承担的电流密度，减少了电化学极化，在比能量、比功率、充放电、循环寿命方面都有很大的提高。人们对卷绕式铅酸蓄电池不断改进，推出了很多性能更好的卷绕式铅酸蓄电池，其中包括用作汽车启动的圆筒式蓄电池。

（4）铅酸电池的新进展。为了满足各个领域应用要求的不断提升，人们在传统铅酸蓄电池基础上努力设计开发出许多新型蓄电池。主要表现在：使用先进的新型电池材料得到的新型蓄电池，如纳米碳铅酸蓄电池、石墨泡沫铅酸蓄电池等；通过改进蓄电池结构和工艺获得的新型电池，如双极性蓄电池、多极耳蓄电池、卷绕式阀控铅酸蓄电池、薄极板纯铅/锡蓄电池等。

C 以合金与复合材料为主要板材提高铅酸蓄电池性能

板栅材料以铅合金材料、复合材料及其他板栅材料为主。

a 铅合金板栅材料

铅酸蓄电池用铅合金生产工艺为：合金成分及工艺设计→扩展拉伸法制备铅合金板带→轧制、冲裁、切制等工艺制备板栅→铅合金性能优化→蓄电池用铅合金产品。

作为蓄电池板栅用的铅合金经历了从高锑合金到低锑合金、无锑合金，进而普遍选用铅钙合金的发展历程，见表1-7。

表1-7 铅酸蓄电池用板栅合金及其特性添加剂和应用领域

合金种类	添加剂	应用领域
标准锑合金	4%~11%锑、砷、锡、铜（银）	牵引电池
低锑合金	0.5%~3.5%锑、硒、硫、铜、砷、锡（银）	少维护蓄电池（固定、牵引）、锂电池（SLI）
标准钙合金	0.06%~0.12%钙，0~3%锡（铝）	固定、排气或阀控蓄电池、锂电池（SLI）

续表 1 - 7

合金种类	添 加 剂	应 用 领 域
低钙合金	0.02% ~ 0.05% 钙，0.03% ~ 3% 锡（银），0.008% ~ 0.012% 铝	阀控蓄电池、锂电池（SLI）（连续铸造板栅）
铅/锡合金	0.2% ~ 2% 锡	阀控蓄电池、导电部件
纯铅	—	普朗特极板
锑/锡合金	0.5% 锑；1.5% 镉	阀控蓄电池

表 1 - 7 表明了铅酸蓄电池板栅材料的传统应用，但是由于板栅材料中的放电性能、机械强度、蠕变强度、耐磨性及其电化学问题，针对上述问题在板栅材料的合金技术上有了进一步的发展，主要有：

（1）铅锑合金。锑在铅酸蓄电池使用中由于酸作用而从板栅表面溶解下来，增大电池的析气量、失水量和自放电，需要常对蓄电池加水和充电。因此这类合金的技术发展方向是低锑和无锑合金，对含锑铅合金产生“早期容量损失”（即 PCL 现象）则可通过添加其他添加剂或改进板栅的制造工艺来解决。

（2）铅钙合金。密封铅酸蓄电池均采用铅钙合金甚至纯铅作为板栅。使用铅钙合金板栅的密封铅酸蓄电池寿命比较短，尤其在深放电情况下，表现更为明显，这种现象被称为“无锑效应”。后来研究表明，早期容量损失是由于板栅和正极活性物质界面处存在一层高阻抗膜，导致电池充放电时发热和板栅附近聚丙烯酰胺（PAM）膨胀，从而限制了电池的容量。另外，铅钙合金板栅易膨胀，钙在熔化过程中易烧损。铅钙合金的有些缺点可以通过添加添加剂或改善工艺条件来加以解决。

（3）铅合金板栅材料中添加其他金属。随着铅酸蓄电池向阀控密封、免维护方向的发展，板栅材料相应的采用低锑或无锑板栅合金，以提高析氢过电位，但低锑或无锑板栅的机械强度和耐腐蚀性差，易造成铅酸蓄电池早期容量损失。为此，如何通过在板栅低锑合金中添加其他金属添加剂，消除含锑合金的缺点而保留其优点，成为研究热点及方向。如添加银可提高合金的机械强度及蠕变能力，但价格过高不宜大范围采用；添加铋可在保持含锑优点的同时避免了锑的缺陷，使板栅合金的硬度及铸造性能显著改善；添加镉可明显提高板栅与活性物质之间硫酸铅/二氧化铅的活性，对妨碍铅钙合金深循环能力的硫酸铅阻碍层的形成有一定的抵制能力，从而在一定程度上提高了免维护铅酸蓄电池的过充深放电能力，但环保与价格问题是制约其快速发展的瓶颈。

b 复合材料

复合材料主要有分散增强铅、纤维增强铅及铅塑料复合材料。分散增强铅主要尝试通过非普通合金化技术使铅的物理化学性能得到改善，它将微米级的不溶物粉末均匀地分散于铅或铅合金中，成为铅或铅合金中微观组织结构的一部分而直接影响其性能；纤维增强铅通过加入高强度纤维而改变铅的物理化学性能，但纤维与熔融铅合金之间的粘润困难，且在高温下若是碳纤维会生产金属碳化物而影响其性能，因此未见实际应用；铅塑料复合材料最早由美国江森自控有限公司于 1980 年开发成功，将板栅的导电和支撑活性物质截然分开，前者由铅合金完成，后者由网状质轻的塑料完成，降低极板内的电压，提高放电能力，该板栅已在军用蓄电池中使用。使用铅塑料复合板栅是延长电池寿命、提高质量的有效途径。

c 泡沫铅电极材料

泡沫铅具有网状多孔结构良好、孔隙率高、比表面积大和密度较小等特点，用作铅酸电池的板栅材料，能提高电极活性物质的利用率，增加电池的深度放电能力，因而备受关注。泡沫铅具有较大的孔隙率和比表面积，可用于铅酸电池的电极材料，具有可以填充更多的活性物质，增加电池的容量的功能。因为其有连成一体的金属网络状骨架和很大的比表面积，所以具有强度高、寿命长、内阻小、集电效率高等优点。

泡沫铅的三维网络结构可使电流和电势在电极上分布得更加均匀，减小电极表面的电化学极化和板栅上的极化电阻，降低充放电时电极所承担的电流密度，有利于活性物质的均匀转化，使电极反应的速度更快，程度更深，也提高了活性物质的利用率和比容量。泡沫铅对于提高铅酸电池的竞争力具有明显的意义，但泡沫铅的研究还处于基础阶段，距实际应用尚有距离，作为板栅材料时的使用寿命等问题，还有待于进一步的研究，不少企业和研究机构正努力将泡沫铅应用于铅酸蓄电池中。

铅酸蓄电池尽管受到氢镍电池、镉镍电池等化学电源电池的挑战，但由于其价格相对低廉，生产技术成熟，技术跟进较快，仍是当今的主要化学电源。铅酸蓄电池用铅合金仍以铅钙、铅锑系列合金为主，尽管铅锑镉合金是电动车用蓄电池板栅合金的较好材料，但由于镉的毒性，许多国家都禁用，目前正在研制其替代品。

D 铅粉生产工艺不断改进

铅粉生产作为整个铅酸蓄电池生产的核心，生产的铅粉主要是用于极板的铸造。大多数铅酸蓄电池制造企业所用的铅粉是由70% ~80%的一氧化铅和20% ~30%的自由铅组成的混合物。生产铅粉的方法主要有：球磨法、气相氧化法、化学方法、电化学方法及超声波法。传统的球磨法和气相氧化法都存在着一定的局限性。其中，球磨法能产生粒径较细的铅粉但是其耗能高、噪声大、铅粉机的单位功率产量低；气相氧化法具有耗能低、产量大、操作易于控制、环境污染小等特点，但是其生产出的铅粉粒径太大，制成的极板孔隙大，初始容量较大，做成的电池充电接受性差，电池的初始容量偏低，容易导致正极板变形弯曲。

各大蓄电池厂通过不断地进行技术改进与创新，将传统的球磨法与气相氧化法进行改进，以达到更好的节能减排的效果，如在气相氧化法前面加一道磨球工序，以减小铅粉粒径；在气相氧化法中，在正极铅膏中加入红丹，并且控制其固化湿度在95%以上，固化温度在65 ~80℃，这样可生产细颗粒、高氧化度的铅粉。上述工艺具有耗能低、产量大、操作易于控制、环境污染小且生产出来的铅粉性能大大提高。

除了以上工艺外，铅粉的合成方法还包括有化学方法、电化学方法及超声波法，但其关注的焦点在于如何更好地提高铅粉的性能，扩大其表面积，从而提高电池的性能。

E 再生铅新技术向绿色方向发展

国外的再生铅工艺主要采用机械破碎分选和对含硫铅膏进行脱硫等湿法预处理技术，然后再用火法、湿法、干湿联合工艺回收铅及其他有用物质。

再生铅行业技术发展趋势主要向着设备大型化，技术集成化，过程连续化发展，单台设备处理能力进一步提升；资源利用由单一品种回收技术到各种资源的综合利用技术发展，如回收金属锑、塑料，酸的再生等；美国有的厂家将熔炼过程中产生的二氧化硫转化为亚硫酸铵液体肥料，还有厂家用溶剂萃取法净化废铅酸蓄电池内的硫酸，使之可用于新蓄电池制造；由传统的冶金技术创新向绿色原子反应技术发展；环保污染治理技术进一步提高，环境效果显著。

F 其他铅基新材料的研发正在推进

其他铅基新材料主要包括：

(1) 陶瓷材料。可作为导电陶瓷使用，并已经作用在以三氧化二铬为基的陶瓷湿度传感器电极上。该陶瓷还具有导电高分子特性，居里温度可高达750℃，是一种高温导电高分子材料，可用在大功率高温发热体和电流控制系统中。

陶瓷具有导电性好、化学性能稳定、抗腐蚀、耐高温等优点，是一种潜在的电极替代材料。在用高铅酸钡作为陶瓷电容器电极材料时，使其电阻率和击穿强度分别下降了52%和升高了61%，且对其他性能没有太大影响。

T. AzHma 等人用金属醇盐制成高铅酸钡薄膜，涂抹在氧化镁陶瓷基体上作为电极，结果获得了室温介电常数为400、涂层光滑致密的多层试样，而且还发现高铅酸钡定向结晶方向与氧化镁基体表面晶体取向有一定关系。在铅酸蓄电池中，添加了高铅酸钡的正负板极，其活性物质利用率与化成效率均比普通极板有较大程度提高。另外，掺杂铕的陶瓷是一种优良的X光子吸收材料，可用于防辐射装置。陶瓷在高温下具有一定的导电高分子（PTC）效应，在制备大功率、高温发热体领域具有很好的应用前景，并使其向高效、高性能和小型化发展成为可能。应着眼于向原料的超细化、掺杂组元的多元化方向发展，才能有利于晶粒均匀分布和抑制铅的挥发，从而在较低的温度下获得性能良好的高铅酸钡基陶瓷。随着薄膜和复合材料的应用日益扩大，对高铅酸钡薄膜和复合材料的研究也将成为研究的重点。

(2) 湿法炼铜、炼锌的不溶性阳极。其特点是寿命长、节能。

(3) 超导材料。已制成铋（铅）锶钙铜氧超导材料。

(4) 铅-不锈钢复合薄板。在0.3mm厚的轧制铅板（含铅大于99.9%）和0.1～0.3mm厚的不锈钢板之间加聚酯树脂膜，经热压而制成的复合材料。该复合薄板具有隔音防振、坚固的特点。

(5) 沥青添加剂。已研制成功的铅有机金属稳定剂——二乙基二硫代氯基四酸盐，可延长沥青路面寿命一倍。在美国、加拿大和澳大利亚对沥青路面进行的大规模试验中，用该铅化合物作沥青添加剂，可使路面沥青氧化减慢，减少裂缝，从而大大延长路面的寿命。仅以美国计算，在顶层三分之一路面厚度的析油中加2%含铅和30%的特种铅化合物，每年需用铅5.4万吨。

1.3.3.2 世界性技术缺口分析

虽然各项铅新材料研发技术不断得到改进，但仍然存在着技术缺口。

A 再生铅技术

许多国家已普遍采用以无污染再生铅工艺为代表的废铅蓄电池处理技术，只是在设备选用上和机械及自动化操作程度上有所不同，废水处理方面或用硫化沉淀，或用石灰乳中和沉淀，而短窑熔炼和铅精炼锅仍是常用的技术设备。

B 铅酸蓄电池技术

随着环境保护意识的加强，电动自行车数量有了迅猛的增加。但由于受铅酸蓄电池容量的局限及其使用寿命的原因，限制了这一环保产品的发展。最新公开的美国、日本及中国专利表明，国内外从各方面改进铅酸蓄电池性能的研究工作一直没有停止，包括从蓄电池的正、负电极材料及添加剂，电池板栅材料，电解液组成等方面，改进铅酸蓄电池的性能，并取得了一些阶段性成果，推动了该技术不断向前发展，但是在这方面仍存在改进空间。

C 铅酸蓄电池用铅合金技术

铅合金中常用铅锑合金及铅钙合金。在铅锑合金中，锑易溶解进入电解液移向负极，加速蓄电池的自放电，并加速了电解液中水的分解损失，失水量因锑含量增加而增加，且其抗腐蚀能力低于纯铅；而铅钙合金易发生晶界内移动，耐蠕变性能差，不能完全克服深放电循环性能差的弱点。现有研究通过添加第三种元素来解决两类合金中存在的问题，改善其特性，但第三种元素本身的属性又会带来新的缺点，如铅锑合金中加入砷使可铸性下降；加入镉存在毒性，污染严重且价格较贵；铅钙合金中加入银可改变其深放电循环性能差的问题，但其价格太贵，不宜大范围使用。因此，在克服铅锑合金与铅钙合金的上述问题，改进其性能方面，还存在技术缺口。

1.3.3.3 中国已取得的先进技术

我国在铅新材料生产方面已经形成了一定的技术优势，但与发达国家相比，还具有较大的差距。

A 铅冶炼技术

我国具有自主知识产权的氧气底吹炼铅技术在国内迅速推广并开始走出国门。到2010年，全国有15条生产线、120万吨以上产能投入使用，正在建设的生产线有34条，共计240万吨以上的产能。自从氧气底吹炼铅技术产业化以来，技术还在不断完善和创新。河南济源金利熔融侧吹还原炼铅技术已经成功投产，河南安阳岷山集团正在建设的无焦炼铅项目在2010年8月被国家发改委评定为有色行业低碳技术创新和产业化推广项目。氧气底吹炼铅技术走出国门，已经在印度和澳大利亚建设示范工厂。此外，2010年9月16日，由中国恩菲工程技术有限公司主持、济源金利冶炼有限责任公司参与的“液态高铅渣侧吹直接还原炼铅工艺与装备产业化技术开发项目”取得成功，标志着我国铅冶炼技术新开发了一条崭新的发展道路，使整体技术与装备水平达到国际领先水平，改写了我国乃至世界铅冶炼技术发展史。

B 部分铅酸蓄电池技术

铅酸蓄电池的寿命、均衡性、干涸、热失控及早期容量损失，降低污染是技术改进的主要方向，国内已有的技术如下：

（1）电池板栅材料的先进技术。国内研究人员分别在铅锑合金板栅材料、铅钙合金板栅材料、铅+X基合金材料、镀铅板栅材料（如泡沫铅板栅、拉网铜板栅、铝基镀铅板栅材料）以及其他板栅材料（如钛板栅材料）等方面的研究取得了进展，部分板栅材料已经开始应用于生产当中，另外一些则尚处于研究成功尚未投产或尚在研究阶段。

（2）电池中电解液添加剂的新研究。通过在电解液中添加某种添加剂，延长蓄电池寿命，使废弃蓄电池再生复活是酸电池研究的一个主要方向，碳素悬浊液为铅酸蓄电池电解液添加剂的发展开辟了一条新路子，即开发降低高温浮充电电流值的添加剂。

我国铅酸蓄电池的生产工艺并不落后，已接近世界先进工业国家（如美、日、德等国）的水平。其中，我国自主创新型产品以电动自行车蓄电池为代表的深循环动力电池制造技术在某些方面还超越了发达国家，处于国际领先地位。

1.3.3.4 中国欠缺的先进技术

A 铅冶炼技术的缺口

基于我国引进了氧气底吹炼铅法、富氧顶吹熔炼工艺，云锡集团又引进了奥斯麦特等国外炼铅工艺，凡采用高铅渣热态直接喷粉煤还原的工艺，由于铅、氧化铅、硫化铅的沸点较低，都存在烟尘率高、返料量大的问题，为降低铅还原阶段的烟尘率，我国自主开发的底吹熔炼和引进的富氧顶吹熔炼法均采用液态高铅渣铸块，鼓风炉还原熔炼技术，有效降低了还原熔炼的烟尘率，且铅、银、硫回收率高，操作平稳，易于掌握，底吹熔炼获得快速推广。但鼓风炉还原高铅渣铸块，其液态渣的潜热被浪费，随着焦炭价格的提高熔炼成本也上升，因此开发液态高铅渣电热焦直接还原技术以替代鼓风炉，可以充分利用高铅渣的潜热，并将焦耗和烟气量降至理论值，从而大幅度降低其烟尘率，降低熔炼成本，这是我国铅冶炼技术重要的研发课题与发展方向。

B 铅酸蓄电池的技术缺口

我国铅酸蓄电池技术与国际水平差距不明显，汽车电池处于国际先进水平，电动自行车用电池技术接近国际先进水平。但从我国专利技术申报情况看，蓄电池行业在近几年的总体技术发展路线是电池结构改进及电池型号开发。而国外专利技术则主要有薄型极板双极式铅电池、使用模块结构的密封电池和胶体电解液铅电池。因此，国内的专利技术与国外还有一定差距。另外，经过多年的建设与发展，我国铅酸蓄电池行业已基本形成体系并呈快速发展趋势，环保问题也取得了突破性进展。需要指出的是，解决环保问题的关键举措是全面实施电池回收政策。

此外，国内铅酸蓄电池的技术缺口还体现在板栅材料的改进方面，未来板栅材料在放电性能、重量、使用寿命等方面还存在技术缺口，需在以下几方面进行改进：一是改进铅合金板栅，以铅合金为主，添加多种少量金属添加剂提高深度放电性能等；二是开发轻型板栅，采用密度较低的材料作为基材，有效减轻板栅的质量，提高铅蓄电池的比能量，这类板栅以铝基为重点；三是利用双极性板栅，以导电无机化合物为基片，具有活性物质利用率高、寿命长、性能优良、经济、环保等优点的蓄电池板栅材料具有广泛地开发前景。

C 再生铅的技术缺口

我国再生铅企业由于缺少分选处理技术，将蓄电池的极板和浆料混炼，合金中的锑没有被充分利用而成为废渣。熔炼过程中产生大量的铅蒸气、铅尘、二氧化硫，废气中的铅含量远超过国家标准。

1.3.4 产业优势分析

云南发展铅基新材料具有良好的原材料优势，能够降低成本，发挥后发优势，加快发展铅在高端领域应用的新材料。

1.3.4.1 云南的铅矿采选冶技术处于国际先进水平

云南铅资源丰富，使其在铅冶炼方面的技术一直处于全国甚至世界先进水平。云南冶金集团采用引进国外先进技术与自主开发的技术相结合，形成的“顶吹沉没氧化熔炼-富铅渣鼓风炉”还原粗铅冶炼工艺（ISA-YMG 炼铅法）为国际独创的粗铅高效、节能强化冶炼新工艺。该工艺既发挥了顶吹沉没熔炼氧化脱硫后烟气可满足制酸要求的特点，又发挥了鼓风炉还原熔炼技术的处理量大、投资低、工艺简单、操作维护方便等优点；既解决了烧结焙烧过程严重污染环境和高能耗的问题，又避免了铅精矿“顶吹沉没熔炼”还原段存在的不足。该技术是国际上处理多伴生金属铅锌矿的先进技术。云南锡业集团公司于2010 年 7 月 17 日进入试车后，首创全球领先的“云锡顶吹一步炼铅法”工艺技术，实现顶吹炉一次点火成功，一次投料成功的目标，实现熔炼系统达产达标；建成了世界上第一座在一座顶吹炉内完成硫化铅精矿氧化熔炼、渣还原、渣烟化三段作业的铅冶炼工厂，铅冶炼综合能耗优于世界最好水平。

云南驰宏锌锗公司通过实施“深部资源综合开发利用、环保节能技术改造”项目，使烟气排放优于欧Ⅲ标准、工业废水实现零排放，成为世界铅锌冶炼企业中在生产指标、环保指标方面最先进的企业，是国家第一批循环经济试点企业，荣获全国矿产资源合理开发利用先进矿山企业等称号。

1.3.4.2 云南发展铅基新材料具有很大空间

尽管严格的环保要求在一定程度上会制约铅的需求，但我国工业化程度的不断推进及国际铅酸蓄电池生产与销售重心日益向中国转移，对铅的需求量在一段时期内仍能保持增长。在铅产业链中，铅精矿开采行业具有上游资源优势和定价优势，铅冶炼行业毛利率存在明显波动，但仍具有向下游传导成本的能力。云南丰富的铅锌矿资源及较强的铅冶炼能力既能保证盈利能力，也能保持在铅资源的采选冶技术提升方面走在全国乃至世界前列。云南铅资源企业率先走出去与国外企业合作勘探、开采铅锌矿，有利于铅资源的采选冶技术推广并可根据当地资源情况开发新技术。云南铅产业链有较大的发展空间。

1.3.5 产业发展思考

航空航天用铅基新材料。瞄准我国航空航天用材，从铅的防腐蚀、防辐射、储能等性质出发，研发航空航天用铅基新材料。

军用铅材料。结合国家军事装备现代化，积极拓展铅在超导材料及多种陶瓷材料中的应用，大力研发军用铅材料。

铅酸蓄电池。引进技术优势企业投资，大力发展铅酸蓄电池。重点是：加快生产用于汽车、摩托车、拖拉机、柴油机等的启动和照明的起动型蓄电池；加快生产用于通信、发电厂、计算机系统作为保护、自动控制的备用电源的固定型蓄电池；加快生产用于各种蓄电池车、叉车、铲车等动力电源的牵引型蓄电池；加快生产用于铁路内燃机车、电力机车、客车、照明的动力和铁路用蓄电池；加快生产用于风力、太阳能等发电用电能储存的储能用蓄电池。

氧化铅。积极发展用于铅酸蓄电池用电池糊、塑料生产用稳定剂、橡胶制品生产用硫化活性剂、陶瓷生产用釉料添加剂，以及用于制造防射线玻璃、光学玻璃和水晶玻璃以及各种颜料、涂料等的氧化铅。

铅合金。积极发展轴承合金、焊料合金及模具合金；大力发展铅锌合金材料，加快形成铅锌合金材料的规模化生产能力。

舰船用铅材料。积极发展船舶用铅板、铅管及其他防海水腐蚀的铅合金材料。

建筑用铅材料。积极发展建筑用的铅基防振材料和减振材料；大力发展聚氯乙烯生产用铅系热稳定剂。

颜料及化工用铅材料。积极发展铅丹、铅白等颜料用铅材料，加快发展氧化铅、硼酸铅、醋酸铅、碳酸铅、硅酸铅等化学药品用铅材料，积极发展电极和多硫系橡胶的硬化剂等铅材料，发展黄丹和红丹等化工材料。

1.4 镍金属材料产业

1.4.1 镍的应用领域

镍极具优越的抗腐蚀性能，应用广泛，其中不锈钢是主要应用领域，多种性能的镍合金是其研发方向。镍主要以合金元素的方式用于生产不锈钢、高温合金钢、高性能特种合金和镍基喷镀材料。其中，镍钴合金是重要的磁性材料，镍基合金用于制造喷气机涡轮、发电涡轮机、轧钢机的轧辊；镍盐和镍的深加工产品广泛用于石油催化剂、充电电池等。镍的应用领域涵盖了从民用产品到航天航空、导弹、潜艇、原子能反应堆等各个行业，是一种不可缺少的重要金属。

镍的消费以钢铁和有色金属冶炼业为主，占总消费量的65% ~70%；其次是轻工行业，包括医疗器皿、生活用品的电镀都需要镍，用量占总消费量的12% ~15%；再次是机械制造、化工、石油和电力行业，这些行业需用镍制造各种机器和容器，用量占总消费量10% ~12%。高新技术领域应用的充电电池、泡沫镍、镀镍钢带、活性氢氧化亚镍等产品，对镍的需求也很旺盛。

由于镍的优越性能和广泛应用，世界各国在镍的应用领域及镍基新材料上加大研发力度，不断创新出新的应用领域，例如：

（1）不锈钢生产领域。不锈钢是近几十年发展的钢材新品种，由于其耐腐蚀性能和光洁华丽的表面，成为了市场的宠儿，是高档厨具的首选材料，不锈钢的使用已经深入到各个领域。而生产不锈钢的主要添加物就是镍，不锈钢分为奥氏体不锈钢和马氏体不锈钢，根据添加镍的比例不同，有200系列、300系列、400系列不锈钢，镍在不锈钢中的应用占到了镍消费的50%以上。

（2）镍合金领域。镍在铸铁中有轻微的石墨化作用，可稳定珠光体和减少铁素体含量。因此铸铁中的镍有助于取得均匀而一体的结构和良好的性能。添加0.1% ~1.0%的镍可形成微细的珠光体，会形成马氏体和奥氏体。微细而稳定的珠光体可使铸铁具有良好的加工性能和硬度。因此，加镍铸铁件可用来制造汽车制造业中的铸件。

含铬、钴和钼的低铁镍合金，用于高温合金时，一般称哈斯特耐蚀镍基合金，在923℃时的抗拉强度高达233.24MPa。含镍30% ~90%的铁镍合金磁导率高，因而适用于电气和电子工业，例如含镍30%、铁70%的合金。而含镍80%、铬14%、铁6%的合金是一种特殊耐蚀的弹簧材料，用于牙科治疗。

（3）医用领域。钛镍记忆合金，当它在转变温度之上时，很坚硬，且强度大；反之则很软，容易进行冷加工。因此，当需要它记忆什么形状时，就把它做成那种形状，这就是它的"永久记忆"形状；在转变温度以下，由于它很软，便可以在相当大的程度内使其任意变形；而当需要它恢复到原来形状时，只要把它加热到转变温度以上就行了。钛镍形状记忆合金加温时会恢复原有形状，在医学领域应用相当广泛，如血栓过滤器、脊柱矫形棒、牙齿矫形唇弓弦、脑动脉瘤夹、接骨板、人工关节、股骨头帽、人造心脏用人造肌肉、人造肾脏用微型泵。

（4）充电电池领域。镍是制备高性能充电电池的重要材料，其主要用于高品质硫酸镍，主要是供应氢氧化镍生产企业，用以生产镍镉电池、镍氢电池。其中镍镉电池中镍的含量为20%，镍氢电池中镍的含量为27%。

（5）催化剂领域。镍铝合金粉为银灰色无定型粉末，主要用于有机化工基本的催化加氢反应中，可用于有机物碳氢键的加氢，碳氮键的加氢，亚硝基化合物与硝基化合物的加氢，以及偶氮与氧化偶氮化合物、亚胺、胺与连氮二苄的加氢，还可以用于脱水反应、成环反应、缩合反应等。最典型的应用是葡萄糖、脂肪腈类的加氢，在医药、染料、油脂、香料、合成纤维等领域有广泛的应用。例如，葡萄糖加氢生产山梨醇用于合成维生素C、树脂表面活性剂等；苯酚催化加氢生产己二醇用于制备己二胺、油漆、涂料；己二腈加氢生产的己二胺是聚酰胺纤维的重要单体；脂肪酸氨化后加氢生产脂肪伯胺，广泛应用在有机化工生产中。

（6）电镀领域。镍用于电镀，其用量约占消费量的15%。镀膜在其他金属表面，其防腐性能比镀锌层高15%～20%。

（7）催化剂领域。在石油化工的氢化过程中作为催化剂，常用的催化剂为高度分散在氧化铝基体上的镍复合材料（含镍25%～27%）。

（8）染料领域。用于制作颜料和染料。其最主要的应用是组成黄橙色颜料，该颜料由钛白粉、镍和三氧化二锑的混合料在800℃的温度下煅烧而成，覆盖能力强，具有金红石和尖晶石的结构，化学性能稳定。

（9）陶瓷领域。陶瓷上常添加氧化镍作为着色剂，能增加料坯与铁素体间的黏结性，并使料坯表面光洁致密。

1.4.2 产业发展态势

镍主要应用在对国民经济有重要影响的钢铁工业生产不锈钢，金属镍的价值高，而镍矿资源又主要集中在发展中国家，镍矿的采选冶环节基本被发达国家的跨国公司所控制。我国工业化时期对不锈钢的旺盛需求，也使镍的生产和消费持续保持着旺盛态势。我国镍的消费已处于世界第一，严重依赖进口，而且镍基新材料的生产和研发相对落后。

云南镍工业发展滞后，与资源在国内具有独占性优势地位不相称，需要加快发展速度，建立镍基新材料的原材料基础。

1.4.2.1 镍产业的全球产业链形态

产业链是各个产业部门之间基于一定的技术经济关联，并依据特定的逻辑关系和时空布局关系客观形成的链条式关联关系形态。从镍产业的上下游关联看，镍产业完整的产业链是：镍资源地质勘探业→镍矿采选业→镍矿冶炼业→镍材加工业→镍产品商业→镍产品研发科技服务业（见图1－10）。

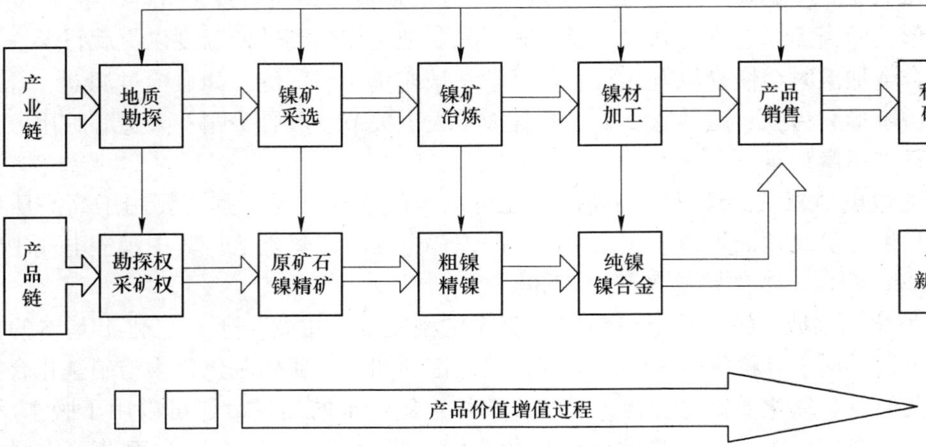

图 1－10 镍产业价值链示意图

1.4.2.2 世界镍工业发展态势

镍矿采选业主要集中在资源地。全球从岩浆型铜镍硫化物矿床中生产的镍，高于从红土型镍矿床中生产的镍产品，估计产量比为 55∶45。岩浆型铜镍硫化物矿床共伴生矿产多，可综合回收铜、钴、银、硫及铂族元素，但全球发现的铜镍硫化物矿床，多数都已开发利用，只剩下一些贫镍矿尚未开发。而红土型镍矿只开发了一部分，许多大矿（包括富矿在内）都还未开发。

A 硫化镍矿不断枯竭

硫化镍矿可通过选矿富集以减少后期处理的物料量，其冶炼能耗较低，资源综合利用好，因此硫化矿的开发利用发展快，冶炼工艺也比较多。与硫化矿不同，红土矿冶炼之前不能通过选矿而显著富集，采出的矿石都直接进入冶金处理流程，因此投资成本和生产成本很高。由于操作成本低，导致占资源储量较少的硫化矿被大规模开采，而储量有明显优势的红土矿开发速度较慢。

随着全球镍需求增长和高镍价刺激，国际镍公司加速了对红土型镍矿的开发建设（见表 1－8），红土型镍矿是相当长时间内镍矿开发利用的重点。

表 1－8 2006～2010 年新建红土矿项目

项目名称	所在国	投资方	规模/万吨 · a^{-1}	工艺
Goro	新喀里多尼亚	Inco	6	湿法
Ravensthorp	澳大利亚	BHP Bliton	5	湿法
Onca Poma	巴西	CVRD	5.2	火法
Rarnu	巴布亚新几内亚	CMCC	3.3	湿法
Vermelho	巴西	CVRD	4.5	湿法
Barro Alto	巴西	Anglo American	3.6	火法

B 镍矿采选冶已被跨国公司控制

发达国家在工业化推进时期对镍的需求旺盛，都是在全球范围内控制镍资源，形成了跨国公司控制全球主要镍资源的格局（见表1-9）。

表1-9 世界大型镍集团公司

公司名称	控股大型镍企业
俄罗斯诺里尔斯克镍公司	Norl'sk-Talnakh 镍矿
加拿大国际镍公司	Creighton Mecreedy Soroako，Goro Copper Cliff Voisey's Bay
加拿大鹰桥镍公司	Raglan，Nickelverk，Koniambo，Falcondo
澳大利亚安纳康达公司	Murrin，MtMargaret
澳大利亚比利顿公司	Cerro Matoso，Ravensthorpe，Lake Johnson
澳大利亚普雷斯顿公司	Bulong，Marlborough
南非英美公司	Lonade Niquel Nkomatl
巴西国有矿业公司	Vermelho，Oliveira，Barroalto

受国际金融危机的影响，世界镍工业发展缓慢，2007 年全球镍产量约为 144.47 万吨，2008 年为 140.78 万吨，2009 年为 131.82 万吨，2010 年为 143.02 万吨。

1.4.2.3 我国镍工业发展态势

A 我国镍工业发展迅速

我国处于工业化、城镇化快速发展时期，对镍产品需求旺盛，导致我国镍工业快速增长，2007 年产量达到 115772.10t，2008 年为 132641.46t，2009 年为 216363.27t，2010 年为 214085.63t，2007 ~ 2010 年年均增长 22.7%。其中，甘肃（129804t）、广西（38497.31t）、江西（15246t）、内蒙古（10677t）四省（区）产量处于2010 年各省（区、市）产量的前四位。

由于镍矿资源贫乏，我国镍工业对外依存度始终在 70% 以上，生产所需要的红土镍矿原料几乎完全来自于菲律宾、印度尼西亚和新喀里多尼亚等国家，现在这些国家为了招商引资对原料出口不加限制或者限制很少，一旦这些国家自身出现诸如原料供应紧缺等问题，其原料出口政策必然会发生变化，比如征收高额的出口关税或者禁止原料出口等，届时将对我国的镍工业造成极大的冲击。

全球矿产资源供需格局正发生重大变化，需求中心从发达国家向工业化国家及欠发达国家转移，以中国为代表的工业化国家和以印度为代表的新一轮工业化国家的矿产资源需求将出现叠加，这将进一步加剧全球镍资源需求竞争，并加大我国利用全球镍资源的难度。

B 我国的镍铁产业快速发展

我国的镍产品比较单一，主要为电解镍，氧化镍和镍铁产量极少。电解镍的价格极其昂贵，削弱了其在不锈钢产品市场的竞争力。国外将镍铁作为冶炼不锈钢、合金钢和合金铸铁的镍合金剂已经非常普遍，镍铁消耗量约为 40%。镍铁合金的使用可以减少金属镍的消耗。

2006 年我国的含镍生铁行业在不断上涨的镍价拉动下，得到了跳跃式的发展；2007 年含镍生铁提供了我国不锈钢近 1/3 的镍；而在 2005 年之前，国内几乎不生产含镍生铁。

由于镍铬生铁的主要生产工艺是火法冶炼，在能源丰富、交通便利的四川、内蒙古、山西等地得到快速发展。

C 我国镍铁工业受国家政策的影响突出

由于镍具有抗腐蚀、抗氧化、耐高温、强度高、延展性好等性质，而被广泛地应用在不锈钢和耐热钢中，镍的价格占到这些钢种成本的70%。

我国的不锈钢消费量在2007年之前一直处在上升阶段，产需存在缺口，供不应求导致不锈钢价格的上涨，拉动了不锈钢产能的扩张，带动了镍价的上扬。2007年开始，我国的不锈钢产量首次超过了不锈钢消费量，受欧美不锈钢厂纷纷减产的影响，国内不锈钢厂家纷纷宣布减少不锈钢产量以稳定市场。2007年下半年，受不锈钢减产影响，伦敦金属交易所开始回调镍的价格，镍价的整体趋势也是以下降为主，降价对于传统电解镍行业的影响还未及时显现，因为订单是以年为单位签订的，但是对于镍铁行业的影响显而易见，很多不锈钢厂纷纷宣布减少镍铁采购量甚至停止采购镍铁。2007年8月，国家发布《关于禁止落后镍铁高炉等淘汰设备转为它用有关问题》，重新对该行业的企业规模、设备能力、环保等提出了新的要求，使得这个行业重新恢复到冷静的状态。高炉生产的镍铁镍含量较低，一般不超过5%，而且低镍生铁中的磷、硫含量也难以控制，这些都增加了不锈钢厂的使用难度，使得镍铁产品的市场竞争力非常弱。

D 我国纯镍生产分布

我国生产纯镍的企业主要有：金川集团（10.46万吨）、吉恩镍业（0.4万吨）、新疆有色有限公司（0.69万吨）、云锡集团（0.15万吨）、四川尼科-江西锂业（0.3万吨）、陕西星王（0.1万吨）、广西银亿科技冶炼公司（0.1万吨）。我国镍消费领域中，不锈钢需求占据69%，电镀15%，电池5%，合金及机械铸造为8%（见图1－11）。

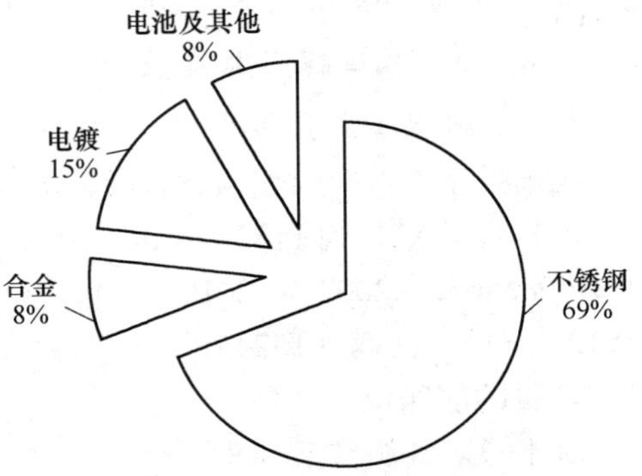

图1－11 2008年我国镍消费结构

E 云南镍工业发展滞后

云南镍工业发展与镍矿资源丰富的地位不相称，2007年云南镍产量为1655t，2008年为1830t，2009年为2906t，2010年为2262.9t。2010年云南镍产量仅占全国的1.06%。

云南镍矿产业发展问题主要有：（1）行业产业链短，产品附加值低，深加工能力弱；（2）云南镍产能分布分散；（3）外部建设条件差，矿区附近无燃料供应，交通运输困难；（4）缺乏较为理想的矿石加工工艺流程。且有能力开发镍产品的企业都只将镍作为伴生资源在使用，并未针对镍作进一步开发研究，尤其是镍合金方面，云南现在甚至连一条不锈钢生产线都没有。

1.4.2.4 我国镍基新材料缺口很大

虽然我国镍工业发展迅速，但在镍基新材料上的生产和技术缺口很大，需要从国外大量进口，尤其是在合金领域和电镀领域的镍基新材料缺口更大。

与世界消费结构相比，我国合金的生产消费与世界水平有较大差距，主要体现在合金领域对镍的消费需求上，而合金领域是镍基新材料的高端产品，正是需要研究开发的新材料。我国已经能够生产镍基合金材料，但品种、种类和后续镍合金材料的应用开发还不能满足航空、电力、化学和石油化工等诸多行业快速发展的需要，镍合金领域作为其中的关键性材料，未来将发展迅速。

电镀加工给产品带来装饰性与功能性，对金属而言是节约型工艺，随着高科技发展的需要，电镀加工越来越重要。加之世界制造业向我国转移，我国周边地区电镀加工向沿海转移，电镀行业已成为我国国民经济不可缺少，也是不可替代的行业，还有上升空间。

1.4.3 技术分析

镍的使用主要以合金的形式存在，因为其本身价格昂贵，而作为合金可以大幅度提高和改善其他金属的性能，所以镍合金是镍基新材料的主要形态。按用途可将镍合金分为镍基高温合金、耐蚀合金、耐磨合金、精密合金、形状记忆合金等。

1.4.3.1 镍基高温合金及技术分析

高温合金按基本元素成分的不同划分为铁镍基高温合金、镍基高温合金和钴基高温合金；基体元素为铁基，含镍量在30% ~45%的高温合金为铁镍基高温合金；含镍量在45%以上的高温合金为镍基高温合金；而钴基高温合金的含钴量达50%以上；它们的基本特性是高温下的耐蚀性、抗氧化以及高强度。主要合金元素有铬、钨、钼、钴、铝、钛、硼、锆等，其中铬起抗氧化和抗腐蚀作用，其他元素起强化作用。其在650 ~1000℃高温下有较高的强度和抗氧化、抗燃气腐蚀能力，是高温合金中应用最广、高温强度最高的一类合金。用于制造航空发动机叶片和火箭发动机、核反应堆、能源转换设备上的高温零部件。镍基高温合金是航空发动机和工业燃气轮机涡轮叶片等热端部件的主要用材，在先进的飞机发动机中这种合金的质量占50%以上。

高温合金发展经历变形高温合金、普通铸造高温合金、定向凝固高温合金、单晶高温合金四个阶段。高温合金是随着航空燃气涡轮的发展而发展起来的，而变形高温合金是最先用于航空发动机的。首先是英国发展的Nimonic80合金，该合金在20Cr-80Ni的基础上添加了少量钛和铝。后来，人们发现加入铝形成γ相能提高合金的强度，发展成Nimonic80A合金；加钴可提高γ相固溶温度（Nimonic90）。在此基础上添加更多的铝和钛，以及添加钼来提高固溶体强度，从而发展成Nimonic95、Nimonic100。这就是Nimonic系列变形合金，后来又发展出Nimonic105、Nimonic108、Nimonic115和Nimonic118。美国和前苏联合金的发展与英国相似。我国研制和生产变形高温合金已超过30年，除仿制英美苏变形高温合金外，也研究了多种变形合金，形成了我国的体系，发展和生产了铁镍基和镍基变形高温合金。

为使材料能承受较高温度和具有较高强度，合金中加入固溶强化的难熔金属，使合金不容易变形。一般来说，Al + Ti含量大于9%很难进行锻造，因此用锻造方法生产强度更高的高温合金已不现实。从20世纪60年代初期开始，铸造高温合金得到迅速发展，因为铸造高温合金基本上不需变形加工。我国从1958年开始研制和生产铸造镍基高温合金，到2010年已经成功研制了30多种铸造镍基高温合金。

在20世纪60年代中期，美国普拉特-惠特尼公司开始研究单晶涡轮叶片。单晶叶片和定向凝固叶片的研究是同时起步的，但是单晶生产技术远不如定向凝固生产技术发展得快，几乎处于停滞状态。这主要是由于生产单晶叶片的合金都沿用原来的普通壳模铸造或定向凝固合金，在蠕变强度、热疲劳强度及抗氧化方面，与定向凝固合金性能相比，单晶合金无明显突破。直到1975年以后，由于定向凝固过程研究较为深入，单晶生产技术改进以及杰克逊对定向合金热处理的研究工作，促使单晶合金获得新的发展。研制出适合于生产单晶叶片的合金——单晶合金。单晶合金具有自己的特点，不同于定向凝固和普通壳模铸造高温合金，即合金不含有晶界或枝晶间强化元素碳、硼、锆和铪，以便得到高的初熔温度。在低于初熔温度下，采用尽量高的固溶处理温度可获得较高的蠕变温度。单晶镍基合金是由体积分数大于60%的立方γ′强化相和γ基体相所组成，当γ′相的体积分数一定时，合金的持久性能主要取决于γ′相的强度和变形机制。可见，单晶镍基合金是在普通铸造和定向凝固工艺的基础上发展起来的。与铸造和定向凝固合金相比，单晶镍基合金具有更高的抗热疲劳、机械疲劳、抗氧化及抗蠕变性能，显著提高了合金的工作温度，是发动机叶片的最佳使用材料。

在定向凝固合金基础上发展出的完全消除晶界的单晶高温合金，使合金热强性能有进一步提高（约30℃）。20世纪70年代末，由于合金理论和热处理工艺的突破，单晶合金进入一个蓬勃发展的时期，相继出现承温能力分别提高约30℃的第一代、第二代、第三代单晶合金。

几乎所有先进航空发动机都以采用单晶叶片为特色，正在研制中的推重比为10的发动机F119（美）、F120（美）、GE（美）、EJ2000（英、德、意、西）、M88-2（法）、P2000（俄）以及其他新型发动机都采用单晶高温合金制作涡轮叶片。美国的Howmet公司、GE公司、PCC公司、Allison公司以及英国RR公司，法国的CNECMA公司，俄罗斯的SALUT发动机制造厂等厂商均大量生产单晶零件。其中美国Howmet公司及其在英、法、日等国的分公司都拥有大批量生产单晶零件的能力，已为各国所产的40多种发动机生产了20多种单晶零件，仅在1988～1991年期间，就售出160万件。20世纪80年代以来，北京航空材料研究院逐年小批量生产供设计实验用的单晶叶片。

从20世纪80年代起，单晶高温合金便进入蓬勃发展的阶段，性能不断提高，应用越来越广，出现的第四代单晶合金RR3010的承温能力达到1180℃，用在英国RR公司最新的Trent发动机上。新的单晶合金成分中铼的加入以及氢、镧、钌等元素的合理应用，使合金的持久性能和抗环境性能有明显提高，应用前景更加美好。在21世纪，通过优化的合金设计，加上定向工艺的继续进步，将研究出超过现有合金强度和承温能力的单晶合金。

1.4.3.2 镍基耐蚀合金及技术分析

镍基耐蚀合金主要合金元素是铜、铬、钼。最早应用的是镍铜合金，又称蒙乃尔合金，此外还有镍铬合金、镍钼合金、镍铬钼合金等，主要用于制造各种耐腐蚀零部件。镍基耐蚀合金不仅在诸多工业腐蚀环境中具有独特的抗腐蚀甚至抗高温腐蚀性能，而且具有强度高、塑韧性好，可冶炼、铸造、冷热变形、加工成型和焊接等性能，被广泛应用于石化、能源、海洋、航空航天等领域。

镍在碱类溶液中完全稳定，对活泼气体（如氟、氯、溴以及它们的氢化物）、氢氧化物（如氢氧化钠、氢氧化钾）、一些有机物的耐腐蚀能力优良。研究表明，合金元素改善合金腐蚀抗力的效果，来自镍合金表面所形成的钝化膜的稳定性。镍基合金中镍含量都在30%以上，其中$w_{(Ni+Fe)}\geqslant 50\%$的称为铁镍基耐蚀合金，$w_{(Ni)}\geqslant 50\%$的称为镍基耐蚀合金，在实际使用中都可以被认为是镍基耐蚀合金。镍基耐蚀合金分类见表 1-10。

表 1-10 镍基耐蚀合金系列种类

类别	系列	实例
铁镍基 $w_{(Ni)}\geqslant 30\%$，$w_{(Ni+Fe)}\geqslant 50\%$	Ni-Fe-Cr	有 4 种类型，即标准型（Cr20Ni32Fe）、高碳型（1Cr20Ni32Fe）、中碳型（0Cr20Ni32Fe）和低碳型（00Cr20Ni32Fe）
	Ni-Fe-Cr-Mo	0Cr22Ni47Mo7Fe17（Hastelloy F）、0Cr20Ni40Mo12Fe（Narloy 3）
	Ni-Fe-Cr-Mo-Cu	0Cr20Ni29Mo2Cu3（Carpenter 20）、0Cr21Ni42Mo3Cu2Ti、0Cr15Ni40Mo5-Cu3Ti3Al（эп543）
镍基 $w_{(Ni)}\geqslant 50\%$	Ni-Cu	Ni66Cu32（Monel-400）、Ni65Cu30（Monel-500）
	Ni-Cr	0Cr15Ni75Fe（Inconel600）、0Cr30Ni60Fe10（Inconel690）、Cr50Ni50（Inconel671）
	Ni-Mo	Ni60Mo19Fe20（Hastelloy A）、0Ni65Mo28Fe5V（Hastelloy B）
	Ni-Cr-Mo(-W)	Ni60Cr16Mo16W4（Hastelloy C），0Cr18Ni60Mo18（Chromet 3）、000Cr16Ni60Mo16W4（Hastelloy C276）
	Ni-Cr-Mo-Cu	0Cr21Ni68Mo5Cu3（Illium R）、0Cr22Ni55Mo6Cu2Nb2（Hastelloy G）

1906 年美国专利 811、239 给出了 Monel 400 合金的生产方法，被认为是最早的镍基耐蚀合金。1914 年美国开始生产镍铬钼铜型耐蚀合金；1920 年德国开始生产含铬约 15%、含钼约 7% 的镍铬钼型耐蚀合金。1930 年海恩斯国际公司开发了镍钼合金 B 和镍铬钼合金 C。镍合金发展的下一个重要阶段来自于 1931 年 Inco 公司开发出了镍铬铁合金 600，又于 1949 年开发出了镍铁铬合金，分别命名为 Inconel 和 Incoloy。20 世纪 70 年代各国生产的耐蚀合金牌号已近 50 种，其中产量较大、应用较广的有镍铜、镍铬、镍钼、镍铬钼（钨）、镍铬钼铜、镍铁铬和镍铁铬钼等合金系列，共 10 多种牌号。20 世纪 70～80 年代，耐腐蚀合金性能得到了突破性的发展。

日本三菱材料公司开发了耐腐蚀性能优于 C-276 的新型合金 MAT21，其成分为镍 60%、铬 19%、钼 19%、钛 1.8%，在盐酸、硝酸、磷酸等严重腐蚀环境中因腐蚀而引起的减重仅为镍基合金的 1/10～1/3。海恩斯国际公司于 2003 年在中国申请了“耐硫酸和湿法磷酸的镍铬钼铜合金”专利。该合金比最耐硫酸的 C-276 好，比最耐湿法磷酸的美国专利号 No. 5424029 中的合金 A 具有更优良的耐湿法磷酸性能。

我国自 20 世纪 50 年代开始仿制、改进国外牌号的镍基合金，到 70 年代末已有 10 多种牌号。80 年代以后，研制工作有了较大进展并有了一些新牌号的镍基合金。1984 年，重庆仪表材料研究所根据苛刻环境下工业过程检测与控制仪表对耐蚀合金的需要，研制出了镍铬钼耐蚀合金，定名为 3YC24 合金。1986 年，北京钢铁研究总院发明了适用于沸腾氢氟酸液、气相和湿氯、湿氟以及盐酸和硫酸等苛刻腐蚀环境的镍基耐蚀合金，特别是在沸腾氢氟酸中，其耐蚀性比 Hastelloy C-4 和 Hastelloy C-267 提高了 100 倍。1994 年公布的镍基耐蚀合金牌号有 23 种、高温合金牌号有 24 种。

国内蒙乃尔合金的使用较少，特别是蒙乃尔合金阀门几乎全部靠进口。锦州铁合金股份有限公司开发了可替代进口产品的蒙乃尔合金。Inconel600 在我国的生产和应用尚处于起步阶段，应用范围有限，仅限于少数引进设备及零部件。中国化学工程第十四建设公司承建的浙江衢州巨化（集团）公司氟化工程，部分工艺管道采用了美国进口的 Inconel600 合金管道。为了打破发达国家的垄断，四川川投长城特殊钢股份有限公司成功地开发出 Incoloy800、Incoloy800H、Inconel625、Inconel690、NS141 等耐蚀合金的板、管等型材。

国内还没有能够生产哈氏合金材料的厂家。有学者试制了仿美国牌号 Hastelloy C-276 的 NS334 合金板材。C-276 主要用在我国烟气挡板门设备中，兰州石油机械研究所制造的 Hastelloy 合金板式换热器投用后运行稳定。合肥通用机械研究所根据工程需要，研究了 UNS N10665（B-2 合金）、UNS N10276（C-276 合金）、UNS N06985（G-3 合金）等耐蚀合金的成型和焊接等特性。

1.4.3.3 镍基耐磨合金及技术分析

镍基耐磨合金主要合金元素是铬、钼、钨，还含有少量的铌、钽和铟。除具有耐磨性能外，其抗氧化、耐腐蚀、焊接性能也好，可制造耐磨零部件，也可作为包覆材料，通过堆焊和喷涂工艺将其包覆在其他基体材料表面。

表面工程技术迅猛发展，各种功能性镀覆层在汽车、家电、能源、交通工程、机械制造、计算机、土建工程、水利工程、石油化工、航空航天等领域得到了广泛的应用。其中镍合金镀覆层以其极佳的物理和化学性能受到人们的重视。越来越多的科技工作者开始进行镍基合金镀覆层的研究，并且已经取得了重要的研究成果。镍基镀覆层具有较高的硬度、表面强度，良好的耐磨性和耐蚀性，以及磁性与光泽等，是应用最广泛的表面镀覆层之一。

电镀、化学镀、喷涂、堆焊、熔结、气相沉积等技术是在材料表面形成优异的镍基耐磨镀覆层的主要技术。镀层合金种类如下：

（1）镍磷合金镀层。化学镀镍磷合金镀层的厚度和零件形状无关。镀层硬度高，耐磨性、天然润滑性以及耐蚀性好，主要应用在电子、矿山机械、航空航天、化工、石油、汽车、铸造、铸模和模具等工业领域。

电镀镍磷合金镀层既具有良好的耐磨性能，又具有良好的电磁屏蔽性能。有科研人员（宣天鹏、杨广舟等）研究表明，非晶态镍磷薄膜在 10～350Hz 内可以达到 45～70dB，它是优异的电磁屏蔽材料。镍磷非晶态合金镀层具有较高的强度和硬度，镀态下维氏硬度为 600MPa；经 400℃、1h 热处理后可达到 1000MPa。镀层具有良好的耐磨性，可用于机械、纺织等行业拉伸模、凸轴等零件的表面强化。

（2）镍钼磷合金镀层。将高熔点金属元素钼与镍磷实现共沉积，获得镍钼磷合金镀层是提高镀层热稳定性和耐磨、耐蚀性能的有效方法之一。

有科研人员（路学丽等）用电镀方法获得镍钼磷非晶态合金。实验表明，由于钼的加入，镀层的组织结构得到改善，致密性增加，镍钼磷非晶态合金镀层外观呈银白色，平整光滑。在质量分数为 5% 的氯化钠和 0.5mol/L 硫酸溶液中的耐蚀性，比不锈钢和镍磷非晶态镀层更为优异。

研究表明，化学镀镍钼磷合金镀层与化学镀镍磷合金镀层相比具有更好的耐磨、耐蚀性及更高的热稳定性，因而在工业领域中的潜在实用价值更高。如果在镍钼磷合金中氧化铝微粒制成复合涂层，维氏硬度可以达到 1000MPa 以上；如果加入聚苯硫醚（PPS），虽然硬度降低，但是镀层的腐蚀速率会大大降低。

（3）镍磷系复合镀层。有科研人员制备了化学复合镀 Ni-P-PTFE-SiC 镀层。在经过回火后，镀层由非晶态镍磷转化为晶态，维氏硬度可达701MPa，同时降低了表面能和摩擦系数。

有科研人员在AZ91D镁合金上获得了镍磷纳米二氧化锆化学复合镀层。从磨损实验结果可知，传统的镍磷镀层的磨损质量损失率几乎为镍磷二氧化锆镀层的3倍，说明二氧化锆纳米粉的加入能改善镀层的耐磨性。有科研人员利用化学镀方法制备了镍磷碳化硅纳米复合镀层。由于镀层中纳米碳化硅的存在，使复合镀层的硬度得到显著提高，镀态下维氏硬度可达1000～1100MPa，退火处理后则可达到1650MPa。与微米碳化硅复合镀层相比，纳米复合镀层的耐磨性明显改善。

（4）镍钨合金镀层。镍钨合金镀层具有很高的机械性能、耐蚀性能和耐磨性能。主要用于轴承、活塞、汽缸及曲轴等机械零件的表面强化，以及模具等要求抗高温磨损的场合。一般使用酸性或碱性的槽液均可以获得镀层。镍钨镀层不仅在性能上可与硬铬镀层相媲美，而且对环境污染小，可作为一种代铬镀层使用。

电镀镍钨合金镀层一般是非晶态，维氏硬度可达到680MPa，具有优异的耐蚀性能；当在600℃热处理时，镀层转变成非晶态，维氏硬度升高到1200MPa，但耐蚀性能下降。

（5）镍钨多元合金镀层。当磷含量较高时化学镀镍钨磷合金镀层仍可以保持非晶态，镀层维氏硬度在700～800MPa之间。非晶态的镍钨磷镀层具有良好的抗高温氧化性能和抗蚀性。镍钨磷非晶态镀层在300℃以下热处理时保持非晶态结构；在350℃时变为晶态结构，维氏硬度达到1300～1400MPa。

随着镀层中钨含量的增加，镀层的显微硬度由600MPa增加到780MPa；在400℃下热处理1h，硬度提高到900MPa以上。该镀层具有高的光反射能力，外观类似经过抛光的银，抗磨损能力优于铬镀层，而耐蚀能力仍保持不变。

（6）镍钼合金镀层。化学镀镍钼（Ni-Mo）合金镀层一般为非晶态，维氏硬度为800MPa；对其进行热处理，硬度先升高后降低，当温度升高到600℃时，镀层转化为晶态，维氏硬度达到最大，为1100MPa。镍钼合金镀层用作耐磨性涂层，可以大大延长冲压模和塑料模的使用寿命。

（7）镍铬合金镀层。镍铬合金的维氏硬度为239～830MPa，其耐磨性、耐蚀性和耐热性远优于铁基的，甚至接近钴基合金的，应用越来越广泛。在工业领域中，镍铬系合金主要使用在大型机械方面，如矿山机械、海洋油田钻头、核能工程的阀门、泵的缸套、密封件等方面。在医学领域，镍铬系合金材料可代替金等硬度不高的材料作为牙科材料。

有关镍铬系合金材料的研究包括：1）科研人员对镍铬系镍基的激光熔覆层中加入二氧化铈，研究结果表明，二氧化铈使得Ni35合金激光熔覆层组织明显细化，柱状晶消失，二次枝晶间距显著减小，组织趋向均匀；同时减少了熔覆层中的夹杂物含量，一定程度上净化了熔覆层组织，也可以提高Ni35合金激光熔覆层的硬度，而镍能使激光熔覆达到定向凝固的效果。2）科研人员进行了多冲载荷对激光熔覆的镍铬系合金覆盖层的研究，镍铬系合金具有优异的抗循环冲击的性能。铬的量加大还可以显著提高其涂层的高温抗氧化性能。众多的其他试验也表明，钴、钛等元素加入到镍铬系合金镀覆层后，具有优化组织的功能，改善激光熔覆大能量带来的不利影响，如在涂层中含有钴，可以细化晶粒；含有钛可以进一步提高耐冲击、耐磨方面的性能。因此，制备这类合金涂层时，一般在含有镍、铬的钢材表面，用Ni35等自熔合金粉末进行激光熔覆。

（8）多元镍铬系合金涂层。镍铬硼硅合金中硼和硅的掺入可以降低合金的熔点，这样涂层的熔点低于1040℃，合金有良好的流动性和润湿铺展性能，可进行粉末等离子堆焊和氧-乙炔喷涂。涂层组织由奥氏体、硼化物、碳化物和硅化物组成，常温下维氏硬度可达748MPa；540℃时保持在484MPa左右。堆焊层有优良的耐低应力磨料磨损、耐冲蚀磨损、耐高温、耐腐蚀和抗氧化性能。镍铬钼钨型堆焊层组织由奥氏体和金属间化合物组成，涂层的硬度较低，加工性能较好，耐冲击和耐热性也较好，可用作高温耐磨零件的表面强化涂层。

多元镍铬合金具有较高的耐酸腐蚀性和很高抗氧化性能。镍铬铁合金具有一定的耐磨性，多用于轴类、轴承、传动辊等零件磨损表面的修复。有的多元镍铬合金涂层耐高温氧化性能也很优异，可作为耐高温磨损涂层的过渡层。镍铬钛合金耐蚀和耐冲蚀性能良好，是锅炉管道抗气蚀磨损的理想的涂层材料。镍铬硼硅涂层具有较高的硬度、耐磨性和抗氧化性，可作为阀门、模具、齿板等的表面强化涂层。

（9）镍铬系复合涂层。二硫化钼是一种具有层状结构的晶体，层与层之间的剪切力特别小，而且是一种良好的固体润滑剂。如果在镍铬基合金中加入适量的二硫化钼，得到的复合镍基合金涂层既有一定的强度和硬度，又有自润滑性能。它能够防止干摩擦造成的咬死等情况，从而提高材料的耐磨性能。使用激光熔覆等方法在镍铬基合金中加入氧化铝纳米微粒制成复合涂层，复合涂层的平均维氏硬度为700MPa，耐磨损性能比淬火态基体提高了千倍以上。

在纯铜板上制备镍基纳米碳化硅复合电镀层，其硬度均随着镀层中微粒含量的增加而增大，微粒的质量分数为40.1%的镍基纳米碳化硅镀层的维氏硬度达1035MPa，其耐磨性能优于镍基氧化铝复合镀层及纯铬镀层。

镍铬钨碳复合涂层具有较高的耐磨粒磨损性能，一般使用在恶劣的工况条件下的矿山、水利、电力等领域中。涂层制备方法多样，通过堆焊、激光熔覆、喷焊等都可以得到。国内外在这方面一直在进行研究。

1.4.3.4 镍基精密合金及技术分析

镍基精密合金包括镍基软磁合金、镍基精密电阻合金和镍基电热合金等。最常用的软磁合金是含镍80%左右的玻莫合金，其最大磁导率和起始磁导率高，矫顽力低，是电子工业中重要的铁芯材料。镍基精密电阻合金的主要合金元素是铬、铝、铜，这种合金具有较高的电阻率、较低的电阻率温度系数和良好的耐蚀性，用于制作电阻器。镍基电热合金是含铬20%的镍合金，具有良好的抗氧化、抗腐蚀性能，可在1000～1100℃温度下长期使用。

铁铬系软磁合金是一种重要的耐蚀软磁材料，主要用于制作各种在腐蚀性环境下工作的磁性元器件。由于铁铬合金具有耐蚀能力强、磁性温度稳定性高等特点，越来越受到航天、航空、船舶、汽车等工业部门的重视，被认为是制作各种电磁阀的理想导磁材料。由于铬和镍在提高软磁合金耐蚀能力方面具有不同的特点，在铁铬合金的基础上添加少量镍是进一步提高铁铬系耐蚀软磁合金综合抗蚀能力的有效方法。有科研人员在Cr13系软磁合金中加入质量分数大于1%的镍可明显提高其耐蚀能力，但造成其磁性能的显著下降；在Cr17系软磁合金中加入质量分数小于2.0%的镍，其磁性能没有明显变化。

电热合金广泛应用于机械、冶金、化工、食品等领域的电加热元件，工作温度在500

~1400℃。电热合金按其金相组织结构可以分为镍铬基奥氏体合金和铁铬铝铁素体合金。镍铬合金塑性及韧性好，电阻率高，高温下强度高、寿命长，具有较好抗氮气能力，可用于含氮气体环境的加热，在加热精度和使用寿命要求高的环境中应用较广泛，如Cr20Ni80、Cr30Ni70合金是我国应用最广泛的金属电热元件材料，其比重小，电阻系数小，使用温度较高，耐热性能较好。

镍铬基电热合金在使用性能上有很多优点，如高温强度高、热辐射率高、无磁性、耐腐蚀性好。传统的镍铬基电热合金有Cr20Ni80和Cr30Ni70等。向Cr20Ni80合金中加入的稀土含量为0.10%~0.15%时可获得最佳的综合效果。稀土元素加入后，可减缓合金在高温下晶粒长大，提高合金的塑性，改善拉拔性能，夹杂物尺寸减小；改善1100℃以下的抗氧化性能，从而提高了合金的快速寿命值。向Cr20Ni80里加入稀土元素铈，稀土元素的微合金化作用改变氧化膜的成分及组织结构，提高氧化膜的强度和塑性，增加致密性和附着力，从而提高合金的抗氧化能力，延长电热元件的使用寿命，同时加入稀土元素能降低有害元素对合金性能的影响。

1.4.3.5 镍基形状记忆合金及技术分析

镍基形状记忆合金是含钛50%的镍合金。其回复温度是70℃，形状记忆效果好。少量改变镍钛成分比例，可使回复温度在30~100℃范围内变化。多用于制造航天器上使用的自动张开结构件、宇航工业用的自激励紧固件、生物医学上使用的人造心脏马达等。

铁磁性形状记忆合金是一种兼有感知和驱动功能的新型材料，可用于智能结构与器件中的传感器和执行元器件，其中钴镍镓系、镍锰铝系和镍铁镓系等铁磁性形状记忆合金受到广泛关注。然而智能控制结构与器件会因振动引起材料损伤，从而造成该元器件使用寿命不长。

科研人员对镍镓铁系铁磁性形状记忆合金的阻尼机制进行研究，以提高铁磁性形状记忆合金的阻尼性能，从而提高其元器件的使用寿命。采用低频扭摆仪研究了镍镓铁系铁磁性形状记忆合金的阻尼性能与应变振幅、频率及温度的关系。

记忆合金与一般金属材料的力学特性有很大区别，它们的材料弹性模量与合金成分、加工方式、热机械处理有关，而呈现不同的物理特性。目前已发现具有形状记忆功能的材料有近100种，其中镍钛系记忆性能最突出，应用也最为成熟和广泛。镍钛形状记忆合金作为记忆合金的代表，以其8%的变形率、百万次的循环次数、超细的晶粒度、优异的抗腐蚀性和生物相容性以及低弹性模量、低磁性、低比重和射线不透性，被认为是最佳的生物植入材料。由于镍钛记忆合金的弹性模量在52~59GPa之间，是不锈钢的1/4，与人体皮质骨较为接近。依据Wolff定律，低弹性模量的器械能够消除应力遮挡现象，避免骨质疏松。此外，记忆合金在形变恢复过程中能够对外做功，而坚强固定下的持续应力刺激是促进骨愈合的主要因素之一，所以，其制作的接骨板或聚髌器，都可在形变恢复过程中产生持续的加压力，这种独特的自加压功能为患者提供了良好的生物力学条件，便于骨创面的修复。

1.4.3.6 高纯镍及其制备技术分析

A 高纯镍的性能与应用

高纯镍是指纯度在4N以上的镍，其可能含有的杂质包括硅、磷、硫、锰、铁、钴、锌、砷、镉、锑、锡、铅、铋、镁、铝、铜等16种元素，其中砷、锑、锡、铅、铋是主要杂质。镍具有磁性，是许多磁性材料的主要组成成分。镍的抗氧化性能优良，在空气中，镍表面形成氧化镍薄膜，可阻止进一步氧化，实验证明，纯度为99%的镍在20年内不会出现锈痕。镍的抗腐蚀能力很强，尤其是对苛性碱的抗蚀能力强。

镍具有良好的磨光性能，故镍常用于电镀技术中。高纯镍作为一种高附加价值的金属材料产品，运用在雷达、电视、原子工业、远程控制等现代新技术中，同时还广泛应用于能源、航空、材料、特种合金、粉末冶金、化工、军工、通信和汽车等行业，其用途主要分为以下六类：

（1）用作金属材料。制作包括不锈钢、耐热合金钢等3000多种各类合金，占镍消费量的70%以上，典型的金属材料有镍铬基合金，如因康镍合金，专用于制作燃气涡轮机、喷气发动机等；镍铬钴合金，如IN-939专用于制作海洋舰船的涡轮发动机；镍铬钼合金，如IN-586为耐高温合金，焊接性能较好；钛镍形状记忆合金、储氢合金等。

（2）用于电镀。其用量约占镍消费量的15%，镀膜在其他金属表面，其防腐性能比镀锌层高15%～20%。

（3）用作催化剂。

（4）用作先进电池材料。镍是制造先进电池的重要材料，如用于工业的铬镍、铁镍、锌镍和镍氢高性能充电电池。

（5）制作颜料和染料。

（6）用于陶瓷工业。

B 高纯镍的制备

高纯镍的制备方法主要有：

（1）羰基法。其实质是将各种含镍物料中的镍借助一氧化碳形成挥发性化合物，然后进行热分解以获取金属镍。其工艺优点是能源消耗低，材料用量少，产品纯度高、品种多、自动化程度高、环境友好。

（2）电解精炼法。镍电解精炼阳极有硫化镍、粗镍和镍合金废料；始极片用光滑的钛板或不锈钢板作为种板电解制成。通常种板周期为8～24h，取出种板剥下镍片，经过切边、穿耳、平板等工序后做成始极片，在pH值为2的酸性溶液中浸泡几小时后取出，用水冲净后置入电解槽中作为阴极。采用隔膜电解法，保证阴极室内电解液的纯度。

（3）浸出精炼法。是用高铜冰镍浓盐酸将成分为48.1%镍、26.5%铜、21%硫的高铜冰镍经密封螺旋加料器加入成阶梯形排列的三段浸出系统的浸出槽。浸出槽为衬胶密封结构，采用机械搅拌。

1.4.4 产业发展思考

高纯镍制备。利用云南较为独特的高海拔、污染少的地理环境优势和有色金属的冶炼优势，发展超细镍粉、高纯镍、超高纯镍和高纯镍合金产品。

高温镍合金制造。配套我国大飞机、火箭等重大航空航天项目，重点发展耐高温发动机用镍合金系列产品。

电镀产品。结合云南电力优势，大力发展镍电镀产业。

镍系催化剂。以昆明贵金属研究所开发的用于汽车尾气治理的催化材料为基础，加快发展镍系催化剂产业。

镍钛记忆合金。重点开发镍钛记忆合金，进一步研发记忆合金的各种性能并向医用合金方向发展。

不锈钢系列产品。依托大企业集团的研发能力，引导和鼓励不锈钢产品的开发。

高容量镍基正极材料。开发电池用新型锂离子电池正极材料镍锂钴氧，以替代现有钴酸锂材料，实现产业化生产。

1.5 铜金属材料产业

1.5.1 铜的应用领域

千百年来，铜的自然美，与其坚固、抗腐蚀和耐用的特性相结合，促使无数建筑师和设计师将铜应用于建筑内外装潢。铜覆盖并保护着许多最重要的古老建筑，如百年大学、金融机构、政府建筑和佛殿。铜可很容易弯曲成各种形状的连接器部件。铜的高强度和可成型性的独特结合，使铜及其合金成为用于制作因重复性动作而产生应力的部件（如紧固件、电连接器、弹簧和电开关）的理想金属。作为用于电子和数据传输的排他性专用材料，铜一直作为通信时代的引导者。从长远来看，铜的应用还将在以下方向不断拓展：

（1）改善人类健康。铜是植物、动物、微生物不可缺少的元素。细胞的新陈代谢所需的蛋白质中都含有铜。铜是人类日常饮食中不可缺少的元素，所以全球许多机构都推荐在日常的营养需求中摄入适量的铜。铜的其他应用是因为它具有抑制有机体生长的能力。例如，铜被认为是应用在漱口药和牙膏中有效的抗病原体、抗菌剂。用铜制成的接触表面有助于抑制危险性病原体的滋生，从而起到预防疾病的作用。

（2）提高能源效率。能源浪费不但增加了消费者的成本，也对环境造成了负面影响。电能效率的提高有助于保证改善生活水平。将电力设备转换成节能设备，尤其是高级和超级效率的铜转子电动机和高效的铜变压器，可以帮助降低成本、减少排放量。

（3）环境可持续性。通过回收、循环使用可以减少浪费，并保存有价值的资源。铜可以100%的回收，并且不会有任何的性能改变，它不会因为“被用过”而有所消耗。相反，铜可以多次使用、回收、再使用。在人类文明所熟知的金属中，铜的重复使用历史最长。据估计，在过去的10000年开采的铜中，80%的铜仍然在现在的某些领域使用。通过循环回收所获得的铜所需要的能量，要比将铜矿石转变成金属所需的能量少75%～92%。

（4）提高生活水平。在超过千万人口的大城市里的居住人口还在按比例持续上升。人口增长，尤其是在需要大量电力基础设施的地区，对材料和能源的需求不断增加。随着老龄社会的到来，大量帮助老龄化人口矫正视力、听力和其他功能衰退的技术不断发展，可持续发展且提高生活质量的材料和产品需求不断增加，铜的应用领域还将不断拓展。

一定程度上说，铜推动了工业革命，在信息技术和通信技术的发展进步中有不可替代的作用，并在为千家万户提供干净安全的饮用水及减少微生物感染方面做出了卓越贡献。铜的基本特性使之能够满足人类历史发展中的社会需求，世界各国还在不断研究这些基本特性以寻找其驱动科技创新的新领域。

（5）电能输送领域。铜是最出色的电、热传导体。人类提倡更有效的世界能源消耗的趋势越来越明显，铜可以促使这一主流趋势取得更大的进展。由于发展中国家能源设施的大量扩展，对公用传输设备、配电网和大型的工业设备上使用的高电流、高效率产品的需求正在快速增加。铜正是这种能够满足大功率输电容量需求的金属。海底天然气生产平台、海上风力发电和电网所用的高电压、海底供电深海铜包电缆比传统的铅包电缆具有更强的耐疲劳性，因而需求巨大，为铜及铜基新材料提供了巨大的市场；而用于超导装置中的热和电缓冲器已开始成为体现铜的重要应用价值的一项新技术。

(6) 数字与信号传输领域。在数据中心，超过 80% 的信号传输设备使用铜电缆和铜连接件。对于少于 100m 的距离，超过 10000MB/s 的带宽铜电缆的价钱只是其他电缆成本的一小部分。铜工业可以通过研发带宽大、能耗低，并且易于安装连接的铜基电缆来加强其竞争地位。铜的一个核心能力就是通过同一电缆输出功率和数据，即可同时传输电力和数据，可以在没有独立供电的连接器、连接线和交流引出线的情况下，驱动网络装置，如国际互联网、IP 电话、无线接入点和网络插座等，从而简化家庭、商业和市政设施中将数字娱乐、通信、计算和安全设备与高速网络连接的过程。

(7) 汽车连接线领域。为满足汽车行业的小空间、轻质量、低能耗的要求，新型的铜电缆比目前的铜缆线更薄更坚固。汽车行业也开始使用电子器件来提高汽车性能、舒适度、安全性及娱乐性。汽车对布线和连接的需求，尤其是电子线和相关连接件的需求，将会继续影响铜在汽车行业中应用的增长。空间限制也促使汽车制造商缩小布线和连接件的尺寸。这种小型化的趋势对导体和连接件，主要是铜连接件要求有更高的屈服强度，同时要求铜合金连接件改善它的抗应力松弛能力。

(8) 电动机驱动系统领域。电动机驱动系统能耗最大，大约占全球电能消耗的 40%，提高电动机效率技术显得异常重要，即使电动机效率稍微提高一点也会对电能消耗产生巨大影响。如果 EU-27 采用了电动机驱动系统的最佳技术，便可以减少 7% 的电力消耗。据美国能源部估计，如果工业设备能够利用所有可用的节能措施，便可以减少 11% ~18%(620 亿 ~1040 亿千瓦时/a) 的电能。国际铜业协会 (ICA) 支持铸造铜发动机转子 (CMR) 的发展，为铜的应用提供了巨大空间。若电动机效率进一步提高，铜的应用空间会进一步扩大。尽管定子绕组的涡流损耗可以降低，但还未确定尖端发动机标准；高额定功率运行的 CMR 发动机有待于优化并降低生产成本，而铜则成为主要能源效益和性能进步的关键。

(9) 电子连接系统领域。铜引线框架、插头、接线板和其他形式的铜连接件都被广泛应用于电子设备。目前电子连接系统的技术发展受到小型化、成本降低、材料间竞争的驱动。小型化要求各种金属提高强度，改善性能，以满足高密度集成的要求。为支持高频输入/输出缓存、计算、汽车和便携式数码产品，必须继续促进铜引线、框架、连接件的创新和发展。

(10) 电子热控制领域。大功率、紧凑型且具有更高热流量的电子装置要求改善冷却技术和热控制，尤其是用在航空设备、高功率激光设备、汽车电子器件上的电子装置。目前，铜是许多电子系统特选的传热材料；但是，铜需要促进下一代传热设备的开发，如超紧凑、高热流技术，以维持其竞争优势。

(11) 热交换设备领域。铜因其出色的热导率、柔韧性、抗菌作用和容易焊接等性能被广泛应用于生产冰箱、空调、自动售货机和商用食品系统所需的热交换器，而使用小直径或多孔扁铜管生产这些系统可以更有效、更紧凑、更便宜。为达到低成本、高效率的目的，必须研发材料焊接、金属制造、设计工程、实用热传导、合金开发/优化领域新技术。随着使用有益于环境的制冷剂日益增多，铜可以通过协同研发寻找更多的机遇点。

（12）电力驱动领域。铁路、船运、大型机械设备和汽车行业组成了使用电力驱动技术的最大市场，而在这个市场中，铜是必不可缺少的一部分。汽车电力驱动系统正在迅猛发展，并从相对简单的电机电力系统向高技术、更紧凑有效的方向发展。此外，高电流的电力电子和热控系统使用的铜零部件、电动车充电的设施，以及超导体驱动装置的发展潜力巨大，包括特大型的船用驱动电动机的建造。

（13）可再生能源领域。铜在绿色能源系统中，特别是在风力、潮汐、生物燃料、波浪、地热和太阳能发电厂的发动机、电力、电子、电缆、控制与保护装置中起着非常重要的作用。太阳能光电系统需要用铜来进行能量传递及接地，并用铜制造开关和控制系统部件。在海洋系统中，铜合金可以抗海洋微生物污染和海水腐蚀，使海水淡化成为合金管的一个重要消费领域。新的系统应该更加有效、并且对环境影响更小。

（14）水产领域。鱼养殖业是正在快速发展的价值数十亿美元的全球产业。铜合金有效地解决了海水养殖网箱所面临的重大问题。传统的网箱是用防污涂料和合成材料建造的，使用几个月后便会受到海洋生物（即藻膜、各种腕足类动物）的侵蚀。这种污垢减少了鱼获取干净的含氧水的机会，并为寄生物和病原体创造了滋生的机会。传统的网无法为保护鱼类不受海狮、海豹袭击提供强有力的屏障。铜合金的抗污、抗菌特性及其机械强度的结合，便可以解决这一问题。铜合金网箱可以保持数年无污，从而改善了鱼类的健康，提高了鱼类的生长率，并且不必清洁或替换网箱。铜合金网箱可以通过清除污染环境来减少或消除使用抗生素的必要性。铜合金结构的机械强度和弹性同时也防止了其他食肉动物的袭击或鱼群的脱逃。与合成材料制成的网不同，铜合金结构可以在报废后继续回收利用。在减少海水对铜合金的腐蚀率方面已经取得了巨大的进步，高级的网箱、平台、锚泊系统也已投入开发。

（15）抑菌表面领域。富铜表面能阻止有害病原体和真菌的生长。这种几乎是无与伦比的极其宝贵的特性，为空调系统接触面的铜和/或铜合金提供了巨大的应用机遇，也可能为其他领域提供应用潜力。尤其是需要经常操作或使用的医疗器械、家具、健身器械和公共建筑的接触面等都可以用铜来制造，以减少病原体包括多种有害的耐药生物的传播。建筑内的空气质量也可以通过使用铜制造表面抗菌的空气调节设备来改善。

新兴应用的出现为铜敞开了全新的市场，因此扩大了铜的用途，并增加了铜的用量。

1.5.2 产业发展态势

我国铜基原材料加工能力不断增强和铜矿资源缺口的不断扩大，使我国铜业融入到全球产业链和价值链中，云南作为重要的铜矿资源地和冶炼基地之一，在全球产业链和价值链中具有一定的地位。

1.5.2.1 铜产业的全球产业链形态

从铜产业的上下游关联看，铜产业完整的产业链是：铜资源地质勘探业→铜矿采选业→铜矿冶炼业→铜材加工业→铜产品商业→铜产品研发科技服务业（见图 1－12）。

由于铜应用领域广泛，开发历史悠久，铜矿作为不可再生资源，资源的稀缺性非常突

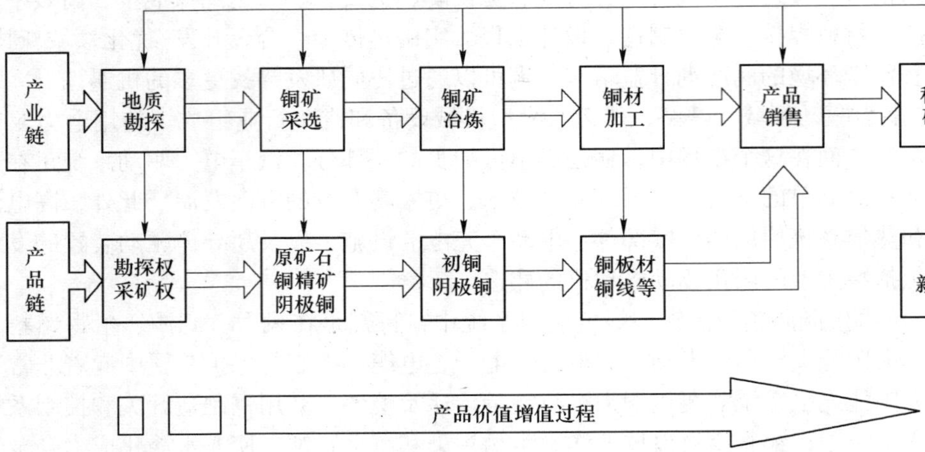

图 1-12 铜产业价值链示意图

出，而铜矿资源地理分布上的不均衡性和不可迁移性，更加剧了铜矿石的局部稀缺性，供需缺口不断扩大，因此，发达国家将铜矿作为重要的战略资源进行控制，封存国内铜矿资源，利用发展中国家推进工业化的机会，在全球范围内控制铜矿资源。一些矿产资源储量供给不足的国家（如日本），大量从国外进口资源，减少对国内矿山的投入，进行有计划的储备，推行海外投资立国战略，核心是积极推行海外矿产勘查补贴计划，鼓励境外开发，自主建设一批海外矿山，从而形成了矿业资本从发达的市场经济国家向资源丰富的发展中国家流动，即从加拿大、澳大利亚、美国、南非、英国等国家向全球数十个发展中国家流动，主要集中在亚洲各国、南美洲各国，在非洲各国矿业投资也出现增长趋势。

铜矿资源总体上的短缺和发达国家对铜矿资源的控制，使铜矿权价格不断攀升，铜矿石和精炼铜的价格也不断提高，在整个铜产业价值链中，利润不断向上游铜矿资源和冶炼环节集中，使铜加工环节利润不断变薄。

在铜材加工环节，当前世界铜加工产业分布格局正在发生重大变化，由于发达国家对环境污染控制越来越严格，导致美国、英国和法国的铜加工业停滞不前，工厂关闭，西欧和北美铜加工产能缩减，中国、印度等发展中国家在铜材加工方面的技术、劳动成本等优势和工业化进程中对铜材的巨大需求，使发达国家将铜材生产向亚洲，特别是向中国转移，使得中国、韩国和日本强劲增长，尤其是中国成为铜材加工生产第一大国，铜加工领域产能不断扩张，竞争激烈，利润空间越来越小，被称为处于“微利时代”。

尽管当前发展中国家铜材生产规模已经超过发达国家，但世界铜材生产的核心技术仍然被专业化国际跨国公司控制，特别是在高性能、高精度、高稳定性铜材生产技术的原始创新方面，专业化国际跨国公司的优势十分明显。在高端铜材环节，跨国公司凭借其垄断核心技术的地位，占据着高额的垄断利润。

铜业的全球产业价值链形成了利润空间集中在矿业权、冶炼环节和高端铜材加工环节，中低端铜材加工环节的利润空间最小的格局（见图 1-13）。

云南的铜业以矿山和冶炼业为主，当前处于产业价值链中利润较高的环节，由于中低端铜材加工业处于利润较低的环节，应该控制进入这个环节，并且高起点发展高端铜材加

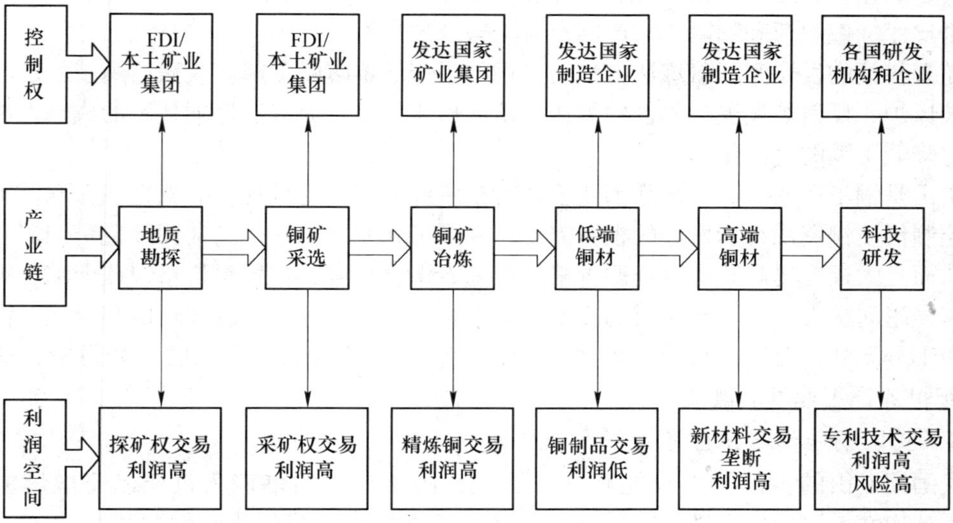

图 1-13 铜产业链价值增值示意图

工和技术研发，争夺进入利润空间大、增值效应强的环节。

1.5.2.2 铜采选冶工业正向发展中国家转移

由于矿产资源在地理上的不可转移性，在矿业全球化发展过程中，逐步形成了矿业投资资本和技术向质优价低的矿产集中区聚集，向发展中国家转移的趋势，形成了大型冶炼企业集中区。铜采选冶工业上游资源的稀缺性和区域不均衡性，以及铜冶炼业对能源供给和生态环境的压力，造成精炼铜的缺口不断扩大，铜冶炼环节的价值增值度比较高，利润空间也比较大。云南的铜冶炼业具有技术优势，在生产成本和产品质量上具有一定的控制力，可引进战略投资和尖端技术，高起点发展铜基新材料产业。

A 世界铜冶炼工业正在向发展中国家转移

随着国际区域经济的变化，世界铜采选冶工业经历了欧洲→北美→南美→亚洲（中国为主）的产业空间分布转换格局。

17~19 世纪，欧洲曾是铜的主要供给地。19 世纪末，美国开始开发巨大的铜矿，此后北美洲的炼铜工业得到快速发展。20 世纪 20 年代，美国的精铜产量约占世界总量的 60%。到 80 年代初期，世界上大多数含铜矿开采活动仍集中在发达国家，主要在美国、加拿大、南非和澳大利亚。此后矿业开采活动中心已经逐渐转移到南美，90 年代，南美洲的矿山铜和精炼铜产量已先后超过了北美洲。1993 年亚洲精炼铜产量开始超过北美洲，成为世界上精炼铜产量最多的地区。随后矿业开采活动中心发展到亚洲，中国又成为亚洲铜工业的中心，矿产铜和精炼铜的产量均居亚洲首位。2002 年中国精炼铜消费量和生产量第一次超过美国，成了世界精炼铜消费量最大和生产量居第二位的国家，仅次于智利。

世界铜矿山产量增加较多的国家是智利、秘鲁、俄罗斯、中国和赞比亚，减产国家有美国、印度尼西亚和加拿大。世界大型铜矿开发仍在积极进行，铜矿山开采以露天矿居多，采矿量约占 80% 以上。处理工艺仍以浮选为主，生产铜精矿供冶炼厂使用。大量的贫铜矿、氧化矿、尾矿则采用酸浸萃取法处理。精炼铜产量增长最快的国家是中国、印度、赞比亚、俄罗斯和韩国，减产国家有美国、加拿大和德国。

随着科技的发展和新冶炼法的采用，铜的生产成本不断下降。火法冶炼技术已经由传统的鼓风炉、反射炉发展为先进的闪速、熔池熔炼技术，而湿法炼铜技术的成熟发展更是极大地降低了铜的生产成本。

矿山是铜工业的基础，国际铜业公司对铜资源控制高度重视，一直把在全球范围内占有和控制优质铜资源视为发展的根本需要，许多可开发铜矿项目已被国际上跨国矿业公司控制，而且大幅度提高购买铜资源价格。伴随着铜价飙升，铜原料价格快速上涨，铜工业利润越来越向矿山和有自产原料的冶炼厂集中。全球主要的铜资源消耗国和企业对铜资源的争夺十分激烈，对铜矿权丰富的铜业公司的收购兼并成为大公司的争夺目标，这成为21世纪世界铜工业发展潮流。

B 我国铜采选冶工业不能满足国内需求

我国铜矿山的生产能力只能满足冶炼能力的40%，冶炼能力仅能满足电解能力的63%，结构性矛盾十分突出。冶炼和电解环节长期依赖大量的进口原料维持生产，也造成了加大能源供给和生态环境压力。铜冶炼是主要的高耗能行业，同时在冶炼过程中排放二氧化硫气体，单是大量能源消耗和废渣、废气就给能源供给和生态环境造成巨大压力。

我国铜采选冶工业集中在铜矿资源聚集区，但企业并购、重组和大型企业集团的建立是产业发展的基本特征。由于中国对铜的需求极度旺盛，供给不足，推动了铜采选冶工业的快速扩张。中国的铜自给率仅为65%，其余35%的缺口依赖进口。2010年中国精炼铜产量为457.3万吨，同比增长11.3%。

在炼铜技术方面，我国以火法为主，湿法炼铜技术规模较小。由于我国本身产铜少，冶炼技术远远落后于欧、美、日等国，很长时间内，国内湿法炼铜不会整体降低冶炼成本和铜价，我国仍将以进口中高品位铜精矿和精铜为主。

针对铜冶炼能力不足的问题，我国加快铜产业重组步伐，建立大型铜业集团。国内一些大型企业开始进行跨行业投资，如中铝2005年底重组洛阳铜加工集团和上海有色，2007年入主云铜集团。同时加速矿产资源勘探与开发，提高铜原料的自给率。如江铜集团控股四川康西铜业，其粗铜全部供应给江铜集团，康西铜业为江铜集团在中国西部搭建了一个控制资源的平台。2007年紫金矿业公司与安徽铜陵公司、厦门建发联合收购英国MONTERRICO公司，该公司在秘鲁拥有储量可观的铜矿床；中铝收购秘鲁铜业。金川集团有限公司通过参股加拿大一家矿业公司，得到了该公司在我国西藏雄村铜矿5万吨/年铜精矿的购买权。

C 云南铜采选冶工业具有技术优势和产品质量优势

云南的铜采选冶工业属于传统产业，开发历史悠久，产业集中度较高，经过多年的整合，已经形成了技术优势和竞争优势明显的产业，并不断向产业链后端延伸。

2009年云南精炼铜产量34.09万吨，增长14.2%，占全国的7.45%。云铜集团是云南唯一的大型铜生产企业，现拥有铜冶炼能力25万吨/a。云铜集团现有矿产资源主要以铜矿为主，共拥有铜矿山五座，分别为金沙矿业股份公司、玉溪矿业公司、楚雄矿冶股份公司、星焰公司、凉山矿业股份公司。

云铜集团下属矿业公司在云南拥有极高的产业集中度，在全国也占重要地位，对其进行研究具有典型性和代表性。云铜集团显著的优势是冶炼技术先进、冶炼成本低，已经掌握的艾萨炉熔炼工艺同闪速炉相比，艾萨炉具有较明显的优势，即结构和工艺简单，配料水分不需深度干燥，对物料粒度要求较低，热损失较小，烟尘率较低，需要重复加工较少，效率较高等；主要劣势为炉衬寿命较短。由于艾萨炉存在工艺优势，云南铜业集团的冶炼成本大幅下降，吨铜冶炼成本低于同行企业。

云铜集团与广州有色金属研究院着力研究多金属矿采选技术，针对羊拉铜矿矿石的工艺矿物学特点，采用粗精矿再磨及中矿磁选脱除磁黄铁矿的措施，形成一套有效解决羊拉铜矿铜硫分离困难、铜精矿品位难以提高、铜回收率偏低的方法，获得铜精矿品位20.17%、铜回收率82.07%，铜精矿含金1.23g/t、金回收率18.36%，铜精矿含银229.10g/t、银回收率46.08%的指标，且尾矿水达到了国家排放标准。云铜集团采用“富氧顶吹铜熔池熔炼技术”，使得粗铜冶炼的技术和装备达国际先进水平，降低了能耗，提高了循环利用率；并就铜电解阳极泥的综合利用，应用真空冶金技术开发高附加值产品。2006年铜冶炼系统万元产值能耗（标煤）降至106kg，每吨粗铜煤耗降为430kg，水循环利用率达85%，均属国内领先水平，成为国内有色金属行业节能降耗的典型。

由于我国精炼铜缺口较为严重，铜材加工业普遍面临着上游原材料的短缺，云南在铜冶炼方面具有技术优势和一定的控制能力，为高起点发展高纯铜和铜基新材料奠定了坚实基础。

1.5.2.3 传统铜材加工业存在过度竞争

传统铜材加工制造是相对于铜基新材料加工制造而言的产业链环节。铜材加工业作为装备制造业的配套产业，受产业链后端消费需求和运输成本的影响显著。我国改革开放以来的出口导向型发展模式，使众多铜材加工业以“两头在外”的加工贸易模式聚集在沿海地区，尤其是浙江聚集了我国主要的铜材加工业。我国的中低端铜材加工业技术成熟，面临着产能过剩、过度竞争，价值增值低等问题。

A 世界传统铜材加工业正在向中国等发展中国家转移

世界铜加工产业总体上铜材加工从发达国家向中国等发展中国家转移。由于中国、印度等发展中国家正在快速实现工业化，对铜材需求不断增长，成为推动世界铜材消费增长的主要力量，因此世界铜材生产出现了向发展中国家转移的大趋势。发达国家铜材产量、消费量的增长十分缓慢，而中国、印度等发展中国家铜材产量、消费量却在成倍增长。据分析，发达国家已经完成了工业化进程，不可能再进行大规模电力等基础设施建设，对铜材等基本原料的需求也就不会出现明显增加，产业规模扩张失去支撑。但随着经济的发展，中国、印度等发展中国家电力等基础设施建设将进一步加强，对铜材的需求处于增长阶段，市场的扩大为产业的扩张提供了坚实基础，在全球铜材生产中的地位还将进一步提高。

世界铜加工业发展的主要特点：一是线棒材的产能普遍增加；二是铜加工材重心继续向中国转移。中国、韩国和日本强劲增长，美国和欧洲缩减产能。由于美国、英国和法国的铜加工业停滞不前和工厂陆续关闭，使得西欧和北美铜加工产能增加缓慢，铜合金棒材产量的增加主要集中在中国（见图1－14）。

中国铜加工材产量以每年10%以上的速度增长，2010年全世界铜加工材总产量约

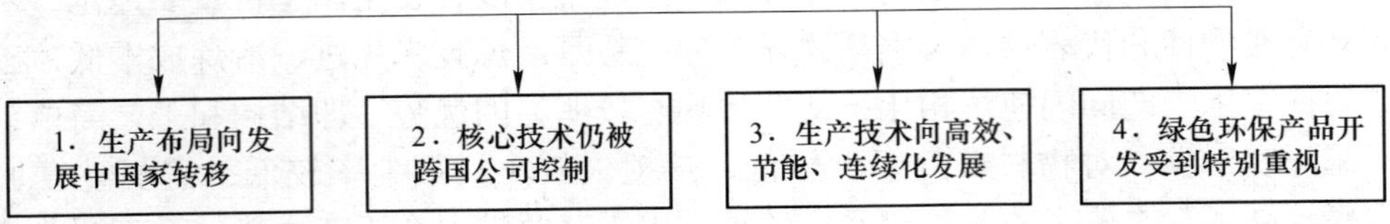

图 1 – 14 世界铜加工业发展趋势

1910 万吨，其中中国铜加工材总产量已达 1009.3 万吨，居世界第一位。

以美、日、德铜加工发达国家为代表，铜加工企业在 20 世纪末期已基本完成了优胜劣汰、兼并重组的整合进程，建立了跨国集团并进行全球化经营，如 KME、Wieland、Olan、三菱等公司。欧洲金属公司 KME，几乎囊括了全部铜加工材品种，在世界主要地区都设有分支机构，年铜加工能力达到 85 万吨。日本企业引导世界铜加工向精细方向发展，在铜合金引线框架等高精带材研发和生产上处于世界领先水平。

未来几年国际铜加工业的发展趋势、企业数量和规模相对稳定，在铜加工工艺、铜加工装备、企业建设上分别向着精细化、智能化、大而强、专而精的方向发展。

B 我国传统铜材加工业集中在沿海地区

我国既是传统铜材生产大国，也是消费大国，我国精铜消费中，电力行业大概占到 55% 左右，电子电器约占 35%，建筑、交通运输在 10% 左右。铜材加工产品种类繁多，有板、带、排、管、棒、型、线等各大品种。我国铜加工业发展迅速，铜加工材约有 250 种合金，近千种产品品种，已成为世界上重要的铜材生产、消费和贸易大国，产量连续五年居世界第一位。2010 年中国铜加工材产量为 1009.3 万吨，占世界铜加工材产量比重高达 52.8%（见表 1 – 11），2010 年铜加工材进口 72.4 万吨，出口 27.3 万吨。可以看出，中国铜加工材的生产不能满足国内的需求，净进口 45.1 万吨。由于上游铜矿资源和精炼铜价格高，铜加工企业竞争激烈，以及金融危机影响下世界铜加工材消费需求低迷，铜材加工业进入微利时代。

表 1 – 11 2006 ~ 2010 年世界主要铜材生产国产量 （万吨）

年 份	2006	2007	2008	2009	2010
世界总计	1599.4	1783.2	1919.6	1720.1	1910.0
其中：法国	66.7	53.6	47.6	31.6	37.5
德国	187.0	185.8	177.3	135.3	136.0
意大利	142.7	135.4	118.9	93.7	97.5
日本	181.6	178.0	168.5	124.8	144.7
韩国		126.0	117.1	125.9	146.5
美国	339.3	316.7	281.2	213.1	231.0
墨西哥	33.7	40.6	39.2	13.7	10.9
中国	532.4	630.2	836.7	873.6	1009.3

注：数据来源于安泰科。

2001 ~ 2009 年，我国铜加工材的生产量以年均 20.9% 的速度增长。2009 年的生产量为710.5万吨。三大主导产品铜板带、铜管、铜线的产量，在2009年分别达到125万吨、116万吨和356万吨。在铜材总产量中的比例分别为17.6%、16.4%和50.1%。从增长速度来看，2001~2009年，铜板带的年均增速为18.0%、铜管为18.8%、铜线为25.7%。

我国铜材加工业主要集中在沿海地区，大批“两头在外”的铜材加工贸易企业造就了产业聚集在长江三角洲、珠江三角洲、东北环渤海地区，全国80%的铜加工企业分布在这三个地区，而这些地区是我国经济比较发达的地区，是我国加工制造业三个生产中心，也是我国铜消费集中地区。如2007年浙江规模以上铜加工企业达到230多家，连续10年处于全国第一，宁波、绍兴、金华、温州、台州五市的铜加工材产量占浙江省的85%以上。这些地区逐步形成了产业化规模优势和专业市场，铜加工产品与下游产品的关联度不断提高，如永康的铜加工业与五金业、上虞的铜管与制冷设备制造业、温州的铜板带与低压电器业、玉环的铜棒与水暖五金业、宁波铜加工与日用家电业、诸暨店口铜管棒与华东汽配五金水暖城之间形成了产业链关联优势。涌现出海亮股份、博威合金等一些有国际竞争力的企业。通过引进和国产化建设，我国铜加工业装机水平已接近国外先进水平，铜加工设备制造水平也有重大进步，设计和制造重型和精密生产设备能力增强，国产设备具有质优价廉的优势。

我国对铜资源的大量需求，并非都用于国内消费，其中部分半成品或铜制品直接用于出口。我国铜材加工业的迅猛发展，导致部分铜产品供过于求。低档次的普通铜箔和铜板带产品的过剩，只能通过出口来加以消化。世界铜加工跨国公司已经或即将在中国投资设厂、建立独资或合资企业，如日本三井、三菱、福田铜箔，德国威兰德、北德金属，美国奥林黄铜公司、耶兹公司，芬兰奥托昆普公司，加拿大VICEROY-CAPITAL公司等。此外，韩国和中国台湾地区的许多铜加工企业，也不断在江浙沿海地区投资设厂。虽然世界铜加工中心向中国转移，但价值链效益差，环境代价高，而高性能、高精度、高稳定性铜材生产的原始创新技术仍然被专业化跨国公司控制。

因此，我国虽已成为全球铜加工大国，铜管等部分铜加工产品在国际上开始具有重要影响。但是与美国、日本、德国等世界铜加工强国相比，我国铜加工仍存在较大差距，突出表现在自主创新能力有待提升；产品生产以中低端产品为主，高端产品仍大量依靠进口；国际化经营程度不高，全球竞争力尚未形成；生产经营的专业化低，缺乏核心竞争力。我国还不是世界铜加工强国，主要表现为高端产品生产开发能力薄弱。

铜加工材的消费也逐步从沿海向中西部地区转移，虽然我国铜加工业面临着突出的产能过剩问题，但各地从发展当地经济、提升产品价值与搭建融资平台等要求出发，不断扩大铜材加工生产规模。已经投产的大型项目主要有：中铝洛铜10万吨高精度电子铜板带项目，总投资22.17亿元；中铝华中铜业公司高精度铜板带一期6万吨工程，总投资21亿元；金川集团6万吨精密铜管棒项目，总投资14.9亿元；金源铜业30万吨光亮铜杆新生产线，投资2亿元。

我国的铜加工行业已经步入到一个前所未有的全新发展阶段，也处于一个相当激烈的竞争时代。

C 云南在传统铜材加工业没有竞争优势

云南虽然是我国铜冶炼优势省份，但由于地处边疆，在出口导向战略中不具有区位优势（毗邻的越南、老挝、缅甸等国铜材消费水平极低），省内经济发展相对滞后，五金、家电等制造业等发展缓慢，对铜材的消费水平低，因而铜材加工业整体上规模小，发展缓慢，没有竞争优势。云南铜材加工能力约 10 万吨，其中云铜 6 万吨，昆明电缆 2 万吨。云南铜业集团是云南最大的铜生产基地，拥有 19 个系列、180 余种产品，其中高纯阴极铜国内市场占有率为 12%。

随着我国铜材加工业从东部沿海向中西部地区的扩散，铜材从出口需求、东部沿海消费需求向中西部地区消费需求逐步转移，但就国内技术成熟、产业规模正在快速扩展且利润很薄的传统铜材加工产品而言，发展的空间已经不大。

而针对我国在电子信息、高速铁路、高压特高压电线电缆、航空航天、国防工业等领域严重依赖发达国家进口的铜基新材料，是发展空间广阔的领域，是云南铜材加工业的发展方向。只有高起点发展面对这些领域存在着缺口的铜基新材料，才能在激烈的铜材加工业中具有竞争力。

1.5.2.4 铜基新材料具有巨大发展空间

铜基新材料是各国竞争的制高点，是高端应用领域，处于垄断地位，具有垄断利润，是价值增值很高的环节。发达国家已开发出的高端铜基新材料技术和装备，对中国等发展中国家严格封锁，以获取价值链高端的垄断利润。我国铜基新材料中的高端产品生产开发能力薄弱，多年来一直大量进口高端铜板带箔材。2006 年进口高端铜板带 27.0 万吨，箔材 33.2 万吨；而 2007 年分别进口了 24.4 万吨和 33.0 万吨。我国进口的高端铜板带主要是电子工业用铜板带，以引线框架铜板带为主；进口铜箔中主要是轧制 0.02 ~ 0.05mm 铜箔和电解铜箔。如果我国现有和在建铜加工企业全部采用世界和我国先进技术装备，大力开展技术创新，完全可以生产高端铜板带箔和管棒型线材，以替代进口，占领国内高端铜材产品市场，具有良好的经济效益。

A 主要高端铜基新材料

高端铜基新材料主要有：

（1）高铁用铜合金导线。随着日本新干线的建成并投入使用，高速铁路的实际应用到了一个新的阶段，法国的 TGV 高速列车的开通使高速铁路的车速又得到了很大的提高，20 世纪 90 年代德国 ICE 列车的运营最高时速达到 300km/h。

我国的高速铁路也迅速崛起，技术已经处于世界前列，而且车速仍在不断提高。由于车速的不断提高，对供电线路的导线材料要求也不断提高，常规导线已难以满足高速列车的要求，对于铜合金导线的需求越来越大。云南铜业集团已经研发出铜锡合金导线，适用车速为 250 ~ 300km/h；铜镁合金导线，适用车速为 300 ~ 350km/h；铜铬锆合金导线，适用车速超过 350km/h。其中铜锡合金导线及铜镁合金导线已经开始生产并投入使用，铜铬锆合金导线则仍处于研究开发阶段。云南铜业集团与苏州研究院、北京有色研究院合作研发铜铬锆合金，远期经济效益可观，但存在于市场推广中的一些问题仍待解决。

（2）电动机用铸铜转子。与铸铝转子相比，铸铜转子具有损耗低、效率高、温升低、可靠性高、振动小、噪声低、低成本、体积小、质量轻等优点。对建设资源节约型和环境友好型社会及实施可持续发展战略有着重要意义。在第十八届全国发明展览会上，铸铜转子作为云南铜业唯一的参展项目，在展会上赢得了众多专家的关注和好评。铸铜转子项目以节能、环保、节材的产品理念，以及世界先进的制作工艺，获得了金奖。2009 年在欧洲国际发明展获得了最高奖——“Genius Cup”。

铸铜转子从技术向产业化转化还存在诸多困难，一是对电动机节能标准的设定尚不利于铸铜转子的推广运用；二是利用铸铜转子来替代铸铝转子制作电动机还需要不断降低综合成本，铸铜转子的生产模具寿命短，导致铸铜转子的综合成本比铸铝转子高，制约着铸铜转子的产业化，需开发使用寿命更高的模具；三是铸铜转子的产品合格率有待提高，平均产品合格率不到80%，影响着铸铜转子的产业化和规模化；四是需要建立一套完善铸铜转子产品的检测机制。

(3) 电线电缆用无氧铜。随着电气工业中的线缆行业和通信传输的日益发展，对高电导率、低含氧量、大伸长率和优良的表面质量的铜导体提出更高要求。国际上普遍采用的先进工艺是采用上引连铸—冷轧新工艺生产大长度、高电导率、光亮无氧铜杆，以取代熔铜压延老工艺生产的酸洗黑铜杆，此方法具有工艺先进、质量好、成本低、投资少以及无公害等优点。中铝华中铜业公司已能生产8000余米超长高精度射频电缆无氧铜带（C10100），达到国际先进水平。云南省也已经能够生产出合格的无氧铜杆，可与华中铜业公司合作来开发更先进的无氧铜，形成中铝的优质品牌。

(4) 纳米氧化铜。氧化铜是一种重要的工业产品，作为一种重要的无机材料广泛应用于各个领域。纳米氧化铜粉体具有表面效应、小尺寸效应等纳米效应，使其在电、磁、催化剂等方面表现出不寻常的特性。例如，在催化方面，纳米氧化铜对一氧化碳、乙醇等的完全氧化都具有较高的催化活性，纳米氧化铜对甲苯的完全氧化、苯合成苯酚、直接合成三乙氧基硅烷和高氯酸铵的热分解均有很好的催化作用；在传感器方面，氧化铜用于传感器的包覆膜，使传感器对一氧化碳的选择性和灵敏度均有了较大的改进；在电池行业，纳米氧化铜可用作高性能锂电池的阳极材料和太阳能电池的阴极材料；此外，纳米氧化铜还用于玻璃、制陶添加剂或着色剂、尾气净化材料、木制品防腐漆、触点材料、储氢材料等。

国内对纳米氧化铜的研发已取得一定进展，但云南发展纳米氧化铜的产业化条件尚不成熟。

(5) 电解铜箔。我国电解铜箔产品生产已涵盖低、中端产品和部分高端产品，生产企业发展模式大体上有国内技术改造型、引进国外技术型、引进国外技术和设备型、与外方合作经营且全套技术设备由外方提供4种模式。由于研发力度不够，我国铜箔生产制造技术水平与发达国家相比还有一定差距。我国已成为世界印制电路板的第三大生产国，电子行业的快速发展，对高档电解铜箔的需求量大幅增加，但受发达国家铜箔生产技术垄断影响，我国高档电解铜箔大量依靠进口，尤其是高档超薄电解铜箔、高性能电解铜箔等产品，只有日本、美国的企业能够批量生产。

(6) 铜钨合金。铜钨合金在军用耐高温材料、高压开关用电工合金、电加工电极、微电子材料等方面有着广泛的应用。我国在生产铜钨合金的技术上还是处于领先地位，沈阳有色金属加工厂采用真空熔铸—水封挤压、淬火—拉伸—时效—拉伸的生产工艺生产铜钨合金。

(7) 氧化亚铜。氧化亚铜是一种金属缺位P型半导体材料，具有价廉、制备成本低、储存量广、易于操作、理论转换效率较高、无毒等优点。作为一种具有独特光学与磁学特性的半导体材料，氧化亚铜在太阳能转换、电极材料、电子学、磁储存装置、生物传感及催化方面有着广泛的应用。随着太阳能电池产业的飞速发展，利用半导体材料将太阳能直接转换为电能和化学能成为研究热点，因此氧化亚铜薄膜在太阳能电池的开发和利用方面具有很大潜力。国内生产氧化亚铜的技术已较为先进，但云南在氧化亚铜特别是纳米级氧化亚铜的研发和制作方面尚且处于起步阶段。

（8）铜铟镓硒薄膜太阳能电池。在传统的铜铟镓硒太阳能电池中，由于含有很少的重金属镉元素，使其不能成为真正的无污染的绿色电池。选用无镉材料来替代缓冲层硫化薄膜是发展铜铟镓硒太阳能电池的必然趋势。美国、日本、德国、瑞士等国的研究机构在铜铟镓硒太阳能电池研发中处于领先地位。中国对铜铟镓硒薄膜太阳能电池的研究在20世纪80年代开始起步。南开大学在多方面支持下建立了“铜铟硒薄膜太阳能电池试验平台与中试基地”，并在铜铟镓硒太阳能电池材料、器件的研究上及相应的工程技术上取得了多项突破，在玻璃衬底、不锈钢和聚酰亚胺柔性衬底方面均取得了标志性成果。其他研究单位如北京大学、清华大学、上海大学、中电集团十八所、上海空间电源研究所、中科院深圳现代技术研究院、上海技术物理所、上海硅酸盐研究所等，也进行了大量的基础研究。但就云南而言，并没有相关的机构或者研究人员对此进行深入研究。

（9）高纯铜。高纯铜具有很小的晶界面积，晶格缺陷少，其某些性能与金相似，具有良好的导电性、延展性、抗腐蚀能力和表面性能，同时软化温度很低。高纯铜在极低的温度下具有高的导热性，且具有优良的加工性能，可被拉成很细的铜丝，也可被压制成很薄的铜箔。当高纯铜中硫含量极低时，铜的脆性消失；当杂质氧含量很低时，高纯铜的氢脆性也会消失。

由于高纯铜特别是超高纯铜比一般的铜具有更多优良性能，甚至能被用作代替一些成本较高的金属，因此已广泛用于电子、通信、超导、航天等尖端技术领域。主要应用于：1）黏结金属线，即以铜线替代金线用作集成电路的连接金属线以降低成本。2）高级音像制品。高纯铜应用于音像制品可大幅度提高声音传输的保真度，6N高纯铜线已被用于制作高级音箱导线以提高播放声音的逼真度，还被用于扬声器线圈、录像机、高清晰电视等电器产品中。3）耐疲劳电缆。高纯铜的柔韧性、导电性和抗疲劳性能，用于工业机器人及其内部大量的电缆，能大幅度提高机器人的使用寿命。4）数据线。用7N和8N的超高纯铜制成的AV电缆线能极大地提高数据传输的保真效果。5）其他。充分发挥高纯铜的性能，以实现低成本、减量化、高效率目标的应用。

高纯铜的制取是以粗铜为原料，进一步去除其中的杂质，得到5N～7N的高纯铜，主要方法有：1）电解精炼法，即制取高纯铜最主要的方法。电解精炼技术最成熟、应用最广泛，在大规模生产高纯铜的方法中，电解精炼制备超高纯铜的关键是对电解液进行高度纯化，原料是一般电解后得到的阴极铜，通过再电解将铜的纯度提高。2）区熔精炼法。国外学者将5N电解铜作为原料，采用区熔精炼法得到迄今为止最高水准的高纯铜，区熔精炼法有漂浮区熔精炼法和添加脱硫剂的区熔精炼法。

云南在电解铜的冶炼方面有技术优势，为研发制取高纯铜奠定了良好的基础，可将高纯铜新材料作为重要发展方向。

B 云南开发铜基新材料已处于领先水平

云铜集团等骨干企业已经开展了一些研发项目，具备了生产能力，如铸铜转子、高铁接触线、铜铬锆合金导线、铜锡合金导线、铜镁合金导线等。云铜集团生产的铸铜转子可以使电动机效率提高2～7个百分点。通过自主研发，云铜集团已生产出近40个规格的铸铜转子，应用到了工业、家电、航空、航海、军事等多个领域。我国加大铁路基础设施建设，使云铜集团研发的高速铁路接触线具有良好的市场需求，在高速轨道交通运输专用导线材料研究开发方面已成功将技术成果产业化，已形成超过7万吨/a的$\phi8\sim23$mm铜及铜合金异型材的生产能力。我国仅有三家企业能够生产这种合金产品，基本上处于供不应求状态。

1.5.3 技术分析

铜的优越性能使人类对铜的应用范围不断扩大，将铜的优越性能最大化地应用在社会生活各个领域，是铜新材料的技术研发导向。

1.5.3.1 铜新材料的世界性技术分析

虽然人类已经围绕着将铜的优越性能尽可能发挥的理念开发出较多新产品，但还不能满足人类社会不断进步的需求，铜基新材料的开发还存在着许多世界性的技术缺口，这些也是发达国家在铜基新材料上的研发方向。如高强度弯曲的连接器、复合的热交换材料和不易变色的铜表面等，还需要进行材料加工技术的革新。

（1）在合金的研发方面：不含铅和铍等有毒元素的具有卓越力学性能的合金、抗变色合金（尤其是含抗菌特性的合金）、使用环境友好型元素制成的高强度合金以及诸如半固体铸造之类的特定应用的优秀合金等还存在着技术缺口。

（2）在铜基新材料的微观结构方面：在导致先进铜材料的变形、降解、断裂的复杂的动态微观机理，满足应用部门更高质量水平的复合材料和单金属的理论、探测，改善加工、制造及装配过程中的瑕疵并追踪新应用中瑕疵的技术，合金设计和制作优化的仿真数据等还存在着技术缺口。

（3）在铜表面方面：对各种复杂零部件接口的操作和控制的技术，能够进行铜离子释出的自修复涂层技术等还存在着技术缺口。

（4）在铜基新材料的外形设计方面：在改善铸造模型以不断提高产品精度的技术，使用金刚石、类金刚石涂层、陶瓷等新切割工具材料的技术，在高温气体成型、半固体加工、铜压铸等成型工艺上的更高技术等领域还存在着突出的技术缺口。

（5）在连接方法方面：铜与其他材料制造更耐用的接口、采用更新的连接技术及电子束、铜钎焊、激光等先进连接技术等方面还存在着技术缺口。

1.5.3.2 我国铜新材料技术分析

A 我国已开发出的铜新材料及先进技术

2000年以前，我国的先进加工设备及技术主要以引进为主。在引进的基础上，进行消化吸收及模仿。2000年以后，我国在研究开发和创新方面取得较大进展，并取得一定成效，研究开发的部分加工技术及装备已处于国际先进水平，开始向国外出口铜加工装备及技术。云南也加快了铜基新材料的研发，在几个新材料品种上具有优势。

我国铜加工先进技术主要有：

（1）先进的紧凑型多面多头水平连续铸造技术。由宁波金田集团自主研究开发的高效、节能、环保紧凑型多面多头水平连续铸造技术，能同时连续铸造48根不同直径的坯料。该技术的特点是具有多面、多流、多头的布置，能连续铸造多种不同规格产品；设备具有大容量、高效、节能的特点。该公司研究开发的潜液转流技术和铜熔炼烟尘搜集系统，提高了熔体的质量，可快速调整铜合金的合金成分，解决了精炼工艺、熔炼覆盖和过滤等遇到的常见问题。另外，该技术能够采用废杂铜为原料生产高质量铜合金，同时减少气体排放。

（2）先进（内螺纹）铜管生产技术。以河南金龙集团为代表的先进的铜管生产技术具有高效、节能、流程短等特点，是我国自主研究开发的新工艺。该工艺改变了传统的挤压开坯生产高性能铜管的方法，它的技术要点是连续铸造生产 ϕ90 ~ 110mm（壁厚为20mm 左右）管坯，管坯通过表面铣削后，进行三辊斜轧一次大变形后变至 ϕ42mm × 4mm 规格，然后进行双连拉拔、盘拉（游动芯头拉伸），再进一步可以生产内螺纹管。该技术已经成为全球生产紫铜管的主导加工技术，已经成功应用于生产白铜管。

（3）连铸连轧生产高性能铜合金导线技术。在引进国外先进连铸连轧设备的基础上，我国已经较普遍采用高效的连铸连轧技术生产电工铜盘条。国内不少企业将该技术进一步发展，并有所突破，一是能自己设计和制造各种规格的连铸连轧生产线；二是采用连铸连轧方法生产铜合金导线，如采用连铸连轧生产铜银、铜锡等合金线杆材，再进一步加工生产高速铁路的导电线。我国自己研究开发的成套装备，工艺为熔炼—连续铸造—连续轧制，直接生产出 ϕ10 ~ 18mm 铜合金盘条，进一步加工可以制备高速铁路用导线。

（4）Conform 连续挤压技术。Conform 连续挤压技术的特点是坯料不需加热，摩擦所产生的热量能使被挤压坯料温度上升到 400 ~ 600℃，实现热挤压；设备紧凑、占地面积小、设备造价及基建费用较低；可比常规正挤压的能耗降低 30% 以上；能大幅度地减少挤压压余、切头尾等几何废料，提高材料利用率，是一种高效、节能的生产方法。我国将 Conform 连续挤压技术应用在铜合金生产方面取得了重要的进步，国内已经普遍采用 Conform 连续挤压技术生产铜合金扁带。设备分单轮单槽、单轮双槽、双轮双槽等多种结构形式，能生产多种产品。

（5）其他新技术进展。在高精度铜材加工技术方面，我国已研发出厚度 0.05mm 以下的汽车水箱用超薄铜带加工技术和产品，以及厚度为 13 ~ 35μm、宽 1500mm 的电解铜箔和厚度为 6 ~ 9μm 的超薄电解铜箔加工技术和产品，并成功开发出空调器用铜合金管；在特殊铜合金方面，已经成功研发出汽车行业用耐磨铜合金同步齿环材料，特殊黄铜弹性材料，铜合金记忆材料，铜锰系铜合金阻尼材料及艺术铜、货币铜合金材料。在高性能铜合金研究方面，我国也实现了一些突破，研制出的纳米孪晶纯铜拉伸强度高达 1068MPa，是普通纯铜的 10 倍。反向挤压法在大规模生产易切削黄铜棒材方面的应用越来越多。在覆铜箔板生产工艺方面国内最先进的方法是连续挤压法。

另外，国内的一些先进技术有：由北京有色金属研究院发明的一种适用于引线框架用铜合金的复合变质剂，一种铜铬锆系合金的制备和加工方法，一种铜镁中间合金、一种铜锡锆中间合金以及高强高导铜合金的制备方法。由云南铜业股份有限公司和北京有色金属研究院发明的一种接触线用铜合金。由云南铜业股份有限公司发明的一种向铜液中添加合金元素生产铜合金接触线坯的方法以及一种铜锡合金导线的生产方法。

在对铜基新材料的开发研究方面，云南可以说处于相关行业的领先地位。云南铜业集团已经成功研制出高铁用铜铬锆合金接触线以及其他高铁用铜合金导线，现在正处于高铁用铜合金导线的产业化以及对相关产业链进行完善的阶段，相信在不久的未来高铁用铜合金导线及其相关产业就可以实现产业化。云南在电解铜箔方面正在努力降低铜箔的厚度，相关技术还处于研发阶段。铜铟镓硒薄膜太阳能电池也处于实验室研发阶段。

B 我国欠缺的铜新材料及先进技术

我国是铜材加工大国，但还不是铜材加工强国。我国铜加工企业的技术创新，基本还处于引进技术再创新阶段，原始创新能力仍比较薄弱。如在微电子集成电路引线框架材料方面，发达国家已形成高强高导、高强中导、高导电等系列产品，带材厚度下降到0.10mm，精度提高到±0.001mm，引领世界铜轧制发展方向，但我国还不具备这样的技术。再如我国在再生铜直接利用技术、合金管材盘拉技术、高效传热铜管生产技术、引线框架铜带生产技术、高性价比铜加工设备及整条生产线制造技术等方面还存在着技术缺口，还没有形成具有自主知识产权的核心技术，需要加强集成创新，尽早实现产业化。

我国铜加工技术创新的核心导向是缩短工艺流程、取消和压缩热加工工序，可以达到节能、环保、降低生产成本、提高生产效率、减少金属消耗的目的，使铜加工生产过程进一步向节能、节材、环保方向发展。

我国研发出来的很多先进技术并未得到广泛推广，产业化程度低。对许多生产流程短、节能、环保、高效的潜流式铸造、连续挤压、管材行星轧制等技术还未建成连续化、自动化的现代化生产线。

C 云南的铜新材料技术缺口分析

在铜矿山技术方面，虽然开发出针对云南铜矿山成矿地质条件复杂、伴生矿多、难选等特殊条件，形成了技术优势，但云南铜矿品位低于世界水平，矿山经济效益较差，矿山信息化管理技术、无人采矿技术、铜矿资源综合利用技术等方面还存在技术缺口。针对云南复杂地质条件下的铜矿成矿理论研究和探矿技术也存在技术缺口。

在铜合金方面，由于铜易于与其他金属形成合金，但除导向用铜铬锆合金、铜锡合金、铜镁合金外的很多种合金的应用还属于未知，相关的开发和应用技术存在着缺口。

在铜转子方面，适用模具的生产技术仍然欠缺，柔性、耐热的镍基超级合金代替钢模具的技术尚未掌握，低成本的增加定子绕组密度以降低电力损耗的技术还有待于研发。

在高纯铜方面，云铜集团已经能生产4N的高纯铜，但在5N以上的高纯铜制备技术方面还存在着技术缺口。

企业积极性不强、人才短缺、产学研结合不紧密以及高端铜基新材料应用领域的进入壁垒，是当前解决技术缺口面临的关键问题。

1.5.4 产业发展潜力分析

在铜产业链上，具有收益递增空间的环节是具有一定控制力的领域。通过前面的分析可知，云南在铜矿资源领域有一定的控制力，在铜冶炼领域有较强的控制力，在传统铜材加工业领域没有控制力（因为各地都是在微利空间中通过做大规模来获取利润）。在高端铜基新材料领域与其他地区基本处于同一起点上的竞争，各地都有部分先进技术和研发能力，但这个环节的产品要进入航天、国防等领域存在壁垒，若突破这个壁垒，则具有巨大的发展空间。

1.5.4.1 铜矿资源链发展空间较大

铜矿资源的稀缺性会随着工业化进程的加快和应用领域的扩展不断强化。云南具有良好的铜矿资源成矿条件，铜矿资源后续勘探增加储量上有一定的潜力。云南优势企业“走出去”到东南亚、南亚合作开发的铜矿资源具有政策优势。因此，在铜矿资源环节，云南的发展空间和增值空间相对较大。

1.5.4.2 铜采选冶链有较大发展空间

在铜采选冶链环节，云南具有较强的控制力，具有较大的收益递增空间。由于铜精矿供应紧张，价格持续上涨，形成了铜矿业滞后于铜冶炼与加工业的发展格局，国内铜冶炼企业一直在努力扩大产能，经过产业整合、上市融资等举措，国内铜冶炼的产业集中度在不断提高，云南是铜冶炼的优势区域。而随着国内铜冶炼能力的扩张，国内铜精矿自给率还在持续下降，铜产业结构矛盾十分突出，我国的铜矿资源、铜精矿的下游产业对进口的依赖性越来越强。

因此，在铜采选冶环节，利用云南在复杂成矿条件下的铜矿开采技术，复杂难选、多金属伴生铜矿选矿技术，湿法炼铜技术，低品位矿选矿技术等已经形成的技术优势，推广应用于云南铜矿资源开发，到东南亚、南亚国家投资，应用于这些地区的铜矿资源开发，不断提高资源综合利用率，进一步改进节能降耗技术、工艺和装备，努力降低环境污染，是先进技术与铜采选冶环节的深度融合，具有较大的发展空间，是需要重点推进的环节。

1.5.4.3 铜新材料链有巨大发展空间

我国铜消费的70%集中在电线电缆行业，电线电缆行业的发展对铜材加工业的发展至关重要。长江三峡水电站及西部水电站的建设，“西电东送”工程和全国统一电网的形成，给架空线路和电力电缆的发展带来机遇；电信工业继续大力发展，将促进通信电缆及光缆的持续发展；建筑业在21世纪初成为支柱产业，给建筑用线及其电气装备用线缆带来较大商机；汽车工业的快速增长使汽车用线及漆包线获得快速发展；铁路装备水平的提升，为电气化机车铜合金接触线、机车车辆用线、绕组线、专用光缆、数据传输电缆等提供了市场；船舶工业的发展将给船用电缆带来商机，同时船用电缆的更新换代也将提速。随着农村电网改造工程的结束，我国将进入主干电网、城市电网的建设高峰期。“西电东送”工程、水电站、电站的建设以及电信工业的发展，也将给电线电缆业带来新的机遇。围绕着这些领域加快铜基新材料的研发，不但能够加快铜产业链的延伸和对传统铜材加工业的改造，而且对提升我国在以上领域的技术创新具有重要作用。

发挥云南已具有的精炼铜品质优势，针对以上领域，高起点研发铜基新材料产业，在很长时期内都具有巨大的发展空间。

1.5.4.4 高纯铜新材料链有发展空间

在高纯铜及其新材料的制备方面，无论是电解精炼法，还是区熔精炼法，都与精炼铜的制取方法有着紧密的联系，而云南在精炼铜的制取方面有显著优势，昆明理工大学等高校和昆明冶金研究院等科研机构在长期服务于云南的冶金工业发展中，形成了较强的基础研究人才和团队，一些高纯铜制取技术创新方面的论文和成果处于国内领先水平。所以云南发展高纯铜具有良好的技术基础，具有巨大的发展空间。

1.5.5 产业发展思考

1.5.5.1 高纯铜制备

发挥云南电解精炼铜的技术优势和生产条件，研发5N～7N高纯、超高纯铜的制取方法和设备，探索废杂铜中提取高纯度阴极铜的方法和设备，开发高纯铜应用新产品和技术标准。

1.5.5.2 以压铸铜转子为起点的电动机驱动系统铜部件

在提高电动机效率与性能方面，研发经济的、单相马达铜转子电动机及其生产工艺；研发超级高效电动机的标准和测试方法；优化铜的电动机和导形棒材的设计；研发高功率电动机在转矩达到临界值时，控制铜转子在开启、停止、锁定转子方面的滑移量的技术；开发提高电动机节能效果的驱动系统，以便能够持续运行空调设备部件。在变速驱动装置和电动机的发热处理方面，研发用于动力半导体变速驱动装置器最新处理发热的铜装置；开发可变速驱动的大型空冷紧凑型制冷器；开发超紧凑型制冷器，并优化处理较小的驱动器发热技术；探索转子冷却技术。在提高生产效率方面，努力降低马达铜转子生产成本；研制低成本的可替换的组合模、隔热涂层，以及抗高温并具有热塑性，因而产生最小热应力的压铸模材料；研发可从转子绕组中获取较高包装密度（大于80%）的低成本方法。

1.5.5.3 以铜铬锆合金为起点的高铁用铜合金导线

重点发展适用车速为250～300km/h的铜锡合金导线，适用车速为300～350km/h的铜镁合金导线，适用车速超过350km/h的铜铬锆合金导线；研发适用车速350km/h以上的其他铜合金导线。发展高精度、高表面质量铜合金材料；发展光伏电池用无铅涂锡合金铜带。

1.5.5.4 高压特高压输变电用铜材

开发高空输送电能的高导电、高强度铜绞线，并不断降低成本，提高竞争力。在输配电系统的部件方面，重点开发高封装密度的变压器绕组；开发低成本、含铜的超导材料；远景开发在海底和海洋平台用防水、耐疲劳的铜包电缆来替代铅包电缆。

1.5.5.5 数据与信号传输用铜材

在远程网络设备供电方面，开发传输高功率带有数据传输功能的通信电缆；促进包含增强的电力传输能力工业标准的制订；利用数据电缆传输的有效性，增加产品的利用率。在高速铜接口方面，研发克服100m的距离信号减弱的方法和提供低成本终端设备。在降低电力消耗方面，开发低功耗信号技术来减少数据中心/网路电力消耗。

1.5.5.6 汽车布线和相关连接件

在汽车布线线束方面，开发低成本的密集的数据/信号铜电缆；开发适合低功率或短距离数据传输的抗拉强度增强的细的软电线；将铜基热传技术与布线线束融合。开发具有高温强度特性、高抗应力松弛特性、抗氧化特性的连接件合金。在接头和母线方面，开发具有较强的强度、抗热和抗应力松弛能力的小型接头；开发提高导电性能的继电器和母线。在连接技术方面，开发和改进铜与异性材料连接的新技术。

1.5.5.7 电子热处理用铜材

针对变速驱动装置的电源功率半导体、航天应用、大功率激光系统和汽车电子器件，开发高强、高导的铜基复合物；开发以相变材料为基础的铜复合型热处理系统；开发改进型铜冷板的生产方法；使用抑制或增强定向热通量的技术和方法，开发铜基散热器和传热产品，开发具有高热导性能的散热材料和复合物；开发连接在陶瓷基片和包装装置上的具有高热导率的铜散热器。开发微米级的加工、成型和装配工艺，调节铜基材料在液态换热系统中的使用；设计使用单相流体（如冷却器、加热器）或两相流体（如蒸发器、冷凝器、热管、热虹吸循环系统）的下一代微米级传热设备；研发集成芯片上的冷却技术；研发探索弯矩波和热波技术，即提高超过 $500W/(m^2 \cdot K)$ 的微米级散热片组的热性能。

1.5.5.8 研发电力驱动系统用铜材

跟踪电动飞机、电动汽车、电动自行车和其他电动移动设备用电机技术和电磁传输系统，研发电力驱动系统用铜材；发掘铜在先进电池中的应用；发掘充电基础设施中铜部件的应用。

1.5.5.9 可再生能源开发用铜材

发挥铜作为能源金属的热电性能，开发铜在太阳能热力发电、太阳能光电发电、风力发电、潮汐能发电等可再生能源领域的使用，开发特定应用中最合适的铜材料、材料形状、加工技术等。

1.5.5.10 铜基抑菌材料

研发并推广卫生的铜和铜合金产品；研发清洁铜合金的最佳方法；在不减弱其抗菌性能的情况下，改善漆膜抗变色性能的装饰；最大程度的开发具有永久抗菌特性的“不锈”铜和铜合金产品；开发在建筑、汽车和公共交通上的采暖、通风和空调系统中应用的新型铜基卫生材料。

1.6 铝金属材料产业

1.6.1 铝的应用领域

铝质轻而富延展性的优越性能，成为在工程应用中具有竞争力的金属，被广泛用于建筑、包装、交通运输、电信、电力、航空航天等领域。航空、建筑和汽车三大产业发展中要求材料特性具有铝及其合金的独特性能，增强了金属铝的生产和应用。

铝已成为世界上应用最为广泛的金属之一。铝及铝合金由于性能优异和广泛的适用性，是国民经济不可缺少的材料，由于铝的价格相对低廉及其对其他金属具有很好的替代性，其用途还在不断扩大，在国民经济和国防建设中发挥着重要作用。

1.6.1.1 基于物理性能的应用领域

由于纯铝比较软，且富有延展性，因此通过添加各种元素，可以制造不同强度而质量较轻的铝合金以满足各种用途，铝合金质量较轻而强度较高，因而在制造飞机、汽车、火箭中被广泛应用。

由于铝有良好的导电性和导热性，可用作超高电压的电缆材料。高纯铝具有更优良的性能。铝在高温时的还原性极强，可以用于冶炼高熔点的金属；利用铝良好的展性，可制成铝箔，用于包装；在建筑业中，铝由于在空气中的稳定性和阳极处理后的极佳外观而受到很大应用；在航空及国防军工部门也大量使用铝合金材料；在电力输送上则常用高强度钢线补强的铝电缆；集装箱运输、日常用品、家用电器、机械设备等都需要大量的铝。

根据加工工艺的不同可以把加工成的铝及铝合金分为压延材料和铸造材料。在它们的每一个系列中根据添加的金属或非金属元素的不同又包含了很多种合金。

1.6.1.2 基于化学性能的应用领域

铝的化学性能变化主要是生成铝盐而加工成铝产品，而铝盐的用途根据不同的盐而有所差异，制备方法也不同。其中氯化铝用于有机合成和石油工业的催化剂，由金属铝和氯气作用或无水氯化氢气体与熔融金属铝作用而制得；偏铝酸盐仅存在于碱性环境中，遇少量强酸生成沉淀，酸过量则生成铝盐；而铝盐仅存在于酸性环境中，遇少量强碱生成沉淀，碱过量则生成偏铝酸盐。这些产品广泛应用于石油工业、造纸、有机合成、制药、染料生产、食品加工等行业。

1.6.1.3 基于科技经济制高点的应用领域

世界各国争夺的铝及铝基新材料的科技经济制高点，主要在铝产业链整合控制，电解铝生产中的科技进步和节能减排，铝基新材料生产的尖端科技三大领域。

A 铝产业链整合与控制

铝工业广泛采取的产业链是铝土矿→氧化铝→电解铝→铝加工→各种铝产品的终端消费品。美国铝工业的发展率先带动铝产业链整合与控制。美国铝生产一直处于世界领先地位，美国铝土矿经过90多年开采，到1990年开采完毕，开始全部依靠进口。一般来说，美国进口的铝土矿和氧化铝来自它的投资对象国，而它出口氧化铝的国家，又基本上是它投资生产电解铝的国家。美国本土电解铝生产量一直居世界首位，但2001年开始落后于中国和俄罗斯。

美国铝产业链结构的特点为：一是产业集中度高；二是纵向整合度程度高，美国铝土矿开采、氧化铝提炼、电解铝冶炼和铝加工的大部分产能被美国铝业等几家大公司集中控制；三是企业规模大。

中国铝业公司通过兼并重组、新建项目以及进一步完善产业链，到2010年中铝公司成为全球最大的氧化铝和电解铝生产企业，年产量分别达到1400万吨和500万吨。

B 电解铝生产中科技进步

从全球铝工业技术路线图看，进一步提高能源效率，针对生产的安全保证，进一步降低对环境和公众健康的影响，以及产品质量的进一步提升是铝工业竞争的焦点。方向是：

（1）进一步降低目前生产车间的运行成本，将成本定位在小于500美元/t或者更低。

（2）达到减少总体能源消耗至目前平均消耗的25%的目标，低于现行铝土矿能源消耗最节能水平，以实现能源的有效利用。

（3）努力提高产品在环境、健康和安全问题上的整体性能，以达到世界最佳水平。

（4）生产紧跟消费者所需求的产品。

（5）减少脱硅产品的烧碱消耗至30kg/t，并减少其他损耗到最佳水平。

（6）通过减少结垢和堵塞来降低加工过程的可变性（3倍标准差小于5%），通过应用更可靠的设备、更好的材料、加工过程自动化和更先进的控制来形成一个更简单实用的加工过程。

（7）通过提高焙烧，热电联产的方法和加工工艺，减少整体能源消耗。

(8) 发展和应用燃烧和发电技术，使废热源能被用于生产氧化铝，在发电过程中通过一个有效的操作来使氧化铝的比率不明显低于当前最好的天然气转化氧化铝的比率基准，使除了净热值以外的铝土矿浸煮温度和能量来源不受影响。

(9) 发展有效的加工工艺，使包括水、气体、挥发性有机化合物、汞和草酸等投入品或产出品能够被大量转换和循环利用。

(10) 保持赤泥和其他固体废物长期的生态可持续性贮藏，在以后再利用的储备和赤泥再利用上取得长足进步。

(11) 继续开发润湿—沥干型阴极技术。

(12) 开发低成本连续或者半连续传感器，测量氧化铝过热温度和电解质比。

(13) 开发可替代的电解槽技术。

(14) 开发工业规模的碳热还原工艺，以及其他新的还未确认的铝生产工艺。

C 发达国家铝工业技术研发方向

美国和加拿大等国在铝工业上处于技术领先地位，它们的铝工业技术路线图基本能反映其在铝工业的技术研发方向。

a 美国的铝工业技术路线图

美国的铝工业技术路线图反映出当前国际铝工业的技术研发方向和前沿。

在融化、凝固和回收方面：收集合金凝固的基本信息，研究组织、表面性能、应力应变；开发基于“第一原则”预测金属质量和经济效益的综合工艺模型；开发更为完善的氧化机制理论；开发能够测定成型性能的技术与测试方法；发展和设计未来使用的熔炉；研发一个未来使用的集熔化铸造为一体的工厂；发展带坯连铸和板坯连铸技术，从而改善表面质量控制水平，减少偏析。

在制造方面：开发新的或改进的非接触式传感器；开发整体模型，把结构性能和制造工艺以及所采用的材料联系起来；开发合金废料循环制造工艺。

在合金成品方面：开发先进成型技术，制造无中间步骤的净成型成品；开发成品设计、工艺、材料分析的整体数值方法；通过充分理解铝合金成分与工艺的关系及其对组织和性能的影响机制，开发下一代合金；开发低成本的同类和异类材料的连接技术。

b 加拿大的铝工业技术路线图

应用在运输业方面：为原始设备制造商提供整体的铝材解决方案；研发用于内燃机的高强度高耐热性的铝合金；研发低成本、高强高韧的铝合金；为货车、巴士和娱乐交通工具研制更轻的结构；发明大型薄壁铸件的制造方法；为各种铝加工降低成本；提高铝表面的耐磨性、耐摩擦及润滑功能。

应用在建筑业方面：铝基建筑材料的升级换代；研制易组装型模块结构；研制大截面挤压型材；研制铝材的综合设计软件。

在铸造方面：研制半固态压铸技术；直接用原铝厂家的铝液生产产品；利用先进的传感器和系统提高对产品生产过程的实时监控功能；提高熔铸的能源利用率；研制大型薄壁铸件。

在材料成型方面：创建铝生命周期内成本-收益体系的学科；设计铝合金复合材料平台；研发铝的液压成型技术；提高材料成型过程的计算机模拟技术；根据相关行业需求开发新的成型工艺。

在连接方面：发展有关粘接的知识体系；开发和改进测量铝产品表面质量的传感技术。

在表面处理方面：研制可继续成型的预涂装的铝箔产品；开发无铬化表面处理技术；开发低成本的金属质感表面的产品；开发一种适用于铝基底而无需转化膜的涂料；研发一种防止铝表面结冰的表面处理工艺。

在机械加工方面：开发优化零部件定位和提高设备性能的自动测量系统；提倡铝的干切削或最少量的使用润滑剂；开发和提高铝机加工的分析手段、数值模拟和软件性能。

1.6.2 产业发展态势

铝产业广泛采取的产业链是铝土矿→氧化铝→电解铝→铝加工→各种铝产品的终端消费品，也可描述为初级生产（铝土矿、氧化铝）→熔炼、凝固和回收（电解铝）→制造→合金开发和成品→高技术。

1.6.2.1 电解铝生产向能源丰富地区聚集

电解铝工业属于典型的能源需求型产业，在全球铝产业链整合过程中，电解铝生产主要被世界铝业巨头控制，通过对外直接投资等方式向能源富集地区聚集。中国铝业、美国铝业、加拿大铝业、俄罗斯铝业等世界铝业巨头控制着世界电解铝的生产。

中国的电解铝生产集中在煤炭资源丰富的河南、内蒙古等地，未来将向水电资源丰富的贵州、云南、四川等地聚集。2010 年，中国原铝年产量在 1600 万吨左右，其中云南的原铝产量为 38 万吨。随着我国国民经济的持续健康增长，作为现代经济和高新技术发展支柱性原材料，铝材的需求旺盛。我国铝工业特别是铝加工业和我国整个有色金属工业一样，一直保持着持续快速发展态势，主要表现为：产量持续增长，经济效益大幅提高，进出口贸易额不断增长，进出口产品结构逐步优化；技术进步加快，结构调整取得新进展；节能减排成效显著；固定资产投资持续增长，企业自我发展能力增强。我国铝工业和有色金属工业整体实力不断提高，在国际市场的影响力和竞争力日益显现。我国已经成为世界有色金属和铝工业大国，正在积极向世界有色金属和铝工业强国迈进。

虽然我国铝工业在技术方面取得了较大的进步，但我国大型预焙槽在设计、管理上与国际先进技术水平还有很大差距。

世界范围内拜耳法氧化铝生产工业技术有了较大的进步，主要表现在单条生产线产能的增加，设备大型化、高效化，高效添加剂的采用和原液浓度的提高等。我国对烧结法生产的科技进步做出了重大贡献，表现在强化烧成技术、连续脱硅和连续碳酸化分解等技术装备的开发和推广应用上。由于资源条件及生产条件的差异性，氧化铝生产过程的技术指标和生产成本与国外先进企业相比有较大的差距。目前铝产业链延伸是主要发展趋势，所以呈现出电解铝企业与铝材加工企业联合，电解铝企业向铝型材加工领域延伸的态势。

1.6.2.2 铝型材加工向发展中国家转移

世界的铝型材加工业逐步向发展中国家转移，但世界铝业巨头对高端领域和核心技术仍然具有较强的垄断地位。从我国铝加工业的空间分布看，珠江三角洲、环渤海地区是主要产业聚集区，以河南为代表的中部地区发展较快。广东和河南两省产量继续保持全国前两位，所占比例仍在上升。山东、湖南和海南的铝加工产品产量增幅很快。

我国成为了世界上铝型材生产大国。铝挤压材生产企业数量、生产能力、产量均居世界第一，已成为世界铝挤压材生产强国，也是世界上最主要的铝型材生产和净出口国家。我国铝板带生产能力仅次于美国，但仍满足不了自身国民经济发展的需要，普通加工产品生产能力过剩，但高技术含量、高精度、高质量产品生产能力不足，形成铝板带存在净进口的格局，但净进口规模在不断缩小。我国铝箔生产能力世界第一。我国铝加工业供大于求的问题日益突出，我国铝产业链不同环节产能的不匹配、结构的不对等和各环节间割裂程度高等问题也较为明显。

我国铝加工技术水平不断提高，已拥有高水平的铝型材技术装备，铝板带厂的装备水平也有了很大提高，达到世界先进水平。

1.6.2.3 云南铝工业发展水平逐步提高

云南的铝工业发展较快。云铝股份公司已形成综合生产能力超过70万吨，总资产近60亿元，有员工4000余人，销售收入70亿元以上的集铝冶炼、碳素制品、铝加工为一体的综合性大型铝企业，主要产品有重熔用铝锭、预焙阳极、铝板带、铸造铝合金、电工圆铝杆等。其中铝板带生产能力已具备10万吨的产业规模，有1×××、3×××、5×××、8×××等系列；重熔用铝锭产能达到40万吨；铸造铝合金锭产能达到10.5万吨，其中A356铝合金的生产线是云铝自己研发的，在全国只有这一条生产线；电工圆铝杆产能达到6万吨；预焙阳极炭块产能18万吨。“YL-YL”牌和“云海”牌重熔用铝锭分别在伦敦金属交易所和上海金属交易所注册。重熔用铝锭、铝合金、电工圆铝杆、铝铸轧卷分别获得行业和省级名牌产品多项荣誉。云铝股份公司拥有云南涌鑫金属加工有限公司、云南润鑫铝业有限公司、云南文山铝业有限公司三个控股子公司。公司通过开发采用大型预焙电解槽技术，使吨铝综合交流电耗降到13300kW·h，比国内行业平均水平低500kW·h以上；采用大型曲面阴极高能效铝电解新技术，使吨铝平均直流电耗降到12000kW·h，成为全国有色行业、中西部地区工业企业中唯一被评为“国家环境友好企业”，并荣获“中华环境优秀奖”的企业。开发的铸轧坯料生产0.005mm以下超薄铝箔技术，成为“世界首创、国际领先”的技术，填补国内空白，替代进口并批量出口。

1.6.3 技术分析

铝基新材料可分为两类：一类是传统产品的新用途；另一类是新研发的新材料。铝基新材料品种繁多，还在不断出现新研发的新材料和新用途。

1.6.3.1 钪铝合金分析

钪铝合金即为在铝合金中含有微量钪元素。钪作为一种过渡元素以及稀土元素加到铝及铝合金中，不仅能够显著细化铸态合金晶粒、提高再结晶温度，从而提高铝合金的强度和韧性，而且能显著改善铝合金的可焊性、耐热性、抗蚀性、抗热震性和抗中子辐照损伤的作用。

我国钪资源丰富，钪的研究和工业生产也有一定的基础（仍是氧化钪的主要输出国），开展铝钪系合金的研究，对发展我国高新技术和国防建设用铝合金材料具有划时代意义，而且还可以充分发挥我国的钪资源优势，促进我国钪工业及国民经济的发展。

通过添加微量钪元素这一途径，有希望在现有铝合金的基础上开发出一系列的新一代高性能铝合金材料，诸如超高强高韧铝合金、高强耐蚀铝合金、高强度抗中子辐照用铝合金等。这些合金以其优异的综合性能，在航天、核能和舰船工业上将具有非常诱人的应用前景，另外也可用于轻型汽车和高速列车等方面。因此，含钪铝合金已成为继铝锂合金之后又一种引人注目的、将来最有竞争力的高性能铝合金结构材料。

由于钪的价格已呈下跌态势，在保障合金的强度、塑性、可焊性、耐蚀性提高的前提下，成本已不再是铝钪合金走向民用的重要障碍。美国多家公司已开发出用于运动器械如长曲棍球杆的手柄、棒球、垒球棒等的高强度轻质铝钪合金。此外，美国还开发出了能比普通铝合金焊丝焊接强度、抗疲劳性能提高3倍并减少热裂和热撕裂的铝钪合金焊丝。这种焊丝作为熔敷金属在某些铝合金工件和铸件的焊接中有相当广泛的应用前景。铝钪合金成为制造轻量化自行车的理想材料。此外，铝钪合金在一些要求质量轻、强度高的领域也有广泛的应用前景，如野外露营帐篷支架、笔记本电脑外壳和手机外壳，甚至手枪等器械的枪身和子弹头也都是扩大应用开发的领域。

俄罗斯对铝钪合金进行了大量的研究与开发，所以其钪铝合金技术一直处于领先位置。俄罗斯开发的四大系列钪铝合金已投放市场，这四大系列分别是：（1）热处理非强化可焊铝镁钪系合金；（2）热处理强化高强度可焊铝锌镁钪系合金；（3）热处理强化中强和高强可焊铝锂钪系合金；（4）热处理强化高强度铝锌镁铜钪系航空合金。俄罗斯的1420系列铝锂钪合金中的1421、1423合金，是铝锂钪合金第二代产品中优于美国2090、英国8090、法国2091等铝锂合金的产品。在航空工业中，已广泛用作米格-26、米格-29、图-204客机、雅克-36直升机的结构材料，还以挤压异型材的形式用于制作安东诺夫运输机的机身纵梁。

我国对含钪铝合金的研究始于20世纪90年代初期。东北大学进行了铝钪合金的研究工作，对合金的制备，铝镁钪合金的强化途径，铝钪二元合金的再结晶、温轧态铝钪合金动态再结晶和铝镁钪合金超塑性进行了研究。中南大学材料科学与工程学院对铝钪合金的制备，铝镁钪合金的拉伸性能和显微组织，合金退火组织和性能及超塑性变形机制等方面进行了研究，而且还进行了氯化钪-氯化钠-氯化钾熔盐制备新工艺的研究，采用该方法能制备出脱水完全，具有水不溶性且含钪量很低的氯化钪-氯化钠-氯化钾，促进了氯化钪-氯化钠-氯化钾熔盐金属热还原制备金属钪及铝钪合金工艺的实际应用。

总体上，我国含钪铝合金的研究工作仅仅局限于变形铝合金方面，关于钪对铸造铝合金的作用仍存在突出的技术缺口。开展含钪铝合金的研究，对充分利用我国的资源优势，推动国民经济和高新科技的发展具有重大的现实意义。

1.6.3.2 蓝宝石晶体分析

蓝宝石是氧化铝的单晶形态，它具有强度高、硬度高、耐高温、耐摩擦、抗腐蚀能力强，光透性能、电绝缘性能优良等一系列特性。因此，作为重要的技术晶体材料，蓝宝石早已被广泛应用在耐高温高压器件，耐磨损器件、特种窗口、红外制导导弹的整流罩等国防、军事、科研等高科技领域。

蓝宝石晶体是一种综合性能好、使用最广泛的氧化物衬底材料，除了制作蓝色发光二极管外，还可以外延一层硅单晶薄膜，用来制作大规模集成电路衬底、高频电子元件等。蓝宝石晶体还是红外军用装置、导弹、潜艇、卫星空间技术、探测和高功率强激光等的窗口材料、优质光学材料、耐磨轴承材料等。由于其独特的优异物化性能和持久的耐用性，其市场前景十分光明。

由于蓝宝石基片具有广泛的用途和极具开发前景的经济价值，一直是国际上有关领域争相研究开发的重点，国内外市场将呈供不应求的局面。用蓝宝石基片研制成的第三代照明装置，是21世纪最有价值的新光源，将取代白炽灯和日光灯成为照明市场的主导。随着发光二极管性能的进一步提高及价格的下降，其将会大规模的进入日常生活照明领域，为产品提供了广阔的市场空间。

蓝宝石晶体生长技术有焰熔法、提拉法、导模法、导向温梯法、热交换法等，提拉法是熔体生长技术最常用的一种单晶生长技术，通常用贵金属铱做坩埚，氧化锆做绝热材料，用中频或高频感应加热器技术来获得需要的高温。导模法是在熔体提拉单晶生长技术基础上发展起来的一种单晶生长技术，用于生长各种异型氧化铝单晶，温梯法和热交换法能生长光学级的大尺寸氧化铝单晶。

世界上用于蓝宝石以及各种掺杂宝石生长的方法主要有热交换法、提拉法、导向温梯法等，由于蓝宝石的熔点极高，生长出高品质的晶体非常困难，晶体中经常出现气泡、包容物、放射颗粒、镶嵌结构等晶体缺陷，同时容易产生热应力、开裂等问题，因此，世界上只有极少数的几个国家拥有蓝宝石生长技术，能生长出满足衬底质量和尺寸要求的晶体，其中尤其以美国、日本的水平最高。

我国在蓝宝石晶体生长研究方面主要以上海、天津的研究单位为代表，已建成了几条蓝宝石单晶的生产线，但是产量有限，上游基础材料产量与国内高亮度发光二极管市场的需求不相匹配，用于生产发光二极管的蓝宝石基片主要依赖进口。

1.6.3.3 金刚石薄膜-氧化铝陶瓷复合材料分析

氧化铝陶瓷是集成电路中最常用的一种基片材料。随着微电子技术的发展，特别是高频、高功率密度的集成电路的发展，对基片主要提出了两方面的要求：（1）高热导率，以便将集成电路芯片所产生的热及时散发出去；（2）低介电系数，以缩短基片的信号延迟时间。但氧化铝陶瓷由于热导率较小，介电系数较大，无法适应当今集成电路的需要，因此寻找一种性能更好的集成电路基片材料具有非常现实的意义。

化学气相沉积金刚石薄膜是集优异的力学、电学、热学、声学和化学性能于一体的新型材料。其硬度在所有材料中最高，且耐磨性好、摩擦系数很低、热导率极高、热膨胀系数较低，化学性能极其稳定，还可直接沉积在其他材料上，使化学气相沉积金刚石与其他材料形成一个整体。化学气相沉积金刚石薄膜的这些特点，使其具有更广阔的应用前景。正是由于化学气相沉积金刚石薄膜的这些优异特性，氧化铝基金刚石薄膜复合材料才成为许多学者研究的热点。

氧化铝陶瓷不仅用于集成电路的封装基板，也是陶瓷阀芯的主要应用材料。若能在氧化铝陶瓷阀芯表面沉积一层更光滑的超纳米金刚石膜，不仅增加了陶瓷阀芯的耐磨性，使国产阀芯的主要性能指标接近或达到进口优质产品的水平，同时增加的成本远低于从陶瓷芯材料制备加工方面进行改进所产生的费用。其显著特点是可在不改变国内陶瓷阀芯现有生产技术、设备的基础上改善产品性能，延长了阀芯的使用寿命，而且水质也不易受到污染，对促进绿色环保产业发展有显著的作用，并且拓宽了金刚石薄膜在工程领域的应用，填补了氧化铝基体沉积超纳米金刚石薄膜的研究空白。用超纳米金刚石涂层技术来提高现有国产陶瓷阀芯的性能和质量，从技术、经济、实用性和可用性等诸多方面进行比较都是一条十分理想的途径。

超纳米金刚石薄膜是为了区别粒径在几十到几百纳米之间的纳米金刚石薄膜而提出的

一个全新概念，其粒径尺度一般在 3 ~ 10nm 之间，并且晶粒大小不随薄膜厚度的增加而改变（纳米金刚石薄膜的粒径一般随薄膜厚度的增加而增大，当薄膜厚度达到 1μm 左右时，变成微米金刚石薄膜）。该薄膜除了具备微米和纳米金刚石薄膜所具有的优异的物理化学性能外，还具备更突出的表面性能，即较低的粗糙度、摩擦系数和黏附性能等，从而使得超纳米金刚石薄膜在耐磨涂层、散热器等领域得到广泛的应用研究。

氧化铝基金刚石薄膜复合材料的研究在国内外已有不少报道，这些研究主要限于该复合材料的介电特性和热学性能。有学者则利用金刚石薄膜的高热导和低介电系数以及氧化铝陶瓷的高力学强度，提出采用金刚石薄膜和氧化铝陶瓷的复合材料作为集成电路的封装基板。也有研究者采用 MPCVD 法在氧化铝陶瓷衬底上沉积金刚石薄膜，并制作梳状电极的 α 粒子探测器。但是，对氧化铝基金刚石薄膜复合材料力学性能应用的研究则相对较少。有学者通过在铝基体上沉积氧化铝-类金刚石复合膜来研究其耐磨性能，发现这种复合膜不仅显著提高了基体的耐磨性，而且还增加了基体的承载能力。

氧化铝基金刚石薄膜复合材料的研究已经有了良好的开端，其实验方法、理论分析都有了一定的基础，在电学应用方面也得到了一系列有价值的研究结果。然而超纳米金刚石薄膜在氧化铝基体上的力学性能应用还鲜有报道，若能在这方面有所突破将会给工程领域带来较大的应用价值。

1.6.3.4 亚微晶氧化铝陶瓷分析

微晶氧化铝陶瓷用在建筑卫生、工业陶瓷、电子陶瓷、高档耐火材料、特种水泥、搪瓷、非金属矿产品深加工、化工、医药、涂料等行业。亚微米晶透明氧化铝优异的力学性能和高可见光透过率使透明氧化铝陶瓷不仅烧结温度低，光学性能接近蓝宝石，且力学性能优于蓝宝石，有望用作陶瓷金卤灯等高强气体放电灯的电弧管，还有可能取代蓝宝石单晶，作为导弹弹头罩和红外窗口，应用于国防及民用领域。

1.6.3.5 氮化铝陶瓷与氮化铝基片分析

氮化铝陶瓷是新一代大规模集成电路、半导体模块电路及大功率器件的理想散热和封装材料；其还是提高高分子材料热导率和力学性能的最佳添加料，如环氧树脂中加入氮化铝粉体可以明显地提高其热导率，广泛应用于大功率模块。氮化铝陶瓷还可用作熔炼有色金属和半导体材料砷化镓的坩埚、蒸发舟、热电偶的保护管、高温绝缘件、微波介电材料、耐高温及耐腐蚀结构陶瓷及透明氮化铝微波陶瓷制品。利用氮化铝陶瓷耐热耐熔体侵蚀和抗热震性，可制作砷化镓晶体坩埚、铝蒸发皿、磁流体发电装置及高温透平机耐蚀部件，利用其光学性能可作红外线窗口。

氮化铝陶瓷基片具有优良的热传导性（高热导率，氮化铝基片的热导率为氧化铝基板的 10 倍），可靠的电绝缘性，低的介电常数和介电损耗，良好的耐腐蚀性能；其热膨胀系数与硅半导体元件相匹配；另外其具有良好的力学性能，不低于甚至超过氧化铝基板。

氮化铝陶瓷与氮化铝基片生产技术主要有以下几种方法：水基流延法制备高热导率氮化铝陶瓷基片的方法；准氮化铝和准氮化镓基生长衬底及其生长方法；放电等离子烧结法制备氮化铝透明陶瓷；含碳的氮化铝烧结体以及用于半导体制造及检测设备的陶瓷基材等方法。

1.6.3.6 铝蜂窝板分析

铝蜂窝板是一种由仿生原理制成的低密高强材料。由铝蜂窝芯和面用胶黏剂粘接而成的蜂窝夹层板是一种轻质高强的多用途材料，它的比刚性和比强度大，同等厚度铝蜂窝板的比刚性是铝板的5倍，钢板的10倍。由于蜂窝夹层板的特性，它最早被应用在航空航天器上，在保证功能的同时大大地减轻了航空航天器的重量，使用同样的燃料能行驶更远的航程。随着制造工艺的不断进步以及材料的发展，蜂窝夹层板被越来越多的其他行业所普遍采用，如造船、地面交通、机械、建筑装饰等行业。因为铝蜂窝板有质量轻、密度小、强度高、刚性好、抗冲击性好、减振性好、吸音、隔热、无污染、符合现代环保潮流等特点，在飞机、列车、船舶、建筑等领域中具有广泛的使用前景。

对环保要求很严的现代家具行业来说，用铝蜂窝板来作为家具的加工材料，是新世纪一种很好的材料选择，其完全无毒的绿色品质，让家具商在加工家具时，少了不必要的环保程序；另外，雷诺贝尔铝蜂窝板面板可多样化，如实木、铝板、石膏板、天然大理石材，均可做成铝蜂窝板，材料选择方便。铝蜂窝板隔断的出现，打破了以往传统的隔断模式，以其高贵、清新、气派的风格，赢得了中高档办公空间的市场份额。铝蜂窝列车门在未来几年也有较好的发展前景。

1.6.3.7 高纯铝分析

高纯铝具有密度小、铝的氧化膜抗腐蚀性能强、加工成型性能好、没有低温脆性等优异性能，因而广泛应用在一些高技术领域，如航空航天器要用很多高强度、高韧性、高抗蠕变、高抗疲劳的铝合金，这些合金需要杂质含量低的高纯铝配制，在制造航空航天发动机与导弹发动机方面的叶片需要超级合金，而高纯铝是超级合金的必需元素之一。5N以上超纯铝在制造半导体器件、基础电路芯片、配线、光电子存储媒体等方面发挥着重要作用。

高纯铝的制备方法有三层电解法（4N）、偏析法（4N）、联合法（6N）、区域熔炼法与有机物溶液电解法（大于6N）等，其中应用最广的是三层电解法和偏析法。

1.6.4 产业发展思考

高级PS版铝板基。以替代进口为目标，以优势企业为依托，大力发展高级PS版铝板基。

2000系合金和7000系合金。紧跟我国航空航天、军事工业对铝合金的要求，积极培育发展2000系合金和7000系合金。

钪铝合金。紧跟我国在新一代航天航空、舰船、兵器工业对高性能铝合金结构材料的需求，积极培育钪铝合金。

蓝宝石晶体。以我国国防、军事工业和科研对强度高、硬度高、耐高温、耐摩擦、抗腐蚀能力强、光透性能、电绝缘性能优良材料的需求，积极培育蓝宝石晶体。

金刚石薄膜-氧化铝陶瓷复合材料。针对我国微电子工业的发展方向和集成电路的改进方向，积极培育金刚石薄膜-氧化铝陶瓷复合材料。

积极研发亚微晶氧化铝陶瓷。针对云南亚微米晶透明氧化铝陶瓷开发不足，要积极围绕在建筑卫生、工业陶瓷、电子陶瓷、高档耐火材料、特种水泥、搪瓷、非金属矿产品深加工、化工、医药、涂料等行业的应用，积极研发亚微米晶透明氧化铝陶瓷。

积极培育氮化铝陶瓷。围绕新一代电子材料的应用与开发，积极培育和发展氮化铝陶瓷。

铝蜂窝板。针对我国航空航天工业的发展要求，积极发展铝蜂窝板。

其他功能性新材料。高起点发展高纯氧化铝；大力发展高强度铝合金圆杆、高强韧泡沫铝、铝基节能惰性电极材料。

1.7 钢铁产业

1.7.1 钢铁的应用领域

铁在人们日常生活中起着非常重要的作用，是国防、工业、农业、交通运输、建筑等国民经济各个领域中应用最广泛和用量最大的一种金属。铁广泛用于电子电工、电器元件、磁性材料、非晶体制品、继电器、传感器、汽车制动器、电表电磁阀等产品。铁的最大用途是用于炼钢；也大量用来制造铸铁和煅铁。铁和其化合物还用作磁铁、染料（墨水、蓝晒图纸、胭脂颜料）和磨料（红铁粉）；还原铁粉大量用于冶金。铁及由铁炼成的钢材是整个社会无处不在的必要材料，钢铁的应用几乎遍及社会生活的各个领域，主要有：

（1）建筑业。在大规模使用钢材以前，建筑物主要以木材作为房屋结构的支撑，受到天然木材本身的制约，建筑物难以向高处和大跨度方向发展，自使用钢材和钢结构之后，才可能出现像埃菲尔铁塔、摩天大楼、跨海大桥以及北京奥运场馆鸟巢等大型建筑，如今建筑钢材占钢材消费的50%以上。建筑钢材的发展方向主要以开发屈服强度更高的螺纹钢、型钢等，降低钢材使用量，从而达到节约能源、资源的目的。

（2）汽车。随着石油资源的消耗量越来越大，石油价格的高涨，气候变化对未来减排的压力，都使得未来汽车向小型化，轻量化的方向发展，这种趋势对汽车用钢材提出了更高的要求，制造强度更高、用量更少，同时安全性更好的钢材是未来汽车用钢的方向。

（3）高速铁路。高速铁路已是中国未来解决交通问题的手段之一，未来高速铁路的建设将达到数千亿元的市场规模，高速铁路对高强度锰钢以及高速列车对特殊钢材的需求会进一步加大。高强度耐候钢在新型客货列车上的使用对保证车辆的安全可靠性起着至关重要的作用，我国使用的345MPa级别以及295MPa级别的耐候钢已不能满足要求。因此，迫切需要开发屈服强度500MPa以上高强度、高韧性以及高耐腐蚀的新一代耐候钢。

（4）航空母舰。作为军事实力的象征，航母都受到各个有实力国家的青睐，我国也在开始准备建造航母，但作为航母飞行甲板用的钢材一直是技术短板之一，航母的飞行甲板标准一般在850MPa左右，而且全世界仅有4个国家制造的钢材能用于航母建造。俄罗斯的AK系列合金钢是世界上屈服强度最高的材料，使用镍铬和加入钛的合金钢，根据钛成分的多少分为不同型号，其中最高的达到1000MPa。美国HY80系列特种钢材的屈服强度在800MPa左右，同样可用于制造潜艇和航母飞行甲板。

（5）桥梁。跨海大桥和跨江大桥基本都是钢铁结构，由于长期暴露在空气中，桥梁的养护是一笔不小的费用。如能使用耐候钢，则可以大幅度降低维护费用。在欧美和日本，建造大桥主要使用耐候钢，而我国尚未有使用耐候钢造桥的记录。

（6）超长石油天然气输送。未来几十年，我国将需要修建大量石油天然气管道，事实证明，用管道输送石油和天然气，是现有运输方式中最安全，损耗和运费最低的模式，也是目前世界各国普遍采用的方式，这要求我国开发出高强度、高变形性能的输送石油天然气用管线钢。通过不断提高输送压力来降低建造长距离输送管线是新一代管线钢的发展方向。

(7) 机械制造。钢材的另一个重要领域是作为工具钢，各种机床、工程机械、操作平台和工具，基本都和钢材有关，而且对钢材要求较高，工具钢是单独的一种钢材，其特点就是对硬度要求高，同时还要求有相应的韧度和其他特性。

(8) 电力。为了研发汽车新能源，进一步降低汽车尾气对环境带来的污染，世界各国都在采取着不同措施，一些新能源不断被利用到现代的汽车中，比如天然气、氢能源、电动能源、燃料电池等，而燃料电池就是各个汽车厂家和科研机构着力研究的一个方向。

国内外研讨的铁电池有高铁电池和锂铁电池两种。高铁电池是一种以合成稳定的高铁酸盐作为高铁电池的正极材料制作的，具有能量密度大、体积小、质量轻、寿命长、无污染等特点的新型化学电池；另一种是锂铁电池，主要是磷酸铁电池，开路电压为1.78～1.83V，工作电压为1.2～1.5V，比其他一次电池高0.2～0.4V，而且放电平稳、无污染、安全、性能优良。高铁作为电池的正极材料时，该电极反应为三电子反应，电池的电势以及能量都比传统的锌锰电池高。而且这种材料价格低廉对环境无污染，因此受到电化学界的广泛注意。

高铁酸盐物质在电池反应中可以得到3个电子，所以有相对较高的容量。高铁酸锂的理论容量高达601A·h/kg，高铁酸钡的理论容量也有313A·h/kg，而二氧化锰的容量为308A·h/kg。

以高铁酸盐为正极材料取代商业锌锰电池中的二氧化锰即可组成高铁一次电池。7号电池在0.5mA/cm^2的电流密度下恒电流放电，高铁酸钾（K_2FeO_4）正极材料对锌的平均放电电压是1.58V。该电压高出锌锰电池平均放电电压（1.27V）24%，前者的放电容量比后者高32%，在以上条件下其放电效率为85%。与传统的锌锰电池相比，高铁一次电池具有高电压、高能量、不消耗电解液和不污染环境等优点。

高铁电池的另一个特点是高能高容量。目前市场上的民用电池比功率只有60～135W/kg，而高铁电池可以达到1000W/kg以上，放电电流是普通电池的3～10倍，特别适合需要大功率、大电流的场合。

(9) 变压器。非晶合金材料主要用于制造非晶合金变压器。使用非晶合金材料生产的变压器，较现在的技术减少电力损耗50%～60%，目前，我国输变电线路的线损率为7.70%，而美国为6.00%，日本为3.89%，我国高耗能配电变压器负载损耗比国际先进水平高50%～60%，空载损耗水平高90%以上。我国年均生产配电变压器约2.4×10^8kV·A，随着我国城市及农村电网改造投资力度的加大，配电变压器的需求量仍有望保持10%～15%的增长。

1.7.2 产业发展态势

1.7.2.1 钢铁产业的全球产业链形态

从铁产业的上下游关联看，铁业完整的产业链是：铁资源地质勘探业→铁矿采选业→铁矿冶炼业→铁材加工业→铁产品商业→铁产品研发科技服务业（见图1－15）。

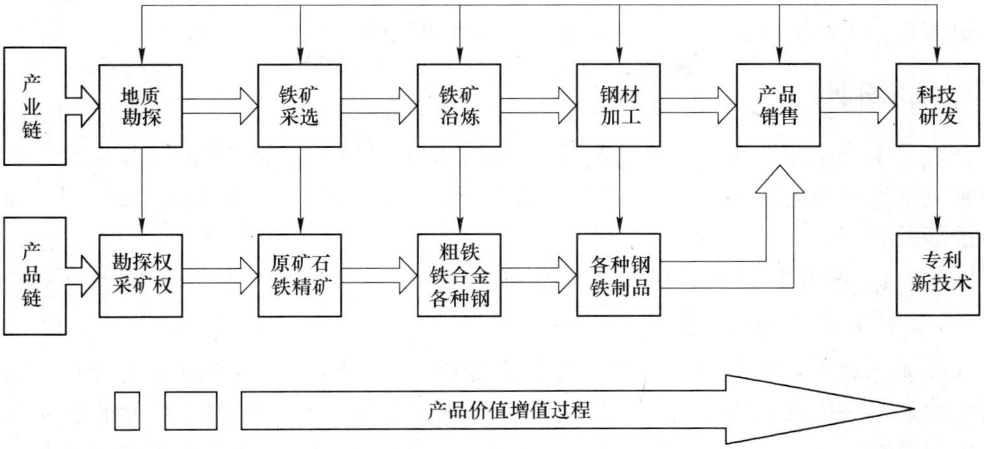

图 1-15 铁产业价值链示意图

1.7.2.2 世界钢铁产业正面临困难时期

据世界钢协公布的统计数据，2008 年世界粗钢产量为 13.297 亿吨，比 2007 年下降 1.2%，是 1998 年以来首次下降。总体而言，2009 年钢需求趋于平缓，但整个行业依然处于低谷期，全球钢需求量缩减 10%。2010 年，全球粗钢产量达到创纪录的 14.14 亿吨，同比增长 15%，世界各大钢厂产能利用率多数出现两位数增长。

1.7.2.3 我国钢铁生产和消费大而不强

1996 年我国钢产量首次突破 1 亿吨，此后我国钢铁粗钢产量一直稳居世界第一；2007 年达到 4.7 亿吨；2010 年达 6.26 亿吨，占全球总产量的 44.3%。钢铁产量与品种规格基本能满足我国国民经济和国防建设的需要。

虽然我国钢铁工业取得了多项世界第一，即产量第一、出口量第一、消费量第一，并一跃成为全球钢铁生产大国，但并没有成为钢铁生产强国，在全球钢铁产业格局中没有话语权。与世界先进水平相比，还存在质量不稳定，劳动生产率低，能耗高等问题。对于某些需要更高要求的特殊钢材，还只能依靠进口解决。与钢铁强国相比，我国钢铁材料发展中存在以下主要问题：

（1）钢材内部质量和表面质量亟待提高。钢材的内部质量和表面质量是影响钢材性能的重要因素，高性能钢材都要求高标准的内部质量，我国已成为汽车生产和消费大国，但高级轿车面板用冷轧不锈钢主要依赖进口。

（2）钢材的纯净度和均匀度需大幅提高。钢铁材料中的杂质和杂物对材料性能有重大影响，降低钢中杂质和夹杂物含量及分布，提高显微组织的均匀性，对提高钢铁材料的性能具有非常重要的作用。

（3）钢材品种和规格配比不合理。我国钢材生产主要以建筑用钢为主，占到全部消费的 50%，造成了钢铁企业生产长型材的能力远强于扁平材的生产能力，许多钢铁企业都只生产建筑用线材，也导致了我国生产合金钢的比例较低。

1.7.2.4 云南钢铁产业以满足本地市场为主

由于钢铁工业的基础性产业的地位，其发展水平和当地经济发展水平具有一致性，尽管云南钢铁行业销售收入已达千亿元规模。但因为其服务本地的产业定位，大部分产品都在本地消费，主要的钢铁产品为建筑用螺纹钢等建筑用钢材。

1.7.3 技术分析

完成了工业化的发达国家掌握着钢铁新材料的先进技术，我国经过长期研究，已经在部分领域掌握了先进技术，但技术缺口仍然很大。云南在铁基新材料的研发上开始起步，但还很落后。

1.7.3.1 世界钢铁新材料新技术分析

A 钢铁材料的细晶强化研究

细晶强化对于超级钢材料的开发具有重要意义，这在日本、韩国及我国的“超级钢材料与技术”研究计划中已经得到了充分的体现。仍要深入开展钢铁材料的细晶强化研究和应用研究，使细晶化技术能在各类高强钢中得到推广应用，推动细晶化技术的发展。

B 钢铁材料的复相化研究

钢铁材料具有复杂的相变过程，为钢材组织和性能控制提供了巨大的空间。

若能充分发挥钢铁材料的相变强化作用，可望解决钢铁材料研究和生产过程中的一些关键技术问题，为新型钢铁材料的开发提供技术支持。

钢铁材料的晶粒超细化后，其抗拉强度和屈服强度都会得到明显的提高，但其屈服强度上升更显著，易造成屈强比过高，这一特性限制了细晶钢铁材料在一些工程领域中的应用。国内外超级钢的研究都遇到了类似的问题。为了降低屈强比，即提高材料的抗拉强度，一个最有效的方法是通过相变强化实现材料的复相化。在碳锰细晶钢的开发中，若单纯依赖细晶强化手段是无法获得所需要的性能的，必须在细晶化的基础上，充分利用相变强化手段，使钢铁材料的组织复相化，即铁素体和一定数量的贝氏体组织，可望提高钢铁材料的抗拉强度，改善其综合力学性能。

C 钢铁材料的成分设计研究

对钢铁材料的要求，不仅限于强度、塑性、韧性等少数几个力学性能指标，在实际工程应用中，还要求其满足许多特定使用性能，例如焊接性能、成型性能、疲劳断裂性能等。不同合金元素和微合金元素的选择和使用，可以调整钢铁材料的组织和性能，从而满足不同的性能要求。

合金元素设计本身可实现钢铁材料的强化，同时，钢中的合金元素以及微合金元素对其相变过程有重要的影响。因此，钢的成分调整与冷却过程的控制结合，可以在较大的范围内调整钢中的组成及使用性能或者改善其工艺性能。

D 析出强化的研究和应用

析出强化是钢铁材料重要的强化手段之一。通过化学成分设计和物理冶金的方法，在钢中得到纳米级的沉淀析出相，实现钢铁材料的强化。沉淀相的颗粒细化以及弥散分布情况，对其强化作用都有明显的影响。因此，深入研究钢铁材料的沉淀析出过程及作用机理，对于高强度集装箱用钢、汽车梁等碳锰钢材产品的开发具有重要的意义。

E 高强度管线钢的批量化生产及商用

2003 年日本新日铁公司成功研制了超高强度 X120 级管线钢管，并于 2003 年 9 月至

2004 年 2 月间在加拿大天然气管线试验场铺设了 1.6km 管线，作为该公司一条 36km 天然气环行线的一部分。几乎与此同时，石油巨头 BP 石油公司同欧洲钢管公司合作，也研制成功了 X120 级管线钢管，正在进行批量试生产，准备近期开展试验性铺设管线工作。国际建设输气管道工程的权威单位和生产管线钢的钢厂一致认为，输送管线钢强度将直接从 X80 级提高到 X120 级管线钢。而且预期在未来十年内，在建造长距离高压输送管线的用量方面，X120 级管线钢将占总用量的 50% 以上。

F　纳米非晶材料

在非晶合金的产业化发展过程中，非晶纳米晶合金带材及其铁芯制品一直是主流，非晶丝材的研究开发和产业化是重要分支。1980 年，日本 Hagiwara 首先提出采用内圆水纺法制备非晶合金丝材，随后日本的 Unitika 公司开始利用该法商业化生产铁基和钴基非晶丝材，作为产业化的软磁材料，应用重点集中在图书馆和超市用防盗标签。此外，利用非晶丝材各种独特的物理效应开发各类高性能传感器一直受到特别关注。尤其最近在钴基非晶丝材中发现巨磁阻抗效应以来，高精度磁敏传感器的开发成为热点。1999 年日本科学技术振兴事业集团委托名古屋大学和爱知钢铁公司联合开发 MI 微型磁传感器和专用集成电路芯片，目标是将非晶丝 MI 传感器用于高速公路汽车自动导航和安全监测系统。随着纳米科学技术和快淬技术的迅速发展，非晶纳米晶软磁合金材料也在不断进步，不仅使已产业化的薄带产品性能和质量大大提高，而且还在研制开发非晶纳米晶合金粉末及粉末制品、薄膜材料、复合材料等，这些新型纳米材料的研制开发及产业化将对电子变压器行业产生极大的潜在影响。

1960 年，美国加州大学研究人员首先制备出非晶合金材料；1974 年美国信联公司研制出铁基非晶合金材料；到 1989 年，美国信联公司首次商业化批量生产出非晶变压器铁芯，真正实现了非晶材料的应用。1988 年日本日立金属公司的 Yashizawa 等人在非晶合金基础上通过晶化处理开发出纳米晶软磁合金（Finemet）。纳米晶合金可以替代钴基非晶合金，在高频电力电子和电子信息领域中获得广泛应用。1988 年，日立金属公司纳米晶合金实现了产业化，并有产品推向市场。1992 年德国 VAC 公司开始推出纳米晶合金以替代钴非晶合金，尤其在网络接口设备上，大量采用纳米晶磁芯制作接口变压器和数字滤波器件。在此期间，美国 Allied Signal 公司也加强了非晶合金在电力电子领域的推广应用，先后推出 4 个系列的铁芯制品。非晶铁芯已经应用在多种军工装备，如火箭、机载雷达、水雷、坦克等的电源上。随着市场经济的发展，非晶合金的应用领域逐渐扩展到广大的民用产品，应用场合主要包括互感器铁芯、大功率逆变电源变压器和电抗器铁芯、各种形式的开关电源变压器和电感铁芯、各种传感器铁芯等。

1.7.3.2　我国铁基新材料技术分析

A　我国已开发出的铁基新材料及先进技术

我国已开发出的铁基新材料及先进技术有：

（1）新一代高性能普通碳素钢（400MPa 级）。在国家“973”和“863”项目支持的“超级钢材料与技术”研究中，已经开发出屈服强度为 400MPa 和 500MPa 的新一代高性能普碳钢，宝钢、首钢、鞍钢、武钢等均能生产 400MPa 级普碳钢，已经形成了三个品种：

1）高性能普碳钢棒线材。这是建筑业使用最多的钢材，建筑型钢和钢筋用量巨大，过去我国生产Ⅲ级钢筋时，通常采用合金化来提高强度，而新一代钢筋在不添加合金的情况下生产出400MPa级钢筋，大大降低了生产成本。

2）高性能普碳钢热轧带材。宝钢、攀钢、鞍钢、武钢等均已实现高性能普碳钢热轧带材的工业化生产，该钢材用于制造汽车大梁等零部件用高强度钢材。

3）高性能普碳钢中厚板。因为其生产难度大于热轧带钢，井下结构和各类机械用钢需求旺盛。酒泉钢厂实现了该技术的产业化生产，将25mm以下各规格Q235级钢板的力学性能提升至Q235C级水平；50mm以下各规格Q345B级钢板升级到Q460D级水平。

（2）新型800MPa级碳锰细晶复相钢。20世纪60年代，人们深入地研究了钢中微合金元素的作用，在此基础上，逐步开展了钢的控制轧制和微合金化技术的研究。80年代随着高性能控制冷却设备的开发并投入工业化生产，为钢铁的细晶强化、控制轧制和控制冷却技术的研究打下了良好的基础，并将钢的微合金化技术开发推向了新的高度。90年代，研究者利用相变强化、析出强化等手段，开发出可以满足不同使用性能要求的各种类型先进高强度钢材，钢材的复相化逐渐受到了人们的重视。

钢铁工业面临着前所未有的发展机遇，钢铁材料的研究和开发达到了一个新的水平。一方面，钢铁工业技术自身取得了巨大进步，纯净化冶炼、连铸技术、高速连续轧制、控制冷却技术等一批关键技术取得巨大突破，为实现钢铁材料的进一步高性能化打下了良好的基础；与此同时，相关学科和领域的发展，为钢铁材料的发展提供了设备、自动化、计算机、传动等各种不同领域的技术支撑，使高性能钢铁材料的规模化生产成为可能。在新的科技水平和工业生产条件下，新型超高强度碳锰钢的研制及实现产业化已成为可能。

我国已经开发研究出了800MPa级碳锰细晶复相钢。

（3）高强度、高变形性能输送石油天然气用管线钢。由于管道运输石油和天然气具有运费低、安全和损耗低等优点，世界各国陆地上运输石油和天然气主要是采用该方法。因此，我国必须要建设长距离输送石油天然气管线网来有效运输石油和天然气，这必然要求我国开发出高强度、高变形性能输送石油天然气用管线钢。但目前我国还未开展石油管道的应变设计研究。

B　我国欠缺的铁基新材料及先进技术

我国欠缺的铁基新材料及先进技术有：

（1）低成本高性能耐候钢。统计结果表明，钢铁材料的大气环境腐蚀损失占总损失的50%以上。如何在不大幅提高成本的前提下提高钢铁材料耐腐蚀性能一直是科技界面对的难题之一。我国耐候钢主要应用于制造集装箱及铁路车辆。随着世界经济复苏和全球经济一体化的发展，国际航运能力十分紧张，为提高运输效率，对集装箱业提出了轻量化和重载的发展目标，对高强度耐候钢的需求十分迫切。

我国铁道车辆的技术标准一直源于20世纪50～60年代苏联的标准，80年代以前，钢结构基本上还是采用普碳钢。高强度耐候钢在新型客货列车上的使用对保证车辆的安全可靠性起着至关重要的作用，我国使用345MPa以及295MPa的耐候钢已不能满足要求。因此，迫切需要开发500MPa以上高强度、高韧性以及高耐腐蚀的新一代耐候钢。

在欧美国家和日本，耐候钢的另一个重要的用途是建造大桥，而我国尚未有使用耐候钢造桥的记录。日本耐候钢建造的大桥数量占桥梁总数的14%；美国耐候钢用于建造大桥的使用量占总消耗的15%；意大利使用耐候钢造桥的比例高达90%；加拿大约90%的新桥都使用裸露耐候钢建造而不必使用涂料涂装；英国的耐候钢桥梁数也占桥梁总数的10%。研究表明，桥梁建造中使用HPS70W（屈服强度480MPa，耐候性系数大于6.5），可以节约用钢24%，节约制造成本约11%。当今在我国经济快速增长时期，高速公路所发挥的作用越来越重要，在路桥建设中广泛使用高性能耐候钢，也是我国公路桥梁发展的迫切需要。

此外，国家的一些重大工程项目中的桥梁，完全可以采用新一代耐候钢，还可以替代热镀锌钢材在输变电铁塔、通信发射塔、高速公路护栏、路灯支架等方面的应用。按照国内钢铁的生产规模，钢铁产量约5亿吨，在大气环境下使用的钢材超过2.5亿吨，若其中的1/10采用耐候钢应用于环境污染较严重的地区，按提高寿命一倍计算即可节约2500万吨钢材。

（2）非晶合金。非晶合金材料优异的磁性、耐蚀性、耐磨性、高硬度、高强度、高电阻率等特点，随着电子技术向高频、小型化方向发展，非晶超微晶软磁合金材料已制成各种各样磁性器件以代替硅钢、铁氧体和玻莫合金等而应用于电力工业、电子工业及电力电子技术领域，用作电流互感器、大功率开关电源、逆变电源和程控交换机电源的变压器、电抗器、滤波器、互感器及传感器等。非晶合金的大量使用是在电力系统，非晶合金铁芯变压器是用新型导磁材料——非晶合金作为铁芯制成的变压器，它比硅钢片作为铁芯变压器的空载损耗下降75%左右，空载电流下降约80%，是节能效果较理想的配电变压器，因此，非晶合金配电变压器作为换代产品有很好的应用前景。非晶微晶合金作为互感器铁芯的应用逐渐广泛起来，取得了非常理想的效果。在电子信息领域，随着计算机、网络和通信技术的迅速发展，对小尺寸、轻质量、高可靠性和低噪声的开关电源和网络接口设备的需求日益增长，非晶、纳米晶合金在该领域大有用武之地。

（3）X80～X120级管线钢。国内正在实施攻关的是国外1985年研制成功的X80级管线钢，正在全面征求专家意见立项开发X80～X120级管线钢。但是，对于高变形钢管、深海水下管线用钢管以及焊接热影响区高韧性管线钢的研制尚未制定出可行的研究计划。世界上水平最高的管线钢产品集中在日本和德国，其中，新日铁-住友钢管集团走在最前沿，其次是欧钢联支持的欧洲钢管集团，第三个是由川崎-NKK系统研究所、西日本钢厂（福山钢厂）组成的JFE集团。这三个集团都能提供X100级管线钢产品和水深3500m用抗压溃管线钢管，可以批量提供永冻土、地震活跃带使用的高变形性能管线钢管。我国的宝钢和武钢已进入到国际上生产管线钢的第二集团。

我国是高档管线钢管的进口大国，西气东输工程中进口的钢管和钢板占到全部工程用钢总量的50%以上。我国还是高中低档管线钢管用原材料——管线钢板卷的出口大国，如X65级以下的铁素体-珠光体管线钢，主要是因为韩国、欧洲国家、美国等钢铁强国禁止X70级以下的钢管以制管原材料（热轧板卷和平板）的形式出口，而日本则全面禁止管线钢以原料的形式出口，只允许以产品——焊成管线钢管的形式出口。

（4）高档次线材板材技术缺口较大。主要表现在高线比低、硬线及合金线等高附加值线材比低、控冷线材比低、总体质量水平低等；相当部分高档次的线材，包括钢帘线、高应力弹簧钢、不锈钢、冷镦钢、高档预应力钢、大桥缆索用钢等线材仍需要进口；高级轿车面板用冷轧不锈钢主要依赖进口；重要用途线材实物质量与世界先进水平相比，仍有较大的差距。在工业发达国家，线材很少直接使用，70%以上线材都是经过加工成线材制品后使用的，这样可以充分发挥出钢材的潜能，达到节约钢材的目的。而我国线材加工比仅为30%，我国线材的使用仍属于粗放型，线材深加工的比例不高，线材制品的产品附加值较低，与发达国家相比仍有较大的差距。

1.7.3.3 云南铁基新材料技术分析

A 铁基电池开发已初具规模

未来电动汽车的开发利用已是各个国家竞相争夺的技术制高点。许多大型汽车企业在电动汽车的开发上都投入巨资，其中除了汽车技术外，能用于汽车驱动的汽车蓄电池作为电动汽车的核心技术，也是各大企业研发的重点，其中以铁基材料为主的电池是电池领域的新技术。云南以玉溪汇龙科技公司为代表开发的磷酸铁锂电池，以容量大、放电量大、可循环次数多等优势，已经被用于电动观光车、电动高尔夫球车、电动巴士等领域。

B 钢铁产业已是云南国民经济重要的支撑产业

2009年，云南钢铁年生产能力为生铁2065万吨，粗钢1697万吨，钢材1300万吨。2009年生铁产量1394.3万吨，粗钢产量1049.05万吨，成品钢材产量973.3万吨，生铁、粗钢、钢材分别占到全国产量的2.56%、1.85%和1.4%，分别排在全国的第15、16、19位。

云南钢铁行业主要以昆明钢铁集团公司为代表，昆明钢铁集团公司中钢铁主业的主要力量集中在武汉钢铁集团昆明钢铁股份有限公司，2010年综合生产能力超过600万吨钢的水平，销售收入达到近400亿元，形成了以线材为主，板材和管线为辅的产品格局，其主要产品有：

高速线材。高速线材形成了多品种、高规格、高质量的特点，主要品种包括所有牌号的钢筋混凝土用热轧带肋钢筋、光圆钢筋、弹簧扁钢以及碳素结构圆钢、角钢、槽钢等，在全国率先实现带肋钢筋由335MPa级向400MPa级的升级换代。而且昆钢是强制国家标准《钢筋混凝土用钢第1部分：热轧光圆钢筋》（GB 1499.1—2008）的主要起草单位。

板材。热轧板材能生产碳素结构钢、低合金高强度结构钢、管线钢、耐候钢、耐硫酸露点腐蚀钢等品种。冷轧板材主要有黄磷包装桶专用冷轧板和汽车用冷轧板、合成不锈钢板材等相关产品。

管材。能生产直缝焊管、螺旋焊管、方管、矩形管等管材。其中直径406～1422mm的“昆钢”后摆式螺旋焊管可生产X80级石油和天然气输送钢管。

高性能抗震钢。昆明钢铁控股有限公司开发出高效抗震钢、耐酸钢等14个品种，已生产的HRB500E高性能抗震钢筋规格配套齐全（6～40mm），产量、销量居全国第一，实现了高性能钢筋的抗震化。另外，还开发出了45钢、60钢、70钢等优质碳素结构钢，形成了优质碳素结构钢系列产品。

通过调研，云南在发展以铁基新材料方面已具备一定开发能力，如X80级管线钢，屈服强度达600MPa的高强度钢，耐候钢的开发及磷酸铁锂电池的产业化应用，但仍然存在以下问题：

（1）在产业规模上比较落后。无论是规模还是产值在全国的位次都较低。

（2）产品层次较低。云南生产的铁占全国的2.56%，但钢铁和钢材只分别占全国的

1.85%和1.4%，每年有数百万吨铁是当原材料卖的。而且云南的主要钢材产品是建筑用螺纹钢，大部分产品的附加价值并不高，甚至连一条不锈钢生产线都没有。

（3）缺乏长效的研发投入。云南大型钢铁企业也具备一定中高端钢材产品的研发和生产能力，但在现有体制和管理模式下，作为研发主体的大型企业在基础研究和新材料研究上缺乏有效的投入机制，从而缺乏先进的技术储备，也就缺乏长期可以领先的技术和工艺。

1.7.4 产业发展思考

高纯铁制备。加强高纯铁的制备工艺的研究与开发，同时相应地开展纯铁制品的开发应用研究。

推广和使用高强度建筑用高性能钢材。主要发展方向除了推广和使用具有更高强度的建筑螺纹钢材代替现在的普通碳素钢，从而大幅度减少钢材用量和提高建筑物使用寿命。更应进一步研发强度更高的建筑用螺纹钢和高层、超高层建筑用结构钢材，占领建筑用钢材的高端市场。

研究开发耐候钢。昆钢集团已经具备一定耐候钢的开发研究能力，应针对云南及周边国家和地区各种气候特点，开发抗大气腐蚀的耐候等级6.5以上的耐候钢。

研究高强度管线用钢。依托现有X80级管线用钢生产技术和生产能力，努力进入中缅石油管道的材料提供商行业，针对需求量巨大的石油天然气输送管道，生产和开发具有更高耐压标准的输送管道用钢和管道，并在此基础上研发X120级管线钢和大口径直缝钢管生产技术。

开发高铁建设需求用钢。围绕高铁建设的需求，研究开发高铁建设和运营各个环节所需的各种铁基材料。

研究开发高强度钢材。针对未来国防（如航母甲板用高屈服强度）和经济社会发展所需的高强度产品，做产品和生产工艺的研发和技术储备。

深化铁基电池的开发应用。在前期已有基础上，继续深入研究与发展铁基电池的性能和放电能力，扩展铁基电池的应用领域。

2 加快发展的金属材料产业

我国锰、锑、钨、镁等金属矿床具有成矿条件好、易选可选的特点，形成了一定的产业基础，但生产规模小，金属精深加工能力弱，产业链短，还处于价值链的低端。加快发展锰、锑、钨、镁产业，着力培育和发展锰、锑、钨、镁功能性新材料产业。

2.1 锰金属材料产业

2.1.1 锰的应用领域

锰的用途非常广泛，涉及人类生产生活的方方面面。锰用于钢铁、有色冶金、化工、电子、电池、农业、环保等领域。在炼铁中加入少量的锰，能够改善冶炼的操作和加工，改善生铁的性能。在炼钢中，锰的主要作用是脱氧剂、脱硫剂和作为合金元素。在有色冶金中有两种用途：一是在铜、锌、镉、铀等有色金属的湿法冶炼过程中加入二氧化锰或高锰酸钾作为脱氧剂；二是锰与铜、铝、镁生成合金。在电子工业中，锰、锌、铁的氧化物按照一定比例制备成软磁铁氧体，是磁盘、磁带等磁性元件的主要材料。在化工领域，锰用于制作干电池、陶瓷、玻璃、锰盐、染料等多个方面，如在玻璃工业中用作褪色剂、着色剂、澄清剂等。在环保领域，锰用于处理污水和废气。另外，在农业领域锰还用作微量废料、杀菌剂、动物饲料等。

2.1.2 产业发展态势

从锰产业链的空间分布看，锰矿开采主要集中在世界各资源地，锰矿石深加工产品正在向中国等发展中国家转移，而锰应用制品的生产则分布在发达国家和新兴经济体。中国在锰产业链上主要处于中间环节，进口锰矿石，生产深加工产品，除满足国内高铁等工业需求外，还提供给国际市场。

2.1.2.1 锰深加工业向中国等发展中国家转移

电解锰等锰矿石加工产品由于具有较大的环境污染和较高的能耗，加之中国等发展中国家产能的不断扩大，美国、日本等发达国家已经关闭了本国的锰矿石加工产品生产企业，从发展中国家进口锰矿石加工产品，生产锰新材料和终端应用制品。

A 锰系合金

锰矿石冶炼产品主要有高碳锰铁、中碳锰铁、低碳锰铁、锰硅合金以及金属锰等，通称为锰系（铁）合金或锰质合金，产品主要用于钢铁工业。我国锰系合金、电解金属锰、电解二氧化锰和硫酸锰产量分别为全世界产量的40%、88%、50%和60%。我国90%以上的锰矿石用于生产锰系合金和金属锰，生产企业分布在湖南、辽宁、贵州、云南、广西、四川和吉林等省区。

B 电解锰

我国1956年才建成第一条电解锰生产线，现在已发展成为生产大国、出口大国和消费大国。2003年初，锰系奥氏体不锈钢得到市场认可，这种锰加入量达到11%～13%的装饰用不锈钢，可以替代过去大量进口的日本304材料，因此电解金属锰的需求量猛增。湖南、贵州、重庆、广西等地是我国电解锰的主要产地，我国电解金属锰产量占世界总产量的88%，大部分产品出口到日本、荷兰、韩国和印度等国。

C 电解二氧化锰

电解二氧化锰（EMD）的主要用途是制造原电池。在20世纪90年代以前，EMD工业生产大多集中在日本、美国、德国等经济发达国家。在20世纪80年代中后期，我国电池行业高氯化锌型电池产量的不断增长和质量的不断提高以及碱锰电池的开发生产，有力地拉动了EMD工业的发展；90年代成为EMD工业发展的黄金时期（见表2－1）。2009年全国EMD产量23万吨，出口量38720t。我国已成为世界上EMD生产能力最大的国家（见图2－1）。

表2－1 2009年全球EMD产能

国家	公司	产能/$t \cdot a^{-1}$	国家	公司	产能/$t \cdot a^{-1}$
中国	14家	230000	美国	Erachem	24000
日本	Tosoh	34000	美国	Eveready	12000
希腊	Tosoh	18000	南非	Delta	30000
西班牙	Cegasa	6000	印度	Moil	1000
美国	特诺	26500	总计	351500	

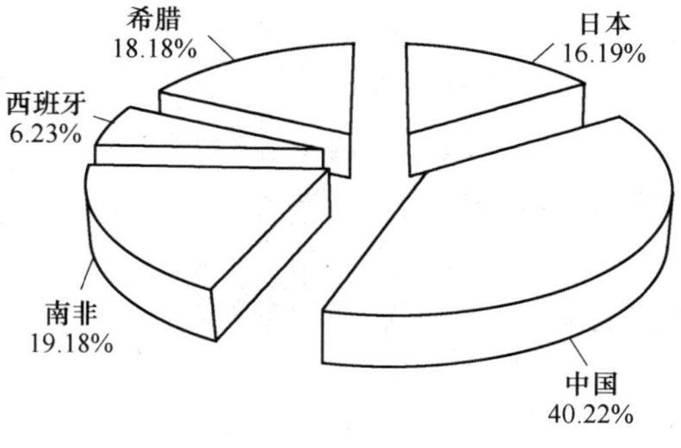

图2－1 2009年世界主要EMD生产国的出口份额

D 化学二氧化锰

电池用化学二氧化锰（CMD）的原料是菱锰矿或电性能差的氧化锰矿，经选矿、焙烧和化学处理等工艺制造而成，质量和价格低于EMD。由于CMD价格较高，同时又受到加纳等国出口的优质天然放电锰粉的竞争影响，只有少数电池企业使用，因此，产量和销量远远低于EMD。

E 四氧化三锰

高纯四氧化三锰是电子工业生产高性能软磁铁氧体的重要原料，高性能软磁铁氧体可用于制造高品质电感器、电视回扫变压器、电话用变压器、磁放大器、天线棒以及计算机存储信息的磁芯、磁盘、磁带、磁头等。我国四氧化三锰的生产能力和产量均为世界第一，分布在湖南、江苏、贵州、河北等地，存在的主要问题是产能过剩，产品供大于求，效益下滑，产品杂质含量高于美国、日本和南非的产品。

2.1.2.2 锰应用制品分布较为分散

冶金工业是锰最大用户，主要用途是炼铁和炼钢的脱氧剂和脱硫剂，以及制造合金，我国是生产锰系铁合金和金属锰的大国。锰代镍生产不锈钢工艺突破后，电解金属锰的需求量猛增。制造锰合金占用锰量的90%；电池工业用锰约为总量的3%；化学工业（二氧化锰矿粉作氧化剂和制造二氧化锰、硫酸锰、高锰酸钾、碳酸锰、硝酸锰、氯化锰等）用量约占总量的2%；5%左右的锰矿资源用于其他工业，如轻工业（火柴、印漆、制皂）、建材工业（玻璃、陶瓷和搪瓷的着色剂和褪色剂）、电子工业（磁性材料）、环境保护（吸附剂）、农牧业（复合肥料、复合饲料）和国防工业等。锰产品在这些领域上的应用分布较为分散，我国也在规范应用，但在高品质应用制品的生产上与发达国家还有较大差距，主要体现在以下领域：

（1）钢铁。我国已是世界粗钢生产的大国，但优质高性能钢、锰替代镍的不锈钢等产品还需要进口。

（2）电池。低品级的锌锰电池正在被替代，碱性锌锰和锌锰高功率等高品级电池正逐步成为主流产品，无汞、无锡、无铅锌锰电池是新的应用领域，但我国在这些高端应用产品生产上与发达国家还有较大差距。

（3）软磁铁氧体。我国信息产业发展很快，推动我国软磁铁氧体行业迅速发展，到2005年我国软磁铁氧体产量就占全球总量的1/3。但我国软磁铁氧体行业是中低档产品生产能力普遍过剩，而高档产品则严重不足，需要进口。虽然已着重开发引进高端软磁铁氧体的生产技术，但现实产能还不能满足国内需求。

软磁铁氧体主要用于类比信号变压器、数位脉冲变压器、延迟线；在电源转化用途方面主要是输出抗流器、磁性调节器、电流变压器、驱动变压器；在干扰抑制方面主要是电源线干扰抑制、滤波器干扰抑制、缆线干扰抑制。软磁铁氧体具体分为三类基本材料，即电信用基本材料、宽带及抗电磁干扰材料、功率型材料。

2.1.3 技术分析

锰新材料主要有高性能锰系合金、电池用二氧化锰和高纯锰等，技术主要被发达国家所控制，虽然我国研发力度不断加大，正在逐步替代进口产品，但高端技术仍然受到封锁，技术缺口很大。

2.1.3.1 高纯锰及技术分析

锰广泛存在于自然界中，土壤中锰含量为0.25%。锰在空气中容易氧化，生成褐色氧化物覆盖层。

高纯锰在磁性材料、电池材料及其他金属材料以及相关领域中有较广泛的应用。高纯锰制品的制造方法有：调整 pH 值的选择沉淀法、硫化物沉淀法、溶剂萃取法、离子交换法、电化学法。这些方法虽然在工业上得到了应用，但要得到超高纯锰制品还有一定困难，另外还需要大型的设备。

二氧化锰主要用于电池的阴极材料、磁性材料、玻璃、陶瓷和氧化剂等方面。工业上使用的二氧化锰可分为天然二氧化锰、EMD 和 CMD。过去电池工业中曾大量使用天然二氧化锰，但由于多年开采富矿日趋枯竭，天然二氧化锰逐渐被合成物，尤其是 EMD 所取代。EMD 纯度高（90% 以上），晶型好，具有良好的放电性能，作为高性能锌锰电池的优良去极化剂，其需求量正在不断增长。

四氧化三锰主要用于生产优质软磁铁氧体。软磁铁氧体是由锰、锌、铁的氧化物按一定的比例混合后烧结成型，在电子工业中有广泛的用途。由于四氧化三锰的优异性能，也由于研究它的学术价值和经济利益，因而它的研制和生产在我国已引发很高的热潮。

传统电解锰生产工艺经过多年的发展改进，现已形成比较成熟的高纯电解锰生产工艺流程，即：碳酸锰矿石粉磨—锰矿粉间断浸出—池槽硫化—电解槽电解—人工钝化、洗涤、烘干—产品剥离—包装。该流程由于过多地使用二氧化硒作为添加剂，致使产品中硒含量过高。

降低硒的含量的方法为：减少二氧化硒添加剂用量，采用二氧化硒与另一种锌添加剂组成混合添加剂；采用新的辅助添加剂，配套使用几种辅助添加剂等，多数辅助添加剂效果不太明显，副作用较大，国内外使用二氧化硫作为新的添加剂取得成功。

CMD 的制备方法有：热分解法、液相氧化法、还原法、氢氧化锰氧化法。

EMD 的制备：EMD 主要用作碱性锌锰电池的阴极活性物质，它的结构特性对干电池的放电性能和储存性能等方面有着根本性影响，而其制备技术和形成过程又直接影响到它的结构特征。电池工业迅速发展，高性能的锌锰、碱性干电池对 EMD 的品质要求更高，对所含杂质的要求也更严格。EMD 工业需要长期面对和探讨的一项重要课题正是如何进一步提高和改进 EMD 的制备技术，以便更合理地调控 EMD 的各项指标。EMD 的制备工艺主要包括制液、电解和电解后处理三大部分。

四氧化三锰的制备方法主要有：低价锰氧化法和高价锰还原法。

2.1.3.2 电池用二氧化锰及技术分析

由于资源枯竭，我国天然放电锰的质量在逐年下降，多数锰矿中有效氧的含量（以二氧化锰百分比计）已降至 60% 左右（锰含量低于 40%），品级已降至三级以下。天然放电锰质量下降已严重影响到电池的放电性能，市场上达不到国家标准电池性能要求的碳锌电池已占较大的比例。要解决这个问题可以采取的措施有：（1）天然放电锰粉生产企业抓好质量管理；（2）将天然放电锰粉或天然二氧化锰进行活性处理，国内的试验结果表明活化后可以达到 EMD 二级品的放电性能；（3）电池生产企业应尽力提高二氧化锰搭配效果，可靠地选择最佳配方，以取得最佳效益。国际上先进的电池生产国家普遍采用加蓬的锰加电解锰生产干电池。

我国的 EMD 生产规模和实际生产量已跃居世界之首，但产品的质量和国外相比，还存在一定的差距，生产工艺仍需进一步改进。EMD 的生产方法分为高温法和低温法两种，高温法与低温法相比具有电流密度低、操作简单及生产连续化等优点，是各国生产 EMD 最主要的方法，高温法沉积在阳极上的二氧化锰经过剥离、粉碎、漂洗、中和、干燥等处理后即成为 EMD 产品。针对 EMD 的研究主要集中在掺杂改性等方面，通过掺杂来提高二氧化锰在碱锰电池中的放电性能和再充性能是对二氧化锰改性的有效方法。添加不同金属离子的电解二氧化锰，晶体结构有一定的差异，放电性能也有所不同。据报道，加入铋、铅、钼、钛、钡、镍等一些添加剂后，可使二氧化锰电极的充放循环性能不同程度地提高。

CMD 的生产方法很多。随着中国对高质量二氧化锰需求的不断增长，CMD 的研究仍将是化学领域的热点之一。由于 EMD 成本高，耗电多，生产周期长，投资大，已经不能满足迅猛发展的电池工业对优质二氧化锰的需求；而 CMD 的性能接近于 EMD，且生产成本低，具有很大的开发潜力。有关 CMD 制备方法的研究非常活跃，希望能开发出产品性能好、成本低、污染小的工艺流程，以达到降低生产成本、充分利用资源的目的。

2.1.3.3 变形铝锰系合金及技术分析

变形铝锰系合金属于热处理不可强化的铝合金，其突出特点是耐蚀、导电、导热性能好，且具有良好的反射性、非磁性、优良的焊接性能和加工性等，被广泛地应用于包装材料、热交换材料、感光材料、装饰材料、焊接材料等各个方面。

有关研究表明，锰是铝锰合金的主要控制成分，含量为1.0% ~1.6%，过高会影响合金的铸造性能，过低则会明显降低制品的力学性能；铁能降低锰在铝中的溶解度，也可使板材在退火时得到较细的晶粒，含量一般控制在0.4% ~0.7%，铁和锰的含量之和不大于1.8%，否则，会显著降低合金的力学性能和工艺性能；合金中含有少量的铜，可显著提高抗拉强度，但耐蚀性降低，故合金中的铜应低于0.2%；镁的少量存在能显著地细化铝锰合金退火后的晶粒，并少许提高其抗拉强度，但损坏了退火材料的表面光泽；锌的含量低于0.5%时，对合金的力学性能和耐蚀性能无明显影响，但降低其焊接性能，故其含量应控制在0.2%以下。

为了改善铝锰合金的性能，可以合理地加入多种其他元素，它们形成的金属间化合物的分布及其存在的形态对合金结构性能有明显的影响。如在铝锰合金中加入锆、钪，可以促使析出相呈细小球形均匀分布，还提高了合金的抗再结晶性能；稀土元素可直接影响再结晶过程，由于稀土元素占据合金中锰的点阵位置，加入稀土元素后，锰的固溶含量相对降低，使合金再结晶温度降低，稀土元素还加速了再结晶过程，使再结晶过程提前等。合理地选择合金元素含量及搭配好它们之间的相互关系，是获得良好组织性能和力学性能的基础，但其应用技术还有待于理论的进一步研究发展。

2.1.3.4 铬锰系不锈钢及技术分析

铬锰系不锈钢是一种适合现阶段国内民需使用，且价廉、实用美观、具有一定耐蚀性的钢种。20 世纪末，自广东民用不锈钢制品试用太钢 201 冷轧板，我国民用铬锰系不锈钢才开始起步，但发展速度很快。我国铬锰系不锈钢的冶炼、热轧、冷轧及其延伸加工的企业基本是民营企业。

由于铬锰系不锈钢国内民需消费量快速增长，而我国产量明显不足，因此只能依赖大量进口，才能满足国内的消费需求。2001 年下半年，自我国从印度开始进口开始，铬锰系不锈钢材进口量不断增长。我国进口的铬锰系不锈钢主要来自印度、巴西、墨西哥、西班牙和美国等。

2.1.3.5 新型锰系合金及技术分析

铝、锰和硅是炼钢脱氧剂和合金添加剂中最常见的元素，市场上的铝锰硅合金中铝含量可分为7% ~12%、18% ~22%、26% ~31%这几类，而且不含有钒元素。钒的加入可以作为炼钢合金添加剂，而当作为脱氧剂时，又可以调节合金密度，优化脱氧效果。将铝含量定位在30% ~40%，并加入钒元素，可冶炼一种新型的锰系合金——铝锰硅钒。

2.1.3.6 高硅锰硅合金及技术分析

2009年，中信锦州钛合金股份公司锰冶炼厂生产含硅量高于25%的高硅锰硅合金，通过控制炉温的时间及采用合理的炉渣碱度制度，提高合金中硅含量，稳定地生产出高品级的高硅锰硅合金。

2.1.4 产业发展思考

高纯电解锰。针对高纯度电解锰能增加锰铜合金、锰铝合金等合金的强度、韧性、耐磨性和耐腐蚀性的优点，突破技术瓶颈和装备瓶颈，大力发展高纯电解锰。

铝锰合金。铝锰合金作为现代轻美型建筑材料、装饰工程材料和地下工程的防腐支护材料，具有良好的发展空间。要积极推动云南铝工业与云南锰工业的融合，加快发展铝锰合金。

锰铁合金。积极推进钢铁工业与锰工业的融合，加快发展高碳锰铁、中碳锰铁、低碳锰铁、金属锰、镜铁、硅锰合金等产品，促进钢铁工业做大做强。

锰锌软磁铁氧体。积极开发电信用基本材料、宽带及EMI材料、功率型材料。

电解二氧化锰。大力发展锌锰电池类用普通型EMD、碱性锌锰电池类用碱锰型EMD、碱性锌-二氧化锰电池用无汞碱锰型EMD。

锰代镍不锈钢。加快推进钢铁工业与锰工业的融合，大力发展锰代镍不锈钢系列产品的研发和生产。

特种电解金属锰粉。

2.2 锑金属材料产业

2.2.1 锑的应用领域

锑的应用领域包括：

（1）高级半导体。高纯锑是一种高级半导体，可以形成锑化铟、锑化镓、锑化铝等化合物半导体，可以作为半导体硅（锗）的掺杂剂，使其形成N型半导体。锑化物半导体系材料独特的能带结构、优异的物理性能为开展材料的能带剪切和结构设计提供了很大的自由度和灵活性，对研究和制造各种新型的高性能微电子、光电子器件和集成电路创造了广阔的发展空间，在相控阵雷达、卫星通信、超高速超低功耗集成电路、便携式移动装置、气体环境监测、化学物品探测、生物医学诊断、药物分析等领域中都有十分重要的应用前景。锑化铟（InSb）基红外探测器阵列也已在地面红外应用和空间仪器领域中占据了市场主导地位。

（2）氧化锑（Sb_2O_3和Sb_2O_5）的应用。

1）优质阻燃剂。氧化锑是一种优质阻燃剂。目前，锑的应用已从以蓄电池为主转化为以阻燃剂为主。阻燃剂是锑应用的最大领域，约占世界锑总消费量的70%（见图2-2）。在日、美等发达国家，锑在阻燃剂市场的应用高达80%~90%，而中国则只有5%左右。作为阻燃助剂的三氧化二锑，其颗粒大小和形态对合成材料性能和阻燃效果影响较大。粒度是三氧化二锑产品的重要指标，对合成化纤、纺织用品进行阻燃处理往往要求三氧化二锑的颗粒大小处于纳米级范围，粒度越细，达到同样的阻燃效果的三氧化二锑的用量也越少，且不会阻塞喷丝孔，这是纺织品阻燃的关键。但是目前使用的无机阻燃剂颗粒一般在微米级以上，阻燃填充量大，阻燃效率不高，所引起的加工工艺及产品性能的问题都比较严重。纳米阻燃剂是由颗粒尺寸为1~100nm的超微阻燃粒子凝聚而成的块体、薄膜、多层膜和纤维，通过将传统的无机阻燃材料超细化，利用纳米微粒本身所具有的量子尺寸效应、小尺寸效应、表面效应来增强界面作用，改善无机物和聚合物基体的相容性，达到减少用量和提高阻燃性的目的。纳米技术在传统的阻燃材料中的应用为阻燃技术开辟了一个新的领域，纳米无机阻燃复合材料为发展阻燃剂聚合材料提供了一条崭新途径，它的出现将导致无机阻燃行业的一次历史性变革。

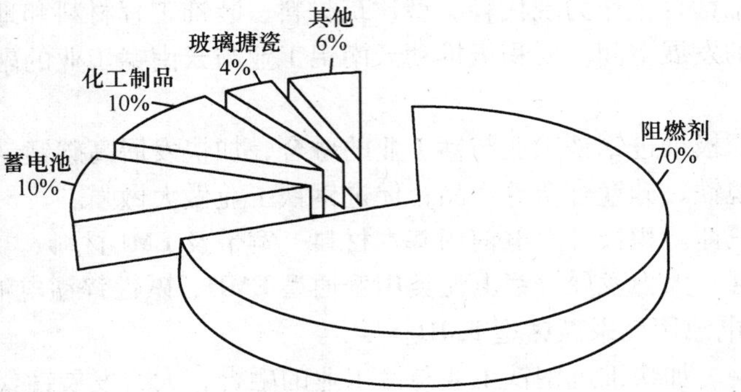

图2-2 锑的主要应用领域

2）优良的白色颜料。锑白（Sb_2O_3）是锑的主要用途之一，它既是优良的白色颜料，具有耐光、耐热、稳定性好等优点，也是理想的脱色剂和玻璃澄清剂。锑白还有很好的黏结性和遮覆铁胎的作用，呈白色的釉面，涂刷后的陶瓷不发脆，耐冲击，故锑在搪瓷工业中被广泛应用。

3）良好的灭火防火原料。锑白也是良好的灭火防火原料。因为锑白既能阻燃又能增加塑料耐热性，所以是许多塑料的理想阻燃剂。锑白还可作为防火涂料，用于合成纤维、建筑材料、安全胶卷、大功率电路元件、高温绝缘材料、汽车内部装饰等。锑白作为阻燃剂的用量还在逐年增加。

（3）工业用途。在玻璃工业中，采用焦锑酸钠作为澄清剂和脱色剂，大大提高了电视机玻壳（显像管）和光学玻璃的质量；锑白与硫化锑配合还可作为橡胶填充剂；钛白生产中作为沉淀剂；在汽油中加入少量锑白可使其完全燃烧，从而减少尾气对环境的污染；锑白还可做有机合成的催化剂。生锑（三硫化二锑）用于生产火柴和烟剂。三硫化锑或纯的辉锑矿可用于生产弹药、鞭炮和橡胶。葡萄糖酸锑钠是治疗黑热病的首选药，疗效很好，且很少发生副作用，可由葡萄糖酸钠与锑酸作用制得。酒石酸氧锑钾和锑273都是治疗血吸虫病的药物。五硫化二锑是橡胶的红色颜料，而五硫化锑用于橡胶工业和制作兽药。

（4）潜在的应用领域。

1）锑化物材料在第三代红外探测器焦平面阵列、中远红外量子级联激光器、量子点激光器、超高速低功耗低噪声放大器、热光伏电池组件等方面都取得了较大进展。在不远的将来新型的高性能锑化物器件和集成电路将在红外成像技术、大气环境监测、生物医学诊断、多功能数字雷达系统、移动通信、热光伏发电系统等众多高新技术领域中获得广泛的应用。

2）锑化物在热光伏电池中的应用。热光伏电池（TPV）与太阳能电池类似是直接将热辐射（红外电磁波）转变成电能的装置。TPV 的发展趋势是开发适用于 1500℃下中低温辐射源的高效率、低成本的热光伏材料和组件。锑化物材料是举世公认的 TPV 首选材料，研究报道最多的是用 LPE、MOCVD、MBE 等各种方法在锑化镓衬底上制备的铟镓砷锑 P-N 结电池。在砷化铟衬底外延生长铟砷锑磷制备的 TPV 电池，其光谱响应的截止波长可达 2.5 ~3.4μm，是很有发展潜力的研究方向。

3）锑在汽车行业散热器中的应用。锑是提高液态锡铅焊料抗氧化性最常用、最经济的合金元素。我国汽车中散热器产品主要是铜制散热器，其生产需要大量的锡铅焊料，锡铅焊料种类很多，用量也很大，年生产用量约有 100t，锡铅是贵重稀有的原材料，在焊接过程中，锡铅焊料在炉中加热熔化后，长期处于高温状态很容易氧化，使其表面生成一层厚厚的锡灰。因此，提高锡铅焊料的抗氧化性，减少液态锡铅焊料的烧损具有重要意义。要提高锡铅焊料的抗氧化性，必须能够在液态钎料表面生成一层致密的氧化膜，当这种表面氧化膜被机械破坏时，能立即形成相同结构的新膜，继续起保护作用。

2.2.2 产业发展态势

2.2.2.1 锑的产业链形态

锑产业已经形成了较为完整的产业链：锑矿资源采选→冶炼→初加工→锑基新材料→应用领域用材，产品依次为锑精矿、精锑、锑白、高强度耐磨锑合金和锑化合物、阻燃剂等应用产品。锑产业链（见图 2－3）各环节的特点是：

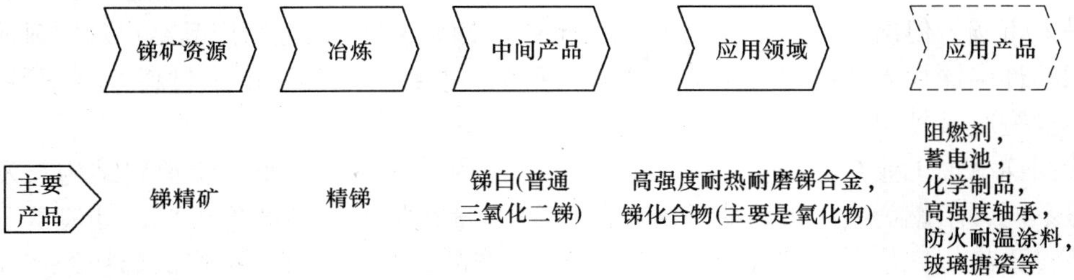

图 2－3 锑的产业链示意图

（1）锑资源环节。主要原料有辉锑矿、方锑矿、锑华和复杂锑铅等 10 种锑矿物。我国锑矿储量世界第一，分布集中，但资源保障年限剧减，产量和出口受严格管制。

（2）冶炼。精锑既是生产氧化锑的原料也可以直接用于生产锑合金。锑的冶炼方法有火法和湿法，技术简单成熟。

（3）中间产品。冶炼企业主要有采选冶一体化企业和冶炼企业。我国是世界主要的锑产品生产国和最大的锑锭供应国，产量和出口受严格管制。

（4）锑产业的技术水平主要集中在应用产品端。锑在军事、冶金、化工、机械、蓄电池、涂料等领域应用广泛，但以用于生产阻燃剂为主。从发达国家看，阻燃剂是锑的主要应用领域。中国等新兴国家的主要应用领域是蓄电池及轴承等低附加值产品。

2.2.2.2 我国锑采选冶工业产需矛盾突出

我国生产的锑产品中，在20世纪80年代以前产品较单一，主要是初级产品，即锑精矿、精锑、三氧化锑、三硫化锑等，深加工产品较少。开发研制锑深加工产品，主要品种有高纯三氧化锑（高纯锑白）及细粒三氧化锑（细粒锑白）、胶态五氧化锑、催化剂氧化锑、无尘氧化锑、锑酸钠、醋酸锑以及锑合金、高纯锑、有机锑化合物、含锑阻燃母料等。

按产品流程，可将产业链条分为开采环节、冶炼生产环节和出口销售环节。20世纪70年代末期，我国锑产量只有2万吨，1994年上升到9.1万吨，而1995～1997年连续三年产量在12万吨以上。1998～1999年，在锑价已不足成本的情况下，我国的锑产量仍保持在8万吨左右。冶炼加工能力也在扩大，特别是除铅技术在广西脆硫铅锑矿中的应用，使冶炼成本大为降低，广西锑产品的产量及价格的竞争力飞速增长，造成了我国锑产品可供应量超过市场需求。

虽受金融危机后国际市场的影响，我国锑产品生产不稳定，但总体上保持着较高增长态势。我国2007年锑产量为15.27万吨，仅比上年增长0.01%，2008年锑产量达到18.36万吨，比上年增长20.2%，2009年锑产量为19.60万吨，仅比上年增长6.7%，2010年1～11月，锑产量达到18.50万吨，比上年同期增长15.4%。国际市场对锑产品的需求在每年10万吨左右，国内市场需求约1.5万吨，85%以上的产品需销往国际市场。可以看出，每年我国都要出口大量精锑和氧化锑来缓解国内产需之间的严峻矛盾。

2.2.2.3 我国锑材加工业以初级产品为主

多年来我国锑产品一直以初级加工品为主，精锑及氧化锑占锑产品出口总量的90%左右，精锑出口的份额还呈扩大趋势。虽然中国锑产品的品种逐步多样化，各种规格的高纯氧化锑、锑酸钠、五氧化二锑、醋酸锑、纳米级氧化锑等一系列高附加值的深加工产品陆续进入市场，但出口产品中深加工产品所占的比例还不足以说明产品结构的明显改变。

锑的许多深加工产品涉及化工、消防、军工、纺织、造纸、电子材料等多学科领域，其中不少是交叉领域。

我国锑材加工业存在的主要问题是：（1）国内市场极为狭小，锑消费结构与发达国家明显不同，阻燃剂应用市场缺乏培育；（2）大量初加工产品廉价出口，既浪费了宝贵的资源，又将“三废”污染留在了国内；（3）产品结构不合理，生产的锑初级产品，超过市场容量，增产不增值，锑企业之间盲目竞争，在市场上竞相抛售、相互压价，甚至少数企业和经销商以非法手段大量走私出口，冲击国际市场，造成锑价大跌，结果使我国的锑企业受损，而发达国家将进口的初级品深加工成高附加值的各类阻燃剂和催化剂销往锑资源国，从中获得最大利润，并占据高端产品市场。这些不利因素影响了我国锑产品深加工的发展。

总之，我国锑行业中资源消耗过快、生产总量过大、产品结构不合理、走私屡禁不止等问题制约着我国锑行业的可持续发展。

2.2.2.4 云南锑产业已有基础

云南锑业已经具有一定的产业基础，主要企业有云南木利锑业有限公司、云南联合锑业股份有限公司、云南文冶有色金属有限公司生产锑产品，但基本处于传统锑材料生产阶段。

云南木利锑业有限公司是由1958年建矿的文山州木利锑矿改制而成的集采矿、选矿、冶炼、产品开发为一体的股份制企业，是云南最大的锑产品生产和锑产品出口基地，是全国著名的大型锑矿床之一，具有较强的资源优势和广阔的发展前景。该公司主要生产锑锭、无尘氧化锑、三氧化二锑。该公司是全国氧化锑产量在5000t以上的三家企业之一，年产综合锑产品能力为14400t，产品商检合格率和产品产销比达100%，“木利牌”锑产品出口量占总销售量的60%以上，远销欧美、日本、韩国、中国台湾、中国香港等地。1999~2002年相继通过ISO 9002和ISO 9001国际质量体系认证。其系列锑品以优良、稳定的质量深受国内外用户信赖。

云南联合锑业股份有限公司是有云南五矿贸易有限公司、云南木利锑业有限公司、云南蒙自县锦昌有色金属实业有限公司、云南通海大方科技有限公司等本着优势互补、工贸结合的原则组建设立，旨在整合优化云南锑产业，切实提升锑品在国内市场的竞争能力，以形成锑业龙头企业。其产品有高纯三氧化二锑系列产品和锑锭。

云南文冶有色金属有限公司始建于1993年，其前身是文山县有色金属冶炼厂。2001年改制成为公司，同年获得自营进出口经营权，是一个集有色金属开采、冶炼、销售的综合性企业。公司拥有全资的广南那丹锑矿、西畴县小锡板锑矿两个矿山企业和一个装机4200kW的小型水电站（控股）；矿区占地1.5km^2，矿山已探明锑金属储量为7.5万吨。公司产品有“文冶”牌精锑和三氧化二锑，以生产0号、1号、2号精锑和高纯度三氧化二锑为主。公司主要原料基地那丹锑矿，属单一元素的辉锑矿床，有害杂质含量极低，是生产0号精锑的优质原料基地，生产出的0号精锑，主含量均在99.90%以上，产品合格率一直保持100%。公司生产的高纯度三氧化二锑，完全以那丹锑矿的优质锑矿为原料，再加上先进的生产工艺和严格的生产管理，品质优良，质量稳定，各项指标明显优于国家标准。先后成功地完成了原料基地的建设、冶炼总厂精锑生产线和高纯度三氧化二锑项目的技改扩建。

总体上看，云南锑产业发展还较为滞后，锑产量规模小，在全国的地位还不高，还呈现下降趋势，云南2008年锑金属产量为26150t；2009年为22898t，下降了13.5%；2010年为15651t，只占全国的7.38%。

2.2.3 技术分析

2.2.3.1 锑合金及技术分析

A 锑合金的性能与应用

合金中锑的主要功用是提高合金的硬度，并使其在常温下不氧化。锑是铅合金中用量最大的合金元素。锑部分固溶于铅，使铅合金的硬度、强度提高，并提高铅对硫酸的耐腐蚀性。用于化工设备和管道材料时，以含锑约6%的铅合金为适宜；而用作连接构件时，以含锑8%～10%为宜。含锑铅合金品种较多，根据成分、性能的不同分成三组：铅锑合金、硬铅合金和特硬铅合金。

锡合金由于锑的加入而显著提高强度，可以用作轴承材料。锡合金的箔材在电气、仪表等工业中用于制造零件，如SnSb2.5合金厚0.05mm的箔材可用作子弹壳底火垫片。

印刷活字合金是较为著名的含锑合金，其特点是在冷却凝固时轻微地膨胀，所以能制成轮廓清晰的铸件。

巴氏合金是具有减摩特性的锡基和铅基轴承合金，是最广为人知的轴承材料，由美国人巴比特发明而得名，因其呈白色，又称白合金。主要合金成分是锡、铅、锑、铜，其中锑、铜用以提高合金强度和硬度。巴氏合金的组织特点是：在软相基体上均匀分布着硬相质点，软相基体使合金具有非常好的嵌藏性、顺应性和抗咬合性，并在磨合后，软基体内凹，硬质点外凸，使滑动面之间形成微小间隙，成为贮油空间和润滑油通道，利于减少摩擦；上凸的硬质点起支撑作用，有利于承载。巴氏合金除制造滑动轴承外，因其质地软、强度低，常将合金丝或粉喷涂在钢等基体上制成轴瓦使用。具有减摩特性的锡基巴氏合金和铅基巴氏合金是唯一适合相对于低硬度轴转动的材料，与其他轴承材料相比，具有更好的适应性和压入性，广泛用于大型船用柴油机、涡轮机、交流发电机，以及其他矿山机械和大型旋转机械等。

B 普通型蓄电池用锑合金

普通型蓄电池用锑合金有如下种类：

(1) 铅锑合金。普通型蓄电池仍大多使用铅锑合金，铅锑合金的优点在于其抗拉强度、延展性、硬度及晶粒强化作用均明显优于纯铅；其熔点及收缩率低于纯铅，且具有较好的铸造性能；具有比纯铅更低的热膨胀系数，因此，在循环充放电时，板栅不易变形；其腐蚀比纯铅更均匀，且锑对板栅腐蚀膜中氧化铅的生长有显著的抑制作用，增强了板栅与活性物质之间的“黏附力”，有利于提高铅蓄电池的深充深放能力及延长循环充放寿命。

(2) 铅锑砷合金。鉴于铅锑二元合金板栅的腐蚀、变形是近代蓄电池损坏的重要原因，为寻找更优良的合金，以提高铅蓄电池的使用寿命，国内外进行了大量的研究工作。经长期的研究和实际使用表明，较为成熟的优良合金为铅锑砷合金。该合金的常用组成为：铅（4%～6%）、锑（0.1%～0.15%）。

铅锑砷合金的主要优点是：砷的加入明显地提高了蓄电池板栅的耐蚀性，用失重法测得含砷合金的腐蚀虽与普通铅锑合金的腐蚀速率相差不大，但砷的细晶化作用使含砷合金的腐蚀比较均匀，因而用铅锑砷合金板栅组装的电池，其循环寿命增加25%～30%。同时，其所形成的膜虽然更疏松，但分布却更均匀，这与晶粒细化作用是一致的。砷的加入改善了板栅的机械强度，尤其是提高了板栅的硬化速度，从而延缓了板栅的线性“长大”、变形。含砷板栅与活性物质之间的“黏附力”比铅锑合金更强，对活性物质脱落有一定的抑制作用。

(3) 铅锑砷锡合金。为保持铅锑砷合金的上述优点，克服含砷合金的脆性，可采用添加适量锡的铅锑砷合金，这种合金的主要组成为：铅、锑（4% ~6%）、砷（0.1% ~0.15%）、锡（0.05% ~0.5%），少量锡的添加明显改善了熔融态砷合金的流动性及可铸性，从而明显地减少了因锑和砷的添加而引起的脆性。但锡的含量不宜超过0.5%以上，过高的锡含量可能有助于电池的自放电，且锡的价格较贵，不必要地增加了成本。

（4）铅锑银合金。在所研究的耐腐蚀合金的添加剂中，银是特别值得注意的。研究表明，甚至含量仅0.1%的银加入铅锑合金中，实质上也能明显提高铅锑合金的耐腐蚀性。铅锑银合金的主要组成为：铅、锑（4% ~7%）、银（0.1% ~0.5%）。

（5）铅锑铜合金。为代替价格较贵的银，人们试图采用铜得到铅锑铜合金。这种合金的组成一般为：铅、锑（6%）、铜（0.069%）。合金的主要特点是铜增加了合金的抗拉强度及流动性，降低了板栅的脆性，增加了合金的初期硬度，扩大了铸造温度范围。

（6）铅锑砷铜合金。品质优良的铅锑砷合金因铸造条件不当而导致一定的脆性。在含砷合金中加入少量的铜，对改善其脆性及耐蚀性可起到良好的作用。铅锑砷铜合金的优点是砷与铜作用生成了砷化铜，而且砷只有在铜参与下生成砷化铜后才能作为一种更好的变晶剂和成核剂，具有比铅锑铜更优良的耐蚀性能。

（7）铅镉锑合金。在合理的成分配比下，铅镉锑合金能集镉与锑的优点于一身，并具备传统“钙合金和锑合金”的优点，进而使电池具有较高的性能。该合金的特点为：具有良好的铸造工艺性能和力学性能，不易产生裂隙；具有较好的强度，抗蠕变能力强，铸出的板栅质量也好，适于制造薄型板栅；具有细的结晶结构，使板栅腐蚀均匀，有较强的耐腐蚀性；用于电池正极板栅时，能与活性物质很好的结合，有利于延长电池的深循环放电寿命，避免了铅钙合金的早期容量损失；用于电池负极时，具有较高的氢析出电位，使电池的失水、析气量减少，具有较强的免维护性能；改善了蓄电池的耐过充电能力，延长了蓄电池的使用寿命；镉能有效地阻止硫酸铅钝化膜的生成，而且在放电时，该合金生成的是内阻很小的腐蚀层，从而增大了蓄电池的容量；镉是作为添加剂来提高产品性能的，因其独特的成核性能，使其合金配制范围窄小，与锑的比例要求高，冶炼温度控制严格。该合金特别适用于深循环牵引型免维护铅酸电池，它可使蓄电池具有耐腐蚀、免维护、长寿命、高容量、强充电接受能力及强深循环能力等优点，是电动助力车、电动三轮车、电动摩托车、电动旅游车和电动汽车等电源理想的蓄电池板栅合金，具有良好的发展前景。另外，该合金主要用于蓄电池板栅，所以也称作“板栅合金”。

2.2.3.2 锑化合物及技术分析

锑化合物种类繁多，应用范围相当广泛，在医药、电子、玻璃制造、阻燃、陶瓷、搪瓷、印染、化工、化学分析等方面都有应用。

A 化合物的性能与应用

锑的化合物锑化铟、锑化铝、锑化镓、硒化锑、三碲化二锑等都是很好的半导体材料。金属锑和铟在高温熔合，再经熔炼提纯即为锑化铟的单晶，该单晶可制成具有特殊性能的红外线探测器件。

三氧化二锑、锑酸钠、水合锑酸钠等都可用于玻璃生产中的澄清剂，只是三氧化二锑用于普通玻璃，而锑酸钠和水合锑酸钠用于显像管玻壳、光学玻璃及各种高级玻璃。三氧化二锑作玻璃澄清剂使用时，要和硝酸盐并用，其原理为在1000 ~1200℃温度下，被硝酸盐放出的氧所氧化；当温度达到 1300℃以上时又放出氧，从而起澄清作用；在冷却过程中三氧化二锑再变成五氧化二锑，这样便把氧气气泡吸收除去。一般玻璃中三氧化二锑的用量为 0.05% ~0.5%。锑酸钠、水合锑酸钠作为玻璃澄清剂比三氧化二锑效果要好，它们单独使用，所起作用与三氧化二锑相似，也是高温时生成三氧化二锑而放出氧，冷却时三氧化二锑再转变成五氧化二锑吸收氧气气泡，从而达到澄清玻璃的目的。

在钠钙玻璃中加入一定量的三氧化二锑、硫黄、炭粉，熔炼后再经显色热处理，即得到价格便宜、便于推广的锑红玻璃。这种玻璃用作信号玻璃和艺术玻璃等。

锑系阻燃剂在无机阻燃剂中占有越来越重要的地位。三氧化二锑、非胶体五氧化二锑、胶体五氧化二锑、三氯化锑、锑酸钠等分别开发出了组成不同、特性不同、应用于不同场合的系列品种，广泛应用于橡胶、塑料、化纤、地毯、涂料等的阻燃制品中。随着三氧化二锑超微细技术的发展，能够得到粒径更细、添加性能更好的三氧化二锑，对被阻燃基材物理性能的恶化更小。胶体五氧化二锑的平均粒径仅 0.03μm，约为一般三氧化二锑粒径的 1/100，由于颗粒极细，基本上不恶化树脂基材的物理性能，同时对树脂的颜色也少有影响。实验证明，胶体五氧化二锑阻燃性高于同系列的非胶体三氧化二锑、锑酸钠等，是锑系阻燃剂中最好的一种。

五氯化锑用于检验生物碱和铯；锑酸钠和锑酸钾都可用于钠离子的鉴定；三氯化锑常作为无机和有机氯化反应的催化剂。

三氧化二锑是最重要的锑化合物之一，除了前面提到的用途外，它还可用作石油化工和合成纤维的催化剂；用于制造媒染剂、乳白剂；用作合成锑盐的原料。在搪瓷工业中用作添加剂，以增加釉的不透明性和表面光泽。另外，它还是一种优良的白色颜料，其遮盖力略次于钛白，而与锌钡白相近。在钛白的生产中，三氧化二锑能有效地抑制钛白的光致反应。利用三氧化二锑良好的抗粉化、对光稳定性能以及阻燃性能，人们已经制备出各种用途的含锑二氧化钛，如钛镍黄、化纤钛白、超细含锑二氧化钛等。

B　主要高端锑化合物材料

主要高端锑化合物材料如下：

（1）三氧化二锑。随着电子工业、阻燃材料工业的发展，对三氧化二锑的需求和性能提出更高的要求。

1）超细三氧化二锑。三氧化二锑又称锑白，主要用作阻燃助剂。当用于树脂等产品的阻燃助剂时，锑白颗粒粒度的减小，将大幅度提高其抗冲击性。而用作涤纶、丙纶的阻燃助剂，则要求锑白的平均粒径为 0.25 ~0.3μm，最大粒径不超过 4μm。锡矿山矿务局采用自热氧化挥发工艺，经过技术改进，生产出了平均粒径为 0.20 ~0.22μm 的超细锑白。湖南益阳锑品冶炼厂采用火法工艺，通过控制工艺条件和分级收尘，生产出了平均粒径为 0.38 ~0.43μm 等几个不同粒度级别的超细锑白。南宁锑品厂、湖南益阳八三锑品冶炼厂等采用等离子体生产工艺，分别生产出了平均粒径不大于 0.5μm 及粒径为 0.035 ~0.07μm 的超细锑白。我国超细锑白的年生产能力在 10000t 以上。

2）高纯三氧化二锑。随着电子工业的发展，某些电子元器件需要使用砷（As）、铅（Pb）、铁（Fe）含量均小于 10×10^{-6}的高纯三氧化二锑作为阻燃剂及性能改良剂。到 1997 年，国内（如成都华亚锑业公司）已能直接以辉锑矿为原料采用湿法氯化浸出工艺稳定地生产该等级的高纯三氧化二锑产品，并批量出口美、日、韩等国。通过选择原料，国内有厂家采用等离子体工艺，也生产出了砷、铅、铁含量均小于 10×10^{-6} 的高纯超细三氧化二锑。

此外，以粗三氧化二锑为原料，采用盐酸溶解、除杂工艺，还可以生产出砷、铅、铁等阳离子杂质含量均小于 1×10^{-6} 的高纯三氧化二锑产品，以满足不断发展的电子和半导体材料对高纯三氧化二锑（纯度 99.999%）的要求。

3）催化剂型三氧化二锑。20 世纪 80 年代后期以来，由于聚酯纤维、聚酯薄膜、聚酯瓶的需求增长，聚酯工业得到了飞速的发展。在聚酯工业中，使用对苯二甲酸和乙二醇进行聚合反应生产聚对苯二甲酸乙二酯（PET）切片（纤维级及瓶级切片），需要使用锑系催化剂。与其他催化剂相比，锑系催化剂具有催化活性高，价格相对较低，反应过程中对副反应促进小的特点。催化剂型三氧化二锑除要求具有较低的杂质含量外，尚要求具有良好的乙二醇溶解性和催化活性。一般火法工艺生产的三氧化二锑，因其乙二醇溶解性差，催化活性低，不能作为聚酯生产用催化剂。

我国的 PET 生产工艺技术基本上由国外引进。引进的生产工艺有美国杜邦、瑞士伊文达、德国吉玛、日本钟纺四种。20 世纪 90 年代初、中期，国内 PET 厂家多从美国、日本、德国进口催化剂型三氧化二锑。目前国内已有多家厂家能生产该种产品。国产催化剂型三氧化二锑不但取代了进口产品，而且还出口国外。

催化剂型三氧化二锑的生产方法有氯化水解法及等离子体法。氯化水解法以辉锑矿（或粗氧化锑）为原料，在酸性介质中通氯气浸出锑（或工业盐酸溶解粗氧化锑），然后经初步除杂、水解、中和、干燥获得三氧化二锑产品。生产过程中视具体情况还可引进某些活性组分。该法生产的催化剂型三氧化二锑有立方与斜方二种晶型。采用该种工艺生产催化剂型三氧化二锑的厂家有成都华亚锑业公司、湖南有色冶金研究所等。

20 世纪 80 年代，中国科学院北京化工冶金研究所、昆明理工大学等单位开发出了等离子体法制备超细三氧化二锑的生产工艺技术，于 20 世纪 90 年代建厂生产。等离子体法制取超细三氧化二锑粉末，以锑白和精锑为原料，其基本原理是利用空气电弧等离子体产生的高温使锑白粉末气化（或使精锑气化氧化），然后通过再结晶过程直接制得超细三氧化二锑粉末。国内建有约 10 条等离子体三氧化二锑生产线，采用等离子体法生产催化剂型三氧化二锑的厂家有江西二源化工厂、广西南宁锑品厂、江苏无锡正茂化工厂、湖南三润纳米材料产业有限公司。上述四厂催化剂型三氧化二锑年生产能力约为 1600t，产品为立方晶型，其三氧化二锑含量可达 99.8% 以上。其中南宁锑品厂使用的为高频等离子体工艺，原料为精锑；其他几家为低频等离子体工艺，原料为锑白。

（2）醋酸锑。醋酸锑为白色结晶粉末，是三氧化二锑与醋酸酐在一定条件下反应而成，主要被用于 PET 生产过程的缩聚催化剂。国内主要生产厂家为大连第一有机化工厂、大连威尔精细化工有限公司。另外，锡矿山矿务局、湖南有色冶金研究所、湖南株洲化工研究所等单位也建有醋酸锑生产线。我国引进的 4 种 PET 生产工艺中，德国吉玛工艺采用醋酸锑作为催化剂；其他工艺当生产瓶级切片时，有的也采用醋酸锑作为催化剂。

（3）乙二醇锑。乙二醇锑为白色结晶颗粒。乙二醇锑作为聚酯生产中的一种新型催化剂，首先由美国杜邦公司推出，商品名 S-24。1999 年初成都华亚锑业公司开始了该产品的研制，同年 3 月向佛山化纤联合总公司提供样品在间歇 PET 装置上试用。2000 年大连第一有机化工厂、无锡市正茂化工厂、江苏武进天达化工厂、南宁锑品厂、江西二源化工厂也相继生产出了该种产品。上述厂家年生产能力大约为 1200t。

由于乙二醇锑在乙二醇中的溶解性较催化剂型三氧化二锑优良，使用过程中配制较方便，PET 切片色泽较好，切片纺丝及后加工性能有所改善，在一定程度上取代了催化剂型三氧化二锑。

乙二醇锑主要质量指标为：锑含量为 56.0% ~58.8%，干燥失重小于 0.6%，氯化物小于 100×10^{-6}，硫酸盐小于 100×10^{-6}，铁小于 10×10^{-6}。

（4）锑酸钠及锑酸钾。锑酸钠主要用作显像管和高档玻璃的澄清剂，并在搪瓷、塑料、橡胶、化纤、油漆等行业中得到应用。锑酸钠是我国锑深加工产品中开发应用较早的产品。

国内有 10 多条锑酸钠生产线，年生产能力约为 1 万吨。主要生产厂家有锡矿山矿务局、广东肇南锑品厂、株洲化工研究所。采用的锑酸钠生产工艺有三氧化二锑氧化回流法、粗氧化锑氯化法、辉锑矿氯化水解法。金属锑硝酸钠氧化法现已停止使用。

三氧化二锑氧化回流法是将三氧化二锑加入一定浓度的氢氧化钠溶液中，在一定的温度、液固比等条件下加入双氧水反应获得锑酸钠产品。该生产工艺产出的产品杂质含量受原料三氧化二锑的制约，且产品中 Sb^{3+} 含量通常较高（大于 0.1%）。粗氧化锑氯化法是将原料用盐酸溶解获得三氯化锑溶液，用氯气将 Sb^{3+} 氧化为 Sb^{5+}，然后水解获得氯化氧锑，再将氯化氧锑与氢氧化钠溶液在一定的温度、液固比下反应一定时间，获得锑酸钠产品。辉锑矿氯化法是在一定的酸性介质中，通过氯气浸出锑获得三氯化锑溶液，其后的生产方法与粗氧化锑氯化法相似。

中国地质科学院成都矿产综合利用研究所以金锑矿（含金辉锑矿）为原料，采用酸性氯化浸出、水解的方法研制出了 $Sb^{3+}<0.1\%$，砷、铅、铁等杂质含量低，白度高，粒度分布窄的优质锑酸钠产品。

锑酸钠产品总锑含量为 48.1% ~49.5%，一级品的 Sb^{3+} 含量要求不大于 0.1%。

锑酸钠作为一种新型电子化学品和化学试剂，得到较广泛的应用，国内已有厂家开始生产。

（5）胶体五氧化二锑。胶体五氧化二锑具有颗粒超细和高度分散的特点，用作聚合物阻燃增效剂具有三氧化二锑难以比拟的优点，尤其适合作为合成纤维、织物、塑料的阻燃增效剂。国内主要采用普通三氧化二锑双氧水氧化法生产胶体五氧化二锑，有的厂家还采用金属锑粉氯化水解法生产胶体五氧化二锑。该产品以五氧化二锑水溶胶（Sb_2O_5 含量为 40% ~60%，颗粒粒径为 0.007 ~0.04μm）和胶体干粉（Sb_2O_5 含量为 78% ~82%，颗粒粒径为 10 ~20μm）两种形态出售。胶体干粉可代替三氧化二锑用于电子器件的阻燃。胶体五氧化二锑的生产厂家主要有锡矿山矿务局、湖南益阳锑品厂、上海无机化工研究院等。

（6）硫代锑酸锑。硫代锑酸锑是一种性能极其优良的润滑油脂极压抗磨添加剂及固体润滑剂，20 世纪 80 年代由美国首先研制成功并很快应用于海军装备。许多文献作了报道并对其性能给予了高度的评价；少量添加于润滑油脂中，可明显提高其承载能力和抗磨损能力，其极压抗磨性远优于传统的二硫化钼、二硫化钨和石墨；与所有的基础脂如锂基脂、黏土脂、硅脂及复合铝基脂等都有较好的相容性；对各种合金包括难以润滑的铬工具钢及不锈钢等，均有很好的润滑效果；抗热震性好；适合于高真空、高负荷、辐射等特殊情况下使用。硫代锑酸锑具有优良的极压抗磨性能，用于润滑脂中，可显著提高负荷承载能力和抗磨损能力，与多种脂有较好的相容性，对基础脂的理化指标无不良影响，可在高真空、高负荷及辐射条件下起作用，并对一般润滑剂难以润滑的材质有较好的润滑作用，其应用前景非常广阔。可做成多种极压、长寿命润滑脂，用于普通机械或特殊机械部位的润滑，还可以做成固体润滑剂应用。由硫代锑酸锑制成极压锂、极压锂钙及多功能军用通用润滑脂产品，在军用的汽车、坦克、舰船及民用车辆等装备上应用，取得良好的经济效益和军事、社会效益。

2.2.3.3 高纯金属锑及技术分析

高纯锑一般系指纯度不小于99.999%的金属锑，主要用于半导体工业。制取高纯锑的方法可分为三类，即由锑的化合物提纯制高纯锑；由精锑提纯制高纯锑；由精锑电解精炼制高纯锑。我国高纯锑主要采用前两种制备方法生产。

四川峨眉半导体厂完成了高纯锑的生产及超纯锑、高纯锑球等产品的研制工作，能批量提供5N、6N高纯锑产品。该厂生产高纯锑的原料为精锑。中南大学也研制出了两种规格的高纯锑球产品，锑球每粒重分别为（3±0.75）mg和（8±1）mg，外表光亮呈球形。成都华亚锑业公司以高纯三氧化二锑为原料，经还原、蒸馏，生产出了5N高纯金属锑。

2.2.4 产业发展思考

2.2.4.1 积极发展锑合金

以化工设备和管道用材为导向，积极开发不同成分、不同性能的铅锑合金、硬铅合金和特硬铅合金；以轴承材料为导向，积极发展锑锡合金。跟踪国内外普通型蓄电池研发新技术、新工艺，稳步发展铅锑合金、铅锑砷合金、铅锑砷锡合金、铅锑银合金、铅锑铜合金、铅锑砷铜合金、铅镉锑合金。

2.2.4.2 加快发展高端锑化合物

瞄准我国医药、电子、玻璃制造、阻燃、陶瓷、搪瓷、印染、化工、化学分析等领域对锑化合物应用的前沿科技，加快发展超细三氧化二锑、高纯三氧化二锑、催化剂型三氧化二锑等种类的三氧化二锑产品，发展醋酸锑、乙二醇锑、锑酸钠及锑酸钾、胶体五氧化二锑、硫代锑酸锑等高端锑化合物材料。

2.2.4.3 积极研制高纯金属锑

发挥云南在冶炼环节的技术优势和产业优势，积极研制不同纯度的高纯金属锑，为半导体、军事工业等提供高纯金属锑材料。

2.3 钨金属材料产业

2.3.1 钨的应用领域

钨是一种银白色的稀有高熔点金属，在航空航天、军事装备及工业应用中具有不可替代性。

钨及钨合金具有高密度、高强度、低热膨胀系数、抗腐蚀性和良好的机械加工等综合性能，已在航空航天、军事装备、电子、化工等许多领域中得到了广泛应用。

与钨紧密关联的行业拉动钨需求增长。中国工业化、城市化进程的快速发展，钢铁工业、汽车工业、装备制造、交通运输、电子信息、矿山采掘和能源等产业对高性能硬质合金的需求将稳定增长，硬质合金消费量超过钨消费总量的50%。未来高新技术武器装备制造、尖端科学技术的进步以及核能源的快速发展等迫切需要高性能的钨基合金材料。

另外，钨还应用于如下诸多领域：

（1）高性能的钨基合金材料需求增长。未来高新技术武器装备制造、尖端科学技术的进步以及核能源的快速发展等，迫切需要高性能的钨基合金材料。钨基合金用于制造攻击各类装甲目标时穿甲、破甲的关键部件，人造卫星、飞机等飞行器的陀螺仪惯性元件，火箭、导弹的燃烧室、喷管、喉衬及方向舵等高温抗烧蚀部件，核反应堆隔热和防辐射的屏蔽材料等，都具有不可替代的地位和作用。

（2）钨丝、钨材等产品的需求将继续保持增长。钨丝用于电光源材料，“点亮”了世界。钨丝广泛用于电真空照明材料，电子振荡管的直热阴极和栅极，高压整流器的阴极和各种电子仪器中旁热阴极、加热器，X光管和气体放电管的对阴极和阴极，无线电设备的触头和惰性气体保护焊、等离子体焊接、切割、热喷涂等的电极；钨丝和钨棒还应用于高温炉（3000℃）的加热器；高性能耐震钨丝用于国防、航空、汽车制造业和电子行业。随着交通运输和电子信息产业的高速发展，钨丝、钨材等产品的需求将保持增长。

（3）钨加工产品向高性能、高精度、高附加值发展。当前，高速加工已被普遍认为是提高产量、降低制造成本的加工技术。越来越严苛的加工要求需要不断改善加工条件及改进刀具设计，并促进刀具材料和涂层技术的不断发展。

（4）纳米材料、纳米结构涂层、镀膜涂层技术等在硬质合金刀具和工具中的应用以及超细硬质合金将是硬质合金产品的发展方向。机械制造业将向精密化、数控化、综合能力化方向发展，需要钨制品特别是硬质合金向高档次、小批量、多品种方向发展：用于切削、焊接和喷涂方面的碳化物，如碳化钨；用于电子工业中大量的灯丝和电子管的阴极，高温电阻炉的加热元件，如目前研究较多的耐震钨丝、复合稀土钨电极等；用于高温领域，如军事上制作的穿甲弹、药型罩等。在新材料研究与加工方面，高性能产品、先进的工艺技术及装备将是发展趋势，如高精度硬质合金及配套刀具，功能梯度材料，超细和纳米级硬质合金开发，硬质合金成型技术，金属陶瓷、非金属陶瓷的发展和应用，计算机集成制造系统在硬质合金制造中的应用，钨基合金的开发、应用与发展，高性能特种钨丝的开发等。

（5）耐振钨丝的特性与发展趋势。根据国外资料和国内应用研究的结果表明，所有耐振钨丝均以掺杂钨为基础，再添加微量的钴或少量的铼等元素，以获得更好的高温延性，增强钨丝的耐振性能。因此，研制耐振钨丝必须首先重点围绕掺杂这一主题进行系统的最优化控制，实现同步增强钨丝高温强度、抗蠕变能力和高温再结晶后常温强度的目标，从而获得具有较好耐振性能的钨丝；另一方面在优质掺杂钨丝的基础上复合添加具有固溶强化效应的钴或铼，以提高其再结晶后的室温延性。

（6）纳米钨合金材料的研究与应用。纳米钨合金制备方法有机械合金化、喷雾干燥法、溶胶-凝胶法、干燥法、气相沉积法、反应喷射法、真空等离子体喷射沉积法、机械-

热化学合成法等，前三种为常用的方法，主要应用在高密度钨合金、钨基复合材料、硬质合金等方面。

等离子体活化烧结工艺采用纳米粉末可以使烧结温度降低约200K以上。晶粒尺寸为280nm的钨粉经烧结致密后可以得到1μm以下的晶粒。目前，正在研究热压、气压和热等静压烧结，在进一步控制晶粒长大方面起到了较好的效果。国内外学者从纳米钨合金粉末的制备到烧结技术等方面都已做了一些较深入的研究工作。尤其在国内，对纳米粉末制备过程中的机理、纳米粉末的物理化学特性、纳米粉末的近净形成型、纳米粉末的烧结到纳米钨合金粉末在烧结过程中的晶粒长大控制等方面都做了较详细的研究工作，并取得了一些突破性进展。

（7）具有特殊微结构的钨铜复合材料。纳米结构钨铜复合材料具有接近完全致密的相对密度，能满足材料高强度、高气密性的要求；金属注射成型技术的采用则使钨铜复合材料组织结构均匀、致密度高。单纯金属钨和铜的超细、弥散混合粉制造难度大，但化学合成法如金属氧化粉末共还原法、化学蒸发凝聚法、化学机械法等却极易制得超细、弥散、均匀、高纯的复合粉，进而获取纳米晶钨铜复合材料。

梯度结构钨铜复合材料用分层装粉法，装入小粒度的粉末，经冷压、烧结、电蚀后获得具有梯度孔隙率的钨坯，随后熔渗铜可制得具有组成连续变化的钨铜梯度材料。此外，采用等离子喷涂也可制备各种组分的钨铜梯度功能材料。采用粉末冶金方法先制取两种成分完全不同的钨铜坯体，把含铜量较高、热导率较大的坯体嵌入到含量较少的另一坯体中，可获得低膨胀系数和高导热性良好匹配的梯度功能材料。在此基础上发明了一种新型钨铜（钼铜）梯度结构功能材料，该种梯度结构材料由以钨铜（钼铜）为主的金属部分和以氮化铝-铝为主的陶瓷部分构成，这两部分的良好结合使其具有优异的综合性能，特别是其高热导率、低膨胀系数能满足大功率器件对散热装置的使用要求。

（8）在药型罩中的研究。药型罩具有破碎性好、侵蚀力强、渗透率高等特点，从而要求药型罩材料密度高、延展性好，以便使射流在侵蚀之前能充分拉长而不断裂。钨由于具有高熔点（3400℃）、高密度（19.3g/cm^3）、良好的延展性等特点，成为很有应用前景的新型药型罩材料。

2.3.2 产业发展态势

金属钨的高熔点特性和钨矿资源的极度稀缺性，导致钨产业链各环节都是国际竞争十分激烈的领域，资源高度集中于中国的特点，使金属钨的生产集中在中国，随着我国工业化进程的加快和技术水平的提高，精深加工业也由发达国家向我国转移。云南省钨产业基础薄弱，以钨精矿等初级产品为主。

2.3.2.1 钨产业链基本形态

钨产业根据钨产品划分为几个垂直关联的阶段（见图2-4和图2-5）：勘探、采选及冶炼、加工至销售（出口/国内生产厂）。这几个垂直关联阶段可以由不同的独立企业完成，但从钨产业发展历程来看，发展趋势是各垂直阶段联合起来，沿着从生产到销售这样的链条运作。

2.3.2.2 全球钨业竞争激烈

由于世界钨资源的稀缺性及其特殊战略意义，发达国家纷纷将钨列为重要的战略金

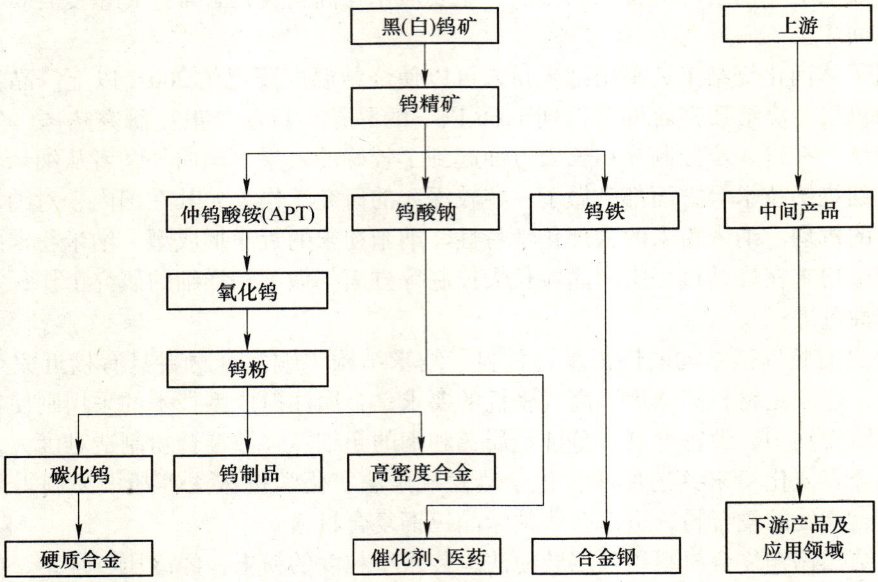

图 2－4 钨产业链示意图（一）

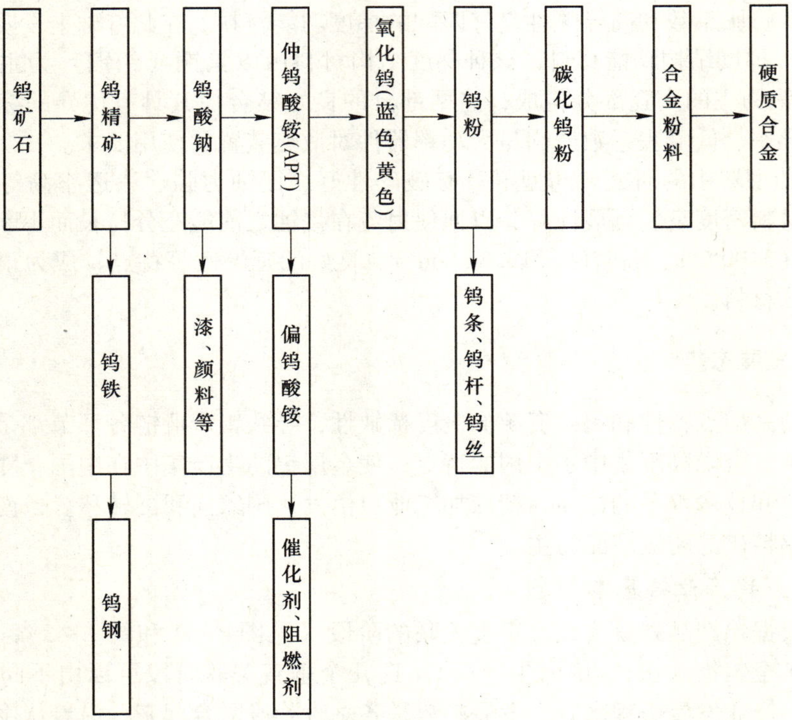

图 2－5 钨产业链示意图（二）

属，并常年保持一定量的储备，特别是美国、日本等发达国家都在加大储备。美国早在

1939年就开始进行战略物资储备；日本钨金属进口依赖度超过90%，为了维护本国高科技产业的竞争力，对已维持了20年的金属资源保障政策进行修正，扩大其稀有金属品种的储备范围。

毋庸置疑，世界对钨战略资源的争夺将越来越激烈。从市场分析看，高技术含量、高附加值钨深加工产品的竞争将更加激烈。世界主要钨企业和科研机构纷纷对高档硬质合金、高性能钨基合金、特种钨丝和钨材等以及新材质、新技术、新工艺和新装备进行研究、开发和应用。

未来钨市场竞争将更加激烈。在经济全球化的大背景下，国外以钨为主的企业不断加大对钨开采和冶炼加工项目的投资，建立遍布世界各地的生产销售体系和网络，并通过收购、兼并等方式，不断扩大产能和市场份额，已形成以这些公司为核心的生产、研发、销售一体化格局。同时，大举进入中国设立独资公司，牢牢控制技术优势，抢占中国市场。其资本实力、技术水平、经营理念和营销战略明显优于中国企业。

2.3.2.3 精深加工业向中国转移

全球五大硬质合金刀片、工具及工程机械公司纷纷在中国投资建厂。美国肯纳金属公司分别在上海浦东和天津开发区投资建厂，生产硬质合金刀片、钻头、刀柄等：以色列伊斯卡金属切削集团在大连开发区独资建设集研发设计、生产制造于一体的经营机构——IMC国际金属切削（大连）有限公司，主要从事硬质合金刀具和相关产品的设计、开发及制造；山特维克集团分别在河北廊坊和上海嘉定设立工厂，生产切削刀具和工程工具；意大利SAMP公司和上海工具厂有限公司合资在上海嘉定建厂；日本东芝泰珂洛株式会社成立泰珂洛超硬工具（上海）有限公司和泰珂洛超硬工具（上海）有限公司天津分公司。上述五大集团基本垄断了全球硬质合金数控刀片市场，中国硬质合金企业数控刀片市场份额小。可以预见，未来钨加工领域，特别是精深加工领域的市场竞争将越来越激烈。

湖南硬质合金产量占全国的1/4以上；四川硬质合金产量占全国的15%以上；广东印制电路板微型钻头产量继续位居全球4强；福建的钨丝产量将继续稳居全球第一；江西硬质合金等下游产业发展迅速，并继续扩张，钨产业经济总量已超过全国钨产业经济总量的50%。

云南钨产业基础薄弱，主要以钨精矿采选为主，配以少量仲钨酸铵产品。云南钨精矿及冶炼生产企业较少，采选冶还处于整个行业的低端，只能生产钨的初级产品，主要集中在文山州，少数企业分布在保山市和怒江州。

2.3.3 技术分析

提高钨及钨合金材料塑性，降低其塑-脆转变温度，进一步改善其高温热强性能一直是钨合金领域内一个持久的研究热点。因此，钨研究与开发的主要内容是材料的塑-脆转变行为、高温强度特性、焊接和复合化、制取工艺的最佳化。围绕这些内容所进行的技术研究和开发有净化、细化、强韧化和复合化。

难熔材料的研究已由传统的“高纯、超细、均匀”演变为“纳米、复合设计和集成制造”。通过这些先进技术，难熔钨合金材料不但可以保留自身诸如高熔点、耐腐蚀等优良性能，而且可大幅度提高综合力学性能。难熔金属的研究与应用相对于其他金属材料还有一定距离，因此，通过技术改造根据不同应用领域对材料性能的要求，对各种钨合金材料的加工工艺进行进一步的优化和改进是研究的重点。

2.3.3.1 钨铜复合材料的制备技术

由于钨的熔点很高，制备钨铜复合材料只能采用粉末冶金方法制备。钨铜复合材料制备的粉末冶金方法，有以下三种方法：高温液相烧结法、活化液相烧结法和熔渗法。

钨铜复合材料是由钨和铜两个物理性质差异很大的金属所组成的两相组织材料，其性能随组成的变化而改变。因此，作为梯度材料，它可以一端是高熔点、高硬度的钨或含铜低的钨铜；另一端则是高导热导电和较好塑性的铜或含铜高的钨铜。这样的梯度材料具有极为特异的功能和良好的应用前景。为了制取梯度结构的钨铜复合材料，Takahashi 等采用分层装入不同粒度的钨粉，经冷压、烧结、熔渗铜制取具有不同组成的钨铜梯度材料。将烧结好的多孔钨坯用电化学腐蚀形成沿腐蚀方向具有梯度孔隙率的钨坯，经熔渗铜即得到具有连续组成变化的钨铜梯度材料。有的文献提出采用热等静压扩散连接的方法，可以将不同组成的钨铜材料结合成钨铜梯度材料。此外，采用等离子喷涂不同组成的钨铜混合物和分层装入不同组成的钨铜混合粉压制烧结等也可制取钨铜梯度材料。

2.3.3.2 高钨钨铜复合材料制备技术

高钨钨铜复合材料属于功能复合材料范畴，由低膨胀相钨和高导电导热相铜组合成热膨胀系数低、热导性能好的功能复合材料。其制备均采用粉末冶金方法，从发展过程来看，大致可分为高温液相烧结法、活化强化液相烧结法、熔浸法三种。

2.3.3.3 紫色氧化钨生产法

紫色氧化钨的生产一般是以仲钨酸铵为原料，在工业回转管炉中，在一定条件下（如通入氨气）进行煅烧，由于氨气分解出氢气，还原生成紫色氧化钨。

当前，主要是采用第二相弥散强化的钨基复合材料，国外的研究表明第二相的质量分数往往是小于 10%。我国为适应航天工业发展和高温材料测试的要求，需要在 800 ~ 2000℃高温下使用高强度模具及夹具材料，为此研究和发展了高体积分数（10%、20%、30%、40%）、以钛碳和锆碳第二相颗粒强化的新型钨基超高温复合材料。

钨铜复合材料钨铜基粉末冶金复合材料是由高熔点、高硬度的钨和高导电率、高热导率的铜所构成的合金。因其具有良好的耐电弧侵蚀性、抗熔焊性和高强度、高硬度等优点，被广泛地用作电触头材料，电阻焊、电火花加工和等离子电极材料，电热合金和高密度合金，特殊用途的军工材料（如火箭喷嘴、飞机喉衬），计算机中央处理系统、大规模集成电路的引线框架，以及固态微波管等电子器件的热沉基片。其成型方法主要是等静压成型，新改进的工艺方法有：纤维强化法、特定结构法、电弧熔炼法、金属注射成型法、快速定向凝固法。

我国钨的净化大都从氧化物纯化开始，通过溶剂萃取、离子交换和多次再结晶工艺，提高仲钨酸铵的化学纯度，能生产纯度大于 99.95% 和杂质总含量小于 100mg/kg 的仲钨酸铵（APT），钨粉纯度大于 99.99%。

在细化研究方面，研究最多的是纳米钨粉和纳米晶钨基合金复合粉末。

对于钨复合化的研究主要有结构复合、强化机制复合和组织复合（梯度复合），研究较多的主要是用作电极、触点材料、半导体部件的钨铜复合材料。该材料的成型方法主要是等静压成型（CIP），新改进的工艺方法包括纤维强化法、特定结构法、电弧熔炼法、金属注射成型法、快速定向凝固法等。

2.3.4 产业发展思考

加快发展高性能钨基合金材料。围绕不断增长的高性能钨基合金材料需求，瞄准未来高新技术武器装备制造、尖端科学技术的进步以及核能源的快速发展为方向，加快发展高性能的钨基合金材料。

发展高性能耐振钨丝、钨材。围绕持续增长的钨丝、钨材的需求，以国防、航空、汽车制造和电子等领域用材为重点，加快发展高性能耐振钨丝、钨材。

逐步发展硬质合金钨产业链。以纳米材料、纳米结构涂层、镀膜涂层技术等在硬质合金刀具和工具中的应用以及超细硬质合金为导向，逐步发展云南省的钨铜复合材料、高钨钨铜复合材料等硬质合金系列产品。

2.4 镁金属材料产业

2.4.1 镁的应用领域

镁合金的优点极其突出，如质量轻、比强度高、比刚度高、阻尼减振性能好、电磁屏蔽、易回收等，在汽车、通信、航空航天和国防军事等领域具有极其重要的应用价值和广阔的应用前景。

镁所具有的优越性能使其成为21世纪绿色结构材料，可被广泛应用于汽车、摩托车、手动工具、航空航天及国防军工等领域。

镁主要用途为：作为铝基合金的重要添加元素，这部分用量约占镁的总消耗量的43%左右；用于镁合金制造各种零部件的用量已达到镁消耗量的35%左右；用于炼钢脱硫约占13%；此外镁还用于阴极保护材料、金属还原剂和化工行业等。世界镁的消费区域主要集中在北美和欧洲地区，其消费量约占全球总消费量的3/4。

镁合金作为一种发展中的金属材料，虽然技术还未达到铝合金那么成熟，但它是一种具有潜在发展前景和优异性能的轻质金属材料。欧美等工业发达国家近十年来相继投入大量的人力和物力，出台了各自的镁研究计划，组织协调和实施大型的综合性技术攻关。

镁合金按合金组元不同主要有AZ系镁铝锌锰合金、AM系镁铝锰合金、AS系镁铝硅锰合金、AE系镁铝铼合金、ZK系镁锌锆合金、ZE系镁锌铼合金等。与其他合金材料相比，镁合金也存在易氧化、易燃烧、耐蚀性较差，与其他金属材料接触时易产生电化学腐蚀，铸件的综合成本比铝合金高等缺点。因此，发挥镁合金的优点，克服镁合金的不足，扩大镁合金的应用，成为当今材料科学工作者研究的重要课题。

镁的最大消费领域是作为铝合金的添加元素。随着材料研发和加工技术的发展，镁及镁合金的优异性能日益发挥，应用领域也不断扩展。特别是现代社会提出的与地球和谐共处、保护环境、循环利用等理念，为镁的发展创设了良好的市场环境与政策环境。

在其他领域，镁牺牲阳极作为有效地防止金属腐蚀的方法之一，广泛应用于长距离输送的地下铁制管道和石油储罐，作为镁牺牲阳极的镁合金有30000～40000t/a的市场需求量，且每年以20%的速度增长。镁合金型材、管材，以前主要用于航空航天等尖端领域及国防领域，近几年由于镁合金生产能力和技术水平的提高，其生产成本已下降到与铝合金相当的程度，极大地刺激了其在民用领域的应用，如用于自行车架、轮椅、康复和医疗器械及健身器材等。

随着人们对镁合金认识的不断深化，不同牌号的高性能镁合金也相继问世。镁合金新材料成为各航天大国科技竞争的焦点。镁合金的主要应用有：

（1）铸造镁合金在航空航天上的应用。目前已开发出应用于航空航天及军事领域的高性能镁合金有ZE41、QE22、EZ33等。由于航空工业对材料的安全使用期限和抗腐蚀性能提出了更高的要求，综合性能更高的WE43镁合金逐渐取代了ZE41成为制造包括主变速箱壳体在内的众多直升机部件的首选镁合金材料。

另外，高温镁合金WE43、WE54被广泛应用于新型航空发动机齿轮箱和直升机的变速系统研究中。AM50、AM80、AZ91等镁合金被用来制造飞机上的部件，如坐椅、踏板、轮子以及各种电子附件等。正在研究开发的新一代镁锂合金，密度非常低，而且具有较高的强度、韧性和塑性，在航空航天领域具有广阔的应用前景。新研究的镁钇合金可用于制造飞机发动机，成为新一代高性能航空航天材料。

（2）变形镁合金在航空航天上的应用。变形镁合金正在成为航空航天领域应用的重要材料。变形镁合金组织更细、成分更均匀、内部更致密，具有高强度和高伸长率等优点。因此，航空器特别是导弹、卫星以及航天飞机大量应用各种变形镁合金，应用的典型例子有：喷气式歼击机“洛克西德F-80”的机翼（用镁合金板材制造）；Talon超声速教练机有11%的机身是由镁合金制成的（包括163kg的板材，127kg的铸件和少量挤压件、板材和管材）；“德热来奈”飞船的起动火箭“大力神”（使用了600kg左右的变形镁合金）；“季斯卡维列尔”卫星（使用了675kg的变形镁合金）。

（3）稀土镁合金在航空航天上的应用。稀土镁合金具有强度高、耐热性能好、抗蠕变性能优异等优点，既可以满足航空结构材料轻量化的要求，又可以满足在473～573K高温条件下长时间工作的航空发动机零部件的轻量化要求，因此受到各国研究人员的普遍重视。欧美早期曾开发过EK、EZ、EQ、AE系列稀土镁合金，EK31、EZ33、QE22等合金都曾用于航空发动机。20世纪80年代末推出WE系列稀土镁合金，麦道公司已经用WE43代替ZE41作为MD500E直升机零部件。我国在前苏联合金牌号体系基础上，已开发了ZM2、ZM3、ZM4、ZM5、ZM6系稀土镁合金，并已成功投入应用。例如，用ZM2制造飞机发动机的前支撑壳体和壳体盖；用ZM3制造飞机的发动机前舱铸件和离心机匣；用ZM4制造飞机液压恒速装置壳体；用ZM5制造导弹的舱体铸件、战机座舱骨架和机轮；以稀土金属钕为主要添加元素的ZM6已扩大用于制造直升机后减速机匣、歼击机翼肋及发电机转子引线压板等重要零件。镁合金的低密度轻量结构和不断提高的性能为它在航空航天领域的应用提供了广阔的市场。

随着镁合金性能的不断提高，民用航空也开始关注镁合金。我国珠海民用航空中小型飞机制造基地的启动，将会为镁合金的应用带来发展机遇。

（4）在交通领域的应用。随着交通工具的性能与节能减排标准的提高，交通工具用镁合金成为各国科技竞争的重点。

1）镁合金在汽车上的应用。镁合金是汽车轻量化和节能减排应用前景最好的材料之一，全球汽车轻量化的趋势，迫使汽车制造商生产更环保、更安全、更节能的汽车产品。欧盟于2005年开始实行汽车排放欧Ⅳ标准，2009年5月美国总统奥巴马宣布了一项针对美国汽车业的最新排放和油耗标准，新标准为未来美国小型汽车和轻型卡车制定出“减排”、“省油”的目标，汽车轻量化对节能减排的作用越来越凸现，还可以减轻刹车惯性和提高加速性能，极大改善操控性。

2）镁合金在轨道交通上的应用。虽然国内轨道交通目前还没有采用镁合金零部件，但是轨道交通对轻量化的迫切需求使镁合金的应用成为可能。镁合金在轨道交通上的使用可以降低能源消耗、降低列车运行费用、提高列车加速性、减少制动惯性，满足轨道交通对机车车辆和列车轻量化的要求。

（5）在通信、电子信息市场的应用。随着数字化、信息化技术的发展和人们对3C产品需求的增长，3C产品正朝着轻、薄、小的方向发展。传统的3C产品外壳大都采用塑料材料（PC、ABS、PC/ABS或添加纤维等），重量虽轻但刚度差、抗电磁波干扰能力不如金属材质。随着全球3C产品制造技术的不断发展，对便携式、耐冲击、适用于各种不同环境的产品设备的需求大增，传统工程塑料及铝合金等材料性能都已不能满足需要，因此替代性材料成为引人注意的发展方向。镁合金所独具的优良特性，使其在3C产品的应用中快速崛起。

1）镁合金在3C产品上的应用。镁合金主要应用于以下电子产品的零部件：计算机类包括电脑外壳、移动硬盘外壳、CD壳体，通信类手机外壳，消费类包括相机外壳、摄像机外壳、音箱外壳、MP4外壳等，就全球电子市场来看，镁合金的应用已是日新月异。2003年，全球出货的3000万台笔记本电脑中采用塑胶机壳的达75%，使用镁合金的仅为25%。但是2004年，笔记本电脑采用镁合金机壳已提高到50%以上。随着镁合金机壳制造成本的下降，应用范围逐渐扩展到中档笔记本电脑。从近几年的应用数据来看，国内也加快了镁合金在3C产品中的应用步伐，海尔集团已开始用镁合金手机外壳取代塑料手机外壳，国内最大的笔记本电脑制造商联想公司已在高、中端笔记本电脑采用镁合金外壳。目前，全球采用镁合金壳体的手机和笔记本电脑已经占到55%以上。

2）镁合金在LED产业上的应用。LED产业发展技术路线图已将LED散热技术列入LED产业发展的核心共性技术，作为优先级别的核心开发项目。“新型高效率散热器结构设计和制造技术”均涉及LED产品散热系统的关键部件——散热器。LED内主要采用铝合金压铸件，但其散热效率有限，且制造成本高。而镁合金比铝合金轻，同时具有更优良的散热性，因此该产品将是镁合金应用的新兴市场领域。

（6）在电动工具上的应用。轻量、减振、降噪是镁合金在电动工具得以应用的主要因素。在电动工具上使用镁合金不仅可以减轻质量，还可以有效降低振动和噪声，使得镁合金电动工具操作舒适，不易疲劳。镁合金在电动工具上有很大的发展空间。

（7）在生物材料领域的应用。生物材料应具有良好的组织相容性、物理及化学稳定性，且易加工成型。相比于常用的生物医用金属材料，如不锈钢、钴合金、钛合金和镍钛形状记忆合金，镁合金具有以下突出的优点：1）镁是人体必需的营养元素，是仅次于钙、钾和钠的常量元素；2）镁具有与人体很相近的生物特性，能激活多种酶，完成体内多种代谢过程，维持钾离子平衡，促进钙的沉积，是骨生长的必需元素；3）镁在人体中具有可降解性，很容易被机体组织吸收，并通过尿液排出体外；4）镁的力学相容性好，镁合金的密度与人体骨骼相当，且具有高的比强度和比刚度，其弹性模量最接近于人骨，可避免由植入材料与人骨弹性模量不匹配造成的骨骼强度降低和愈合迟缓的问题。

（8）在储氢材料领域的应用。镁基储氢合金的研究最早始于美国布鲁克海文国家实验室。据不完全统计，已研究近300种重要的镁基储氢合金，其中最具代表性的是镁镍基储氢合金。

世界各国越来越重视对储氢技术和储氢材料的研究。普遍认为，与汽车动力燃料电池配套的储氢合金的储氢量应达到3.0%～5.0%。据美国能源部估计，对于一个标准的质子交换膜燃料电池汽车，行程480km需要氢气约3.58kg，这要求储氢合金的储氢量应超过6%，且体积密度应超过60kg。国际能源机构（IEA）确定未来新型储氢材料的标准为储氢容量大于5.0%，且能在温和条件下吸放氢，放氢温度应低于423K，循环寿命超过1000次。镁基储氢合金是最有可能达到要求的储氢合金。镁基储氢合金在汽车燃料电池中具有广泛应用前景。

2.4.2 产业发展态势

镁工业主要集中在发达国家，随着中国工业化进程的加快，对镁及镁合金产品的需求不断扩大。北美、欧洲的镁加工企业将产业基地转移到我国并扩大其生产规模。我国镁合金研发以模仿创新为主，正在成为世界上最大的高附加值镁合金产品加工制造基地。

2.4.2.1 镁产业链基本形态

镁产业链（见图2－6）由以镁冶炼为主的原材料工业、以镁合金锭为主的压铸产业、以元器件为主的镁材料产业三大环节构成。发达国家镁冶炼工业正在向中国等工业化国家转移，而在镁新材料产业方面则垄断着技术，我国正在技术模仿基础上力争实现创新突破。

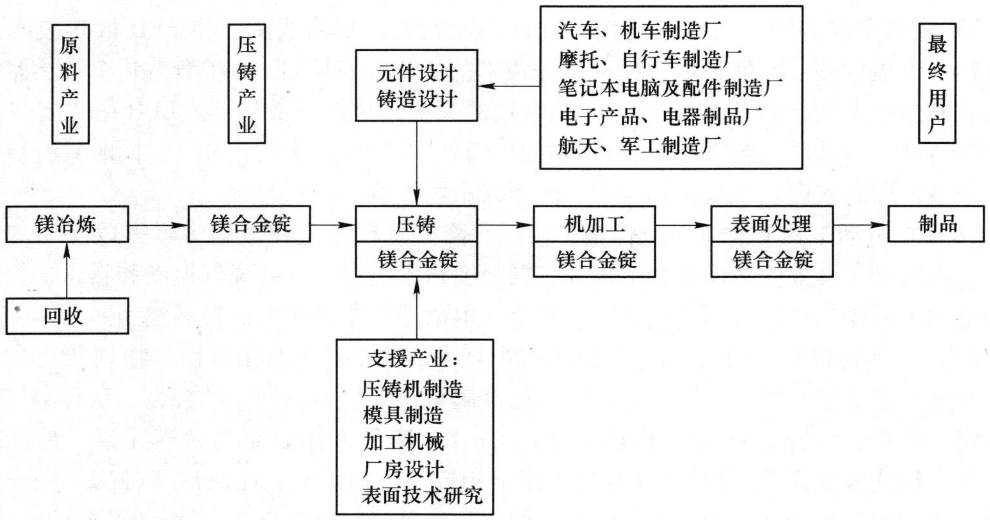

图2－6 镁产业链示意图

2.4.2.2 我国镁工业发展现状

我国原镁产量增长迅速，年增长率高达20.5%，占全球原镁产量的比例由1998年的28.1%上升至2007年的85.1%以上，2007年达到67万吨，稳居原镁产量世界第一的地位，成为名副其实的镁大国。2008年和2009年产量有所下降，2010年又快速提高，全国产量达到65.4万吨，比上年上升30.29%（见表2-2）。随着我国原镁冶炼能力的快速扩张，国外原镁生产企业鉴于成本和环保等方面的因素纷纷关闭和减产。据统计，国外仅存5家原镁生产企业。国外原镁企业的关停和减产，造成中国原镁产量在世界所占的比重逐年上升，世界镁产业发展对原镁的需求逐步转向中国。我国金属镁生产集中在中西部地区的10个省区。其中，陕西、河南、宁夏的原镁产量占全国总产量的90%，内蒙古等省区也在快速发展。

表2-2 中国近十年来原镁产量及增长

年 份	2001	2002	2003	2004	2005	2006	2007	2008	2009	2010
产量/万吨	21.6	26.8	35.4	45	46.8	52.4	67.0	55.8	50.2	65.4
增长率/%	10.8	24.1	32.1	27.1	3.9	11.6	27.9	-15.4	-10.2	30.3

世界镁工业的发展迅速，但镁金属的生产出现了不平衡趋势。中国的镁金属生产能力不断扩大，产量快速增长，中国的镁金属大量出口，已对全世界镁金属供应链造成巨大的冲击和严重的影响。2003年10月中旬，中国镁金属离岸价为1620~1650美元/吨，而欧洲镁金属离岸价则为1850~1950美元/吨，在欧洲已经撤销了反倾销关税的前提下，中国低价镁金属大量涌入欧洲和世界其他地区镁市场，造成西方市场镁交易不稳定和西方世界镁冶炼厂关闭和停产。随着挪威Porsgrunn镁厂和德国Mariqnal镁厂的关闭，欧洲已经不再有镁厂在生产，而加拿大Magnola镁厂也于2002年停产，世界镁工业布局的变化已经十分明显。尽管西方世界对中国镁金属产量和出口的高涨感到不安，同时对中国产镁金属中的杂质有些担心，但中国将继续在世界镁工业中居支配地位。世界对镁金属需求仍在增长，还存在着发展空间。

我国原镁产量和出口量稳居世界第一，为世界镁产业的发展作出了巨大贡献。但由于我国原镁几乎都以工艺落后的硅热法（皮江法）提取生产，自20世纪90年代中期起硅热炼镁法在中国得到了高速发展，但硅热法能耗高、污染大，我国大量原镁低价出口国外，加剧了国内的资源消耗和环境破坏。

因此，我国加快了行业标准的制定和淘汰落后产能的步伐，加快了推进技术升级和产业结构调整步伐。我国镁工业出现了以下的新变化：

（1）产品结构由初级镁产品向高附加值产品转变。2006年镁冶炼企业生产了符合国内外镁合金标准的AZ、AM、AS、ZK系列的铸造镁合金21.1万吨，其中阳极1.6万吨。生产了汽车、摩托车、自行车、手动工具、办公用品、体育用品、灯饰件等各种规格的型材、板材、压铸件产品。生产了为军工、航空航天提供特殊性能的镁合金材料。

（2）镁加工产业由初级加工开始向镁深加工产业方向发展。近两年，产品主要集中在交通、手动、电动工具等，深加工企业数在不断增加，镁合金专业压铸件厂增加到90多家，板材、型材厂家增加到30家，提供镁板坯料的厂家有23家，为镁深加工企业提供技术支撑的研究院所、大学有22家。

（3）加工工艺、技术装备水平不断提高。以镁板加工为例，有连续铸轧、等温挤压等温轧制、挤压开坯换向轧制、连续铸轧、直接挤压镁板带等。

我国产业整体水平、技术设备能力上了一个新台阶，镁冶炼产业集中度在提高，镁的应用领域不断扩大，自主创新能力显著增强，产业结构调整有所进展，开始向深加工产业方向发展，产学研结合、开发新产品、产品质量都取得了长足的进步。中国镁工业已进入了一个新的发展阶段，成为世界镁工业的重要力量。

在中国镁合金市场高速发展和领先的原料优势下，发达国家很多拥有镁合金技术优势的公司、企业纷纷到中国来投资设立镁合金压铸厂，生产汽车、摩托车等产品的镁合金压铸件，其产品除少部分供给中国当地企业外，一部分出口返销供给本国企业，还有一部分则供给国际上的其他企业。随着越来越多的镁加工企业将产业基地转移到中国内地并扩大其生产规模，中国即将成为世界上最大的高附加值镁合金产品加工制造基地。

2.4.2.3 我国镁工业发展存在的突出问题

镁合金的研发一直是我国镁合金发展的薄弱环节，这也反映出镁合金材料基础研究方面与发达国家存在较大差距。我国是镁资源大国，但拥有自主知识产权的镁合金牌号较少。常用的具有较好综合性能的 AZ 系镁合金是美国发明，而在汽车上有较好应用前景的 AS 系镁合金则是德国发明的。我国生产中应用的十几种镁合金标准都是参考美国标准 ASTM93M-2000 及欧洲标准 EN1753-1997 制定的，与拥有近 400 个牌号的铝合金相比，镁合金牌号太少，体系也不完善，常用的镁合金牌号仅 10 余种，可供选择的范围少，阻碍了镁合金的应用。

世界上有 40% 以上的镁直接以原镁的形式用于冶金和化工、电池等领域，主要用途有除氧剂、脱硫剂、球化剂、还原剂和电池材料等，其他绝大部分熔炼成工业纯镁和各种镁合金，并且通过铸造、轧制、挤压、锻造等方式加工成铸件、板带材和管、棒、型材、锻件以及粉末和复合材料等。在镁合金材料中，一般铸件和压铸件占 90% 以上，加工材不到 10%；在我国，铸造产品高达 95% 以上，加工材仅占 3% 左右。但是，国内外都在积极开展镁合金加工材的应用开发，可以预见在不久的将来，镁合金加工材的生产和应用将会有迅猛的增长。

2.4.3 技术分析

镁合金在应用中存在的技术问题有：由于镁元素极为活泼，镁合金在熔炼和加工过程中极容易氧化燃烧，因此，镁合金的生产难度较大；镁合金的生产技术还不成熟和完善，特别是镁合金成型技术有待进一步发展；现有工业镁合金的高温强度、蠕变性能较低，限制了镁合金在高温（150 ~350℃）场合的应用；镁合金的常温力学性能，特别是强度和韧性有待进一步提高；镁合金的合金系列相对很少，不能适应不同应用场合的要求。

2.4.3.1 熔炼与铸造领域技术分析

A 镁合金熔体净化技术

镁合金熔体的纯净度直接影响到合金的性能。镁合金的固体夹渣具有与熔体相近的密度，与熔体具有极好的浸润性，难以从熔体中分离。因此，粗镁、废镁精炼的重点和难点在于将固体氧化物夹渣从镁液中分离和清除出来。

通常，国内外粗镁精炼均采用熔剂法，在熔剂覆盖下，用氯基熔盐吸附聚合镁液中的固态氮、氧化物夹渣，团聚形成大块渣沉降到坩埚底部来实现精炼。

国内现有的镁合金精炼铸锭生产以熔剂精炼法为主，该方法具有“高污染、低品质、低效率”的缺点，造成镁合金质量不稳定、杂质含量高，导致国产镁锭售价比国外同类产品低20%以上。国外由于采用了更加严格的工艺控制并实现了生产过程检测和自动控制，铸锭的工艺品质高，批次间的质量波动小。

在环境保护和产品品质的双重压力下，各国均致力于开发镁液的无熔剂分离技术。与熔剂法相比，无熔剂精炼具有明显的技术和环保优势。

以奥地利 Rauch 为代表的国外熔炼炉生产企业，一直致力于无熔剂的重熔精炼铸锭工艺技术和装备的开发，产品已投放市场。一个年产 3000 ~ 5000t 铸锭的系统销售价格高达 700 万 ~ 1000 万元人民币；但因过滤精炼技术尚未获得突破，这项技术无法得到大面积推广。

B 镁合金阻燃保护技术

镁元素极为活泼，固态和熔融态的镁在大气中易氧化。镁氧化后形成的表面氧化膜致密度低，不能有效隔离大气，不能为膜下镁合金提供防氧化保护。

镁合金熔炼过程涉及阻燃和保护两个关键环节，主要方法有熔剂覆盖法、气体保护法和熔体合金化法。

镁合金熔体阻燃保护的思路是采用物理或化学的方法，在其表面形成保护层，一方面隔绝空气，一方面阻止镁的蒸发，从而达到减缓氧化、阻止燃烧的目的。

C 镁合金成型技术

镁合金固有的凝固特性使其在凝固过程中容易产生缺陷，一般的金属型重力铸造难以获得组织致密、力学性能良好的铸件。因此，绝大部分镁合金铸件（超过 90%）采用压力（高压）铸造工艺进行生产。

压力（高压）铸造是一种高效的成型技术，广泛应用于批量生产薄壁、形状复杂、轮廓清晰的铸件。该工艺生产效率高（每小时最高可压铸 200 次，可进行连续的大量生产），产品质量好（尺寸精度高，表面粗糙度值小，力学性能好），经济效益高（金属利用率高，节省后加工成本），已被广泛应用于手机、笔记本电脑、CD、摄像机等数码产品的外壳，以及汽缸体、曲轴箱体、曲轴箱盖、发动机缸盖等摩托车零件，并应用于方向盘、油底壳、变速箱壳体、汽缸罩盖、坐椅架等汽车零件的生产。

由于压力（高压）铸造使镁合金液高速充填铸模型腔，弥散状态的金属流与型腔内的空气高度混合，最终在压铸件内形成弥散分布的气孔。因此，压铸件一般不能通过热处理强化。为了消除这种缺陷，提高压铸件的内在质量，美、日等国相继研究开发出了金属半固态成型、真空压铸和充氧压铸等新工艺。

真空压铸是在压铸过程中抽除模腔内的气体，以消除或减少压铸件内的气孔和溶解气体，提高压铸件的力学性能和表面质量的铸造工艺方法。真空压铸镁合金铸件的最小壁厚为 1.5 ~ 2.0mm，铸件强度可提高 10% 以上，韧性可提高 20% ~ 50%。已有报道在冷室压铸机上用真空压铸法生产出 AM60B 镁合金汽车轮毂。

充氧压铸工艺是在充型前用氧气或其他活性气体置换型腔内的空气，充型时部分气体排出型腔，余下的气体与金属液反应，生成的金属氧化物弥散分布在铸件内，达到消除压铸件内气体和气孔的目的。由于消除了压铸件内气体，所生产的压铸件可进行热处理和焊接。该法在镁合金成型上已有应用，如日本轻金属株式会社用充氧压铸法生产的AZ91镁合金的计算机整体磁头支架已投入生产，该公司成批生产了AM60镁合金汽车轮毂和摩托车轮毂。

真空压铸和充氧压铸工艺生产的镁合金产品，虽然产品质量较好，但生产设备复杂，生产成本高，生产效率低。

逐渐发展起来的挤压铸造技术，为镁合金的成型提供了一种更为简单有效的方法，挤压铸造工艺是在部件凝固过程中，尽可能地减少气孔的形成和空气的进入，低紊流填充和高压屈服厚壁部件的结合可通过热处理获得适合高致密应用的力学性能，该技术工艺性能好，设备简单，产品成型性能好，因此获得了广泛的关注。

镁合金的熔炼与铸造取得较快发展。我国在镁合金的无熔剂气体保护技术、高效低成本镁合金熔炼装备、半固态成型方法以及挤压铸造技术方面已经明显缩小了与国外先进水平的差距，初步形成了以企业为主体的产学研结合的创新体系，自主研发能力得到很大提高。但是，作为镁资源大国，整体科技水平还比较低，开发能力和产品档次仍处于中低端水平，一些共性技术问题成为制约产业发展的瓶颈，主要表现在以下几个方面：

（1）熔炼阻燃保护技术。气体保护技术存在保护温度偏低、过热会失效，保护效果需要不间断供气维持，保护气体使用不当会腐蚀坩埚等问题，更重要的是，以SF_6为代表的现有保护气体具有强烈的温室效应，带来严重的环保问题，其使用受到严格限制。因此，开发经济、安全、洁净、环保型镁合金熔炼保护气体，是整个镁合金产业链上的关键环节之一。

（2）熔体精炼净化技术。为了解决镁合金精炼铸锭生产中的“高污染、低品质、低效率”等问题，开发和采用气体保护重熔与合金化、无熔剂精炼、气体保护自动铸锭等先进技术，实现生产连续化、稳定铸锭品质、提高劳动生产率、改善工作环境、消除熔剂污染、降低单位能耗，是镁合金熔体净化技术的必然选择。重点需要发展镁合金熔体净化技术、镁合金晶粒细化技术、镁合金凝固理论及应用技术等关键技术。

（3）先进成型技术。需要突破大型、复杂、高强度、高品质镁合金构件的生产技术问题，推动短流程、近净成型方法的产业化应用，重点是要发展高品质镁合金铸锭半连续铸造技术、挤压铸造技术、大型厚壁镁构件的压铸生产技术、铸造过程数值模拟技术、可热处理铸件的真空压铸生产技术、半固态流变压铸成型技术、先进精密铸造技术等镁合金先进成型技术。现阶段这些技术仅仅是停留在实验室阶段，还需要将实验室技术转变成可产业化应用的技术。

（4）先进回收技术。镁的可回收性是镁作为绿色环保材料的一大优势，但是镁的生产工艺废料多，镁屑、镁渣的回收难度大，降低镁生产成本的重点是发展以镁合金铸造废料的现场回收技术、镁合金废渣粉屑高效回收等再生技术为主的经济、环保的回收技术。

2.4.3.2 塑性加工领域技术分析

镁合金产品以铸造件特别是以压铸件为主。与铸造镁合金相比，变形镁合金具有更高的强度、更好的延展性和更多样化的力学性能，而且变形镁合金是未来空中运输、陆上交通以及军工领域的重要结构材料，许多板材、棒材、管材等变形镁合金是无法用铸造镁合金产品代替的。

塑性加工可以有效地改善镁合金的微观组织，提高材料的力学性能。对镁合金塑性加工技术的研究已成为当今镁合金研究的主要方向，并且已经取得了一些成果，从而为镁合金的广泛应用奠定了坚实的基础。镁合金板材加工主要采用两种工艺，一种是传统的“热轧+冷轧”工艺，该方法虽然工艺流程长，但轧制板材的组织性能较佳；另一种是连续铸轧，该工艺将铸造坯锭和热轧结合起来，属于短流程加工方法，在国内已完成中试。

美国、德国、澳大利亚等发达国家已实现镁合金塑性加工的产业化生产，其设备的自动化程度高，产品的质量较好，生产的产品已大量应用于汽车、轨道交通、航空航天等领域。在国内，山西、河南、福建等省区也具有镁合金塑性加工材的产业化生产能力，产品无论从性能和质量上都与国外产品大致相当。但生产稳定性差，批次质量不均匀，而且，镁合金塑性加工材在国内应用较少，只在航空、武器装备等方面有少量应用。国内镁合金企业生产的板材从规格和性能上与国外公司的产品差距不大。

由于镁合金的塑性变形能力差，造成镁合金轧制方面存在以下问题：

（1）成品率低，轧制过程的边裂和纵裂比较严重；

（2）生产效率低，轧制的道次变形量小，一般需要多次加热，生产周期长；

（3）品种单一，镁合金薄板基本上选用强度较低、塑性较好的变形镁合金 AZ31，其他较高强度的镁合金板材由于轧制困难，很少有商用产品。

相比镁合金轧制，挤压加工更容易实现，主要是因为挤压是金属材料在三向压力状态下变形，可充分发挥材料的塑性。但镁合金的挤压加工也存在以下问题：

（1）挤压速度慢。镁合金的变形过程较为复杂，无法与铝合金挤压速度相比，直接影响生产效率和生产成本。

（2）挤压温度控制难度高。通常情况下，镁合金的挤压比一般在（10：1）~（100：1）之间。镁合金的变形与温度密切相关，由于挤压过程塑性变形做的功转化为热能，会使挤压温度升高，因此，合理控制挤压温度才能获得最佳的挤压效果。

（3）缺乏高质量的镁合金锭坯。坯料的组织特征对挤压变形影响很大，改善镁合金组织，提高材料塑性，降低挤压抗力，也是提高挤压生产效率和产品性能的有效途径。

镁合金型材、管材、板带材等塑性加工材在汽车、电子、通信、轨道交通、航空航天等领域有着十分广泛的应用前景。然而，镁合金塑性加工和深加工方面的技术和研发力量，产品开发与应用也受到很大的限制，其产量和用量远不及铝、铜等有色金属。制约镁合金塑性加工材发展的技术方面的因素主要有：

（1）基础研究亟待加强。从专利分析来看，与工业发达国家以及国内镁合金研发实力较强的地区相比，我国在镁合金材料的体系化、加工工艺的稳定化、基础数据库的建立、加工过程的数值模拟、加工设备中关键技术的突破等方面仍相对落后，难以全面满足镁加工业发展的技术需求。

（2）大型装备和模具技术不成熟。在镁合金塑性加工过程中，镁合金大都需要加热，而模具与坯料接触的部分也要预热到适合于镁合金挤压型材的温度。对大型镁合金塑性加工材而言，控制温度使其保持在最佳塑性变形温度比较困难，因此需要大型高精度的镁合金加工专用设备。同时，由于加工多在热状态下进行，对装备的安全性也提出了更高的要求。

（3）高质量镁合金铸锭技术缺乏。高品质的镁合金铸锭是镁合金塑性加工产品质量和性能的保证。但镁合金铸锭仍存在组织缺陷、卷气、夹杂等方面的问题，严重影响了其加工性能，产品的质量与成品率无法保证。从专利分析来看，镁合金熔炼与铸造过程中的纯净化、细晶化等技术是研究的热点问题，也是镁合金当前存在的难点问题。

阻碍塑性加工领域产业目标实现的技术壁垒要素及其可能形成的原因主要分为三个方面：

（1）大截面镁合金先进挤压技术。大幅度提高镁合金挤压产品质量是镁材挤压加工追求的目标，需解决模具制造技术、温度控制技术、矫直技术、挤压过程的数值模拟技术等方面的问题。

（2）镁合金轧制技术。需要解决高性能镁合金轧制坯料的熔体净化技术、温度控制技术、矫直技术、轧制过程计算机模拟技术。

（3）热处理技术与装备。镁材大多需要热加工，需要解决镁材生产过程中诸多热处理工序，如铸锭均匀化处理和热轧材固溶时效等能耗过高的问题，研发可大幅度降低能耗、提高生产效率的热处理新技术。

2.4.3.3 表面处理领域技术分析

镁合金的表面处理是镁行业中不可或缺的重要组成部分。因为镁是所有结构金属中化学活泼性最高的金属之一，标准电极电位为 -2.37V（相对于标准氢电极），在与其他金属接触时电偶腐蚀问题特别突出。在自然环境或其他工业应用条件下，镁合金极易形成氧化膜，但镁氧化膜的 PBR（金属氧化时生成金属氧化膜的体积与生成这些氧化膜所消耗金属的体积的比值）小于 1，加之镁的氧化膜疏松多孔，所以镁合金耐蚀性较差，呈现出很高的化学和电化学活性。镁的化学活泼性使镁及其大多数合金在潮湿空气、含硫气体和海洋大气中易发生严重腐蚀，因而大大地限制了它的应用。以下三个可以提高镁合金耐腐蚀性的途径引起了研究者的关注：

（1）提高镁合金的纯净度，最大限度地降低镁合金中杂质元素的含量，研发熔炼高纯度镁合金的技术。

（2）通过快速凝固技术来扩大元素的固溶度和细化晶粒。

（3）采用表面处理技术。该技术是通过不同方法在表面形成一种很薄且致密的功能膜层来较大幅度地提高镁合金的耐蚀性。采用表面防护和装饰处理技术是使镁合金材料获得广泛工程应用的有效方法。

在实际生产过程中，表面处理是一个串联的复杂的系统工程。现有镁合金表面处理技术主要包括化学转化膜、阳极氧化、微弧氧化、金属涂层、有机涂层、气相沉积、高能束表面改性等。

镁合金表面处理技术与铝合金表面处理技术相比，数量少，而且成熟的产业化应用技术更少，呈现单一化。这与镁合金的整体发展形势是一致的。当前商业应用的镁合金表面处理方法主要为阳极氧化（包括微弧氧化）、化学转化处理以及电镀及化学镀等。镁合金有机涂层、金属涂层及其他表面改性技术获得了较好发展。

阳极氧化处理通过外加电压，能够使镁合金表面形成比化学转化膜厚，而且强度大、硬度高、耐蚀性好的氧化膜，具有较好的保护作用。特别是微弧氧化，能够在镁合金表面原位生成致密的以金属氧化物为主的陶瓷层，其硬度、致密性、耐磨和耐蚀性都比普通阳极氧化膜高。微弧氧化一般都要与封孔技术或电泳涂装技术相结合。

镁合金化学转化方法包括铬酸盐处理（铬化）、磷酸盐处理（磷化）、高锰酸盐处理（氧化）和氟化锆盐处理（氟化）、植酸转化膜、稀土转化膜等。化学转化处理一般都具有占地少、操作简单、能耗低、成本低廉、无需特殊设备、适合结构复杂件及大件处理等优点。但化学转化处理一般都存在一定环境污染、药剂消耗大、膜层薄而软、结合力较弱，只能减缓腐蚀速度，并不能有效地防止腐蚀，还需要进一步涂装。对于铬化处理的溶液，由于溶剂中含有致癌的六价铬离子，现在已经被严格限制使用。

电化学镀是提高工件耐蚀、耐磨、可焊性、导电性或作为表面装饰的最经济、高效、简单的方法之一。电化学镀的资金投入相对少，镁合金直接化学镀镍后再根据需要电镀耐蚀金属的电镀方法已开始进入实际应用阶段，但大量生产中存在化学镀镍液稳定性不够好，能耗大的问题。最后镀耐蚀金属的镀液中通常含有氰化物，对环境存在污染，且对基体材料的成分敏感。

镁合金可用环氧树脂、聚氨酯以及橡胶等材料获得有机涂层防护膜，也可把油、油脂、油漆、蜡和沥青涂覆在表面获得一定程度的保护。

镁合金表面处理中，还有离子注入、高能束表面改性及熔覆、气相沉积等工艺，但由于上述工艺一般都具有设备复杂、工艺繁琐、成本较高的问题，尽管能够提供较好的保护，但作为产业应用还需要大量的研究和改进。目前镁合金表面处理存在的主要问题有：

（1）无铬化的化学转化处理工艺不完善。由于国家政策的调控以及环境保护的压力，无铬化肯定是化学转化处理的大趋势。但无铬化的方法有很多种，包括有磷酸盐成膜、高锰酸盐成膜、稀土转化膜、植酸转化膜等方法，相关专利占所有表面处理专利数量的36%。在实际生产中，各种无铬化的工艺均暴露出或多或少的缺陷。

（2）低能耗高效率微弧氧化技术有待提高。微弧氧化形成的陶瓷层具有其他工艺难以企及的效果，但其最大的缺点就是高能耗，其次是成膜效率不够高。其主要原因是起弧电压和工作电流高，相应的解决方法集中在设备的优化和电解液的配方改进上。而相关专利更多集中在微弧氧化的应用或者在新的添加剂上，缺乏对高效节能、高效率微弧氧化工艺及设备的开发。例如，专利“一种生物医用可降解镁合金的生物活性表面改性方法”描述的是医用材料市场新技术；“稀土镁合金微弧氧化绿色陶瓷膜制备方法”关注的是新型配方的微弧氧化工艺。

（3）在线溶液检测技术不成熟。化学转化处理、电解、电镀、微弧氧化等多种工艺均对溶液的稳定性有较高的要求。溶液的在线检测技术将关系到各种工艺的成膜质量。在线检测技术不仅在镁合金相关领域是一个急需解决的关键问题，在其他材料处理过程中也存在同样的缺陷。该技术的发展，不仅对镁合金表面处理质量有所提高，而且对整个工业生产的质量控制有较大的促进作用。

目前存在的技术壁垒有：

（1）无铬化学转化处理技术。毒性高且易致癌的六价铬，对人体健康有害，且污染环境，环保法规严格限制其应用，铬酸盐处理工艺逐步被取缔。开发无铬化学转化处理工艺成为镁合金化学转化膜的发展方向和研究热点。

（2）表面抗腐蚀机理。镁合金的耐蚀性研究直接关系到镁合金的应用。由于对成膜机理和耐蚀机理缺乏深入研究，导致表面处理工艺和技术发展缓慢。

(3) 微弧氧化能耗大。微弧氧化膜层由于其优异的抗腐蚀及耐磨性能，在高端镁合金产品中已经得到应用；但考虑到镁合金产品的普及性，微弧氧化必须降低能耗和成本，镁合金产品才可能实现规模化生产。

(4) 废水废渣循环利用技术。镁合金的化学转化膜和阳极氧化成膜工艺，都会涉及废水废渣处理。废水废渣的综合和循环利用，关系到镁合金能否实现产业化，是实现镁合金“绿色制造”的关键环节之一。

2.4.3.4 镁合金开发应用领域技术

镁合金的强度不高、高温抗蠕变性能不好、耐蚀性差以及镁合金成本偏高等问题一直是扩大其应用范围的主要障碍。当今镁合金的发展已经逐渐摆脱了原有模式，转向开发新型镁合金。例如，稀土镁合金，一方面添加适量新的合金元素（如稀土元素），提升原有镁合金组织结构和性能；另一方面将轻稀土和重稀土元素复合添加，稀土与非稀土元素（如锶等）复合添加以获得最佳性能。一般情况下，用少量或微量廉价混合稀土，旨在求得高的性价比。而要研发航空航天及军工领域用高温高强度稀土镁合金，则常使用价格较高且性能较好的金属钇、钆和钕等单一稀土，或添加富钇、富钆和富钕混合稀土，以期获得更优良的性能。

镁合金系主要有：镁铝（Mg-Al）合金、镁锌（Mg-Zn）合金以及镁铼（Mg-Re）合金。镁的合金系远不及铝或锌丰富。主要的研究是用微合金化重新设计现有的镁合金，即加入微量表面活性元素，如钙、锶、钡、锑、锡、铅、铋。在耐热镁合金方面，中国、美国、加拿大、日本和以色列等国都在大力开展这方面的研究，目标是在不大幅度增加成本的前提下，提高镁合金在175～200℃的高温强度和抗蠕变性能，并且具有良好的铸造工艺性和耐蚀性。传统的高温压铸镁合金主要是AS系镁合金，最近的发展是添加铼元素得到高温性能更好的AE系镁合金，比传统的AS21合金的抗疲劳性能几乎提高了一倍。

中国科学院长春应用化学研究所利用自主研发的稀土镁中间合金，在我国首次制备出具有自主知识产权、抗拉强度达260～280MPa、蠕变变形量0.2%（1500℃、50MPa）、伸长率大于5%的高强、高韧、耐热、抗蠕变的稀土镁合金。该合金已经用于批量生产重型汽车稀土镁合金汽缸罩盖，其性能达到或超过国外同类产品水平，产品合格率达90%以上。

在耐蚀镁合金方面，降低镁合金中杂质含量成为提高其耐蚀性的关键之一。另一关键是添加合金元素以进一步净化、细化、优化合金基体和表面组织，提升镁合金的抗腐蚀能力。研究结果表明，锰、铼、钛等是比较实用，且更具发展潜力的耐蚀合金元素。国内研制的高纯耐腐蚀铸造镁合金腐蚀速率与铝合金相当。

汽车和其他镁合金的潜在市场对镁合金材料提出了越来越高的要求，针对不同应用行业对镁合金材料的要求，镁合金应用面临的重大挑战之一是连接问题，包括镁合金的焊接以及镁合金与其他异种材料的焊接、铆接、胶接等一系列工程应用。镁合金的焊接相比于其他有色金属（铝、钛、铜等）要困难得多，其主要问题是：焊接过程中飞溅大，易产生热裂纹，易氧化形成夹杂、气孔，组织粗化现象严重，使接头力学性能显著下降。从已经开展的研究看，熔化极气体保护焊（MIC）、电子束焊（EBW）、激光焊（LW）由于能够较好控制热量输入，可以获得较好的接头质量。而最新研究表明，一种固态连接方法，即搅拌摩擦焊是镁合金焊接较为理想的方法，可以获得优质的焊接接头，其外观成型良好，无气孔、裂纹，焊后无变形，接头拉伸强度达到母材的85%以上。

镁合金开发与应用技术领域存在的主要问题是：

（1）变形镁合金的研究开发严重滞后，不能适应挤压高性能型材和管材的要求。由于金属镁本身的特点而导致变形镁合金加工工艺较为复杂，变形镁合金加工的成品率较低，生产效率不高，加工材价格较昂贵，限制了变形镁合金的推广使用。

（2）镁合金的耐蚀性能差限制了其应用。进一步提高镁合金的耐蚀性能，深入研究其耐蚀机理，大幅度提高商用镁合金的耐腐蚀性能是值得关注的问题。

（3）镁合金可应用的牌号数量、热处理状态都难以满足各种产品对材料的要求。

（4）镁合金中加入稀土元素是提高镁合金耐热、耐蚀和高强高韧性能的有效途径。但是，镁合金-稀土中间合金生产工艺繁杂，生产成本高，很难适应工业部门大量应用低成本、高性能镁合金的发展需求。

存在的技术壁垒有：

（1）高性能镁合金。生物医用材料是镁合金功能材料领域的一大亮点。对镁合金腐蚀本质的机理研究以及表面改性技术的完善是镁合金在生物材料领域应用的关键。但是，作为结构材料使用的常规镁合金在设计时没有考虑材料的生物相容性，很难直接使用，因此需提出新的合金设计思路，获得适合生物体使用的、满足特殊要求的新型镁合金。同时，提高镁合金的强度、韧性和耐蚀性一直是材料界人士不断追求的目标。

（2）镁合金应用的基础数据库。由于产品设计者对镁合金的认识不够，有关标准滞后或不健全而导致设计者对镁合金材料没有足够的信心。一些设计者在用镁替代铝或其他材料的过程中，只是利用了镁的轻质优点，没有改变产品的结构就直接用镁材来替代，没有充分利用镁的本质特性和优势，从而无法保证产品性能的可信度。

（3）连接技术。镁合金焊接性能优良，但对于其实际应用来说，如何克服焊缝处明显的脆性，减少气孔、裂纹的产生和热影响区的晶粒粗大，镁合金与其他金属连接时产生电偶腐蚀等许多问题还有待进一步研究。

2.4.3.5 装备制造领域技术分析

先进的镁合金装备是支撑镁产业发展的基础，形成较完整的装备制造体系，缩小与国外先进装备水平的差距，是镁合金装备制造所面临的主要任务。

A 熔炼与铸造装备

国内生产熔炼炉装备的厂家主要有重庆硕龙科技有限公司、深圳市亚美科技有限公司、惠州市天基镁业有限公司、中山市技科镁合金工贸有限公司等，所生产的熔炼炉装备能够进行双室熔炼、夹杂物过滤、精确控制保护气体和实现定量浇注。但与国外生产的先进镁合金熔炼装备相比，普遍存在浇注过程二次污染严重、能耗高、浇注精度低、定量泵使用寿命短等问题。另外，国外熔炼装备及浇注装备均实现多点温度测量与控制，能够精确提供温度恒定的镁液。

铸造装备主要集中在压铸装备的生产上，国内压铸装备制造厂家有力劲科技集团有限公司、广东伊之密精密机械股份有限公司、无锡新佳盛压铸机制造有限公司等，所生产的镁合金压铸机压射速度最高可达10m/s，部分技术指标已达到国外同类产品的水平。与国外先进压铸装备相比存在的差距主要表现在缺乏大吨位压铸机、压铸工艺参数可重复性差、关键零部件可靠性低等。此外，国内在先进压铸工艺的研究方面所做工作不足，如充氧压铸、真空压铸和挤压铸造等，基本处于引进国外装备技术的阶段。

B 塑性加工装备

变形镁合金主要通过挤压、轧制、锻造等塑性加工方法进行生产，已有效地改善了镁合金微观组织，消除铸造缺陷，提高材料力学性能。镁合金变形加工工艺与装备的选择有非常紧密的联系，但镁合金加工装备基本上借用铝合金加工装备生产变形镁合金，存在生产效率不高、成品率低等问题。

挤压装备方面，国外镁合金挤压加工的自动化水平较高，等温挤压技术已得到产业化应用，模具设计和制造水平高。而国内普遍采用模拟的恒温挤压方式，基本上靠工人的经验根据型材表面质量状况进行人工调节，实时闭环控制的等温挤压设备在国内仍是空白。

轧制装备方面，国内已成功应用连续铸轧镁合金板材技术，可生产宽600mm、厚度0.5～9mm、单卷290kg的镁合金板材。但轧制装备的自动化水平低、温度控制精度差、能耗高、效率低。

C 表面处理装备

镁合金的表面保护与改性是提高镁合金耐蚀性的有效途径之一。国内镁合金表面处理装备主要以阳极氧化装备和表面涂装装备为主。基于现代表面处理技术的发展以及环保的要求，微弧氧化装备、真空镀膜装备、电弧喷涂装备等高效、环保的表面处理装备在改善镁合金耐蚀性方面的应用越来越受到重视。西安理工大学研制的低能耗、无排放微弧氧化+电泳（涂装）复合表面处理工艺是表面处理领域的创新工艺方法。

我国镁合金装备制造领域主要存在以下问题：

（1）熔炼与铸造装备方面。在熔炼铸造领域发展迅速，能够生产出高质量、高性能的镁合金熔炼炉和压铸机，主要集中在具有精炼系统和定量浇注系统的镁合金熔炉、大吨位的压铸装备和废镁回收装备；但在镁合金精炼和定量浇注系统、大吨位压铸装备等方面还需提高制造水平。

1）镁合金的精炼系统和定量浇注系统。镁合金精炼炉主要采用井式电阻炉加热，在钢坩埚中熔化镁金属和合金元素，随后用熔剂熔炼、沉淀，并在铸造输送机上浇注成锭。采用这种加热方式的精炼炉存在生产效率低、能耗大等问题。镁合金熔体的定量浇注缺乏有效的熔体流量检测手段，无法实现闭环控制以确保浇注的精度。

2）大吨位的压铸装备。大型压铸机由于其对液压系统和结构材料性能的要求很高，设计制造比较困难，难点主要集中在压铸机三大板的抗冲击能力、高压压射曲线的控制、模具温度控制的实时监测等方面。同时，这些技术难点还表现出“木桶效应”，要提高大吨位压铸装备的稳定性和可靠性，需要从以上各个方面着手，逐一攻克难关，全面提高其品质。

另外，压铸装备过程实时控制性能差，主要表现在对压射曲线的控制、对模具温度的控制以及锁模时间和锁模力的控制等方面，需要改进压铸机的液压系统、模具温度控制系统等。

（2）塑性加工技术方面。

1）研发镁合金等温挤压装备。在镁合金挤压过程中，镁合金需要加热到塑性变形区，而装备的挤压模具也要预热且稍低于镁合金型材挤压的挤压温度。由于镁合金的挤压时间长，接触面积大，其温度变化的不确定因素很多，因此，在挤压过程中控制镁合金型材的温度使其保持在最佳塑性温度是研究热点。

2）研发镁合金板材轧制和连续铸轧装备。镁合金塑性成型比较困难，还没有可供产业化生产的镁合金板材轧制和铸轧设备。其主要技术难点在于轧制温度的控制以及保证受力的均匀性、连续性。水平铸轧设备还涉及气体保护结晶器结构等方面。

3）研发镁合金大型零部件的铸造装备。采用挤压铸造工艺可以生产出力学性能较高的镁合金大型零部件。挤压铸造在合金液补缩方面优势明显，并可通过热处理强化来提高材料的使用性能。但其主要缺点是挤压铸造的工艺控制困难，生产大型复杂零部件的成品率低。

4）产业用镁合金热处理炉。镁合金在加热过程中需要进行保护，对环境中水蒸气的含量也有要求，不同于其他材料的热处理工艺。现有产业热处理设备很难满足镁合金的热处理要求。

（3）表面处理装备方面。受镁合金应用的限制，镁合金表面处理装备发展缓慢，节能环保、高效率的镁表面处理装备研究缺乏。

（4）电源系统是微弧氧化装备的关键部分，受电子器件和电子技术发展制约，镁合金微弧氧化专用电源发展缓慢。另外，对镁合金的氧化处理工艺的研究也进展缓慢，溶液配方和采用的参数大多是从铝合金微弧氧化借鉴过来的。

目前镁合金制造装备存在的技术壁垒有：

1）镁合金熔炼炉。开发具有自动加料、搅拌和过滤功能的高自动化镁合金精炼系统和高精度镁合金熔体质量在线检测技术，优化炉体结构，提高熔炼效率，提高定量浇注系统的控制精度和使用寿命。

2）镁合金大吨位压铸装备。提高大吨位压铸装备的可控性与稳定性，对压铸过程实行全流程闭环实时控制。

3）等温挤压装备。通过对挤压过程铸棒温度、模具温度和挤压速度的闭环控制来进行等温挤压，实现挤压出口温度和挤压速度的联动调控。

4）大型零部件的挤压铸造装备。镁合金熔体的密闭保温和自动转移技术，挤压产品的成型工艺优化设计，实现挤压铸造装备的自动化控制，提高生产效率和产品性能。

5）连续铸轧装备。对轧制过程的温度和变形量进行闭环控制，防止镁合金氧化，提高镁合金轧制装备的生产效率和轧制产品的成品率。

6）镁合金注射成型装备。开发镁合金半固态注射成型装备，解决镁合金半固态浆料的保存、转移输送、易氧化等问题。

7）镁合金表面处理装备。开发短流程、无污染、低能耗、高效率的表面处理新装备。

综上所述，镁工业的生产和技术发展趋势是好的，其产量持续增长，中国仍会在世界镁市场上居支配地位。中国必须提高镁金属质量，按国际标准生产才能继续保持这种优势，才能在世界镁市场上占有举足轻重的地位。

2.4.3.6 核心共性技术分析

A 低成本环保型镁合金熔炼保护气体开发

全球镁工业普遍使用气体保护法为镁熔体提供阻燃保护。保护气体一般为混合气体，由能与镁生成致密保护膜的反应性气体和将保护性反应气体稀释并均匀地分布到高温镁及其合金表面的载流（稀释）气体组成。使用最为普遍的反应性气体是氟化硫，常用的载流（稀释）气体有干燥压缩空气、氮气、一氧化碳中的一种或者任意两种或三种的混合物。

工业生产中普遍采用瓶装氮气作为载流气体，用量大，成本高，同时还会带来气瓶的储存、安全等现场管理问题和运输问题。因此，如何通过技术创新、降低载流气体的使用成本成为镁熔体气体保护技术的另一发展方向。主要解决思路是现场在线制备载流气体，不仅可以降低成本，而且可以彻底解决瓶装气体的储存、安全等现场管理问题和运输问题。

B 镁合金熔体净化技术

镁的化学性质极其活泼，在原镁生产过程中以及合金熔炼，合金化处理、金属传输及铸造等过程中极易与氧气、氮气、水蒸气发生化学作用，产生大量的非金属夹杂物和金属夹杂物。镁合金内高的夹杂物含量不仅限制了镁合金材料潜力的发挥，而且大大降低了镁合金材料的成型性能及耐蚀性。因此，有必要采取净化措施来提高镁熔体的纯净度，提升镁合金的品质。

熔剂净化仍是国内外应用最为广泛的去除镁熔体夹杂物的方法之一，但现有的熔剂与镁熔体的分离性差，致使部分熔剂作为熔渣残留在合金液中形成熔剂夹杂，而且净化效率低，并存在环境污染问题。此外，现有熔剂中的主要组分氯化镁会与稀土元素发生反应，不仅导致昂贵稀土元素的大量损耗，而且影响合金成分与性能的稳定。在过滤净化方面，缺乏镁熔体专用的大尺寸氧化镁陶瓷过滤器。尚未有集熔剂净化、过滤净化、气体净化及稳态传输于一体的高效镁熔体复合净化系统，因此有必要对镁熔体净化进行深入系统的研究。

C 镁合金晶粒细化技术

随着晶粒尺寸的细化，材料的强度大幅度提高。对于镁合金而言，由于其晶体对称性低，镁合金晶粒细化产生的强化效果极为显著。另一方面，镁合金室温延展性低，塑性加工成型困难，唯有通过细化晶粒才有可能得到解决，因此晶粒细化是提高现有镁合金材料强度和改善其塑性的最佳途径。对于不含铝的镁合金，通过添加锆元素可获得较好的晶粒细化效果，但锆添加量较大，成本较高。对于无铝镁合金，晶粒细化方法有熔体过热法，氯化铁法，含碳质材料变质处理法，添加钙、锶等合金元素细化法和熔体搅拌法等，但上述方法都存在晶粒细化效果差以及稳定性差等问题。

D 镁合金挤压铸造技术

挤压铸造工艺综合了模锻工艺和铸造工艺的优点，冲头压力直接作用于铸件上，液态金属平稳充满型腔，并在高比压压力下凝固结晶。挤压铸造工艺可使铸件晶粒细化、组织致密，在力学性能上与模锻相当，并适合制造复杂厚大的产品；同时其产品成本比模锻低，材料利用率比模锻高，也易于实现自动化。因此，挤压铸造技术是一种规模生产高性能、高品质镁合金件的理想工艺方法。

挤压铸造技术的主要应用对象是铝合金、锌合金等有色金属及其复合材料，在镁合金上的应用还非常少，其主要原因为：镁合金及其生产技术的研究及开发时间较短；镁合金具有其独特的工艺特性（易于氧化燃烧、低热容、高凝固收缩等），与铝合金、锌合金等其他有色金属存在较大差异，将现有的挤压铸造工艺技术移植到镁合金上难以成功。因此，相关的研究和开发工作还有待进一步深入。

挤压铸造技术是一种适合于生产高性价比、高品质铸件的生产技术，虽然国内已经有关于镁合金挤压铸造的研究和开发，但相关的基础研究依然非常薄弱，生产应用技术的开发更是有待深入，尤其缺乏符合镁合金工艺特性、适合高效规模生产高品质镁合金零件的高性价比挤压铸造工艺技术。

E 大型复杂断面镁合金型材挤压技术

发达国家的变形镁合金材料正向系列化发展，产品应用领域不断扩展，高性能材料不断在航天航空、军工等高技术领域使用。美国、德国、日本等国的变形镁合金已实现了产业化。国内变形镁合金的开发和应用始于20世纪60年代，由东北轻合金厂和洛阳铜加工厂生产出镁板材，主要用于军工产品，而没有对民用产品进行开发。后来，国内又重新开展了镁合金型材及其制品的研究和开发工作。最近几年，上海交通大学、哈尔滨工业大学、东北大学对AZ31、AZ61、ZK60等变形镁合金进行了研究，并开发出镁合金板材、管材，但基本上处于实验室或小试阶段。

制约镁合金型材和管材产业化发展和工程化应用的主要因素是普通管型材产品的工艺成本较高、特种大尺寸中空挤压型材的制备困难，其技术上的瓶颈主要是大断面型材成型困难、挤压材的挤压速度低、挤压成材率低等。研究开发大断面挤压镁合金型材，能拓展镁合金的应用领域及范围，同时满足国民经济对高性能、轻质结构材料的需求。

F 高强度镁合金结构件铸锻复合成型技术

在镁合金液成型的诸多方法中，应用最广泛和比较成熟的技术首推压铸方法，但镁合金压铸工艺本身存在诸多不足，易产生气孔、冷隔、缩孔、缩松和变形等缺陷，其制件力学性能也不高，影响镁合金产品的性能和经济性。

铸锻复合成型，即镁合金压铸和半固体/固体热锻的复合成型工艺，在制件成型过程中，同时实现制件形状和性能的精确控制。在压铸型腔中的液态金属尚未完全凝固时，施加一变形力，使已凝固的支晶组织破碎，实现细晶强化，同时补缩，显著提高制件的力学性能。中国航空工业空气动力研究院和哈尔滨工业大学以及嘉瑞集团创金美科技有限公司等多家单位已经开展了铸锻复合成型方面的工作，已取得了一定的进展。

G 镁合金微弧氧化表面处理技术

由于镁合金的低密度和环保性能，各个行业都对此产生了广泛重视，但由于其自腐蚀电位低，抗腐蚀性能有限，需要进行适当的表面保护处理才能用于汽车等交通行业。因此，开发既可满足镁合金制品抗环境腐蚀，又无环境污染的表面处理装备和工艺技术被视为镁合金开发应用及产业化的关键技术之一。

首先，镁合金微弧氧化具有工艺环保的优点，由于理论上微弧氧化是属于不消耗溶质元素的处理工艺，可以做成清洁生产的产业；其次，微弧氧化处理能在制品表面原位生成陶瓷涂层，陶瓷质的高硬度、高阻抗和高稳定性满足镁合金在各行业中的应用。但其缺点是由于微弧氧化需要形成微区弧光，对能源的消耗会比较大。

H 镁合金无铬转化膜技术

在众多镁合金表面处理技术中，化学转化膜钝化+涂装的表面处理工艺具有效率高、成本低、易于实现批量生产的优点，受到广泛重视。镁合金的化学转化处理技术主要有：磷酸盐处理（磷化）、高锰酸盐处理（氧化）和氟化锆盐处理（氟化）、植酸转化膜、稀土转化膜等。其中铬酸盐钝化最为成熟，应用最为广泛。但是，因铬为易致癌物质，含铬制品的生产和销售已逐渐受到限制。对于镁合金制品，对其表面进行无铬钝化处理是未来发展的必然趋势。开展镁合金制品表面无铬钝化技术的研究和开发具有重要的意义。

I 镁合金膜层的性能检测

镁合金因化学性质活泼而导致其耐蚀性差，作为结构件使用时均需要根据应用环境不同而制备一层可保护基体免受环境腐蚀的表面膜层，这类防护性膜层的性能检测多涉及厚度、硬度、结合强度以及耐蚀性等几个方面。

镁合金表面防护的主要方法有化学转化膜、阳极氧化、微弧氧化处理和金属涂层、有机涂层等。但由于镁合金表面防护的特殊性、膜层体系的多样性以及复杂性，相关膜层的基础数据、技术规范和标准非常缺乏，如膜层生产工艺与膜层性能关系、膜层的失效模式和技术经济评价等，导致镁合金膜层的选择和应用存在很大的盲目性，往往照搬铝合金的膜层模式，其应用结果很不理想，使镁合金的产业化应用进程受到影响。很有必要建立镁合金典型膜层的工况—性能—工艺—成本的基础数据体系，并在行业内制定和实施特定工况条件下的膜层标准体系，从而全面引导和规范镁产业在表面处理膜层方面的技术发展。

J 稀土镁合金

稀土元素是改善镁合金性能的最有效和最具实用价值的元素，在镁合金中添加稀土元素可以净化合金熔体、改善合金的组织、提高合金的力学性能以及耐蚀性能等。稀土的净化强化作用不断被人们认识和掌握，人们开发出具有高性能的稀土镁合金，大大拓展了镁合金的应用领域。稀土是我国的特有资源，其中广东省具有丰富的稀土储量，研发和推广轻质、绿色稀土镁合金材料是实现珠三角地区的制造业升级换代的重要方向。主要是国内各个研究机构对添加镧、铈、钕、钇等稀土元素后镁合金微观组织、高温蠕变性能、阻燃性能、杂质成分等进行研究，仅局限于实验室阶段的数据采集，样品研制远达不到工业生产的要求。

K 高强度高韧性的镁合金开发

已开发的大多数镁合金由于缺乏有效的强化途径导致强度和韧性偏低，常规铸造镁合金的强度不到300MPa，远远低于高强度铸造铝合金的450MPa，这是阻碍镁合金广泛应用的主要原因之一。从20世纪90年代中期开始，由于航空航天领域重新采用镁合金以及汽车工业的轻量化要求对镁合金的需求加大，使镁合金的应用重新受到重视，推动镁合金的研究与开发进入一个新的高峰，其中探明镁合金强韧化的微观机制、发展高强度高韧性的镁合金一直是镁合金研究的一个重点。

当前，采用常规化的制备手段开发高强高韧铸造镁合金可分为两个层次：第一层次目标是发展抗拉强度超过300MPa、伸长率可达8%～15%、综合性能优良的低成本铸造镁合金，用于汽车、电子等民用行业；第二层次则是发展抗拉强度接近400MPa、伸长率可达6% ~10%的更高强度的铸造镁合金，用于航空航天及军事武器等领域。

由于稀土元素特殊的价电子结构以及在镁合金中显著的强化效果，使镁铼合金系成为发展高强度镁合金的一个重要合金系，我国作为稀土资源第一大国，在这方面的研究更值得期待。

L 低成本抗蠕变镁合金开发

一般镁合金的高温强度和蠕变性能较差，工作温度不能超过120 ~150℃，这大大限制了镁合金的广泛应用。提高镁合金的高温性能尤其是高温蠕变性能，是镁合金研究开发的重要方向。耐热镁合金的开发研究成为镁合金技术领域的研究热点之一。中国、美国、加拿大和以色列等国都在大力开展耐热镁合金的研究，目标是在不大幅度增加成本的前提下，提高镁合金在150 ~200℃的高温强度和抗蠕变性能，并且具有良好的铸造工艺性和耐热性。现有的耐热镁合金系中，镁铝系和镁锌系价格低廉，但是耐热性能不理想；镁-稀土系的耐热性能好，但是成本高。因此，当前耐热镁合金的开发应兼顾提高性能和降低成本两个方面。通过加入稀土和其他廉价元素（如碱土金属钙、锶、钡和ⅣA、ⅤA族元素硅、锡、铅、锑、铋等）来复合强化，应该是廉价耐热镁合金开发的一个重要的方向。

M 镁合金搅拌摩擦焊应用研究

搅拌摩擦焊是镁合金焊接的一个比较理想的方法，已实现了AM60、AZ31、AZ61、AZ91等镁合金的搅拌摩擦焊接。搅拌摩擦焊连接温度低，焊缝晶粒细小，变形小，接头的上、下表面光滑，无堆高，没有裂纹、气孔和反面未焊透等缺陷，接头力学性能优良。但是搅拌摩擦焊焊接时需要相对较大的顶锻压力和向前的驱动力，所以设备一般较复杂和笨重，控制精度要求高，导致设备成本较高，因此限制了其在镁合金焊接中的应用。进一步提高其柔性焊接水平，降低接头形式的限制，是提高轻合金用搅拌摩擦焊水平，获得优质焊接接头，进一步拓宽镁合金应用范围的重要条件。

N 生物医用镁合金技术开发

除资源、价格和常规性能优势外，镁合金因其一系列独特的生物医学性能优势，尤其是生物力学相容性、组织和血液相容性、生物活性（如骨诱导性）以及生物降解性优势，有望成为理想的生物医用金属材料，用于血管支架、骨科内固定材料以及人工骨骼等附加值极高的医疗器械产品的制造。随着生命科学技术、医疗技术以及镁合金生物技术的迅速发展，材料科学家和医学临床专家的空前协作，使镁合金生物医用的潜在价值再度引起业界的高度关注。研究方向主要集中在以下几个方面：（1）镁合金生物降解行为的研究；（2）镁合金降解控制技术的开发，如微弧氧化、化学转化（仿生钝化）、离子镀、阴极电沉积等表面改性技术、热处理、高纯化等；（3）新型医用镁合金及镁基复合材料的开发。

O 镁合金等温挤压技术

在镁合金材料的应用中，主要成型方法是压力铸造，一般铸件和压铸件达到95%以上，加工材不足5%。随着镁合金应用领域的扩大和汽车、轨道交通、运动休闲器械等领域对镁合金挤压材需求的增长，高性能镁合金挤压产品的开发成为迫在眉睫的工作。

镁合金等温挤压技术已经在国外应用，而国内普遍采用的是模拟等温挤压方式，特别是对镁合金挤压变形机理缺乏深入的研究，缺少理论指导的基础数据，加之挤压过程中各种参数不断变化，因而实际应用效果较差。实时闭环控制的等温挤压技术在国内仍是空白。

P 镁合金熔体精炼系统开发

鉴于熔剂对环境的巨大污染，无熔剂精炼技术已经成为镁合金熔体精炼的主要发展方向。无熔剂精炼大致有以下几种方法：气体精炼、静置沉降精炼、过滤精炼、电磁精炼。其中主要发展方向是无熔剂精炼，且往往几种无熔剂法联合使用，即复合精炼。此外，国内大多数的精炼企业自动化程度很低，主要依靠人工操作，且存在以下问题：精炼操作难以规范进行，随意性强，品质难以保证；能耗很高，而且易造成污染。定量浇注系统通常由定量泵和加热浇管组成，其制品质量直接关系到镁合金熔炉的工作稳定性、镁液利用率、生产维护和使用成本等诸多问题，是保障镁合金熔炉长期稳定工作的关键部件。

Q 大吨位压铸设备开发技术

由于人们对产品轻量化的要求日益迫切，镁合金压铸件的应用领域正在逐渐扩大，高精密、高质量的压铸产品对镁合金压铸机的性能提出了更高的要求。国内压铸设备最大吨位为3000t，而欧洲在20世纪90年代末期已经制造出5000t的压铸机。就压铸精度而言，国内现在大部分压铸设备达不到国外压铸设备的精度和控制水平。

R 大型零部件的挤压铸造工艺及设备开发

现有镁合金深加工产品绝大部分是通过压铸方式生产，而压铸工艺高速（压射充型）的特性导致铸件大量卷气，使得铸件无法进行热处理来提高其力学性能，并且压铸工艺只适合生产薄壁产品。上述问题均导致对力学性能要求较高的大型零部件（如汽车轮毂等）无法通过压铸工艺生产。而挤压铸造工艺生产大型零部件可克服上述问题，但需要大型的挤压铸造装备及模具。

国内早期生产铝合金汽车轮毂曾经采用“四柱压机”进行挤压铸造生产，但由于模具结构和压机结构的限制，没能达到挤压工艺的标准，导致生产工艺控制困难，成品率低下。随着产品市场的需要和挤压铸造技术的发展，国内相关设备生产厂家（如上海三基压铸机械制造有限公司）开始开发新型的挤压铸造机器。国外生产挤压铸造设备的典型厂家主要是日本宇部公司。该公司垄断了高端挤压铸造装备的大部分市场，除了其设备价格昂贵外，生产大型部件的大吨位设备还对华禁售，所以，大型挤压铸造装备及模具在我国还是空白。

S 高品质镁合金半连续铸造技术

1942年美国铝业公司（Alcoa）提出铸造时直接在锭坯凝固壳上喷水的设想，并申请了发明专利。1953年Alcoa成功开发了直接水冷铸造法（即DC铸造）连续铸造铝合金技术。由于DC铸造工艺流程简单，结晶速度快，同时避免了倾斜模铸造的湍流，改善了锭坯的晶内结构，减少了化学成分区域偏析，减少了氧化夹杂和锭坯中心的组织疏松，并且能够实现生产工艺过程的连续化和自动化，铸锭质量和生产率高，很快就在全世界得以推广，在现代冶金生产中占有极为重要的地位。

2.4.4 产业发展思考

镁产业链开发。以资源为基础，先进技术引进为保证，发挥后发优势，高起点发展云南镁产业链，严格限制落后工艺，引进最新冶炼技术、工艺和装备，规模化生产金属镁，在此基础上，高起点发展镁合金新材料产业。

航空航天用耐热镁合金。以航空航天用镁合金为方向，努力研发提升镁合金在保持强度和抗蠕变性能下的耐热性能。发挥云南省金属品种丰富的优势，探索加入铼、硅等元素后镁合金耐热性的改变，开发耐热性系列镁合金产品。

耐蚀镁合金。积极研发最新的耐腐蚀镁合金系列产品。一是通过严格限制镁合金中的铁、铜、镍等杂质元素含量来提升镁合金的耐腐蚀性能。二是对镁合金进行表面处理。根据不同的耐蚀性要求，选择化学表面处理、阳极氧化处理、有机物涂覆、电镀、化学镀、热喷涂等方法增强镁合金耐腐蚀性能。

阻燃镁合金。积极发展阻燃镁合金系列产品。通过同时加入多种元素，开发阻燃性能和力学性能优良的阻燃镁合金，适应汽车工业和电子信息工业的需求。

高强高韧镁合金。以航空航天用、国防军备工业用材需求为导向，积极发展高强高韧镁合金系列产品。研究通过在镁合金中加入钙、锆等元素后的镁合金抗拉强度和屈服强度，通过快速凝固粉末冶金、高挤压比等方法生产高强度、高塑性的镁合金产品。

变形镁合金。以提高镁合金的强度、延展性及更多样化的力学性能为方向，大力研发变形镁合金系列产品。

3 小金属材料产业

我国铟、锗、钛、镓等小金属具有资源优势，小金属产业已具有资源、技术、市场、资金、人才、装备等方面的基础。通过新兴科技与传统产业深度融合，将小金属铟、锗、钛、镓发展成大产业，加快培育和发展铟、锗、钛、镓功能性新材料产业。

3.1 铟金属材料产业

3.1.1 铟的应用领域

铟是一种多用途的金属，是制造半导体、焊料、无线电产品、整流器和热电偶的重要材料，随着科技的进步，其应用范围还在快速扩大，尤其在高科技领域的应用前景广阔。

（1）原子能工业。铟在慢中子作用下具有易激发的特性，所以铟箔用于测量中子流并可测定其能量，用作测定反应堆中子流和其能量的指示剂。铟与镉、铋形成的合金在原子能工业中作为吸收中子的材料，铟与银、镉、铋形成的合金可作为核反应堆吸收中子的核控制棒；铟、钙、镉低熔点合金可作原子能工业中的冷却回路材料。

（2）电子工业。高纯铟是电子工业上的重要原料，用于制造化合物半导体锑化铟、砷化铟、磷化铟等，以及作为半导体锗、硅的掺杂元素。锑化铟可用于红外线检波器的材料，磷化铟可用于微波振荡器等。铟的另一较大用途是作二极管、晶体管和整流器中的合金接点材料，在电器开关的触点或碳刷上涂铟可改善电器接触处的烧损；氧化铟和氧化银及氯化银组成的材料，可作良好的电接点材料；液态的镓、铟与锡合金也是电接点的良好材料；锑化铟制备的集成电路可用于无接点开关与无电刷电动机。铟可用于锗晶体管的发射极与集电极，在其中作为锗晶体管中掺杂元素，在 PNP 锗晶体管生产中，铟的用量相当大。

铟化合物广泛用于光通信及红外仪器中，如铟砷化镓（InGaAs）用于光通信长波段激光器；磷化铟镓作为发光元件；砷化铟及磷化铟砷作为霍尔元件；锑化铟是红外导弹中电子元器件的核心材质，可作红外探测器用于制导装置及装备红外热成像仪；磷化铟可用于制作大功率激光器。

由于铟具有光透性、导电性和熔点低三者结合的优越性能，铟最广泛、用量最大的用途是在电子工业中作为液晶显示用的透明导电膜，用于手表、计算器、便携式电视机、摄像机及文字处理机等，目前更向大型化、彩色化发展，用于液晶电视、投影电视屏幕的显示管，并进入光磁记录材料市场。还可用于透明电极，作为飞机及机车挡风板玻璃窗的场致发光元件制作雾冰器，既保证玻璃透明可见度，又可去除雾和冰。氧化铟锡（ITO）透明导电薄膜或氧化铟涂膜可作透明热反射体，如低压铟钠灯、反射热的居住玻璃窗、冷冻食物的冰冻仓及烤箱炉门等。

（3）电池工业。高纯铟丝可制作 3.4K 的电阻加热元件。铟用于太阳能铟光电池和含铟非晶态硅电池，用铟硒氧化物涂在塑料薄膜上以及用铜铟硒膜做出的光电池，比硅太阳能电池价廉且转换率更高。

(4) 易熔合金产品。熔点低的优越性能使铟大量应用于易熔合金。易熔合金具有低温下延展性可靠、高温下抗拉强度和抗疲劳强度高的特点。在合金中加入铟可降低合金的熔点，铟基易熔合金是作热信号及热控制器件的材料，主要用于弱电器及光学工业中。在特殊电器真空仪器中用于可动元件的特殊润滑剂；用于自动消火栓；用于异型薄管制弯曲处加工的固形充填物和固定支持材料，比用砂（易滑动）、树脂或铅（易断裂、难以清洗）更优越，且加热后就可与主体分离，以便再次使用；用于铸造模型的母型材；铟与锡的合金可作为真空密封材料，如作为玻璃-玻璃、玻璃-金属间的焊料，用于登月舱等多个领域；铟的二元、三元等低熔合金具有良好的高温抗拉强度及抗疲劳强度。

铟与银、铋和铅等金属可形成一系列不同熔点的金属焊接剂，俗称软合金，适用于不同性能材料和不同要求的焊接。

(5) 涂层及防腐合金。铟及铟基合金具有耐磨、耐腐及理学性能良好的特性，常用于仪表、地球物理仪、监测辐射仪及红外线仪等的涂层，如铟锌铝合金作为航空及汽车工业中的防腐涂层；纯度大于99%的铟作为高速航空发动机银铅铟轴承材料及传统装饰纪念品的涂层；铟用于铝导线接头和连接器的涂层可保证高的导电率及良好的力学性能。

铟用于飞机发动机、汽车发动机轴承的涂层，可增加轴承的强度、硬度和抗腐蚀性，提高轴承的使用期限。铟与银、铜、铅金属的合金可制作高级高速发动机轴承而广泛用于航空及汽车工业。铟基合金可作为玻璃透镜的抛光材料。铟与金、钯、银、铜等组成合金常用来制作假牙和装饰品。

向润滑剂中添加少量铟的化合物，则可降低其腐蚀性。反射镜类仪器涂铟能增大其光反射和抗海水腐蚀性能，在军工和海事中采用。

(6) 化工工业。金属铟及氧化铟、铟硼酸盐等在化工工业中作为催化剂的效率非常高。日本研究用氧化铟作为催化剂，从水中提取氢化新能源。

铟的应用领域非常广泛，目前各国还在努力开发和探索铟在各个领域中的应用和对其他材料的替代。

3.1.2 产业发展态势

3.1.2.1 世界铟产业发展情况

铟基新材料的生产技术主要被美国、日本和韩国等发达国家垄断。

日本能源是日本最大的铟生产商，主营各种铟深加工产品，包括超高纯铟（7N）、ITO靶材、化合物半导体材料等。日本采用直流磁溅射法生产ITO薄膜材料，作为液晶平面显示器的透明电极。随着显示器件的技术进步，液晶显示器（LCD）的发展方向从超扭曲向列型液晶显示器（STN）转向薄膜场效应晶体管TFT、TFT-LCD等高附加值产品已成为显示器的主流产品。液晶显示器市场向手提电脑、移动电话、台式显示器方向发展，液晶显示器需求增大。日本在高档显示器领域一直处于霸主地位，占世界市场的75%以上。而在荧光体、半导体化合物、代汞碱锰电池、焊料、易熔合金等领域也占据着技术优势。

美国铟公司和科尼姆特种金属公司是世界上生产铟深加工产品的主要厂家，主要产品有超高纯铟（7N）、ITO靶材、铟基焊料和合金、无机化工产品以及半导体用的高纯材料。

日、美、韩在液晶显示领域竞争激烈，美、韩正奋起直追，抢占市场，形成三足鼎立之势。

3.1.2.2 我国铟产业发展情况

我国已经成为世界最大的铟生产国和出口国，但是在全球市场的话语权非常弱，铟产品大量低价出口，其重要原因是我国铟产业结构的不完善、铟产品技术含量低，在高新技术研发、深加工产品的生产和市场占有及经济效益方面与发达国家有很大差距，主要以粗铟和铟锭等初级产品为主，缺乏把初级产品加工成附加值高的铟锡氧化物的关键技术，仅有峨嵋半导体材料厂、南京锗厂等少数几家企业生产5N～7N高纯铟，产量很有限。价格昂贵的铟的高纯度无机和有机产品在个别研究院和高校虽有研究性开发，但未见有企业规模化生产的报道。虽然中国已有株洲火炬集团、华锡集团、宁夏905集团投资建成生产线进行工业化生产ITO靶材，打破了进口靶材一统天下的局面，但因质量及技术水平与进口产品有差距，还不能占据中国的主要市场。

中国铟产业的基本状况是70%～80%的铟都出口到了国外（主要是日本），而增值几倍甚至几十倍的深加工产品又销回国内，形成初级产品（铟锭）大量出口，高端产品（ITO靶材、铟盐、低熔点焊料及高档液晶显示器等）却依赖进口的局面。只有我国实现铟加工技术的突破，铟产业发展才能摆脱受制于人的局面，才能从世界产铟大国转变为世界产铟强国。

我国开展磷化铟单晶材料的研究工作已经超过30年了，在磷化铟单晶生长和性质方面的研究取得了很多成果，尤其是在磷化铟大容量快速合成、大直径单晶生长和半绝缘性质研究方面达到了国际水平。

3.1.2.3 云南铟产业发展现状

云南从事铟的开采、冶炼及深加工方面的企业主要有云锡集团、华联锌铟、祥云飞龙、乘风有色、蒙自矿冶等。其中只有云锡集团在铟的深加工方面形成了一定程度的产业化，但其产品也基本局限在生产ITO靶材。另外的几家企业基本上都是以开采、冶炼和回收为主。

在铟新材料方面，主要有昆明物理研究所的热像仪处于国内领先水平，锑化铟单晶质量达到国际水平。

3.1.3 技术分析

由于铟基新材料应用广泛，对国家经济实力提升和国防安全等方面都具有重要影响。发达国家对铟基新材料制备技术严密封锁，抢占着制高点，在铟基新材料上形成垄断利润，我国在个别铟基新材料的制备技术和产品质量已达到国际先进水平，但整体上铟基新材料的制备技术和产品质量与发达国家相比还有很大差距，存在着突出的技术缺口。

3.1.3.1 金属铟的提取技术分析

根据软锰矿和闪锌矿在酸性条件下同槽浸出所得浸出液特点（含铟、锌、锰离子），用酸性含磷萃取剂萃取浸出铟。在铜冶炼过程中产出的含铟砷烟灰，分别用逆流氧化酸浸法和硫酸化焙烧水浸出法提取铟。针对原料的高砷、高铅、高锑以及硅铁含量低的特点，产出的铟纯度为99.99%。

黄钾铁矾法可以有效处理高铟高铁锌精矿，原料中的铟有95.08%进入铁矾渣，3.738%的铟进入高浸渣，渣中的铟经高温焙烧、浸出、萃取、电解和铸锭后即可得到产品铟锭。生产实践表明，采用该工艺铟的总回收率可达72%左右，锌的总回收率可达92%。

用焙砂预中和—硫化锌精矿还原—石灰石粉中和沉铟工艺从含铟锌精矿加压浸出液中富集铟。溶液中铟的直收率高达97%以上，沉铟渣中铟的品位高达0.1%以上。

电溶—萃取工艺从铅铟合金中回收铟。在最有利条件下，金属铟的溶出率达到94.28%。使用浓酸熟化、三段浸出、萃取提铟、中和除杂工艺流程可提高铟的浸出率和萃取率。从还原挥发的氧化锌烟尘中使用上述工艺提锌、铟可使锌浸出率达到99.63%，铟浸出率达到95.13%，铟萃取率达到99.63%，达到了有效回收锌、铟和脱除杂质的目的。

采用盐酸溶解—铝置换—熔炼电解工艺处理废ITO靶材，工艺流程简单，铟锡分离效果明显。用超纯水比用普通去离子水电解铟纯度有所提高，经二次电解纯度可达到99.995%以上，超过了国标YS/T257—1998标准，对应的杂质含量小于靶材中的杂质，可再次用于靶材的生产，实现了铟资源的有效回收，铟的总回收率达93%以上。

从富铟底铅中提取铟的技术。在有效回收铟的同时，直接得到电铅产品，有价金属回收率高，试剂消耗小，生产成本低；流程闭路循环，环境友好，属于清洁生产工艺。

从废旧碱性锌锰电池中提取金属铟和石墨的方法。该方法工艺简单，操作方便，生产成本低，金属铟和石墨的提取过程中添加的化学物质少，几乎不产生二次污染；提取的金属铟纯度高，回收的石墨可直接作为生产锌锰电池的正极材料。

高纯铟的制备方法。常规提纯铟的方法很多，主要有沉淀法、离子交换法、萃取法、电解法、真空热处理法、蒸馏法、结晶法、金属有机化合物法和低卤化物法等。

云南在铟的提取技术方面取得较大突破，技术缺口在不断缩小。云锡集团从锡电解液中回收铟的技术取得自主知识产权。昆明理工大学的真空蒸馏法提取铟获得国家发明奖励，克服了传统的铟冶炼工艺存在投资大、生产成本高、环境负荷重、资源利用率低，无法有效处理火法炼锌过程所产出的含铟物料等问题，减少了化学试剂的使用，实现了清洁生产，该技术可生产纯度为99.999%的高纯铟。华联锌铟公司已采用该技术建设年产60t金属铟的生产线，即将建成世界最大的金属铟生产基地。云南冶金集团氧压浸出法对含铟高铁闪锌矿炼锌、浸铟处理获得自主知识产权。

3.1.3.2 铟新材料生产技术分析

从铟新材料的形态看，主要以化合物的形式存在，从产品看，主要有氧化铟锡、涂层、氧化铟、磷化铟、锑化铟、酞菁氯化铟、三氯化铟、砷化铟等，性能优越，市场前景广阔，而铟合金、铜铟镓硒薄膜等材料也成为研发热点。

A 氧化铟锡

作为透明导电材料之一的ITO是一种宽带隙半导体材料，具有对波长介于可见光波长范围内的光波具有高的透射率、高的导电率、在红外光区的反射率高以及对紫外线的强吸收和对微波的强衰减性，广泛应用于各种平板显示器、传感器、气敏元件等。氧化铟锡包括两种结构的材料，掺杂锡的氧化铟和掺杂铟的氧化锡。用乙醚作为溶剂共沉淀铟和锡的氯化物，并在 500℃ 的温度下退火，可制备出 ITO 纳米线；在氮气和氧气的气氛下，900℃热蒸发铟和氧化亚锡可制备出 ITO 纳米线；另外，在氩氧的混合气氛下，蒸发铟和锡金属粉末到 900 ~ 1100℃也可制备出 ITO 纳米线。

ITO 复合粉体的制备方法有很多种，常用的方法有共沉淀法、水热法、低温制备法、溶胶-凝胶法、喷雾燃烧法、减压-挥发氧化法等。

以铟和五水合四氯化锡为原料，聚乙二醇（平均相对分子质量 20000）为分散剂，控制溶胶-凝胶过程，在水溶液体系中应用无机物形成了稳定的溶胶凝胶。将转化后的溶胶在 60℃真空干燥 8 ~ 10h 得到干凝胶。将铟、锡氢氧化物水合凝胶在 500℃煅烧，可得到纳米 ITO 粉体。

铟的新材料中只有铟锡氧化物（即 ITO 靶材）已经进入产业化生产。2005 年 ITO 市场就发生了很大变化，生产 ITO 用的原材料价格上涨，客户在对产品质量提出更高要求同时，还要求产品降价，使得 ITO 行业受到两头压力，市场的压力迫使公司只有深挖内部潜力，才能在市场站稳脚，谋求发展。从产业发展来看，液晶显示必然替代平板显示，而液晶显示也必将被发光二极管所取代，所以未来 ITO 靶材将会被镓产品所取代，然而，现阶段液晶显示依然具有强大的生命力，ITO 靶材及 ITO 粉末都将有广阔的市场。

在 ITO 薄膜制造工艺方面已出现了以下的新技术：

（1）磁控溅射技术。利用磁控溅射技术可在熔融石英衬底上成功制备透明导电的 ITO 薄膜。随着衬底温度的升高或沉积时间的延长，ITO 薄膜的晶化度提高，导电性变好，并且形貌从光滑表面的圆形多晶颗粒演变到枝杈形貌。ITO 薄膜经过空气退火后，其光学透过率明显改善，在可见光的范围内平均透过率可达 80%。

（2）通过合金可改善 ITO 侧蚀异常。合金后可使 ITO 的侧蚀量较小、侧蚀速率较慢、稳定性较高，侧蚀量的大小易于控制，更适合生产线的工艺流程。

B 涂层

金属铟易于在金属表面形成牢固的涂层，且有良好的抗腐蚀性能，特别是能阻止碱性溶液的腐蚀作用。铟的涂层不仅具有鲜艳的色泽而且易于抛光打磨。金属铟在工业上最初的应用领域是制造工业轴承。轴承的表面一旦镀上含铟的薄层，如铜铟镀层、铅银铟镀层、锌铟镀层等之后，其使用年限将比普通镀层的轴承延长 5 倍之多。除了纯铟涂层之外，也可用铟与镉或铟与锌等的合金作为涂层。例如，在金属铝拉丝中所用的钢质拉丝模上镀上铟涂层，其使用寿命可延长 1.5 倍，而表面镀铟的青铜纱网可用于排除真空仪器中的汞蒸气。铟镀层也可用于工艺装饰，以防止银制器皿逐渐失去光泽而变暗。铟有优良的反射性，可用来制造反射镜。若在各种镜子、反光镜和反射器表面镀上铟，则其反射性能会大大增强并耐海水的侵蚀，因此海上船舶的反光镜常用到这种镀层。

由于具有良好的耐腐蚀性，铟被作为涂层广泛应用于各个领域，而且因其具有很好的光反射性能，因此也被用于各种镜子的涂层。耐腐蚀性好的铟作为涂层都有其本身广阔的市场，但由于铟有金属中的“味精”之称，很多国家已经开始把铟作为战略性金属储存。预计未来的铟会更加珍贵，所以仅把铟作为涂层来应用显得过于浪费。

C 氧化铟

氧化铟是电阻式触摸屏中经常使用的原材料，主要用于荧光屏、玻璃、陶瓷、化学试剂等。而纳米结构的氧化铟，由于具有许多新奇的电学、光学性质，从而使其在纳米电子学、光电学、光催化以及光电化学等众多领域具有广阔的应用前景。各种氧化铟纳米结构材料的制备都有报道，如纳米颗粒、纳米线、纳米棒、纳米带、纳米晶链、纳米管、纳米塔、空心球以及箭头状氧化铟。

将以氧化铟为主体的薄膜涂覆在玻璃上，形成具有热反射性能的涂覆层，可用于建筑用节能视窗、轿车风挡、微波屏蔽和防护等。这种玻璃已经卓有成效地应用于照明灯具和各种光学装置中，也可将其作为热反射器镶在房间的墙壁上，以改善工作间的隔热效果，也可用于汽车和其他运输工具的玻璃窗上，通电加热可起到解冻和保暖作用，还可用作测量某些气体的敏感元件。此外，氧化铟的另一重要实际应用，就是可用于太阳能电池和各种高灵敏度传感器。

从现在来看，荧光屏、玻璃、陶瓷和化学试剂等日常生活必不可少的用品不会因为科技的发展而减少相关产品的使用，因此无论是在现在还是在未来，氧化铟都有广阔的市场。从长远来看，纳米技术必然是未来的发展方向之一，而且纳米级的氧化铟在光电子、光电化学、光催化等方面的优良特性必然使其大受欢迎，成为研究的热点。所以，未来纳米级的氧化铟的市场前景是不可限量的。

D 锑化铟

锑化铟以锑和铟经高温熔合而得，是闪锌矿型结构的晶体，是一种重要的半导体材料。经熔炼提纯的单晶，可制成具有特殊性能的红外探测器件等。

锑化铟的主要用途是光敏传感器，是把光信号转换为电信号的一种传感器。迄今为止，光电器件在许多工业部门和日常生活的各个领域内都得到了应用，已经研究设计出的锑化铟磁阻型红外光电传感器中，利用霍尔效应、磁阻效应和光电导效应制成的这种磁阻型光电传感器除了具有一般光电传感器所具有的特点外，还具有灵敏度高、光谱范围宽、所用元件少、结构不太复杂、易于制造等优点。

锑化铟红外探测器是3～5μm波段最重要的光电器件之一，已广泛应用于红外跟踪、制导、热成像等领域。红外线成像仪为红外线光电系统，与其他器件相结合成为多传感器的智能系统，是一种全天候、全天时作战工具。红外热成像仪的“眼睛”是红外探测器，主要使用的材料有锑化镉、锑化铟等。使用锑化铟的更新一代元器件，具有更高灵敏度和分辨率以及更远的使用距离。针对制导领域应用的单元或小线列器件实现了小批量生产，有的应用领域虽然已经持续了二十多年，但由于不断派生出改进型，仍然有非常可观的军用前景，需求量将会保持较大增长。这类器件由于在空中应用的特殊性，对器件的可靠性要求很高，尤其是在抑制振动噪声方面，存在较大的技术难度。由于中波段应用的锑化铟凝视型焦平面比硅化铂的灵敏度高，且相对碲镉汞成本较低，其性价比优势突出。锑化铟的两个重要的应用是光敏传感器和红外线成像仪。这两种产品在未来的军事领域有十分广阔的应用前景，因此，锑化铟的市场潜力也就相应变得十分巨大。未来发展锑化铟产业将是对铟这种战略性资源的重大应用。

E 磷化铟

磷化铟，具有沥青光泽的深灰色晶体，闪锌矿结构，极微溶于无机酸。磷化铟具有半导体的特性，由金属铟和赤磷在石英管中加热反应制得，用作半导体材料，用于光纤通信技术。

磷化铟是继硅和砷化镓之后又一重要的化合物半导体材料，几乎在与锗、硅等第一代元素半导体材料发展和研究的同时，科学工作者对化合物半导体材料也开始了大量的探索工作。1952 年 Welker 等人发现ⅢA 族和ⅤA 族元素形成的化合物也是半导体，而且某些化合物半导体如砷化镓、磷化铟等具有锗、硅所不具备的优越特性，可以在微波及光电器件领域有广泛的应用，因而开始引起人们对化合物半导体材料的重视。

磷化铟作为一种新型半绝缘晶片，它的出现对于改善和提高磷化铟基微电子器件的性能具有重要的意义。这种通过高温退火工艺制备的半绝缘晶片既保持了传统原生掺铁衬底的高阻特性，同时铁浓度大幅降低，电学性质、均匀性和一致性显著提高。

半绝缘类型磷化铟衬底的生产质量亟待改善和提高。原生半绝缘磷化铟是通过在单晶生长过程中掺入铁原子来制备的。为了达到半绝缘化的目的，铁原子的掺杂浓度较高，高浓度的铁很可能会随着外延及器件工艺过程的进行发生扩散。而且由于铁在磷化铟中的分凝系数很小，磷化铟单晶锭沿生长轴方向表现出明显的掺杂梯度，顶部和底部的铁浓度相差一个数量级以上，由其切割成的单晶片的一致性和均匀性就很难保证。就切割成的单个磷化铟晶片而言，由于受生长时的固液界面的影响，铁原子从晶片中心向外呈同心圆状分布，这显然也不能满足一些器件应用的需要。所有这些因素是制约半绝缘磷化铟单晶片生产质量提高的最大障碍。

国内外的研究表明，通过在一定气氛下高温退火处理低阻非掺杂磷化铟晶片所获得的半绝缘衬底可以克服上述问题。在磷化铟晶体中，半绝缘的形成机理大致可概括为两个方面：一是通过掺入深受主（元素）补偿浅施主来实现半绝缘态，原生掺铁的半绝缘磷化铟就属于这种情况；另一种是通过新缺陷的形成使浅施主的浓度降低，同时驻留的深受主（元素）也发生补偿，非掺杂半绝缘磷化铟就属于这一类，这种新缺陷可以在高温退火以及辐照等过程中形成。根据这个思路，中科院半导体所的有关科研人员采取了三个步骤来制备非掺杂半绝缘磷化铟衬底：首先用液封直拉法拉制高纯低阻非掺杂磷化铟单晶（表面为低阻），然后将其切割成一定厚度的晶片并封装在石英管内，最后在合适的气氛条件下进行高温退火处理。研究人员分别在纯磷气氛和磷化铁气氛下进行了数十次退火比较实验。经过对比测试和分析发现，在磷化铁气氛下退火制备的半绝缘磷化铟晶片不仅缺陷少，而且具有良好的均匀性。

磷化铟晶片常用于制造高频、高速、大功率微波器件和电路以及卫星和外层空间用的太阳能电池等。在当前迅速发展的光纤通信领域，它是首选的衬底材料。另外磷化铟基器件在集成电路（IC）和开关运用方面也具有优势。这种新型半绝缘磷化铟晶片的研制成功，将在国防和高速通信领域发挥重要作用。中国电子科技集团使用这种新型半绝缘磷化铟纯磷衬底成功制作了工作频率达 100GHz 的高电子迁移率晶体管。

全球已有超过 130 家企业以及 100 家大学和研发中心致力于开发磷化铟相关技术，其中大部分为器件研究和应用研究。由于高质量磷化铟的制备和应用远比锗、硅、砷化镓和磷化镓等材料困难，所以国际上只有一些发达国家和业内顶尖的科学家团队有能力开展磷化铟材料和性质的研究。仅日本、英国、法国和美国的少数几个公司真正有能力批量生产磷化铟单晶材料，其中日本投入最大，所占市场份额也最大。美国晶体技术公司（AXT）是经营半导体单晶衬底和光电业务的公司，是全球最大的采用 VGF 法制备的砷化镓和磷化铟晶片提供商，率先将 VGF 技术应用于商业化的磷化铟单晶生长，并在国际上首次实现了 VGF 法磷化铟单晶批量生产。日本开展磷化铟研究工作起源于20世纪70年代初期，在20世纪90年代初即占领全球市场的70%以上，日本仍是国际上最大的磷化铟提供国，在磷化铟晶体的制备方面，日本处于世界领先地位。欧洲主要是英国、法国、意大利和德国等国比较系统地开展磷化铟单晶研究，取得的成果也比较多。

F 酞菁氯化铟

以尿素、邻苯二甲酸酐、铂酸铵和四水合三氯化铟为原料，乙酸钠为催化剂，采用固相法可合成酞菁氯化铟。

酞菁氯化铟是光敏电阻中的重要部分，而光敏电阻在光导器件和太阳能电池方面的应用虽然尚处于实验室研制阶段，但是在其研制成功之后必然会引起一系列相关产业的发展，因而从长远来看，酞菁氯化铟虽然现在还是处于实验室研制阶段，但其应用前景却很广泛，所以市场潜力巨大。

G 三氯化铟

三氯化铟具有耐水、高效、选择性好等优点，能够在温和的反应条件下有效地促进碳-杂原子键的形成、官能团的转换等。三氯化铟主要用于做催化剂，如用三氯化铟催化β-二酮与胺的缩合反应，合成了3个β-二酮亚胺、2个β-二酮二亚胺及β-二酮亚胺铟配合物。其效果比用四氯化钛催化更好，回收率更高，且三氯化铟可重复使用，回收率达87%。

由于三氯化铟具有耐水、高效、选择性好等诸多优点而具有广阔的市场前景。尚且没有发现关于三氯化铟的相关产业的报道，虽然三氯化铟表现出良好的性质，但是对其相关产品的进一步研究并不多见。因此，对三氯化铟的相关产品的研究将可能成为热点，而对其进行开发则要等到产品研发成功后再进行相关的研究。

H 砷化铟

砷化铟具有超高的电子迁移率和电子迁移速度，可以成为性能优异的“硅替身”，广泛地应用于激光预警，在线控制监测、温度传感器、脉冲激光监测、红外光谱、功率计等各个方面，以及制造未来低能耗、高速率的电子设备。

砷化铟探测器提供不同级别半导体制冷，覆盖波长范围为1～3.8μm。不同于常规的光导型探测器，砷化铟为光伏型，不需要偏置电流，更加适用于直流或低频应用。砷化铟探测器还可提供优秀的脉冲响应，适合监控探测快速脉冲激光。从光电子产业中产品使用的材料来看，有许多是硅材料产业的产品，发展硅材料产业能更好地促进光电子产业的发展。而作为未来的“硅替身”，砷化铟的产业化发展将会深深地影响信息产业、微电子产业、化工产业及其相关产业。

美国劳伦斯伯克利国家实验室和加州大学伯克利分校的科学家已经成功地将厚度仅为10nm的超薄半导体砷化铟层集成在一个硅衬底上，制造出一块纳米晶体管，其电学性能优异，在电流密度和跨导方面也表现突出，可与同样尺寸的硅晶体管相媲美。

由此可见，砷化铟在未来很长时间里都将具有十分巨大的潜在市场。不仅如此，随着发光二极管产业的兴起和繁荣，作为发光二极管中的一部分材料，砷化铟和锑化铟都将呈现出巨大的生命力。但是砷化铟的大规模生产以及产业化还处于起步阶段，很多技术都还不够成熟，为云南在未来一个时期加强砷化铟的研发创造了机遇。

I 铟合金

铟与银、铋等金属可形成一系列熔点在47～234℃的“软合金”，可用作金属焊接剂。因为铟焊料具有较好的润湿玻璃性能，且对某些贵金属基片的渗透较弱，因此主要用于电子元件等，如在高真空系统中作为焊接玻璃-玻璃、玻璃-金属及电子器件的焊接剂。此外，由于铟和其他金属形成的软合金具有更好的性质被广泛应用于航空和汽车行业以及用于制造铁磁合金、低熔点合金、牙科和宝石用合金、装饰用合金及记忆合金等。另外也可用作保险丝、熔断器、控温器及信号装置等，特别是宾馆室内防火喷水头的敏感元件。熔点更低的镓铟易熔合金常用来制作熔点低的液态金属以填充高温温度计、高真空阀、恒温器、原子核反应器的辐射监督器等。

由此看来，铟合金具有十分广阔的市场。无论是航空、汽车这类大型产品，还是保险丝、熔断器这类小型产品都是日常生活和生产建设所必需的产品。所以铟的软合金必然有其不可替代的市场地位。

J 铜铟镓硒薄膜太阳能电池

铜铟镓硒薄膜太阳能电池具有生产成本低、污染小、不衰退、弱光性能好等显著特点，光电转换效率居各种薄膜太阳能电池之首，接近于晶体硅太阳能电池，而成本只是它的三分之一，被称为下一代非常有前途的新型薄膜太阳能电池，是近几年研究开发的热点。此外，该电池具有柔和、均匀的黑色外观，是对于外观有较高要求场所的理想选择。

铜铟镓硒薄膜太阳能电池吸光范围非常广，且户外环境下稳定性相当好。但其产品还处于实验室研究阶段，并没有投入生产。由于其具有高转换效率和低材料制造成本，因此被视为未来最有发展潜力的薄膜电池种类之一。在转换效率方面，若利用聚光装置的辅助，转换效率已可达30%左右，在标准环境测试下最高也达到了19.5%的水平，可以和单晶硅太阳能电池媲美。除了适合大面积在地表使用，铜铟镓硒薄膜太阳能电池因具有抗辐射损伤能力，所以也具有应用在太空领域的潜力。经过30年发展，铜铟镓硒薄膜太阳能电池普及性仍然不高。在小规模的量产阶段并未明确显现它被世人期待的成本优势。发展可以制造高品质铜铟镓硒薄膜的低温制造过程，这也是降低制造成本的一个重点。一方面，铜铟镓硒太阳能电池发展的隐患是铟及镓的蕴藏量有限，在其他半导体及光电产业竞相使用下，可能面临材料不足的问题；另一方面，其制造工艺复杂，投资成本高，且硫化镉具有潜在毒性的缺点，限制了其市场发展。

3.1.4 产业发展思考

3.1.4.1 提升铟基础原料规模效益

充分利用现有重点产能，推进原生铟资源及含铟二次物料向综合条件较好的云锡集团、蒙自矿冶公司等企业集中。优化铟冶炼技术和不同含铟物料的高效富集与提取技术，形成规模效益。引导企业对自给资源保障低、规模较小的小铟厂兼并重组，遏制铟的初级产品产能无序扩张，提高对铟资源的控制度。

3.1.4.2 着力发展铟基材料

依托昆明理工大学、云锡集团等高等院校、科研院所、重点企业的科研力量，进行铟基新材料开发，积极发展铟化合物、铟基合金、半导体材料等，包括铟珠、铟箔、铟丝、铟粉等不同规格的原生铟材料深加工产品，含铟钎料及铟基焊料、以铟代汞碱性电池原料、铟基合金以及有机铟、铟化工产品的生产。积极引进和消化吸收关键技术，支持建设以ITO粉体为核心的相关项目，力争在“高纯铟—ITO粉体—ITO靶材—靶材黏结剂—透明导电膜材—显示器件—靶材回收”产业化上取得突破。

3.1.4.3 拓展LED和光伏材料

依托昆明物理研究所、云南师范大学等科研力量，积极引进关键技术及设备，加快建设铟化合物产品研发和深加工中心，在锑化铟、磷化铟、砷化铟单晶、发光二极管、激光二极管等生产技术上取得突破，扩大锑化铟单晶及其产品的生产规模。优化材料制备基础平台，积极开展含铟光伏转换薄膜材料应用基础研究，尽快研发高效率光伏薄膜电池并努力实现产业化。

3.1.4.4 积极培育下游产业

积极引进国内外铟深加工企业到云南发展铟下游产品。加快发展有源矩阵有机发光二极体面板（AMOLED）微显示产品和中小尺寸被动式有机电激发光二极管（PMOLED）产品；以现有蓝宝石衬底材料为基础，发展外延片、芯片制造，积极发展大尺寸液晶电视、显示器用液晶模组，适时发展大尺寸液晶高清电视；加快LED芯片产业化；鼓励发展高亮度大功率LED封装、LED照明产品、液晶显示器（LCD）组件、LCD显示屏等。

3.2 锗金属材料产业

3.2.1 锗的应用领域

锗是重要的半导体材料，在半导体、航空航天测控、核物理探测、光纤通信、红外光学、太阳能电池、化学催化剂、生物医学等领域都有广泛应用。其主要应用领域如下：

（1）半导体。锗的特性之一是用金属表面与半导体锗接触可以产生整流、检波和放大作用，在无线电和电子技术上得到了广泛的应用。

（2）红外器件。锗具有良好的红外光学性能而应用于红外器件方面。20世纪60年代锗开始应用于红外光学领域，美国开始用红外热像仪装备军队。目前锗红外器件被广泛应用在军事、工农业生产上。红外技术是军事遥感技术和空间科学的重要手段，普遍用于红外侦察、红外通信、红外夜视、红外雷达和炸弹、导弹的红外制导以及各种军事目标的搜索、探测、监视、跟踪等。在民用领域用作导航与灾害报警、红外车轮测温、医疗用红外探病和治病等。

各国正在推进军事装备现代化，对红外产品的需求不断增加，军用红外热像仪产品是红外技术最早的应用领域，而主要由锗光学元件组成的红外光学镜头是热像仪产品里除探测器以外的重要关键部件，直接决定着红外热像仪的光学成像质量。

随着非制冷红外技术的发展，红外热像仪已在民用领域得到了广泛应用，而且随着红外热像仪行业在新领域的应用，将渗透到国民经济生活的各个领域，民用领域的红外热像仪市场极有可能呈现出爆发性增长，未来民用红外热像仪潜在市场需求将高达上千亿美元，超过军用市场需求。红外热像仪的民用市场带动了对红外锗产品的需求。

（3）光纤。20世纪70年代锗开始应用于光纤光缆领域。光纤通信的发展使锗的应用领域进一步扩大。锗在光纤通信系统中的应用目前主要是在光纤掺杂和光电转换方面。

光波的传输介质，即光导纤维由折射率高的纤芯和折射率低的包层组成，要求光损耗低、色散小、传输距离长、容量大。因为材料的瑞利散射损耗与波长的四次方成反比，因此光纤通信的工作波长应在红外光区域，尤以长波为好，为此人们探索了多种长波光纤材料。

(4) 太阳能电池。半导体锗的另一个特性是导电性随温度变化很大，而且温度升高时导电性能反而显著增强。根据这种特性，光能照在锗片的 P-N 结上，产生光伏效应，从而能够产生电能，锗用作太阳能电池材料是重要的应用研发方向。

航空航天领域及卫星是多晶锗硅太阳能电池的主要应用方向，国际上目前已经形成了第三波太空开发热，随着各国竞相投入巨资进入航空航天领域及卫星市场，作为航天器主要能源供应装置的空间太阳能电池领域对锗产品的需求将不断扩大。

地面光伏产业的发展对锗单晶片应用于太阳能电池以提高其光电转换效率正在成为各国重要的研发方向。

(5) 催化剂。二氧化锗（GeO_2）作为催化剂生产聚对苯二甲酸乙二醇酯（PET）用以制备饮料及液用食物容器。用锗做催化剂制作的 PET 树脂具有安全无毒、耐热耐压、透明度高、有光泽、气密性好等优点。全世界在化工领域耗锗已达 20t 以上。

(6) 除以上应用领域外，锗在电光源材料、精密铸件以及医药等方面也有着非常广泛的应用。

3.2.2 产业发展态势

锗的提取和开发利用较晚，锗的提取和锗金属材料的研发都是高新技术产业，我国基本与发达国家处于同步发展、同台竞争的格局，云南在锗的提取和部分深加工领域已经处于与发达国家竞争的水平。

3.2.2.1 锗产业链形态

锗本身是新材料，锗的提取就是高新技术，在锗产业链中只可划分为上游和下游（见图 3－1），随着锗产品应用领域的拓展，锗产业链在不断延伸。锗的产业链较长，锗烟尘、锗精矿、锗废料等是生产锗制品的最初原料，可用于生产四氯化锗、二氧化锗、区熔锗、锗单晶。以区熔锗锭生成红外级锗单晶或太阳能用锗单晶，红外级锗单晶用于制作红外镜头等光学部件，太阳能用锗单晶用于制作太阳能电池用基体材料。锗在红外器件、γ 辐射探测器方面有新用途。金属锗能通过 $2\sim15\mu m$ 的红外线，又和玻璃一样容易被抛光，能有效抵制大气的腐蚀，可用以制作红外窗口、三棱镜和红外光学透镜材料。锗酸铋（BGO）用于制作闪烁体辐射探测器。锗同铌形成化合物，用作超导材料。二氧化锗是聚合反应的催化剂，用二氧化锗制造的玻璃有较高的折射率和色散性能，可用于广角照相机和显微镜镜头，在空间技术上，可用来保护超灵敏的红外探测器。

锗产品链主要分为锗原料和锗产品。

(1) 锗原料：1）锗精矿，是对低品位含锗矿通过湿法工艺进行二次富集得到的高品位产物；2）锗烟尘，是对低品位含锗矿通过火法工艺冶炼富集得到的高品位产物；3）锗废料，可以用作生产锗的原料，主要来源于锗金属的加工、生产、使用过程中产生的单晶废料、红外镜头废料、锗合金废料、区熔尾料等。

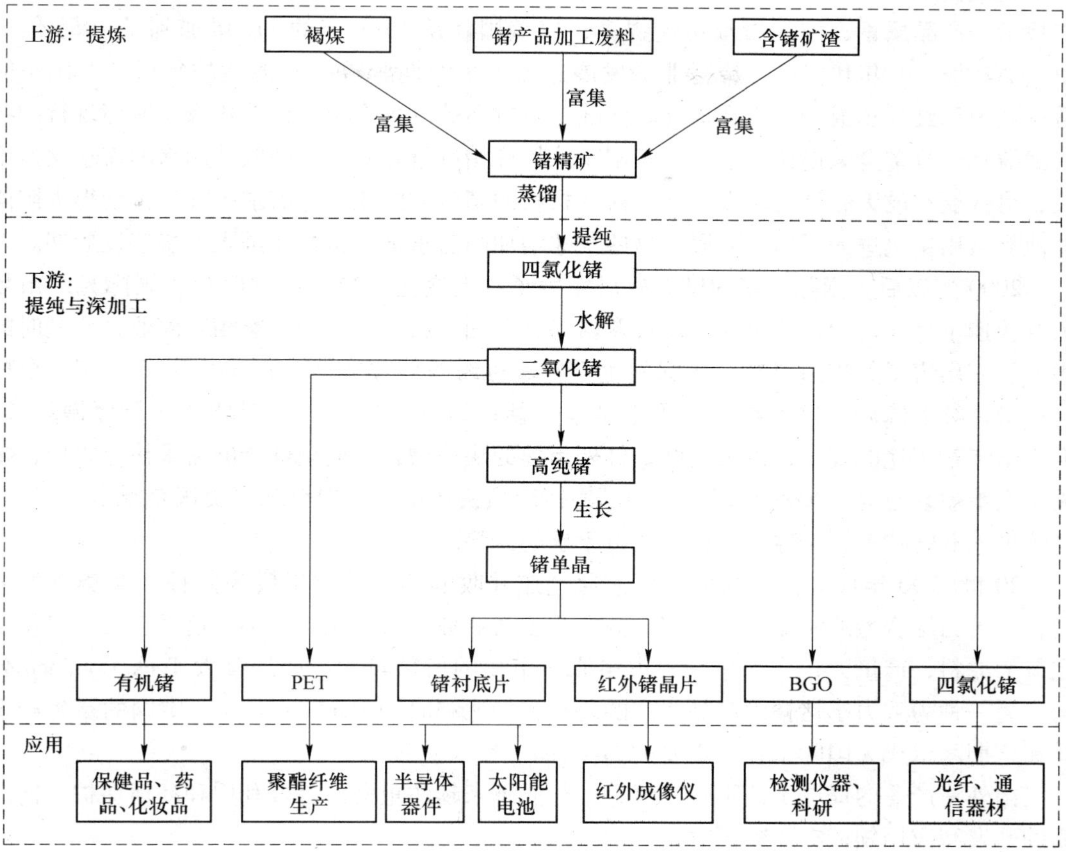

图 3－1 锗产业链结构示意图

（2）锗产品：1）高纯四氯化锗，为纯度大于99.999%的无色透明油状液体，具有挥发性和腐蚀性，以粗四氯化锗为原料，经提纯工艺制备取得，其是生产高纯二氧化锗的原料，更纯的光纤级四氯化锗可作为石英系光导纤维的掺杂剂；2）高纯二氧化锗，为纯度大于等于99.999%的白色粉末，用于制取还原锗、有机锗、催化剂、锗酸铋晶体及化合物晶体等；3）区熔锗锭，以高纯二氧化锗用氢还原取得还原锗经区熔提纯而成，主要用于制取锗单晶及锗合金等；4）锗单晶，是以区熔锗锭为原料，用直拉法（CZ 法）或垂直梯度法（VGF 法）等方法制备的锗单晶体，其中红外级锗单晶用于制作红外窗口、红外镜头等光学部件的基体材料；半导体器件用锗单晶制作各类晶体管和太阳能电池用基体材料；探测器级锗单晶用于制作高分辨率 γ 辐射探测器；5）有机锗，有机锗有很多种，其中锗 132 是一种具有广泛生物生理活性的产品，它具有携氧、清除自由基、免疫调节等诸多功能。

3.2.2.2 锗深加工业发展态势

A 国外锗深加工业发展迅速

1950 年世界上第一根锗单晶被培育出来，开始了锗在半导体行业中的应用。1952 年，区熔提纯技术被首先应用在锗的提纯上。随后从20世纪50年代末到60年代末，锗的生产技术、产品质量、使用量都迅速提高，仅美国就从1958年的11t增加到了1965年的23t。20世纪70年代以后，锗行业的发展进入了平淡期。1991年海湾战争后，各国军队普遍认识到红外热成像装备在提高军队战斗力方面的巨大作用。红外热像仪能使现行的各种武器平台具备全天候作战能力，各国军队均开始批量装备，红外领域用锗的需求快速增长；另外航空航天领域对于以锗作为衬底材料的高效太阳能电池需求的增加，使得太阳能电池领域用锗也进入了增长阶段，这些快速增加的需求推动锗行业进入了快速发展期。

2000年以后，国际上锗的供需格局发生了巨大变化，2001～2003年，国际光纤市场需求快速下降，使全球锗供应呈现过剩格局，美国、法国的生产厂家相继停业，比利时的生产厂家出售了其矿山资产，我国的生产厂家也纷纷停业或转产；2003～2006年，全球锗产量持续下降后，供需在低水平上基本平衡；2006～2008年，全球锗产量缓慢增长，但由于锗新用途的开发，以及光纤、红外市场的快速增长，使全球锗的需求快速扩展，锗处于供给短缺态势。2008年以后，中国的锗产品快速增长，但全球受美国金融危机影响，经济进入低迷状态，全球锗又处于供过于求的态势。

20世纪90年代末，锗的生产厂家通过兼并收购等手段重组成为两种主要类型的公司，一种为综合型的矿业公司，锗业务在其主营业务中所占比例较小，这类型公司只将锗定位为原料，产量大，产品单一，占锗原料市场的份额较大，如加拿大Teck Cominco公司；另一种为致力于锗精深产品生产的公司，如比利时的Umicore公司。中国的锗生产企业在这期间也成为国际市场上重要的参与者。

国外锗产业的提取工艺不断完善，锗行业越来越注重资源综合利用和环境保护，锗产品的开发和应用领域在不断拓宽。

B　我国锗深加工业快速发展

20世纪50年代中期，为了满足国防建设的需要，我国开始了锗提取的研究工作。1956年重工业部有色金属工业综合研究所从沈阳煤气厂的锗烟尘（含锗0.05%）中提炼出我国第一批还原锗，中国科学院半导体研究所对其进行了区域提纯，制成了区熔锗锭，拉制出了中国的第一根锗单晶，制作出了锗半导体器件。随后，我国进入了锗提取的产业化进程。云南省临沧地区冶炼厂从锗褐煤中提取出了锗，南京锗厂从含锗铁矿中提取出了锗，会泽铅锌矿从含锗铅锌矿中提取出了锗。

C　云南锗深加工部分领域已能与发达国家同步竞争

2003年以后，我国积极推进企业体制改革，加大资金投入和技术研发力度，推进产品升级，延伸产业链，云南锗产业也逐步发展成为国内锗产业链最为完整、锗金属保有储量最大、锗产品产销量最大的锗系列产品生产商和供应商。云南着力构建以二氧化锗、还原锗及区熔锗为原料，制作锗单晶、光纤四氯化锗、锗元器件等产品的产业链，并积极开发有机锗、锗系合金产品和其他新型锗产品，鼓励锗、铟提纯和深加工。同时积极为锗系列产品深加工提供产业配套，培育下游市场。云南已能生产红外锗单晶及锗镜片、区熔锗锭等高新技术产品，正在积极发展红外锗镜头、太阳能电池用锗单晶片等国防军工、航空航天用的精、深加工关键材料，部分产品可与国外同步竞争。

3.2.2.3 我国的锗产业发展态势

我国是锗产量最大的国家，占全球产量的72%（见图3-2），是世界上主要的锗生产国和出口国。2009年我国产量约90t，2010年产量超过100t，其中三分之一为国内消费，三分之二以上出口，但出口的基本都是初级产品（区熔锗或粗二氧化锗），这些初级产品成为了其他国家的战略储备资源或精、深产品加工的原料。

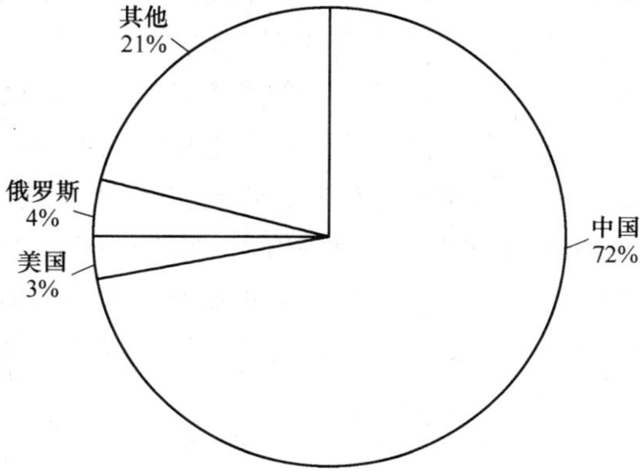

图3-2 2009年锗金属产量

针对2008年金融危机对有色金属产业的影响，国家在2009年5月发布的《有色金属产业调整和振兴规划》中就明确要抓紧建立国家收储机制，加大产业整合力度，对稀有金属进行严格产量控制，将锗列入保护性开采品种，锗已列入云南省收储计划，锗业属于振兴产业，享受调整和振兴规划中提出的政策措施。国家收储和对初级产品出口退税转为征收出口关税等政策导向，以及推进深加工的产业导向，为云南省加快发展锗产业创造了良好的环境。

我国从2007年开始逐渐重视对锗资源的保护，将低附加值产品二氧化锗从出口退税5%调整为征收5%的关税；区熔锗锭、锗单晶的出口退税从13%下调为5%；而高附加值产品如光学元件、太阳能锗晶片出口退税率则逐年提高。

与此同时，积极推进锗的深加工技术发展，2006年将红外光学用锗晶体列为“新材料”类高新技术产品，将用作晶体管、红外窗口、红外探测器的基体材料的锗单晶片列为出口高技术产品。2007年将“太阳能电池能量转换和储能材料等特种功能材料”列为优先发展的高技术产业化重点领域。云南2009年将高纯二氧化锗、区熔锗锭、红外光学锗单晶、锗单晶棒、锗单晶片、锗镜片、锗透镜、红外镜头、有机锗、高效率太阳能电池用锗单晶及晶片列入了高新技术产品出口目录。

3.2.3 技术分析

我国锗的初步加工技术已达到国际先进水平，但精深加工技术尚有较大技术缺口。

3.2.3.1 锗回收提纯技术

我国锗生产优势企业在从各种矿物中提取锗精矿的技术、从锗废料中回收锗的技术、湿法提纯技术等方面已经接近或达到世界先进水平，所生产的高纯四氯化锗、高纯二氧化锗、区熔锗锭等产品质量已经达到国际市场的标准。云南锗业在区熔锗锭、锗单晶的生产上已具有先进技术，主持和参与了多项国家标准的制定和专利申报。云南驰宏锌锗股份有限公司和云南冶金集团技术中心共同研发高品质光纤用四氯化锗，打破了发达国家的技术封锁，形成具有自主知识产权的光纤用四氯化锗生产工艺。

3.2.3.2 锗深加工技术

锗精深加工产品技术含量很高，属于高科技领域产品和军工用品，需要具备较强的研发能力、领先的加工技术、多行业的科技人才以及成熟的生产工艺和高精尖的技术装备等，由于存在着进入壁垒，所以国际上专注于金属锗工业的大厂商不多，产品主要集中在金属的深加工领域。在太阳能电池衬底材料领域，比利时的Umicore公司具有绝对的技术竞争优势，占据着世界市场80%～90%的份额；在红外锗片领域，Umicore公司也占全球市场50%左右的份额。美国的AXT公司在太阳能电池锗衬底晶片生产制造上拥有先进技术，该公司工艺技术水平先进，通过基于垂直梯度凝固技术的晶体生产制造技术，结合其高机械程度的设备，能够生产出极低缺陷率的晶体产品。这两家公司在锗材料技术上实行封锁，使我国无法引进，只能通过自主研发。

我国主要锗生产企业不断加大对锗精深加工产品的研发投入，已经掌握了红外用锗单晶、红外光学锗镜头、太阳能级锗单晶片等的生产技术，在技术水平、产品结构、产销量等方面均已经有所提升，如南京中锗科技公司生产的锗晶片产量全国第一，太阳能锗衬底片也已经实现规模化生产和销售。在锗单晶及红外光学组部件方面，昆明冶金研究院已经研制出稳定生长直径10英寸红外光学锗单晶体工艺技术。昆明物理研究所已经发展成为国内领先的红外研发及生产基地，在军用红外热像仪领域具有国内垄断地位，昆明北方红外技术股份有限公司已经形成了一条从锗单晶材料的生产到红外光学锗镜头的完整生产线，但仍然不能满足我国军事装备现代化对红外装备的需求。

我国锗精深加工技术有明显进步，但与国外知名厂商相比，我国企业在技术装备水平、产品创新能力等方面仍存在一定的差距。

3.2.4 产业发展思考

高效率太阳能用锗单晶。跟踪发达国家相关科技信息，以能源、光电、国防军事和现代信息产业等高科技领域的需求为导向，与终端应用厂商建立合作伙伴关系，研发具有高抗辐射性、高频、光电性能好的高效率太阳能用锗单晶。

高纯四氯化锗。跟踪发达国家相关科技信息，把握光纤、通信器材等高纯四氯化锗应用领域的发展动态，与终端应用厂商建立合作伙伴关系，研发高纯四氯化锗。

红外用锗单晶。瞄准红外光学系统和人造卫星、太空飞船、军事装备对锗单晶的需求，在已有技术和产业基础上，加快发展红外用锗单晶及锗红外器件。

二氧化锗。在已有产业基础上，加大研发力度和生产规模，大力开拓应用市场，加快发展二氧化锗的生产规模和后续延伸的新材料。

其他新型锗产品。积极开发有机锗、锗系合金产品和其他新型锗产品，尤其要加快研发锗铌化合物等超导材料，拓展锗在医疗、珠宝首饰、保健器材等领域的应用，开发新产品。

3.3 钛金属材料产业

3.3.1 钛的应用领域

钛应用领域主要有航空航天、舰船制造、化工、石化、交通运输、兵器、海洋、电力、建筑、冶金、医疗、运动器械、生活用品和轻工业等（见表3－1）。美国和俄罗斯的大部分钛加工材是应用在航空航天领域，约占80%左右；而日本和中国则是将80%的钛加工材应用于化工、一般民用工业及民生用品领域。从世界用钛的需求来看，宇航占35%，军用占12%，工业占38%，民用和其他占15%。

表3－1 全球钛及钛合金应用领域

应用领域		材料的使用特性	应用部位
航空	喷气发动机	在500℃以下具有高的屈服强度和疲劳强度，良好的抗热震性，优异的抗大气腐蚀性能，可减轻结构质量	在500℃以下的部位使用：压气盘、静叶片、动叶片、机壳、燃烧室外壳、排气机构外壳、中心体、喷气管等
	机身	在300℃以下，比强度高	防火壁、蒙皮、大梁、起落架、翼肋、隔框、紧固件、导管、舱门、拉杆等
火箭、导弹及宇宙飞船工业		在常温及超低温下，比强度高，并具有足够的韧性及塑性	高压容器、燃料贮箱、火箭发动机及导弹壳体、飞船船舱蒙皮及结构骨架、主起落架、登月舱等
化学工业及石油工业		在氧化性和中性介质中具有良好的耐蚀性，在还原性介质中也可通过合金化改善其耐蚀性	在石油化工、化肥、酸碱、钠、氯气及海水淡化等工业中，作为热交换器、反应塔、蒸馏器、洗涤塔、合成器、高压釜、阀门、导管、泵、管道等
其他工业	常规军品制造	耐蚀性好，密度小	火炮尾架、迫击炮底板、火箭炮炮管及药室、喷管、火炮套箍、坦克车轮及履带、扭力棒、战车驱动轴、装甲板等
	冶金工业	有高的化学活性和良好的耐蚀性	在镍、钴、钛等有色金属冶炼中做耐蚀材料，在钢铁冶炼中是良好的脱氧剂和合金元素
	医疗工业	对人体体液有极好的耐蚀性，没有毒性，与肌肉组织亲和性能好	做医疗器械及外科矫形材料，钛制牙、心脏内瓣、隔膜、骨关节及固定螺钉、钛骨头等
	超高真空	有高的化学活性，能吸附氧、氮、氢、一氧化碳、二氧化碳、甲烷等气体	钛离子泵
	电镀工业	耐腐蚀、寿命长、传热快、加热效果好，对产品无污染，可提高劳动生产率和减少维修费用	在镀镍、镀铬（除氟化物镀铬外）、酸性和氰化物镀铜、三氯化铁铜板腐蚀中作为加热器、电镀槽子，网篮、挂具、薄膜蒸发器等
	电站 机械仪表 纺织工业 造纸工业 医药工业 体育用品 工艺美术	高的耐蚀性，密度小、质量轻，良好的综合力学性能和工艺性能，较高抗热震性，线胀系数小	全钛凝汽器、冷凝器、管板、冷油管、蒸汽涡轮叶片等 精密天平秤杆、表壳、光学仪器等 亚漂机、亚漂罐中耐蚀零部件 泵、阀、管道、风机、搅拌器等 加料机、加热器、分离器、反应罐、搅拌器、压滤罐、出料管道等 航模、羽毛球拍、登山器械、钓鱼竿、宝剑、全钛赛车等 钛板画、笔筒、砚台、拐杖、胸针等

3.3.1.1 航天工业

钛在航天工业中的应用已实现减轻发射重量、增加射程、节省费用的作用，是航天工业的热门材料。在火箭、导弹和航天工业中可用作压力容器、燃料贮箱、火箭发动机壳体、火箭喷嘴套管、人造卫星外壳、载人宇宙飞船船舱（蒙皮及结构骨架）、起落架、登月舱、推进系统等。航天用钛成功的应用实例有：（1）储存压缩气体的压力容器，如“徘徊者”卫星和助推器共用了14个钛容器，共减轻质量272kg。(2) 储存液体推进剂的压力容器，如“阿波罗”飞船上使用了50个左右的压力容器，有85%是钛制的；“大力神”火箭过渡级发动机，改用钛合金推进剂贮箱后质量减轻35%。(3) 固体燃料火箭发动机壳体，如“民兵”洲际导弹第二级火箭发动机采用了钛合金，质量减轻30% ~40%。(4) 液体燃料火箭发动机壳体，如“阿波罗”登月舱下降发动机燃烧室的承压壳是由钛合金制成的。(5) 钛合金还广泛用于各种结构件，如“水星”号宇宙飞船的压力舱主要为钛材，占座舱质量的80%；“双子星座”号宇宙飞船所用钛合金牌号有7种，使用钛件570kg，占结构质量的84%；“阿波罗”号宇宙飞船的托架、夹具和紧固件均用钛制成，共使用68t钛材。

损伤容限型钛合金作为一种轻金属合金材料，具有高比强度、高比模量、高韧性、耐腐蚀以及易加工等优良的综合性能，广泛应用于航空航天及其发动机结构中。TC21高强高韧损伤容限型钛合金是我国自主研发的新型飞机结构用钛合金，属于具有高强、高韧、高可焊、遏制损伤和高抗疲劳能力等优异综合性能的钛合金。与在俄罗斯苏-27系列飞机广泛应用的BT20钛合金相比，其综合力学性能更加优异，特别是其具有非常优异的电子束焊接性能，适合制造大型整体框、发动机附近挂架、梁、接头、起落架部件等重要承力构件。

世界各国加快航天工业的发展，也推动了航天用钛材的研发和生产速度。

3.3.1.2 航空工业

航空工业是研制和应用钛及钛合金最早的部门，没有钛就不可能制造出Ma达到2~7的超声速飞机。20世纪60年代以后，钛合金在发动机上的用量逐渐增加，主要用于风扇叶片、压气机叶片、盘、轴和机匣。钛合金在飞机结构中主要用于骨架、蒙皮、机身隔框、起落架、防火壁、机翼、尾翼、纵梁、舱盖、倍加器、龙骨、速动制动闸、停机装置、紧固件、前机轮、拱形架、襟翼滑轨、复板、路标灯和信号板等。为了满足高性能航空发动机的需求，各国十分重视高温钛合金的研发，先后研制出了在350~600℃使用的高温钛合金。20世纪80年代以后，欧美设计的各种先进军用战斗机和轰炸机中钛合金用量已经稳定在20%以上。美国F-14、F-15、F-18、F-117、B-1、B-2、F-22军用飞机的用钛比例分别为24%、27%、13%、25%、22%、26%、42%。波音777是波音飞机的典型代表，广泛采用了20世纪80年代中期以来开发的新材料，其中共用了5种钛合金，即Ti1023、Ti64ELI、Ti21523、B21S和Ti26242，钛合金用量占飞机总重的9%。空客A380是空中客车公司设计生产的世界最大的客机，用钛量约为60t，占总质量的10%。

我国于2007年3月作出大飞机项目立项的决定，整个项目将投入500亿~600亿元，主要用于大型运输机、大型客机和发动机的研制和生产。大飞机确定的国产化率目标是30%，在竞争力上全面超越目前市场上的主流机型空客A320和波音737。有专家预测，新飞机用钛量应在10% ~15%。

3.3.1.3 船舶工业

钛及钛合金广泛应用于核潜艇、深潜器、原子能破冰船、水翼船、气垫船、扫雷艇，以及螺旋桨推进器、鞭状天线、海水管路、冷凝器、热交换器、声学装置、消防设备上。

A 核潜艇

俄罗斯在钛合金核潜艇研究和制造技术上，处于国际领先地位，也是用钛合金最先建造耐压壳体的国家。从20世纪60年代前苏联时期起至今，其研制的核潜艇已有4代，世界第一艘全钛核潜艇“K162”号于1968年12月下水，已运行了30多年，到过各大洋和海域，经受了不同载荷和环境考验。1970年苏联建造第一艘“ALFA0”级核潜艇，70～80年代又相继造了6艘，每艘用钛约3000t，最大下潜深度914m，既轻又快，机动性能良好。钛在船舶上使用的典型例子是俄罗斯“台风”级核潜艇，它拥有钛金属制造的外壳，因军事需要采用双壳结构，其双层外壳共用钛9000t，使其具有了无磁性、下潜深、航速快、噪声小、维修次数少等优点，在俄罗斯军事防御工程中具有举足轻重的地位。

B 全钛船

1985年，日本东邦钛公司与藤新造船所共同建造了“摩利支天Ⅱ”号全钛制快艇，畅销美国。1997年，日生工业公司制造了“泰坦快速”号快艇。江藤造船所分别于1998年和1999年制造了两艘全钛船，优点是质量轻、速度快、发动机小、燃料费用少、二氧化碳排量少、不需要表面涂层、附着物易清理等，试船的结果显示，船速稳定性振动和噪声等性能都很好。

C 深潜器、救援艇及其他舰船

美国、日本、法国先后都建造了深潜器，采用钛和钛合金制造耐压壳体。俄罗斯原子动力破冰船上使用的钛制蒸汽发动机、热交换器，比不锈钢制品的使用寿命延长数十倍。钛合金声呐导流罩应用于“库尔斯克”号核潜艇、“明斯克”号航母、“基辅”号航母，以及我国购置的“K877”艇、“K636”艇、“K956”舰上。各种舰船上钛合金螺旋桨的使用寿命是铜合金桨的5倍以上。钛合金制各种泵、阀、管的使用寿命远远大于铜或不锈钢制品。

3.3.1.4 化学工业

钛材在化学和石化工业中应用，有电解槽（电极）、反应器、浓缩器、分离器、热交换器、冷却器、吸收塔、连接配管、配件（法兰盘、螺栓、螺母）垫圈、泵、阀等。化学工业用钛量最大的是氯碱行业，占总用钛量的50%，其次是纯碱占20%，塑料占17%，有机化工占10%，无机化工占3%。在用钛制造的各种化工设备中换热器最多，占钛材用量的52%，其次为阳极占24%，容器、管和泵阀占19%，其他占5%。钛制热交换器传热效率高，质量轻，使用周期长，结疤速度慢，清洗时间短，寿命长，可使用25年。钛阳极使用寿命延长20倍以上，生产能力增加1倍，提高烧碱质量和氯气纯度，可以节电15%，节气5%，减少维修工作量和改善劳动条件。钛在高温湿氯气的环境下极耐腐蚀，使用钛湿氯气冷却器，能缩短冷却和干燥工艺过程，降低氯气损失，减少环境污染，并为压缩气体稳定操作和达到高度干燥创造了条件。

3.3.1.5 运输车辆

A 汽车

钛在汽车上的应用始于20世纪50年代，钛在汽车上应用很广泛，主要有：连杆、曲轴、挡圈、气门、进气阀、排气阀、制动压力管道密封圈、轮圈螺杆、转向齿条和小齿轮、弹簧、消声器、排气装置、车轮的衬套及轴承、各种半轴、紧固件等。汽车产品采用钛合金制造零部件的最突出的优点是减轻质量、延长使用寿命、提高可靠性、节省燃油、不含铅钴等有害金属、耐腐蚀、抗高温能力大大提高。随着汽车节能与环保标准的提高，钛在汽车上的应用逐渐成为材料界与汽车界共同关注的话题，这也是钛的应用增长最快的领域。美国、欧洲、日本都已制定了未来汽车的发展规划，大力加强新一代汽车的研究，计划对未来汽车在燃料利用率、承载能力、维修性和再利用性等方面提出了新的要求，明确提出了在未来20年内，家用汽车要减重40%的目标，钛将成为新型汽车计划最重要的候选材料。

B 摩托车

钛在摩托车上主要用于排气管、消声器、套筒、悬挂弹簧、链轮、传动链条及螺钉等。各种钛制零部件被广泛地应用到摩托车上。

C 自行车

钛最早于20世纪80年代中期开始在自行车上应用，车架主要由工业纯钛、钛合金管材加工而成。钛及钛合金制造竞赛用自行车的多种零部件，包括封装变速机用销、左旋螺母、无销曲柄轴、前后轮毂轴、左右脚蹬轴等。钛自行车在我国取得了很快的发展。随着钛技术的进步和钛材成本的降低，钛在自行车上的应用将有更广阔的市场。

3.3.1.6 建筑业

A 建筑装饰

目前，日本、美国、中国、英国、法国、德国、西班牙、荷兰、比利时、瑞士、瑞典、加拿大、秘鲁、新加坡和埃及等均有建筑物使用了钛。钛作为装饰材料主要特点：一是质量轻、强度好且不易生锈；二是可根据需要调整和控制色彩；三是与其他材料极易相配，重点使用可提高附加值。

B 海洋建筑

海洋建筑面临的主要问题是海水腐蚀，钛材由于具有优越的耐腐蚀性能成为海洋建筑的首选材料，日本在海洋用钛方面成绩显著。钛在海洋建筑中的使用实例还有：日本梦舞大桥浮桥、神户机场联络桥、广岛高速公路猿猴川桥梁等。

3.3.1.7 其他领域

钛已被广泛应用于生活的方方面面，并将在很大程度上改变我们的生活。兵器工业中钛被应用于坦克、战车、导弹、大小炮体、机枪、喷火器、头盔、防弹衣、防爆手套等。冶金工业中钛被应用于耐腐蚀容器、电解槽、反应器、浓缩器、分离器、热交换器、冷却器、各种泵和阀、涡轮叶片、连接配管、配件等。海洋工程中钛被用于海水淡化、海洋石油钻探、海洋热能转换电站。运动器械方面钛被用于高尔夫球杆、球头、网球拍、击剑保护面罩、宝剑、短跑鞋鞋钉、登山工具、滑雪板、滑雪鞋、滑雪杖、冰刀、潜水衣、钓具、帐篷杆等。生活用品方面钛被用于眼镜架、手表、电脑、照相机、游戏机、手机、天线、乐器、厨房用具、工艺品等。医疗器械方面钛被用于头颅骨、心脏盒、起搏器、人工关节、牙弓丝、血管支架、假肢、骨髓针、医疗工具、光催化剂等。

3.3.2 产业发展态势

从钛产业链看，我国具备了完整的钛产业链体系，资源丰富，钛材的生产和技术处于与发达国家同步竞争的局面，在众多的钛产品中，我国在部分产品上具有技术优势，而部分产品生产技术被发达国家垄断，我国则有较大的技术缺口。

3.3.2.1 钛产业链的基本形态

钛产业链由钛矿开采（钒钛磁铁原料等）、海绵钛生产、熔铸钛锭、钛材成型（钛板、钛管、钛棒）、钛材应用（航空航天、石油化工、体育休闲等消费领域）和废钛回收等环节构成一个循环体系（见图3－3）。从最初的矿石到最后的工业应用要经过很多复杂的工艺技术，特别是在海绵钛生产和钛加工材方面的技术壁垒比较大，世界上仅有美国、俄罗斯、日本和中国等少数几个国家掌握了钛全流程的工业化生产技术。

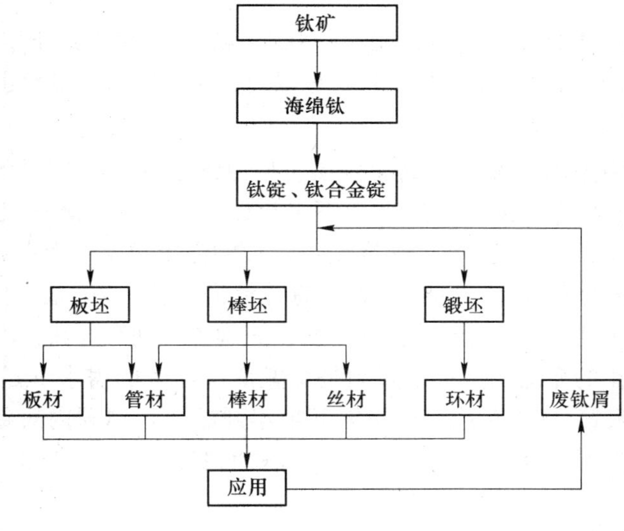

图3－3 钛产业链示意图

钛产品的消费主要集中在美国、欧洲、中国、日本等国家和地区。不同国家和地区由于工业发展水平上的不同，钛产品的应用领域存在着较大的差异。钛材消费集中在美国、日本、俄罗斯、中国等4个国家，占全球消费量的86%，钛材消费主要集中于航空、工业、日用消费品等领域。在美国和欧洲，钛材主要应用于航空航天领域，约占60%；在日本，钛材主要应用于化工、电力等领域，约占50%；而在中国，钛材主要应用于化工、体育休闲等领域，约占70%。

3.3.2.2 钛工业发展态势

钛原料主要用来生产钛白、金属钛（海绵钛）、含钛钢以及焊条涂料，其中我国钛白占88%，金属钛（海绵钛）占10%，含钛钢及焊条涂料占2.0%；国外生产钛白占92.4%，金属钛（海绵钛）占5.3%，含钛钢及焊条涂料占2.3%。随着国民经济发展和社会进步，人民物质生活水平的提高，对钛矿原料及深加工产品钛白、海绵钛、钛金属材料的需求还在不断增长。

A 世界钛工业发展迅速

21 世纪以来，世界钛工业经历了一系列重大事件。2001 ~ 2003 年，受“9 · 11 事件”的打击，世界航空业发展放缓，使世界钛行业陷入低迷。但中国在国民经济快速发展的拉动下，化工、冶金、电力等行业对钛的需求增加。这个时期中国海绵钛产能逐步增加，钛锭的产能增加很快。

2004 ~ 2007 年，世界钛工业的复苏与中国国民经济快速发展两个因素叠加，使这一时期中国海绵钛的产能快速增加，但钛锭产能增加则明显滞后。

2008 ~ 2010 年，在世界金融危机的影响下，中国基本上没有新的项目投资计划，但在前一阶段大量投资的惯性作用下，钛工业的产能仍在增长。宝钛集团公司、上海宝钢股份公司特殊钢分公司和西北有色金属研究院的产能分别为 20000t、10000t、8000t。它们均具有高水平的自动混料布料系统，具有 8t 以上真空自耗电弧炉或冷床炉，能生产高质量的优质钛锭。

21 世纪以来，世界钛加工材的产量在 2002 年和 2009 年出现下降，但总体仍呈上升的趋势，而中国海绵钛和钛加工材的产量在世界总产量中所占的份额也呈上升的趋势。

B 我国已成为钛工业大国

21 世纪以来，中国国民经济的高速发展，使海绵钛和钛加工材的需求量不断上升，直接推动了中国钛工业的崛起。而 2008 年下半年以来，世界金融危机导致世界主要经济体进入衰退期，中国国民经济的发展速度变缓，钛的需求也呈回落状态。与海绵钛相比，钛加工材的需求变化明显滞后。2004 年中国海绵钛需求量下降，这是因为世界钛工业快速回升，而我国既不能迅速增加海绵钛的产量，又购买不到海绵钛，因而是供应不足造成的需求下降。2008 年的海绵钛需求下降则是金融危机导致的需求不足造成的。在我国政府有力的经济刺激政策的拉动下，2010 年下半年开始，我国国内对钛的需求开始回升，价格开始趋稳，产量开始重回增长的轨道。这表明我国钛工业与世界钛工业也已融为一体。

由于钛工业的发展历史短，我国与美国、俄罗斯和日本同处于世界发展前列，已是钛工业发展大国，并且钛金属材料应用前景非常巨大，所以这是我国最有可能超越发达国家、抢占经济科技制高点的新材料产业之一。

C 云南钛工业高起点起步

虽然云南钛工业起步较晚，但起点高，发展快，在冷轧钛板材等领域已处于国内先进水平。

云南省作出了加快发展钛产业的战略决策，积极打造钛产业园，将禄丰工业园区列为全省重点园区，充分发挥禄丰县的钛资源优势，引入云南冶金集团和昆钢集团，投资 45.9 亿元发展钛资源深加工产业，打造全国最大的钛产业集群，初步形成从钛矿开采、钛精矿、钛渣冶炼、钛白粉、海绵钛，到钛锭、钛坯、钛卷、钛轧材的一整条以钛为基础的产业链。

由昆钢集团发起成立的云南钛业股份有限公司，是国内唯一拥有从热轧至冷轧退火钛带卷全流程生产工艺技术的厂家，在国内率先采用“钢－钛”结合发展钛材加工的模式，建成了国内最大的年产2万吨钛材生产基地，拥有多项自主知识产权并申请了9项国内外专利，其退火技术及酸洗液微波加热技术为国内首创，其主要产品年生产规模热轧钛卷4000t，冷轧钛卷15000t，钛合金1000t，不锈钢复合板5000t，正在建设熔炼海绵钛设备——电子束冷床炉（EB炉）。

云南新立有色金属有限公司被国家列为钒钛资源利用的重点企业。年产1万吨海绵钛、6万吨钛白粉项目是我国第一条国际领先、国内一流的大型氯化法钛白生产线，项目建成后将打破国际钛白粉技术封锁。

3.3.2.3 我国钛工业发展存在的主要问题

虽然我国的钛工业产能大、产量大、产业链也较为健全，但与美国、俄罗斯和日本相比，钛材性能、产品品种等多方面还存在着不足，致使我国是钛工业大国而非强国。

A 产品质量与发达国家有较大差距

我国钛产品质量上的差距表现在：一是海绵钛的质量还存在明显问题，高品质海绵钛的生产比例比较小。我国0级钛的生产比例是40%，而日本和俄罗斯0级钛的生产比例是70%；我国还不能批量生产“90”钛（即HBW硬度小于90），而俄罗斯“90”钛的生产比例是20%～30%。二是钛加工材存在质量问题。我国生产的航空用钛材批次质量不稳定，表面有缺陷。

B 钛产品的品种较少

我国对钛带的年需求超过1万吨，这些需求主要集中在电力行业和板式换热器领域。我国还不能生产钛带，虽然有几家企业正在建设钛带项目，钛带生产的设备已基本到位，但钛带生产的质量要求很高，我国要真正做到批量稳定地生产钛带还需要一段时间。

其次，钛挤压型材存在明显缺项。钛挤压型材主要用于航空航天、船舶、海洋开发等领域，国际上海洋石油开采使用大型钛挤压管材的趋势越来越明显，但我国还不能生产钛挤压型材和管材。

我国钛的出口量已经不小，但钛产品不丰富，一些高端产品还必须依赖进口。例如，2008年我国出口钛加工材8000余吨、海绵钛6000余吨，我国还进口钛加工材6000t，其中进口钛焊管3322t、钛薄板约1000t。

C 自主创新还不够

我国大多钛产品和项目都是通过跟踪国外的方式进行发展的，自主创新的产品少见。比如，体育休闲领域的钛用量非常大，国外在项链等休闲日用品上的钛应用也非常活跃，而我国则主要是来料加工或逐步跟踪国外；在航空航天方面，我国也多是在跟踪国外产品。

D 新合金、新材料的系统研究不够

我国钛合金材料的品种比较多，但是缺乏对新材料比较系统的研究，对新合金系统的自主研究与应用数据的积累还不够，这是一个系统的差距。例如，我国还不清楚将某种钛合金材料应用到某个行业上需要什么样的技术指标。

3.3.3 技术分析

世界各国对钛冶炼、钛合金以及各领域用钛的研究快速发展，新兴科技日新月异。

3.3.3.1 钛合金材料加工技术

A 熔炼技术

在钛的熔炼技术方面，最重要的进展是发展了冷床炉熔炼技术，包括电子束冷床炉和等离子冷床炉技术，冷床炉熔炼已经达到商业化水平，能生产优质钛及钛合金铸锭，满足航空转动部件对高性能钛材的需求。

俄罗斯也发展了一种类似冷床炉的新型熔炼技术，即凝壳-自耗电极熔炼，与常规真空自耗熔炼技术相比，其优点是能有效去除熔融金属中密度和熔点高于基体金属的颗粒，可大量回收利用残钛，可调整熔融金属保持液态时间的长短，可制备异型铸锭，炉子造价低，耗电量较少。

此外，冷坩埚熔炼技术也有较大发展，该熔炼技术与离心浇铸工艺结合用于钛铸件的精密铸造，正在制造第二代冷坩埚熔炼炉，可大大提高熔化能力，缩短熔炼时间，实现弯曲悬浮熔炼，消除金属凝壳。

B 铸造技术

钛的铸造技术主要进展是发展了冷坩埚 + 离子浇铸技术、真空吸铸技术和真空压铸技术。法国开发了一种独特的冷坩埚感应熔炼并进行离心浇铸的精密铸造工艺生产钛合金铸件，该工艺的优点是节省原材料，可使用优质的锻造或轧制边角料，可降低铸模的预热稳定，降低预热成本，可减少由于铸模与金属液反应而消除的富氧 α 层，相应地减少清除铸件表面 α 层的工作量。

真空吸铸法是将悬浮熔炼技术和真空吸铸技术结合在一起的精密铸造法，该方法铸造速度快，无滞流及气泡卷入等问题，可制造出壁厚小于 1mm 的钛合金铸件。

在美国，真空压铸法作为新的钛铸造方法已得到实用化。压铸法最大的优点是采用了金属模后，不会产生传统熔模法那样的表面污染，质量稳定，适宜制造简单形状的钛铸件。

C 激光成型技术

激光成型技术是采用计算机模型直接由金属粉末生产零件的工艺。成型时无需硬模，省时省钱，可制造各种形状的零件。与传统工艺相比，钛零件成本可降低 15% ~30%，且性能介于铸造和锻造之间，特别适合金属间化合物一类脆性合金的成型。

D 金属粉末注射成型技术

金属粉末注射成型技术作为一种近净成型技术，可制造高质量、高精度的复杂零件，被认为是最有优势的成型技术之一。该技术才刚刚开始起步，还面临着一些障碍，美国对钛合金的金属粉末注射成型技术进行了大量研究，日本、德国和加拿大也开展了金属粉末注射成型技术工作，我国的中南大学和广州有色金属研究院也对钛的金属粉末注射成型技术进行了研究。钛的金属粉末注射成型技术产品应用最多的是轻武器、外科手术工具、表壳表带等。

发达国家都在推进钛合金的技术研发，钛合金的应用也是日新月异，新技术不断出现，跟踪国内外钛合金的研发和应用，是加快云南钛工业发展的根本保证。

3.3.3.2 国内外钛合金研究对比分析

20 世纪 90 年代，国外高度重视新型钛合金的研制，近几年则更重视对钛合金性能改造和挖掘其潜力。国内从钛合金研发开始一直重视新型钛合金研制，以前的重点是仿制，之后是既创新又仿制，现在以创新研制为主。因此，我国钛合金研究水平与国外相当，在新型钛合金研究方面甚至比国外还要强，而我国的差距主要在老合金挖潜和改造方面，钛的应用技术等方面远远落后于国外，基础研究薄弱，原创性和革命性的钛材设计与工艺技术少。

A 宇航用钛合金

a 国外在宇航用钛合金方面的研究进展

由于大型航空发动机压气机对工作温度为 300 ~ 350℃ 的材料的需要，俄罗斯的全俄轻金属研究院研究了同时添加锡和锆来改善 BT22 钛合金的强度和高温蠕变性能，研制出了性能优于 BT22 的新的航空用钛合金 BT37，合金模锻件和自由锻造的静强度和疲劳强度比 BT3-1 合金高 25%；而固溶强化的 BT37 合金的静强度和疲劳强度比金属间化合物强化的高温钛合金高 20% ~25% 以上。用 BT37 合金来取代传统的 BT3-1、BT6 热强钛合金制造在 300 ~ 350℃ 下工作的压气机大尺寸盘和叶片，可使质量减轻 20% ~25%。

国外也研制出高强钛合金 Ti-5553、Ti-55531 等。Ti-5553 作为高强近 β 钛合金可替代 BT22 和 Ti-1023 钛合金而大量使用在飞机的起落架上，该合金的淬透性更好。俄罗斯的 VSMPO 联合体分别用 β 锻和 α + β 锻制造了该合金的大型锻件。Ti-55531 是空客公司与俄罗斯合作开发的新型高强高韧近 β 型钛合金，强度与韧性匹配良好，首次应用的在 A380 机翼与挂架的连接装置。

Ti-3553 是用做紧固件的钛合金，其强度和加工性能均优于 Ti-64。在承压管路系统方面研制成功一种新的钛合金 Ti-3331，其强度比 Ti-3Al-2.5V 高 30% 左右。高强可焊钛合金 T-110 被用于 Antonov 飞机的重型构架设计，合金同 BT22 的力学性能相当，但具有优良的焊接性能，焊接强度系数可达 0.95。

为保障飞机发动机的安全性，国外成功研制出阻燃钛合金，其典型代表 AlloyC 和 Ti-25V-15Cr-2Al-0.2C 合金，分别是美国和英国研制的高稳定化的阻燃钛合金，具有良好的阻燃性能和力学性能，AlloyC 已在 F-22 飞机的 F-119 发动机中得到实际应用。

b 国内在宇航用钛合金方面的研究进展

在高温钛合金方面。我国高温钛合金的研发主要集中在 600℃ 高温钛合金，其中以中科院金属所为主研制了 Ti60，西北有色金属研究院独家研制了 Ti600。国内合金的总体性能不低于国外。Ti600 合金的研制达到中试试验规模，国外已正式订购。Ti60 钛合金是一种用稀土金属 Nd 强化的综合性能良好的近 α 型热强钛合金。该合金长时间工作温度可达 600℃，用于航空发动机高压段的压气机盘、鼓筒和叶片等零件，中科院金属所在 Ti60 合金基础上又研制出 Ti60A 合金。Ti600 合金是一种新型近 α 高温钛合金，具有较好的综合性能，尤其是蠕变性能非常优异，可在 600 ~ 650℃ 下长期使用。北京航空材料研究院也研制出 600℃ 高温钛合金 TG6，该合金制备出的模锻件具有良好的力学性能。

在高强钛合金方面，高强钛合金研究主要集中在 TB8（β21S）、TC18（BT22）高强钛合金、TC21 高强高韧损伤容限型钛合金等，此外 TC21、Ti-B18 和 Ti-B20 为高强高冲击韧性钛合金，Ti-B19 为高强高韧耐蚀钛合金，均是西北有色金属研究院创新研制。TB8 和 TC18 为仿制合金。TB8 钛合金为介稳定的 β 型钛合金，是一种较为理想的航空结构材料，如飞机液压系统、燃油箱、箔材用钛基复合材料的基体以及用于化工和石油加工工业。

TB8 钛合金除了生产板材、带材外，也可生产箔材、丝材、管材、棒材和锻件。板材主要用于制造中等复杂程度的飞机冷成型钣金零件。TC21 是西北有色金属研究院创新研制的高强高韧损伤容限型钛合金，已完成实验室、中试及工业规模 3 个周期的研究，已制备出 18～400mm 不同规格的棒材。研究结果表明，新型 TC21 钛合金各种力学性能稳定，具有良好的强度、塑性、断裂韧性及裂纹扩展速率的匹配，是一种非常有应用前景的高强高韧损伤容限型结构钛合金，在航空航天工业和民用行业中可望获得广泛应用。宝鸡有色金属加工厂开发出 BTi-6554 高强高韧钛合金；北京有色金属研究总院和宝鸡有色金属加工厂联合研制出 Ti-63 高强高韧钛合金；西北有色金属研究院也创新研制出 Ti-1300 合金、Ti-5322 等高强合金。

在阻燃钛合金方面，为解决“钛火”问题，中国对阻燃钛合金进行了多年深入的研究，西北有色金属研究院研制出成本比 AlloyC 阻燃钛合金低的、具有中国特色的 Ti40 阻燃钛合金，以及具有自主知识产权的 Ti14 阻燃钛合金。与常规钛合金相比，Ti40 合金在具有良好力学性能的基础上，具有良好的阻燃性能。Ti40 是高合金化的 β 型钛合金，其主要性能特点是良好的抗燃烧性能和高温性能，适用于飞机发动机关键部件的机匣和叶片，在航空航天工业将获得广泛应用。

B 船用钛合金

a 国外在船用钛合金方面的研究进展

美国开发了一种具有强度适中、韧性高、焊接性能好的近 α 钛合金，命名为 Tmietal5111，该合金的突出特点是具有良好的断裂韧性及抗应力腐蚀性能，同时又具有良好的室温蠕变性能。在 Tmietal5111 合金基础上添加 0.05% 的 Pt 创制出了 Tmietal5111Pt 合金，主要为了提高耐缝隙腐蚀性能，以达到一种合金多种用途的目的。除船用外，该合金还可以向石油化工及氯碱工业推广应用。

b 国内在船用钛合金方面的研究进展

我国研制出不同强度级别的近 α 型船用耐蚀钛合金 Ti75、Ti31、Ti-B19、Ti91、Ti70 和 Ti80。西北有色金属研究院研制的 Ti75 合金具有自主知识产权，它是 630MPa 级的中强高韧性耐蚀钛合金，以西北有色金属研究院为主研制的 Ti31 合金是 500MPa 级的低强高韧耐蚀钛合金，二者均具有良好的综合性能，研究均达到工业规模，Ti75 和 Ti31 均已趋于成熟，并已获得实际应用。

Ti75 是低合金化的近 α 型钛合金，为 730MPa 级的中强钛合金，其主要性能特点是比 TA5 高的使用强度和很好的工艺塑性，该合金还具有良好的焊接性能和耐腐蚀性能，最适合于制造形状复杂的板材冲压并焊接的零部件，在舰船行业和医用中获得了广泛应用。其主要半成品是板材、棒材、管材、锻件、型材和丝材等。Ti31 合金是一种新型中强耐蚀钛合金，属于低合金化的近 α 型钛合金，Ti31 钛合金集中等强度，高的塑性，良好的易加工性和成型性，优异的耐蚀性，可焊性于一体，适于锻造、轧制、拉伸等加工，产品形式多样化，可加工成板材、棒材、管材、锻件、型材和丝材等形式。该合金还具有良好的工艺性，可进行冲压、弯曲、切削加工，在舰船、化工、海洋工业和民用行业中获得较广泛的应用。

西北有色金属研究院研制的 Ti91 和以宝鸡有色金属加工厂为主研制的 Ti70 具有中强高塑、有良好冷加工性能、可焊性和良好的透声性能。Ti-B19 是西北有色金属研究院创新研制的一种高强耐蚀钛合金，宝钢公司研制的 Ti80 是一种高强、可焊的 α 型钛合金。

Ti-B19 合金是一种新型高强高韧耐蚀近 β 钛合金。Ti-B19 合金具有较高的强度，良好塑性，较高的断裂韧性、可焊性以及耐海水腐蚀、冲刷腐蚀和应力腐蚀等综合性能。该合金具有良好的加工性，可生产各种规格的棒、板、丝、饼等，并且焊接性能、工艺性能良好。

我国于 20 世纪 90 年代开始研制声呐导流罩钛合金，已有两种声呐导流罩钛合金，即近 α 型的 Ti91 和 Ti70 合金，两种合金均已轧制成板材。Ti91 合金具有中等强度，高的塑性，良好的透声性能、冷成型性能、可焊性及耐海水腐蚀等性能的良好匹配，明显优于船用 TA5 钛合金。Ti91 合金与其他钛合金的强度、塑性、冷弯性等综合性能明显优于中等强度合金 TC1 和 TA5，合金声学性能良好。

STi80 合金是上海钢研所研制的一种新型的近 α 型钛合金，具有高强、高韧、可焊、耐蚀等综合性能，主要用于深潜器和舰船的耐压壳体，其配套焊丝为 Ti531 合金。STi80 已进行工业性试验，轧制出板材。该合金采用焊接 + 热处理焊接工艺，使接头焊接系数达到 0.9，焊接性能优越。

C 生物医用钛合金

国外最新开发的生物钛合金以钛为主，加入铝、钼、锆、铌等金属，为了减少或消除铝、钒元素的不利影响，开发了一系列生物用新型钛合金。用锆、铌、钽、钯、锡作为合金元素来改善钛合金力学性能、耐蚀性和生物相容性，是开发生物钛合金的主要途径。

我国从 20 世纪 70 年代开始就致力于生物医用钛合金等生物材料的研制与开发，西北有色金属研究院研制成功具有我国自主知识产权的第二代新型医用钛合金。2002 年西北有色金属研究院开始了对生物相容性及力学相容性更好的第三代 β 型医用钛合金的设计和开发，新开发的两类近 β 型钛合金 TLE 和 TLM，在保持合金中、高强度和高韧性的同时又具有优良的冷、热加工性能。新材料具有生物及力学相容性优良、原料易得、熔炼及加工工艺简单易控制、性价比高的优点。中科院金属研究所经过多年研究，创新研制出 Ti2448 高强度低模量医用钛合金，该合金的低弹性模量使植入物与动物骨的力学相容性显著提高。2008 年以来，Ti2448 合金加工的多种植入器件陆续通过了国家食品药品监督管理局天津医疗器械质量监督检验中心的注册检验，其合金医疗器件进入批量应用阶段。

D 低成本钛合金

面对钛合金成本太高而制约着广泛应用的问题，国内外都在降低成本方面展开研究，着力开发低成本钛合金。

国外研制了成本相对较低的钛合金，如采用廉价合金元素设计成功的 Ti62S、Ti-LCB、Ti-0.05Pd-0.3Co 等，这 3 种合金均得到实际应用。为改善合金加工特性设计成功的合金有超塑性钛合金 SP700、具有较高切削加工性能的 DAT52F 合金及具有优异冷加工性能的 β21S 等。SP700 和 β21S 获得巨大成功和实际应用。

我国高度重视低成本钛合金及钛合金的低成本化制备技术的研发。通过合金设计、添加廉价合金元素（如铁）代替昂贵合金元素（如钒），西北有色金属研究院创新研制出具有自主知识产权的 Ti12LC 和 Ti8LC 两种低成本钛合金，二者的室温拉伸性能均优于 TC4，已完成合金设计、实验室规模研究、中试及工业规模研究等基础技术研究，达到工业化研究规模，两种合金制备的一些零部件正在应用中，这些为合金扩大规模和推广应用奠定了良好基础。洛阳船舶材料研究所也研制出 Ti-0. 8Al-1. 2Fe 低成本钛合金，并开展了相关的应用研究。

E 其他钛合金

日本神户制钢所研制出了一种命名为 KSTi-19 的新型钛合金，是一种 $\alpha+\beta$ 两相钛合金。这种合金具有优良的加工性能，采用热轧工艺代替传统的叠轧方法成功生产出厚度为 0. 8mm 的薄板，是 Ti64（Ti-6Al-4V）合金的替代合金之一。KSTi-19 合金的研制成功，使钛合金薄板的成本下降，扩展了钛合金的应用范围。该合金薄板已投入正式生产，它主要应用于高尔夫球杆。据报道，高尔夫球杆使用这种材料后，可使杆头变细、更加坚固、质量减轻。在此之前，高尔夫球杆头的顶部、截面及底部均采用锻造方法生产。日本丰田中央研究所 T. Saito 等人研发出一种具有多种功能的钛合金，具有超高强（时效处理后强度高达 2000MPa）、超低模量（40GPa）、室温下具有超塑性的特点，弹性变形能力比常规金属高出 1 个数量级，在室温下具有极优的冷加工性能，可进行断面收缩率达 99. 9% 的冷加工，现已用作无蝶形螺钉的眼镜框架（已开始销售）和钟表用精密螺钉。该合金具有良好的生物相容性、良好的耐蚀性，还不含有害的铝和钒，有望替代钛镍等合金在生物领域的应用。

在低温钛合金方面，继我国开展了对已有的钛合金 TA7、TC1 和 TC4 等的低温性能测试和应用研究后，西北有色金属研究院研制出具有自主知识产权的、适用于低温管路系统的 α 型钛合金 CT20，该合金研究规模已达到工业化规模，其制备的各种零部件正在使用中。

3. 3. 4 产业发展思考

高质量开发钛资源。高起点发展钛产业链上游产品生产，提高资源的综合利用率，在回收利用铁、钒的同时，尽可能回收钴、镍、铜、镓、钪等具有综合回收价值的金属，切实提高钛资源总体利用率，使钛矿的开采利用达到国内国际领先水平。

高起点发展海绵钛。高起点发展海绵钛生产，提升海绵钛的核心竞争力，提高产品质量和促进节能减排。通过新技术开发应用，全面提升氯化、精制、镁电解工序的技术，使海绵钛的质量（纯度、粒度、硬度、批次均匀稳定性及零级品率等）优于国内平均水平。同时要大幅度降低海绵钛生产中的能耗和物耗，使海绵钛的总电耗降到 26000kW · h/t 以下，接近发达国家美国和日本的水平。

发展汽车用钛材。推进汽车用钛材的生产，采用钛镀膜技术、纳米技术等新技术，降低钛的熔炼、生产、加工等各个环节的成本，开发低成本新型钛合金系列产品。

大力发展生物医用钛材。针对人口老龄化趋势和特点，开发最具有市场潜力的生物医用钛材。

研发大型钛板材。以航空母舰用钛板为方向，加快研发宽幅板材（包括中厚板和薄板）等大型钛板材；在全面掌握钛及钛合金真空电弧炉熔炼技术基础上，发展冷床炉熔炼技术，生产出符合国际技术标准的大型钛锭。

发展高性能钛合金棒材。引进技术优势企业，重点发展大规格、高性能钛合金棒材，大卷重钛带，钛型材，小径厚壁管，大管径管材及焊管，高精度、高性能的航空用棒材等品种。

发展钛-钢、钛-不锈钢类层状复合材料。发展钛-钢、钛-不锈钢类层状复合材料，满足大型化工装备和电站等对钛-钢复合板的需求，实现大型钛设备的国产化。

3.4 镓金属材料产业

3.4.1 镓的应用领域

镓的消耗以化合物形式为主，即与元素周期表的ⅤA族中的元素氮、磷、砷等形成的化合物，镓化合物主要有砷化镓、氮化镓、磷化镓。镓化合物在发光二极管和激光二极管上的应用是镓的最重要的用途，其消耗量占了全世界总消耗量的50%。镓被认为是最有发展前途的半导体材料，砷化镓是一种半导体材料，应用于光电和集成电路；氮化镓应用于部分发光二极管；磷化镓是另外一种重要的半导体材料，也应用于光电和集成电路。光电应用主要指的是发光二极管和激光二极管，砷化镓集成电路被当做功率放大器、传送和接收器等，主要用在移动通信和光纤通信。

镓的化合物半导体材料做成的太阳能电池，能把太阳能直接转变成电能，效率高达18%，而且抵抗辐射的能力比硅电池强一倍，因此可作为人造卫星电源，美、日计划用这种电池建太空电站。砷化镓太阳能电池是迄今转换率最高的太阳能电池。

镓的其他用途还包括：镓硅作汽车尾气净化催化剂颇有前途；1989年德国、法国、意大利、苏联与美国等曾试图开展通过对三氯化镓与中微子进行β转移时放射性能量的测定，将其应用于水下通信。

镓还有一些小的用途，但用量都不大，主要是作为汞的替代物；滑雪板用蜡（含镓30%）；化学感应器；牙科填充料和涂层；作为催化剂，用于甲醇合成，转换率高达95%以上；磁性材料添加剂。另外放射性镓还可用来诊断癌症。

镓与玻璃共同作用，有增强玻璃折射率的效能，可以用来制造特种光学玻璃。

3.4.2 产业发展态势

3.4.2.1 世界镓产业发展态势

提取技术还不成熟，已实现工业化的提取方法还存在很多不足。随着经济发展，对镓的需求量会越来越大，现有生产能力和资源远不能满足市场的需求。全球从事镓生产的单位有30多家，但原生镓的生产主要集中在一些大的氧化铝厂和大的有色金属冶炼厂，其中，90%的原生镓来自氧化铝厂。

半导体行业发展迅速，带动了砷化镓等镓产品的需求快速增长。中国2010年半导体行业增长率达到17.8%，汽车半导体增长率达到19.7%，对镓的需求将快速增长。

3.4.2.2 我国镓产业发展态势

我国是镓出口大国，日本是世界上最大的镓进口国，欧美等发达国家对镓的进口量也越来越大，在2005~2008年的4年间，美国消耗的镓中有16%是从中国进口的。美国地理测绘局（U. S. Geological Survey）对镓的生产销售做出的统计显示，中国、德国、哈萨克斯坦和乌克兰是当今世界的四大镓生产国。

预计我国对镓的需求增长速度将高于全球。以发光二极管为例，原来95%的芯片依赖进口；如今我国大力发展发光二极管产业，发光二极管芯片的自供率已达到了60%，但白光发光二极管的效率、成本与世界发达国家还有很大差距。另外，国外著名的砷化镓衬底公司AXT移址北京，带动了国内砷化镓晶片的生产。

3.4.3 技术分析

镓的提取历史很短，广泛应用于电子工业，所以从镓的提取到镓金属材料的制备都是高新技术。镓材料主要用于电子工业的半导体材料，用于分析化学、有机合成以及医药中作催化剂、光导纤维通信系统中制作大规模集成电路的镓化合物，用于金属涂层、电子工业及核工业的冷却回路，冷焊剂的低温合金等。

3.4.3.1 镓化合物及技术分析

镓与元素周期表ⅤA族中的元素如氮、磷和砷等形成的化合物应用广泛。

A 砷化镓

砷化镓主要有如下用途（见图3－4）：

(1) 半导体材料。砷化镓是一种半导体材料，应用于光电和集成电路；发光二极管需要6N品质的砷化镓底衬，微波设备和集成电路需要纯度7N的砷化镓底衬。

(2) 激光二极管。激光二极管被用在光通信系统中，它将电信号转换成光信号。最常用的材料是砷化镓。砷化镓激光是制造激光回放声频系统、光存储盘最合适的材料，广泛应用于CD、DVD。

(3) 光纤通信材料。在通信中，传统的铜线只能同时传递200个电话，且每1.6km需要安装一台放大器。现代光纤可在160km的距离上传递几百倍的信息而无需放大器。

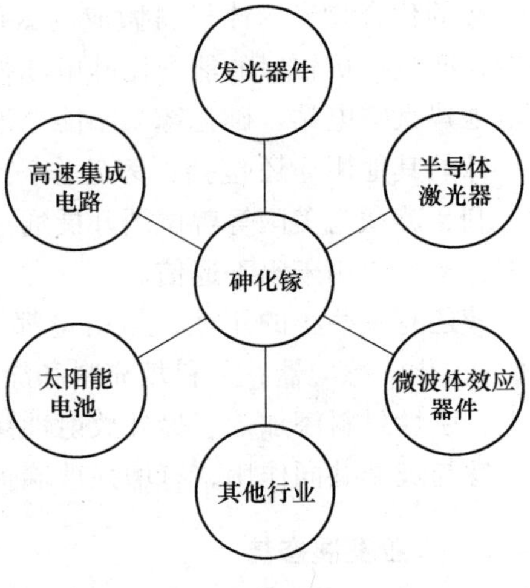

图3－4 砷化镓材料应用领域示意图

(4) 集成电路。砷化镓集成电路被用作功率放大器、接收器、混合器和驱动器及在电-光接口的接收器电路。由于其优良的电子性能，砷化镓设备在下列两个领域充分发挥了作用：1）通过微波设备的移动电话通信和光纤通信，具体包括手机、主站、微波设备、因特网和局域网。2）数字集成电路，被用作计算机存储电路和微处理器，其中场效应晶体管（FET）是砷化镓微波器件和数字集成电路的基础，其上有一层砷化镓；模拟集成电路，微波单片集成电路（MMIC）是一种模拟集成电路。早在20世纪60年代，人们就已开始研究砷化镓集成电路，到1974年，美国的一家公司才研制成功。MMIC的开发使大规模、低成本生产微波电路成为可能。MMIC主要用在民用和军事两大领域，其中民用主要有卫星电视直播，个人通信，卫星导航，无线局域网；军用主要有雷达，导弹定位，电子武器，卫星导航等。

B 氮化镓

经过多年的努力，已成功开发出氮化镓。这种21世纪的新材料在照明方面的应用，被专家誉为自爱迪生发明钨丝灯泡以来最大的突破。白色 LED 是日本的日亚化学公司在 1995 年采用氮化镓发明的。这种二极管无需预热即可将电转化成光，比常规灯泡少消耗 85% 的电能，寿命长 16 倍（可用 10 万小时，达 10 年之久）。另外当电流通过氮化镓时，它能发出强烈的蓝光，由于蓝色的波长比较短，用氮化镓制造的光盘存储量非常大。

从物理特性看，氮化镓具有直接宽带隙、电子饱和漂移速度高、介电常数小、导电性能好等特点，适合于制作高温、高频及大功率电子器件。氮化镓具有物理稳定性好、热传导率高、机械强度高、电绝缘性能佳、宽带隙、热膨胀系数低等特点，可用于大功率半导体器件的绝缘基片，大规模和超大规模集成电路的散热基片和应用于半导体上作为绝缘层或保护层。

从氮化镓优良的光学特性看，可以用来制作大功率的蓝光和紫外光学器件。

同时氮化镓还具有高声波声速特性，可用来制作表面声波元件等。

氮化镓在微波频率方面能够比在手机、军事雷达系统和卫星传送器中使用的硅和砷化镓半导体的传输功率高出 10 倍，氮化镓放大器取代真空管，可大幅度改进超宽带通信和雷达系统性能。

因此，氮化镓在微电子和光电子领域的应用是国内外研究的热点。有研究人员通过氢化物气相外延（HVPE）方法在其他衬底上生长氮化镓厚膜，然后通过剥离技术实现衬底和氮化镓厚膜的分离，分离后的氮化镓厚膜可作为外延用的衬底。这样获得的氮化镓厚膜优点非常明显，即以它为衬底外延的氮化镓薄膜的位错密度，比在氧化铝、碳化硅上外延的氮化镓薄膜的错位密度明显要低，但价格昂贵。

全世界至少有 180 家实验室正致力于氮化镓及相关材料的研究，发展潜力巨大。

C 磷化镓

磷化镓是一种重要的半导体材料，作为发光二极管和其他半导体的底衬，也应用于光电和集成电路。

D 硅砷化镓

2001 年，美国摩托罗拉公司成功地在硅底衬片上生成出砷化镓芯片，这一新产品结合了硅的计算力和砷化镓的通信功能，传输速度比硅芯片快得多（达到光速），而硅砷化镓晶圆的成本只有纯砷化镓晶圆的十分之一。该产品正用在激光二极管上制造 DVD 和手机，这种新芯片还将取代传统的硅芯片用在个人电脑上，提高电脑的集成通信功能。

E 铜铟镓硒薄膜

铜铟镓硒薄膜技术具有生产成本低、环保、性能稳定、抗辐射能力强及光电转化率高等特点，接近于晶体硅太阳能电池，而成本只是它的三分之一，被称为下一代非常有前途的新型薄膜太阳能电池，是近几年研究开发的热点。

由于铜铟镓硒薄膜太阳能电池具有敏感的元素配比和复杂的多层结构，因此，其对工艺和制备条件的要求极为苛刻，产业化进程十分缓慢。

国际上的新技术主要是 Wagner 等利用铜铟镓硒单晶制备出了最早的铜铟镓硒太阳能电池，其效率可以达到 12%。

随着技术的发展，多晶薄膜电池成为主要的发展方向，相继出现了共蒸发和磁控溅射两种高真空薄膜制备方法。美国可再生能源实验室（NREL）采用三步共蒸发技术制备出的太阳能电池薄膜，其最高效率为19.9%，磁控溅射效率也能达到18%以上，但这两种技术的设备成本比较高。

另外，新技术还有电沉积加刻蚀技术，电沉积与物理气相沉积混合技术，顺序电沉积技术，CISCuT技术。当前国内利用这些技术建设广州太阳能电池项目、山东孚日集团项目、苏州高赛项目等十几个已建或在建项目。

F 镓酸盐系列发光材料

镓酸盐具有化学稳定性好、发光性能好等特点，被认为是非常具有潜质的发光材料。由三氧化二镓和氧化锌合成的二元氧化物，是一种自激发蓝色发光材料，也是一种很好的发光材料基质，通过掺杂不同的激活离子可得到各种颜色的发光粉，有可能成为取代硫化物系列的发光材料，是国际宽带半导体材料领域的一个研究热点。

3.4.3.2 镓合金材料及技术分析

镓与铟、铊、锡、铋、锌等可合成一系列低熔合金，用于温度测控、仪表中的代汞物、珠宝业中作为支撑物、金属涂层、电子工业及核工业的冷却回路。与铜、镍、锡、金等可组成冷焊剂，适用于难焊接的异型薄壁，金属间及其与陶瓷间的冷焊接与空洞堵塞。镓锡合金弧光灯具有纯粹的红光，并可防止锡蒸发附在玻璃管壁上，避免冷却时破裂。

3.4.3.3 高纯镓材料及技术分析

高纯镓是指纯度在99.999%（5N）以上的金属镓，有纯度为99.999%、99.9999%、99.99999%等几种规格。作为副产品生产出的镓，基本上全是3N或4N的粗镓；从废料回收的镓也是粗镓。但就大部分用途而言，镓必须达到6N或7N的纯度。光电应用一般需求的是至少6N纯度的，而电子应用要求7N纯度的材料。

6N以上纯度的镓为高纯镓，高纯镓和高纯砷磷等在一起反应才能生产出砷化镓和磷化镓。各国对镓中的杂质元素虽有不同的规定，但总量不超过0.9×10^{-6}。美国和日本对杂质的要求较高，总量0.5×10^{-6}以下，而俄罗斯和中国的标准较宽松。

高纯镓主要用于制造广泛应用于移动通信、宽带光纤通信、个人电脑、通信卫星、高速信号及图像处理、汽车防碰撞及定位和汽车无人操作系统等现代高科技领域的砷化镓、磷化镓、氮化镓及低熔合金等的电子器件及外延片和光电子器件。随着移动通信、个人电脑、汽车等行业的发展，砷化镓、磷化镓、氮化镓等产品也相应地得到了很大发展，为满足其对砷化镓、磷化镓、氮化镓等产品的需求，需要加强高纯金属镓产品的研究与开发。

我国高纯镓的国家标准已经制定了很多年，但是到2002年一直没有实际产品，2002年南京金美镓业有限公司生产了第一批高纯镓。镓的深加工主要有三个企业：四川峨眉739厂，一年大概生产1t左右，产品达到6N、7N纯度；山东铝厂研究院，虽然批量生产高纯镓，但是大部分是5N以下的；南京中锗科技公司的合资企业南京金美镓业有限公司，其生产的镓纯度是国际上公认为品质最好、产能最大的，可以达到8N以上，产能60t。

国内外制备高纯镓的方法主要有两条途径：一是以含镓99.99%的工业粗镓为原料，通过各种精制方法精制得到高纯金属镓；二是以半导体材料生产过程中产生的各种含镓废料为原料，通过多种方法除去杂质成分后，直接回收得到高纯金属镓。上述两种原料制备高纯金属镓的方法主要有：电解精制法、部分结晶法、电解—结晶法、真空精馏法、真空热解法等。

3.4.4 产业发展思考

原生镓的提取。大力发展原生镓，根据资源特点，引进原生镓提取技术，促进铝冶炼企业从炼铝副产物中提取金属镓，促进铅锌冶炼企业从炼锌副产品中提取金属镓，促进火电厂等企业从粉煤灰中提取金属镓。

高纯镓的提纯。根据我国光伏产业、电子信息和航空航天等高技术产业发展用镓需求，积极发展 6N 级以上高纯镓，作为生产砷化镓、磷化镓等化合物半导体的材料。

镓化合物。以我国航空航天、太阳能和电子工业用镓化合物为重点，依托云南光电子产业基地，大力发展砷化镓、磷化镓、氮化镓、硅砷化镓、铜铟镓硒薄膜等镓化合物，积极延伸产业链，发展光电子器件等镓化合物的高端产品。

4 贵金属材料产业

我国贵金属资源较为丰富，而且铂族、金、银等贵金属提取技术、新材料研制技术、器件制备技术已处于领先水平，已成为稀贵新材料产品的标准制定者，未来需要进一步拓展贵金属产业核心竞争力，加快培育和发展铂族、金、银功能性新材料产业。

4.1 铂族金属材料产业

4.1.1 铂族金属的应用领域

铂族金属包括铂、钯、锇、铱、钌、铑六种金属，它们与金、银统称为贵金属。铂族金属因其具有的可贵性能而被广泛用于现代工业和高科技领域。

铂族元素用得最多的是触媒剂和汽车工业，用于汽车尾气净化催化剂的贵金属用量增长很快。全球每年生产蜂窝状催化剂占铂、钯工业用量的50%，铑用量的90%，正在研究改用较便宜的含钯催化剂代替铂-钯-铑三元催化剂。

现代的科学技术使人们对铂族金属的各种性能有了越来越深的认识，在许多特定的环境和条件下往往是铂族金属及其合金才具备所需要的性能，从而使它成为尖端科技必不可少的材料之一，其在材料科学领域占有特别重要的地位。铂族金属被广泛应用在航天航空工业中的起火电触头材料、高温涂层和高效燃料电池材料；电子工业中的各种引线以及电器仪表的印刷浆料、电阻与电容材料；石油化工工业中的催化剂、氢气净化器和特殊器皿；工业上的各种测温元件以及汽车、柴油机的废气净化材料。铂的某些配合物，如顺铂有抗癌活性，已用于临床治疗。

铂的用途最广，可单独或与其他铂族金属联合使用。铂可用于制造硝酸与氨的催化剂，生产高质量的航空汽油；电器与电子工业上的接触点和铂铑合金热电偶、铂铱火花塞电极；玻璃工业上用作铂坩埚；国防工业上可作为制造导弹发射燃料过氧化氢的催化剂与宇宙飞行器的燃料电池电极等。钯主要作为低电流的接触点和化工中的催化剂；钯合金管可作为提纯氢气用的扩散设备。铑对可见光谱的反射率高，故可用作反射镜面。铱、锇、钌作为铂和钯的添加剂，对于提高其硬度、抗拉强度、耐蚀性和熔点有着重要的作用。此外，铂还大量用作首饰和工艺品。

4.1.1.1 铂族金属均相催化剂和机动车催化剂

铂族金属均相催化剂，由于具有催化效率高、选择性好、适用温度范围广、催化均匀等优点，迅速应用于精细化工和生物制药等行业的相关化学合成，是目前铂族金属应用研究的热点之一。工业常用的典型铂族金属催化剂，主要用于有机合成过程的氢化反应、羰基加成反应、烯烃氧化反应等反应。

铂族金属重要的应用领域之一是机动车催化剂，而且随着有关排放法规的制定和完善，机动车催化剂需要的铂族金属量将逐年稳定增长。短期内汽车尾气催化剂对铂族金属的依赖情况不会改变。高温催化活性和耐抗热震性已经成为控制催化剂性能的重要因素。

4.1.1.2 铂基复合材料

铂基复合材料（PGM），以其自身具有的优良物理和化学性能而被广泛用于玻璃纤维、仪表、精细化工、航空航天等行业。特别是20世纪90年代纳米技术出现以后，铂基复合材料与纳米技术的结合，使铂基复合材料的力学、电学、光学及催化活性等性能得到进一步提升，广泛应用在高科技领域及现代工业中，并且取得了较好的经济和社会效益。铂基复合材料在汽车工业中的主要作用就是制成催化剂来净化汽车尾气；在电子工业中主要在半导体器件制造生产中起关键作用；在石化工业中被广泛地用于制造催化剂；在燃料电池业中用作电极催化剂，一系列的铂二元合金、三元合金催化剂成为研究热点。铂族金属配合物在医药领域中是目前肿瘤及癌症治疗中应用最广、治疗作用最好的一类药物。

4.1.1.3 铂族金属薄膜与涂层材料

铂族金属薄膜与涂层材料主要包括：

（1）磁记录和磁光记录薄膜。钴铂合金、钴铬铂合金的薄膜具有良好的抗腐蚀性和较高的磁通密度，可用于高密度纵向磁记录，可以实现高密度存储，读出信号好，抗氧化抗腐蚀，是极有发展前途的第二代磁光存储材料。

（2）电催化薄膜。质子交换膜燃料电池（PEMFC）可降低电催化剂中铂族金属的用量，提高电极催化性能是电极催化剂研究的主要内容，新开发的材料主要是PtX合金（X = Ni, Co, Fe, Ti）。

（3）铂薄膜。铂具有较强的催化活性、高的化学稳定性和高熔点，铂薄膜和涂层应用主要是高温保护涂层、传导装置、微电子以及污染控制催化电极等领域。

（4）传感功能薄膜。在二氧化硅表面蒸发沉积钯膜制备的氢气传感器可通过对反射率变化的测量来探测氢；钯膜还可制作宇宙飞船氢泄漏报警固体传感器；铂族金属硅化物肖特基势垒红外探测器（SBD）是一种3 ~ 5μm红外探测器，目前应用最广，发展最快的是铂硅化物肖特基势垒红外探测器材料与器件。

4.1.1.4 铂族金属间化合物领域

铂族金属与过渡族金属、稀土金属形成的化合物具有磁性和高临界温度的超导性，可用作磁性材料和超导材料；铂铝系、铱钕系、铑钽系等铂基、铑基、钯基、铱基、钌基等金属间化合物具有高强度和高抗蠕变、抗氧化性能以及相对较低的密度，是继镍基和钛基金属间化合物之后的新一代金属间化合物，也是铂族金属高温热强材料新的研究热点。

4.1.1.5 铂族金属纳米材料

纳米材料的应用研究尚少，实用纳米材料更少。将铂族金属固有的优异物化特性与纳米材料的表面效应、量子效应等特殊性能结合，充分发挥铂族金属纳米材料的优异化学性、催化活性、选择性及优异的电学、光学与磁学特性，是铂族金属材料发展的一个重要领域。

4.1.1.6 铂族金属钎料

铂族金属钎料是指包括至少含有一种铂族金属元素的钎料，是钎焊材料的重要组成部分。铂族金属钎焊材料具有优异的耐蚀性、抗氧化性、高的电导性和热导性、低蒸汽压、优良的力学性能、对多种基体材料润湿性能优异、钎焊接头热强高、钎焊接头具有较高的可靠性和稳定性，主要应用于电子行业的电子管、微波管、航空发动机叶片及飞机管路的焊接。

4.1.1.7 铂类抗癌配合物

铂类抗癌药物由于其抗癌活性强、作用较广及作用机制独特，与非铂类抗癌药物不产生交叉耐药性，是治疗许多肿瘤的首选药物，得到广泛应用。现临床使用的联合化疗方案中，有85%的方案是以顺铂或卡铂为主，或有顺铂和卡铂参与。因此，研究毒性小、与现有铂类抗癌药交叉耐药度低的新型铂类配合物是目前抗癌药研究的主要方向之一。

4.1.2 技术分析

随着铂族金属在各应用领域的新材料产品的系列化，铂族新材料技术更新发展速度加快，同时铂族金属的提取、回收等技术也在不断进步。

4.1.2.1 铂族新材料技术发展态势

A 国外技术情况

国外从事稀贵金属材料领域研究的基本是一些跨国公司或机构，有涉及稀贵金属领域的综合性研究机构，也有专业性或从事单一领域研究的公司。其中综合性研究的公司或机构主要有：英国的 Johnson Matthey Inc.，日本的 Tanaka Kikinzoku Kogyo K. K，德国的 Heraeus Holding GmbH、Degussa-Huls AG 和 Doduco 等。从事专业性单项研究开发的公司有：Sabin Metal Corporation，Gemini Industries Inc.，Washington State Mint 等。专门从事资源开发和综合利用的公司主要有：Outokumpu Wenmec Oy，INCO Ltd.，Stillwater Mining Company 等。以上稀贵金属公司基本上都有百年历史，现已成为大型化、国际化的跨国企业，具有了极其强大的研发能力。

虽然当今科技的国际化，使国际间科技合作与交流不断加强，但国际间的技术摩擦也在加剧，发达国家对高技术的国际化转移采取保护措施，严格控制先进技术的外流，尤其对用于军事工业和高技术含量的新材料技术严加控制，对涉及稀贵金属领域的高新技术更为敏感，掌握稀贵金属领域核心技术和军用材料的国家或跨国公司都设置了重重技术壁垒，我国很难获得相关技术资料和关键信息，许多制造稀贵新材料的高新技术很难学到，引进更为困难。

B 我国已经具有较强的科研实力

我国高度重视稀贵金属的研究与生产，经过50多年的发展，已经具备较强的研发实力，部分领域达到国际领先水平。

昆明贵金属研究所经过近50多年的建设与发展，已成为稀贵金属多学科领域综合性研究开发的科研院所，是稀贵金属领域内知识创新、技术创新的主要力量，成为国内具有综合实力的专业从事稀贵金属冶金、新材料制备、分析检测、信息情报等科技开发的研发机构，也是我国稀贵金属领域专业技术人才的主要培养机构以及国家贵金属新材料研发项目的主要承担者。西北有色金属研究院已研发出氢气净化材料、电接触材料、电阻材料、磁性材料、贵金属焊接、催化剂等稀贵金属材料。我国物资再生利用研究所主要以从含有贵金属铂、钯、铑、铱、金、银的各种工业废料中回收贵金属为主，在贵金属二次资源回收技术方面有一定特点。有研亿金新材料股份有限公司在贵金属新型电接触材料、贵金属制品、贵金属化合物、纳米粉体等稀贵新材料研发与生产方面有一定优势。国内其他一些有色金属企业也开发了一些稀贵新材料。

贵金属冶金理论和新技术研究的发展趋势有以下几个方面：（1）针对低品位矿产资源，深入研究稀贵金属的成矿原理、矿物种类、性质及赋存规律，开发高效的造矿和火冶富集技术，提高资源利用率。（2）通过原子层级及微观结构等基础研究，探寻稀贵金属化合物、无机配合物和有机配合物的基本物理化学性质，解释冶金过程机理，总结共性规律，强化现有沉淀分离、溶剂萃取分离技术，科学集成高效的分离精炼工艺，预测和设计新的冶金反应过程和冶金新技术。（3）稀贵金属冶金与化学化工行业交叉结合，开发稀贵金属冶金中大量使用的试剂原材料再生循环利用及节能环保的绿色冶金工艺。（4）开发稀贵金属二次资源高效再生回收复用技术，特别是开发低品位成分和性质复杂的各种二次资源的共性富集提取技术，以及难溶金属和合金材料的高效快速溶解技术，壮大二次资源再生回收产业。（5）特殊需求的高纯金属及粉末制备、检测技术。

稀贵金属应用研究主要集中在如下几方面：基础理论研究领域；贵金属薄膜与涂层领域；铂族金属间化合物领域；贵金属纳米材料制备领域；贵金属钎料研究领域；机动车催化剂研究领域；贵金属化合物研究领域。

C 云南贵金属研发和生产处于国内领先水平

云南铂族金属材料产业从20世纪60年代开始起步，经过40多年发展，在传统材料产业的基础上，贵金属新材料产业取得了长足进展，在贵金属功能材料、催化材料、电子浆料、化工材料及药物材料复合材料等方面形成了一批新材料产品，产值已接近20亿元。2005年，云南对矿业骨干企业集团再次以资源配置为核心进行整合，基本形成贵金属资源开发及深度加工产业链，在稀贵金属材料方面拥有多项自主开发的专利技术。

云南是我国铂族金属提取及稀贵金属材料研究开发的基地，向全国500多家用户提供300多个品种、近4000种规格的稀贵金属材料。在铂族金属提取及稀贵金属产品开发方面，以铂族金属及稀贵金属特种功能材料、信息功能材料、环境及催化功能材料为主导产品的贵金属材料产业规模不断扩大，总体技术处于国内领先水平，具有比较优势的技术领域主要为从矿产及二次资源提取贵金属技术，贵金属催化材料制备技术，贵金属及其合金材料制备技术，富锗铅锌矿回收及加工技术，铟、硒等稀散元素的真空冶金技术等。

云南贵金属新材料的研发和产业化居全国领先或先进水平。在环境治理、精细化工及医用新型贵金属催化剂及其制备技术、贵金属复合材料先进制备技术、电子信息技术的专用贵金属材料制备技术、贵金属低维/纳米材料制备技术、其他贵金属新材料制造技术等方面处于全国领先水平。在稀贵金属产品研发方面，贵研铂业股份有限公司开发的贵金属精密复合材料等一批新材料研发和产业化项目在全国处于领先地位，已经制造出电接触材料、贵金属精密合金、电子浆料、焊膏和顺铂、卡铂等贵金属抗癌药等高技术产品。

在铂族金属提取及开发方面，贵研所开发的原生铂矿的火法提取和高效环保湿法冶炼提取技术为原生铂矿的开发提供了技术支撑，尤其是湿法新技术居全国领先水平，已申请两项中国发明专利；从石油化工和实效汽车催化剂中回收铂族金属技术的回收指标达到国际水平；同时还掌握了300多种贵金属功能材料制备技术。

在汽车尾气催化剂方面，贵研催化剂有限责任公司实施了汽车尾气净化催化剂项目，自主知识产权的催化剂产品达到欧Ⅱ、欧Ⅲ排放标准，达到国际同类产品水平，在汽车尾气净化催化剂生产规模及制造技艺的先进性、产业化设备的自动化程度、技术成果的系统化与集成化、综合设施的配套性能等方面达到国际领先水平，全面提升了我国催化剂产业的总体技术水平。

4.1.2.2 铂族新材料技术分析

A 提纯技术

高纯铂族金属的性能更优越，国际市场上的商品铂族金属一般为金属锭或海绵状、棒状、片状，也有条带状、丝状或箔状。商品级的产品含铂族元素不得低于 99.8%，其中含铂和钯必须大于 99.5%。用于实验器皿或电接头的铂族金属原料要求纯度大于 99.9%，用于热电偶和高温计的纯度必须在 99.999% 以上，随着电子等精密仪器行业对铂族金属的需求增大，对其纯度的要求也越来越高。

分子识别技术分离提纯铂族金属类似于离子交换，是一种液-固萃取技术。大致工艺是：将 SuperLig 材料填入分离柱—多级串联吸附—洗涤—解吸—再生循环使用。解吸液中铂族金属纯度接近或达到 99.95%，可以根据客户需求直接生产化合物，也可以采用传统的化学法生产铂族金属粉末。

B 合成工艺

物理气相沉积，包括蒸发、溅射、离子镀、电弧度、等离子镀和分子束外延生长法等；化学气相沉积，包括气相沉积、液相沉积、电镀、辉光放电沉积、金属有机物化学气相沉积和溶凝胶等。

C 废料回收和处理技术

我国铂族矿产资源不足，应重视从废料中回收贵金属的工作，研究了各种类型，来源复杂，成分、含量、形态性质各异的贵金属废料再回收工艺，主要有废旧铂催化网、玻璃纤维及玻璃用废铂铑漏板、坩埚、玻璃纤维工业耐火砖和玻璃碴中的铂铑，各种类型贵金属催化剂、氨氧化炉灰中的铂族金属以及从废定影液、废胶片中回收贵金属的工艺等。

世界贵金属回收和处理技术有：

(1) 1979 年 10 月投产的布林斯敦厂是世界上最大的贵金属废料处理厂之一，有最先进的取样、分析和熔炼设备。该厂可高效率从各种含贵金属的废旧原料和矿产原料中回收贵金属。

处理贵金属二次资源，一般通过三大工段来完成。首先对于不同贵金属废料进行预处理，取样分析其有价金属含量，确定品位；再通过熔炼、吹炼、电解得到贵金属精矿；最后进行贵金属相互分离、精炼，得到贵金属产品。

(2) 对于综合性的贵金属回收公司，采用火试金原理，通过熔炼铅扣分离杂质成分，铅扣灰吹脱铅，电解分离银而得到贵金属。用铅银富集贵金属高效而可靠，技术发展侧重于熔炼设备和熔炼制度的不断改进，国外综合性的贵金属回收公司主要体现在熔炼设备的先进性，在铅扣灰吹时不会让氧化铅外溢，一方面保证铅的回收，另一方面不会带来环境污染。

对于贵金属二次资源的综合处理，国外贵金属回收公司采用火法熔炼，主要是针对废料的杂质组分、贵金属品位、数量均不相同，杂质和有价金属状态不一而定。通过火法熔炼，各种组分发生分解，重新组合，杂质成分造渣分离，而贵金属以金属态存在于铅扣中，为进一步处理创造了有利条件。但是，对于大批量的同一种贵金属废料来讲，就没有必要遵循以上的工艺路线了。例如，含铂、钯、铑的汽车尾气净化废催化剂已成为铂族金属最重要的二次资源，不仅数量大、价值高，而且铂族金属含量比最富的矿体含量高得多。所以，国内外研究了专门的处理工艺，如采用等离子体熔炼铁捕集法、加压高温氰化法或直接浸出法处理回收其中的铂族金属。

（3）美国针对含铂 1220g/t、钯 170g/t、铑 140g/t 的废催化剂，以金属铁粉为捕集剂，少量碳作为还原剂，加入石灰熔剂进行等离子熔炼，熔炼温度约 1500℃，所有粉状物料混合后喷射入炉，传热、传质速度快。载体与熔剂化合转变为炉渣，获得带磁性的含铂族金属约 7% 的铁合金，可以磁选回收。铁合金相的产率，即铂族金属在铁合金中的富集倍数，取决于铁粉加入量，报道的熔炼回收率为：Pt > 99%，Pd > 98%，Rh ≈ 87%。

（4）对于铂、钯、铑含量 1000 ~ 2000g/t 的汽车废催化剂，我国采用加压氰化法提取其中的铂、钯、铑，废催化剂预处理脱除载体中的油污、积碳，通过 2 次加压氰化浸出，铂、钯、铑的回收率分别达到 95% ~ 96%、97% ~ 98%、90% ~ 92%。虽然工艺中使用的氰化物有毒，但在高温高压下溶液中的氰化物被转化为无毒的碳酸盐，残余氰化物浓度很低，排放无害。

（5）日本对于含铂、钯、铑汽车废催化剂首先使用氢还原进行预处理，采用盐酸体系加氧化剂浸出铂、钯、铑，将向盐酸体系中分别加次氯酸钠、加双氧水及加次氯酸钠 + 双氧水的浸出效果进行比较，最终采用盐酸体系加次氯酸钠 + 双氧水浸出，浸出液组分为 3% 的次氯酸钠、5mol/L 盐酸和 1% 的双氧水，浸出温度 65℃，浸出时间 3h，铂、钯、铑的回收率分别达到 88%、99%、77%。含铂、钯、铑汽车废催化剂采用湿法工艺时，需对催化剂进行预处理。

4.1.3 产业发展态势

云南在铂族新材料的研发和生产上处于国内领先水平，形成了昆明贵金属研究所、贵研铂业股份有限公司、贵研催化剂有限责任公司、昆明贵研药业有限公司等一批优势企业及科研机构。在贵金属环境净化材料、电子信息材料、化工催化材料等方面，将科研和产业化建设融为一体，掌握着一系列贵金属功能材料的核心技术。产品用户涵盖电子信息、航空、航天、船舶、汽车、生物医药、化学化工、建材、矿产冶金、环保能源等行业。

4.1.3.1 高性能贵金属精密复合材料

贵金属嵌镶复合和微异型功能复合材料，是当今新型高技术电接触关键基础材料，具有综合性能好、制造成本低等优点，在当今众多的同类材料中独树一帜，成为世界各国争先发展的重要材料，广泛用于电子工业、航天航空、交通、能源、通信、计算机等领域，同时还用于国防军工电子装备。其独特的优越性能，在计算机网络终端、程控电话、传真机的连接端子和计算机键盘开关等触点以及家用电器、照明开关、继电器、控制器、保护器、微电机、接插件等关键部件有着极其重要的应用价值。云南先后承担了“七五”、“八五”和“九五”国家科技攻关项目及一系列国家军工配套科研试制项目，取得多项国家和省部级奖励，获 10 多项国家发明专利权。材料产品的技术达到国际先进或国内领先水平，现已逐步形成了产品功能化、系列化。

4.1.3.2 贵金属厚膜电子浆料

厚膜电子浆料是现代微电子技术用片式元件、电容器、薄膜开关、多层布线、包封玻璃、太阳能电池、导电橡胶、汽车玻璃化霜导带、传感器等重要的关键基础材料，在现代信息、航天、航空及国防军事等产业中具有重要地位。云南从20世纪60年代末开始研究开发厚膜电子浆料，在“六五”、“七五”、“八五”及“九五”期间先后承担并完成了国家科技攻关和国防军工科研试制项目，取得了一批重要成果，其中40多项获得国家发明奖、金龙奖、全国科学大会奖及省部级科技进步奖、优秀新产品奖，取得多项国家发明专利，制定了30多项国家标准，提供了近百种规格的贵金属粉末及浆料产品，其性能和技术达到国际先进和国内领先水平。

4.1.3.3 微功耗及双功能催化传感器

微功耗及双功能催化传感器是国外最近几年开始发展起来的高技术新型传感器，国际上仅两三个国家掌握这两种传感器技术。云南采用自主知识产权技术研制成功的长寿命微功耗可燃性气体催化传感器，1997年通过美国质量认证，得到国内外专家学者的高度评价。云南与美国RAE公司合作开发的参比元件可作热导的双功能新型催化传感器，可对各种浓度的可燃性气体进行准确测量，克服了一般催化传感器不能测量高浓度可燃性气体的弱点。该类产品在石油、化工、煤矿、冶金、消防、环保及家用等许多领域中对可燃性气体准确测量、报警和监控，产品已在国内推广应用并打入美国市场，具有广阔的应用和市场开发前景，对于安全保障具有重要意义。

4.1.3.4 新型贵金属合金催化网和捕集网

云南采用自主知识产权技术研制开发的铂钯铑铼合金针织催化网，具有节铂、减重、降低铂耗、抗毒化能力强、氨氧化率高及使用寿命长等特点，生产、制备技术处于国内领先水平，广泛用于硝酸、氢氰酸及己内酰胺生产。钯合金捕集网用于回收铂合金催化网使用中挥发损失的铂，使用失效后的铂合金催化网及钯合金捕集网均可再回收制造新网。这类技术成果具有较好的经济效益和社会效益。

4.1.3.5 新型汽车继电器直流触头铜钯复合材料

铜钯复合材料是一种新型的功能性复合材料，它具有优异的可加工性、适中的硬度和较高的电导率，特别是具有抗直流触头材料微小迁移的特性，是世界上最佳的直流触头材料之一。云南研制的新型铜钯复合材料系列（Cu/Pd60、Cu/Pd40、Cu/Pd30、Cu/Pd25）更具优越的技术性能，在汽车及摩托车上作为继电器直流触头材料，特别是闪光灯继电器触头材料。其热导率很高，导电率比传统铜钯材料提高3~10倍以上，在直流条件下，具有极好的抗材料微小迁移特性，触头寿命大大提高，由于钯含量低，可大大降低材料成本。新型铜钯复合材料系列产品已在华东、贵州等地主要国内汽车继电器生产厂家批量应用，并为桑塔纳、红旗、捷达等轿车配套使用，取得了显著的技术经济效益。

4.1.3.6 机动车催化剂

云南一直从事机动车催化剂转化器产品设计开发、生产制造、分析检测、贵金属加工及回收业务，作为机动车污染控制技术开发的研发实施单位和产业化实施单位，承担了“九五”、“十五”期间国家级、省部级项目中的核心技术工作。通过这些项目的实施，在机动车催化剂用催化材料开发、贵金属前驱体研究、催化剂制备工艺研究、整车配套一体化设计、分析表征与性能评价技术、产业化建设等关键应用技术以及催化作用机制、数值模拟等基础研究方面积淀了丰富的科学研究经验和大量技术数据，从而在机动车用催化剂领域应用基础研究、应用技术研究、集成技术和产业化开发方面获得丰硕成果。

云南采用自主知识产权技术研制开发的稀土-贵金属三效稀土基催化剂，其综合指标处于国际先进和国内领先水平。以稀土氧化物为主体添加少量贵金属的基本技术路线，具有工艺先进、产品性能优越、稳定性和可靠性高的独特之处，对汽车尾气排放污染物（CO、NO_x）的净化率平均达到90%以上，寿命超过80000km。1999年在云南省建成我国最大现代化汽车尾气净化催化剂生产企业，引进国外先进生产和检测设备，生产的催化剂产品达到欧Ⅰ、欧Ⅱ排放标准。生产的净化器产品已通过中国环科院、国家汽车质量监督检验中心（长春）、中华人民共和国环境保护部、北京汽车附件研究所、北京切诺基厂、美国福特汽车公司等权威机构的认证，已获得2项国家专利权和1项美国专利权。

紧随排放法规发展开发的系列新材料和新工艺技术批量产业化后，已先后推广应用到汽油车、柴油车、天然气车、摩托车等不同能源机动车的尾气治理中，可分别满足“国Ⅰ”、“国Ⅱ”、“国Ⅲ”排放标准，而且部分底盘式催化器已达“国Ⅳ”汽车排放要求。2000年以来，已向长安、奇瑞、柳汽、力帆、嘉陵、江淮、云内等厂家批量供货约60万件，形成上亿元的年销售收入。同时所开发的新材料也已拓展到小型通用汽油发动机、灭蚊器、化工等催化行业中。

4.1.3.7 贵金属医用材料

云南已开发出顺铂、卡铂、奥沙利铂等铂类抗肿瘤原料药，此外还拥有奈达铂、赛特铂等新型铂类抗癌药物的制备技术。其中顺铂、卡铂、奥沙利铂成功实现了产业化，产品质量符合中国药典、欧洲药典及美国药典等标准的要求。产品的产量及销售收入以每年约30%的速度增长，潜力巨大。

4.1.4 产业发展思考

重点领域。重点发展铂族金属特种功能材料、铂族金属高纯功能材料、铂族金属信息功能材料、铂族金属环境材料、铂族金属催化功能材料、铂族金属医用材料等产业领域；加快贵金属矿产资源开发、二次资源回收利用。

重点产品。包括汽车尾气净化催化剂、精细化工用催化剂、高浓度有机废水净化催化剂、微功耗多功能可燃性气体催化传感器、半导体气体传感器；贵金属铂、钯、铑、钌、铱、金、银各系列化合物等；铼铱涂层复合材料、贵金属精密合金材料、贵金属焊接功能材料、测温材料、多层铂网、贵金属复合材料等；贵金属特种粉体（超细粉、球型粉、片状粉、复合粉等）、贵金属厚膜电子浆料、介质浆料、玻璃包封浆料、贵金属涂层及薄膜。

建设四大基地。加快建设国内最大的汽车尾气催化剂生产销售基地、国家级稀贵新材料产业基地，建成具有领先技术的贵金属冶金化工基地、贵金属回收资源再利用产业基地。

4.2 金金属材料产业

4.2.1 金的应用领域

金在工业领域的应用逐渐扩大，尤其在电子技术、通信技术、宇航技术、化工技术、医疗技术等领域的应用不断扩大。

(1) 金在电子工业中的应用。由于金具有优异的稳定性和良好的导电、导热性能，使金在电子工业中的应用越来越广泛，如高级真空管的涂料、特殊用途的电力接头、特殊精密电子仪器用的拉丝导线、电镀金的高频导体以及高温焊接用金合金，计算机、收音机、电视机、收录机的涂金集成电路等。金在电子工业上的用量占工业用金的90%以上，且还在不断增长。

(2) 金在化学工业中的应用。金在化学工业中有很多独特用途，如核化工厂用的材料和人造纤维类工厂中用的合金喷丝。

(3) 金在航空航天及交通领域中的应用。在航天工业中，金的用途还在不断研发和拓展。飞机和其他空间运输工具中用的镀金红外装置和热反射器，喷气发动机和火箭发动机用涂金防热罩或热遮护板，以及飞机、汽车、轮船等交通工具涂有薄层金的热挡玻璃等。

(4) 金在传统工业中的应用。在镶牙业、照相和制笔等传统工业中，黄金仍有一定的用量。

随着科学的发展和新技术不断出现，黄金的应用领域还在不断扩大。

4.2.2 技术分析

金在高科技领域的用量虽然不大，但已经围绕着金的性能开发出焊料、合金、粉末、催化剂等多种类型的新材料，从金的提取、回收到材料制备技术研发还在不断得到加强。

4.2.2.1 金新材料分析

黄金主要用于首饰业，需求量大；而在电子工业及齿科业中的应用也在不断扩大，种类很多。现代黄金材料被广泛应用于航海航空、国防军工、电子电气、化工、玻璃玻纤及环境保护和治理等现代工业领域，并在作为知识经济三大构成部分——电子信息技术、新能源技术和环境技术方面发挥着不可替代的作用。

A 金钎焊料

钎料是钎焊工件时用来填充连接处间隙，使工件牢固结合的填充材料。贵金属钎料是用金及其合金制成的，其钎焊的性能非常优良，很难找到非贵金属钎料来代替。因此，飞机、导弹、火箭上的一些重要部件，必须用贵金属钎料钎焊。所以，贵金属钎料的研制和发展一直为人们所重视，贵金属钎料的牌号、品种也随之不断发展。用于钎料的贵金属成为世界贵金属的主要消耗之一。贵金属用作钎料的牌号最多，应用的部门也最广。

金钎料的主要合金组元有镍、铜、银、钯、锌、铟、锗、锡等。金钎料按组元可分为金镍合金、金铜合金、金银铜合金、金银铜锌合金、金钯合金、金钯铜合金、金铟合金（硅、锗、锡、锑）等系列。金钎料的特点是具有优良的钎焊工艺性能和钎焊接头性能，在航天、航空和电子工业中得到广泛的应用。

B 断开接触材料

金的化学稳定性最好，接触电阻低，导电性和导热性良好，用作断开接触材料中的金属接点。但金的弹性差，屈服点很低，易起弧焊接，在小电流作用下会形成尖刺。因此，在含金不小于60% ~70%的基础上，加入铂、钯、银、铜、镍、铁、钴等元素组成的合金，不但保持了纯金的优良的化学稳定性，而且改善了纯金电接触性能。金合金在硫化和盐雾等气体下不发生晦暗，不易受有机气体污染，保持了接点的接触电阻的稳定性。常见的断开接触材料有金镍合金系、Au-9Ni-0.5Cd 系和 Au-9Ni-0.5Y 系合金，由纯度大于99.9%的金和镍为原料制造。

C 滑动接触材料中的金基合金

金的抗氧化性和耐腐蚀性仅次于铂。金基合金具有优良的化学和电学性能，低而稳定的接触电阻，低噪声电平以及良好的抗有机气体污染能力。金合金的电阻系数都比较低，电阻温度系数较高；但硬度和强度较低，不耐磨。在金中加入合金元素后可提高硬度、强度和耐磨性，降低电阻温度系数和对铜热电势，有些合金可使电阻系数提高到200μΩ/cm以上。这类合金有金银合金系、金银铜系、金银铜锰系、金钯系和金铜系。

在金基接触材料中，金银系合金普遍用于低阻值电位器绕线电阻、电刷及导电环材料。如金银铜系和金银铜锰系合金具有极高的耐磨性，在航空工业中得到广泛应用。在金镍系合金中加入铬、铁、钇、锆、铜等元素，特别适用于低、中阻绕组及电刷材料，具有低电阻温度系数、低噪声、长寿命、耐磨等特点。金钯系合金是高阻绕线材料，在金钯合金中加入铁、钼、钒、铬、铝、镍、铜等，具有硬度和强度高、电阻系数达到最大值而电阻温度系数出现极小值、对铜热电势小、抗腐蚀性强等特性。这类合金作为电刷及导电环材料具有耐腐蚀、耐磨、强度和弹性高、接触应力松弛小、接触元件工作可靠、使用寿命长等优点。

D 电阻和测温材料

金合金电阻应变计用于分析和测量工程部件，操作简单、灵敏、准确。电阻应变计的关键元件是应变敏感栅。敏感栅可以做成各种各样的形状和形式。敏感栅材料的优劣，直接影响应变计的特性，作为电阻应变敏感栅材料，除了必须具备精密电阻材料的性能以外，还必须具有稳定性及高应变灵敏度系数。

作为电阻和测温材料，关于金基合金的研究相当多。它们的电阻率低，电阻温度系数大，对微量杂质极为敏感，而且大都存在有序-无序相转变和脱溶现象。

金用作热电偶材料，可利用其热电效应制成的测温计，即热电偶。金热电偶的热电势与温度呈直线关系，故金热电偶具有灵敏、准确、简单等优点，通常用作标准热电偶。

上述三类仪表用金占金用途的很小部分，但产品价值高，主要需求国家是日本、德国和美国，国内市场需求很小，在我国由昆明贵金属研究所生产。

E 超细和纳米金粉

超细金粉是制备细线金浆、低温金浆及金钯、金铂钯、金银钯等优良导体浆料的主要导电材料。它可用热分解法和水溶液还原法制取。热分解法可获得平均粒度为1 ~2μm的金粉；水溶液还原法可获得平均粒度为0.05 ~0.5μm的金粉。将超细金粉与有关成膜物质、溶剂和改性物质混合均匀得到具有特定电性能的含金浆料，广泛应用于电子元器件的制造；将超细金粉负载在多孔性载体上，可以得到具有特定催化性能的含金催化剂。

纳米金粉可替代超细金粉，用于对材料有着特殊要求的高新产业。

F 粉末冶金用金

金合金可以在氧化性气体（空气）中烧结。烧结后的制品还要成型、复压和复烧处理，主要目的有两个：一是达到精确的尺寸、公差及表面粗糙度；二是提高密度和强度，改善产品性能。粉末冶金用金要求金粉的粒度均匀，金粉的粒度为0.05～5μm。这类金产品占金用途的很小部分，但产品价值高，主要需求国是日本、德国和美国。

G 负载型金催化剂

负载型金催化剂的制备方法有很多种，常见的有浸渍法、共沉淀法和沉积沉淀法。微孔材料负载金催化剂多采用浸渍法（IMP）或沉积沉淀法制备，而金负载量较高的 Au/Fe_2O_3催化剂多采用共沉淀法（CP）制备。

金到纳米级时，可表现出很高的催化活性。负载型金纳米粒子催化剂对水煤气转化反应、不同类型的不饱和烃的加氢反应和某些醇类的液相氧化反应等多种反应体系均具有良好的催化作用。在化工和精细化工领域是很有前景的催化剂。金催化剂可催化一氧化碳转化为二氧化碳，丙烯的环氧化，双氧水的直接法合成及其原位利用，不饱和碳氢化合物的氢化，液相反应，有机物的选择性氧化反应，水-气转换反应等。

多孔材料负载型纳米金催化剂成为大气污染物消除、精细化学品合成以及有机化合物的液相氧化等各类绿色化学工艺中的首选。多孔材料负载型纳米金催化剂的活性和稳定性受载体选择、制备方法和制备条件的影响很大。

微孔材料负载型金催化剂面临的主要问题是如何提高纳米金粒子在载体表面的高度分散，增强载体与金粒子之间相互作用，以及扩大反应物分子在载体的扩散空间等。

介孔材料负载型金催化剂面临的问题是如何强化载体的孔壁结构，增加孔壁厚度，提高孔的有序性，提高水抗热震性以及增强机械强度等。

H 聚苯胺与纳米金复合材料

金纳米粒子的存在增强了电荷的传递，使得复合材料具有更强的电催化活性。复合材料中空球对多巴胺氧化的电催化性能比纯聚苯胺中空球的更强。在阳离子交换树脂上复合成的聚苯胺-纳米金复合珠，不仅可以催化葡萄糖的氧化反应，还能指示出氧化反应的终点。

在传感器方面，用于生产新型葡萄糖传感器，该传感器具有很低的检测限和快速的响应时间，灵敏度比纯聚苯胺构建的传感器高6倍。用复合材料研制出了基于电导率探测的免疫色谱化验系统，其电导率响应值提高了4.7倍；用于超灵敏度的葡萄糖生物传感器，具有很高的稳定性和很好的重现性；用其制造的双氧水传感器具有响应快、灵敏度高、稳定性好的特点，相对于其他双氧水的传感器而言，该传感器不用修饰生物酶，是一种新型的无酶双氧水传感器。

在微电子装置方面，复合材料具有存储记忆效应。将复合材料作为存储元件，该元件具有双稳态的电行为。这种双稳态的电行为是聚苯胺-纳米金（PANI-AuNPs）复合材料可应用于信息存储材料的必要条件。该元件有很快的响应时间和较长的保留时间，在数字非易失性存储器方面有很大的应用前景，这种全聚合物的存储设备对将来的信息技术领域将会产生重大的影响，并能为未来先进的计算机和数字电子技术提供高速度、高密度的存储器。

I 金基蒸发材料

金基蒸发材料通过真空蒸镀或真空靶材溅射工艺沉积在化合物半导体材料表面，形成金属-半导体系统，再与金属接触的半导体表面形成高度掺杂的半导体薄膜，使金属与半导体接合在一起，产生场发射或载流子隧道，得到在外加偏压为零时非常低的电阻，实现金属与半导体的接触，广泛应用于发光二极管照明、太阳能电池、微波半导体器件、电极和互连等工业生产中。

J 金的药物

金特别稳定，长期以来人们很少知道金有生物活性的特点。到 13 世纪，金被认为是世间万灵药，似乎对各种疾病都有治疗作用，这种情况一直延续到 18 世纪晚期。由于当时不具备生物化学基础，所以金疗法的可信度很低，到本世纪金的化学疗法才逐步被认为是科学的。

1890 年，B. Koch 观察到金的氰化物 $KAu(CN)_2$在试管中能抑制结核杆菌，并用来治疗许多病原有机体，包括结核病和梅毒等，这为金盐的实际应用开辟了道路。深入研究金配合物结构、组成与生物活性之间的关系，不仅能合成更加安全有效的金剂，同时必将开拓金药物在抗癌、杀菌与皮肤病治疗等方面的新应用。

在医学上，放射性金 198 用于放射疗法。将金以微粒或胶体的形式置于指定部位，如胶体金 198 用于胸肋膜渗出液或腹膜渗出液以及膀胱癌的放射治疗。在使用部位，要求不溶性的放射药物具有规则的表面和始终如一的放射能力。胶体金 198 还用于各种不同的诊断，例如在骨髓的扫描或描绘肺肾的外形方面，胶体金被这些器官所吸收，然后借助闪烁法进行观察。

金药占金用途的很小部分，但产品价值高。我国香港每年需要医药用金 100kg，日本每年需要医药用金 500kg。我国金药由昆明贵金属研究所与昆明医学院联合研制。

K 片状金粉

各种粒度和形状的金粉应用于多种技术领域，如制备装饰性金涂料以及印刷电路用的厚膜浆料。过去已有的化学还原剂还原金盐溶液制备金粉的工艺，所得到的金粉末通常呈针状、球状或者无定形状。然而，用于制备金导电胶及装饰性金涂料用的金粉中，片状金粉优于其他金粉。

L 夜视仪用金膏

夜视仪是一种特殊用途的光学产品。在其光学玻璃纤维面板圆柱面上使用一种附着牢固、无污点、金黄色和导电性能好的金膏。该金膏涂覆于光学玻璃纤维面板圆柱面，经 530℃下 1h 烧结后，粗糙度达 12 级以上，应用于不同领域。

夜视仪用玻璃纤维面板为双层圆柱形结构，金膏涂于上层圆柱面，为了使金膏不流在转角及下一层的台面上，其黏度必须为 5.5 ~ 6.5，在该黏度下金膏中的金更容易被还原，加入 MSH 盐，可防止金的析出；在 730 ~ 870℃时金水才能烧透，而金膏在 530℃烧结。由于纤维面板本身价值昂贵，一台夜视仪的完成需经过无数道工序，且产品的成品率并不高，因而要求材料可再生利用，即在 585 ~ 600℃时，金膜疏松，利于面板的回收，这时选择适宜的添加剂有机化合物是有益的。为防止电极产生放电现象，要求烧结膜粗糙度达12级以上，金膏烧结膜上不允许有污点和黑点，所以对金有机化合物和制作工艺的要求就显得比较严格。

已研制出夜视仪用金膏，烧结温度530℃，烧结膜有良好的导电性和粗糙度，粗糙度达到12级以上，表面光亮，无污点和黑点，对光学玻璃纤维面板有较好的附着力，耐弱酸、碱。

金膏除大量应用于瓷器、精陶、玻璃等制品上作为装饰外，其涂层还广泛用于建筑、光学和电器等方面作为导电层、反射（红外光）和保护膜等。随着电子工业的日新月异，金属有机化合物作为一种新技术还被应用于厚膜制作导体和电阻浆料，浆料中加入光敏剂采用曝光技术制作任意图形的热印头、图像传感器用电路等产品。在通常的金浆料中加入少量贱金属树脂酸盐，以形成具有活性的新型的结构，提高附着力和改善膜层的致密度。

M 金的功能材料

金的形状记忆合金——金铜锌铝、金铜锌具有较好的形状记忆功能，金含量大于45%的合金具有低温热循环恢复的记忆功能。金基合金（含银、铜）具有很高的弹性，用作电器的弹性丝材。

4.2.2.2 金新兴科技分析

A 金提取技术

(1) 砂金矿中金的提取。砂金矿床通常有采金船开采、水力开采、挖掘机开采以及地下（竖井）开采等。我国砂金矿床以采金船开采为主，也有水力开采和挖掘机开采。

砂金选矿工艺主要包括选别前的准备作业和选别作业。准备作业主要由碎散和筛分两个过程组成。砂金的选别主要采用重力选矿法，重选设备一般采用各种类型的溜槽、跳汰机和摇床（常用于精选）。

(2) 脉金矿中金的提取。金矿石的各种类型因性质不同，采用的选矿方法也有不同，但普遍采用重选、浮选、混汞、氰化及近年来的树脂矿浆法、炭浆吸附法、堆浸法提金新工艺。对某些种类的矿石，往往采用联合提金工艺流程。

B 废料回收和处理技术

(1) 有色冶金阳极泥中提取贵金属。有色冶金阳极泥是贵金属，特别是金和银的重要来源，贵研铂业已成功研究了从镍、铜、铅、焊锡等阳极泥中提取贵金属和其他有价元素的处理工艺，其金属回收率、处理成本居国内先进水平。

(2) 铜电解阳极泥中回收黄金技术。云铜集团等有色金属冶炼中作为副产品回收黄金。

4.2.2.3 高纯金制备和技术

电子行业广泛应用金及金合金材料作为内引线和焊料，这些行业对金原料都有高纯的要求。通常所说的高纯金的金含量大于99.995%，杂质总含量小于0.001%，分析杂质元素个数多于8个。

高纯金的制备：金提纯的目的就是除去杂质以提高金的纯度，获得符合不同纯度要求的黄金产品，以满足市场交易的要求。常用的金提纯工艺主要有熔融氯化法、电解精炼法、化学溶解沉淀法和溶剂萃取法。

4.2.3 产业发展水平分析

4.2.3.1 技术处于全国先进水平

云南贵金属新材料的研发和产业化居全国领先或先进水平。贵金属精密复合材料等一批新材料研发和产业化项目在全国处于领先地位，已经形成电接触材料、贵金属精密合金、电子浆料、化工材料、焊膏等高技术产品。虽然黄金材料的用量很小，但是其产品附加值极高。

4.2.3.2 已开发出一批金金属材料

云南已经在以下金的新材料形成了生产能力：

（1）金锡合金钎料。钎料熔点为100~1900℃；钎料品种有箔带材、丝材、粉末、膏状钎料和复合钎料。云南省自主开发的微电子器件用金锡合金钎料箔材，广泛用于可靠的大规模集成电路、模块电路封装、单立元器件电路气密封装（预成型、复合盖板）；半导体管芯焊接（箔材）。

（2）金和金合金电接点材料。金有很好的抗氧化、抗硫化性，在有机气体中不易生成聚合物，化学稳定性居所有金属之首，金的导电性和导热性良好。金及金合金主要用作弱负荷电接点材料。

（3）电刷、滑动接点材料。金合金电刷、滑动接点材料，具有耐磨、抗腐蚀、接触电阻低而稳定的特点，能与电位计、导电环、换向片等获得较好的匹配。

（4）电位器绕组材料。金合金电位器绕组材料的电阻系数稳定、变化小，在宽温域内电阻温度系数低，对铜热电势小，有良好的化学稳定性，接触电阻低而稳定，保持低的噪声电平；而且大多数金合金绕组材料绕制性和漆包性好，易抛光，易焊接。

（5）弹性材料。金包铝芯复合材料具有扭力矩小，化学稳定性好，不与氟氯油反应等特性，且金包铝芯复合材料密度小，导电性好，是陀螺仪表中优良的导电游丝材料。

4.2.4 产业发展思考

金基合金材料。加快金基合金材料的性能、应用、生产工艺和生产装备的研发，在金银（Au-Ag）系合金方面加快发展金银铜（Au-Ag-Cu）系、金银铜锰（Au-Ag-Cu-Mn）系合金，研发金镍（Au-Ni）系合金，研究在金镍（Au-Ni）系合金中加入铬、铁、钇、锆、铜等元素的性能和应用领域；研发金钯（Au-Pd）系合金，研究在金钯（Au-Pd）系合金中加入铁、钼、钒、铬、铝、镍、铜等元素的性能和应用领域。

超细金粉和纳米金粉。在发展超细金粉和纳米金粉的基础上，研发细线金浆、低温金浆及金钯、金铂钯、金银钯等导体浆料，研发特定电性能的含金浆料，发展特定催化性能的含金催化剂。根据特定客户要求生产纳米金粉。

金钎焊料。针对我国在飞机、导弹、火箭发展中对焊料的需求，研制各种类型和镍、铜、银、钯、锌、铟、锗、锡等不同元素含量的金钎焊料。

断开接触材料。积极发展金镍系、金镍镉系、金镍钇系合金等断开接触材料。

电阻和测温材料。在现有产品基础上，积极研发新型电阻和测温材料，保持技术优势，开拓电阻和测温材料在我国的应用领域。

负载型金催化剂。大力研发负载型金纳米粒子催化剂、多孔材料负载型纳米金催化剂、微孔材料负载型金催化剂、介孔材料负载型金催化剂。

聚苯胺-纳米金复合材料。跟随生物科技、先进计算机和电子技术的发展以及对纳米金复合材料的需求变化，研发不同应用领域的纳米金复合材料。

金基蒸发材料。跟随光电子技术的发展前沿，瞄准发光二极管照明、太阳能电池、微波半导体器件、电极等工业生产中对金基蒸发材料的应用领域，积极发展金基蒸发材料。

牙科材料和医用材料。在已有产品基础上，加强贵金属研究机构与医学研究机构的合作，积极研发金的牙科材料和医用材料。

夜视仪用金膏。针对建筑、光学、电器、电子工业等不同的应用领域，开发不同应用需求的夜视仪用金膏。

金的功能材料。在已开发出的弹性材料的基础上，积极研发金铜锌铝、金铜锌等金的功能材料。

4.3 银金属材料产业

4.3.1 银的应用领域

长期以来，大量纯度较高的银用于制造银币和装饰品。随着科学技术的发展，银已由传统的货币和首饰工艺品消费，逐渐转移到工业技术的应用领域。

（1）影视和照相业用银。由于银的卤盐（溴化银、氯化银、碘化银）和硝酸银具有对光特别敏感的特性，用来制造照相底片的感光层，制作电影、电视和照相所需的黑白、彩色胶片、底片、晒相纸和印相纸，印刷制版用的感光胶片，医疗与工业探伤用的 X 光胶片和航空测绘，天文宇宙探索与国防科学研究用的各种特殊感光材料。

（2）机电和电器工业用银。银具有很好的延展性以及最好的导电性和传热性，因此，用于制合金、焊药、银箔、银盐、化学仪器等。银常用来制作灵敏度极高的物理仪器元件，各种自动化装置、火箭、潜艇、计算机、核装置以及通信系统中大量的接触点都是用银制作的，耐磨且性能可靠。银主要以纯银、银合金形式作为电接触材料、电阻材料、钎焊料、测温材料和厚膜浆料等。如银铜、银镉、银镍等合金制作的电触头可消除一般金属的消耗变形、接触电阻及黏结等弊端，银钨、银钼、银铁合金等制作的低压功率开关、起重开关、重负荷的继电器与电接点材料可广泛用于交通、冶金、自动化和航空航天等尖端工业。厚膜工业中，银浆料导电最好，与陶瓷的附着力强。

（3）催化剂用银。银主要以合金催化剂形式用于石化工业。有机合成用羟基取代卤素时用湿的氧化银做催化剂。在农业、气象上，将化合物碘化银粉末撒入云层，可以起到人工降雨的效果。

（4）能源利用用银。将银涂在弧形玻璃镜面可聚集阳光，将其转化为热能和电能，银锌、银镉电池比普通电池强 20 倍以上。氧化银在玻璃工业中用作着色剂，银敷在玻璃窗上可防止紫外线通过。

（5）防腐性能用银。银不会与氧气直接化合，化学性质十分稳定。在一些容易锈蚀的金属表面镀上一层银，可以延长使用寿命，而且美观。氧化银还用作防腐剂，电子器件材料。

(6) 医疗用银。银有很强的杀菌能力而被称为亲生物金属。银在水中能分解出极微量的银离子，这种银离子能吸附水中的微生物，使微生物赖以呼吸的酶失去作用，从而杀死微生物。十亿分之几毫克的银就能净化1kg水。普通的抗生素仅能杀死6种不同的病原体，而含银的抗生素则能杀死650种以上的病原体，所以银可用作外科手术、治病。银的最重要的化合物是硝酸银，被用于制作眼药水。银线、银片是固定碎骨与修补颅骨破洞的非常材料。银金、银汞、银锡合金等是重要的牙科材料。

随着科技的发展，银的优越性能还将被不断应用，银新材料还在不断延伸和扩展之中。

4.3.2 技术分析

银作为货币或饰品的职能已大大减弱，而工业用银已成为最大的白银消耗领域，电子、电器用银已经约占银总消耗的40%。我国电子、电器、感光材料、化学试剂和化工材料每年所耗银约占总消耗量的75%，银工艺品及首饰消耗量约占10%，其他用途约占15%。

银的工业产品中，将银与贱金属制成复合材料，具有银的含量低、综合性能好、价格便宜的特点，广泛应用于各种电子、电器行业。工业用银是银的最大用途，银用于感光材料是银的另一大用途。国内外感光材料中银以卤化物形式作为光敏材料，其制作的原料是硝酸银。饰品用银也向银合金方向发展，如银铜、银铅、银铅镍等硬化合金。

4.3.2.1 电接触材料及技术分析

银的金属导电率高，导热性好，加工性能良好，在大气条件下不易氧化，接触电阻稳定，是最理想的电接触材料。电接触材料是制备电力及电器电路中通、断控制及负载电流电器（如开关、继电器、启动器及仪器仪表等）的关键材料。其质量的好坏关系到电路设备和仪表的可靠性、稳定性、精密程度及其寿命。早期使用纯金、纯银、纯铂作为接点材料，后来采用银铜、金银、钯银等合金，20世纪60年代以来发展了多元贵金属和各种贵金属复合材料。

对于工作条件较恶劣的大、中功率接点，因常处于电弧的强烈作用下，电侵蚀严重，特别要求导热性、导电性要好，抗电侵蚀能力要强，必须采用银制电接触材料。多采用银合金代替银作为电接触材料，银中加少量其他元素组成的电接触材料可克服其天然柔性，提高力学性能和耐腐性，且仍保持其高的导电率。银基电接触材料适用于在各种功率条件下工作，而且大量用于大、中负荷电器中，如各种开关、继电器、接触器等。

银及银合金以其优良的性能及良好的加工性和抗氧化性成为了电接触材料的主导材料并形成系列产品。国外用于强电接点的电接触材料有数十种，获得广泛应用的有银-氧化镉、银-氧化锡、银镍、银石墨和银钨等系列。

A 银-氧化锡接触材料

过去银-氧化镉触头广泛用于几伏到上千伏的各种电器。但随着继电器小型化，对接点的耐焊性提出了新的要求。一方面，对银-氧化镉接触材料进行改进以达到改进目的，如添加锑、铜、铋、镍的氧化物或添加钨可提高其抗弧焊性和耐腐蚀性能，但这类触头材料主要特点是接触电阻不稳定，添加镉、锌、镁及铁族元素在其中可解决这个问题。对于银镍触头材料，添加难熔金属钨、钼、铬或难熔金属碳化物以及其他金属氧化物如氧化铜、氧化锌、二氧化锡等均可提高其抗熔焊性和耐损蚀性。另一方面，寻找代镉材料。银-氧化镉电接触材料因其中的镉对人体有害，替代镉材料的研究一直受人们关注。1972 年日本限制使用银-氧化镉电接触材料。此后研制成功银-二氧化锡、银-氧化铟、银-氧化锌等材料，并大量生产和使用。美国、英国、法国也先后研制出银硅合金、银硅钼合金、银硅锗合金、银-三氧化铋、银-氧化镍等代用品，有的性能与之接近或更好，但综合性能很好的触头品种还不多。

B 纤维复合电接触材料和贵金属复合电接触材料

材料的复层技术和复合材料已成为现代小功率触头材料研究的主要方向，包括：轧制复层（最薄可达 0.5mm），有单面复层、双面复层、单条复层及型材复层等多种；电镀（可进行带材的连续或局部电镀）；物理沉积（蒸镀、离子溅射等）；复层铆钉触头；焊接复层。银的纤维复合材料有银镍、银铁、银铜、银铝、银碳等。这类材料制备困难，且成本高，长期处于试验研究阶段，但其性能独特，越来越受重视。国内制备的银镍纤维复合材料，既保留了银基体的高导电性及良好工艺性，又兼备镍纤维高熔点、高硬度、耐电蚀损及抗熔焊性等特性，是优良的电器材料。

纤维复合材料和贵金属复合材料是电接触材料的方向。用作复层材料的银材料主要有纯银、银-稀土类、银锆合金、银镍、银-氧化物等；可用作复合接点材料基体的材料有铜、黄铜、青铜、白铜和铁等。这些复层材料与基体材料组配，可生产许多不同用途的复合电接点材料。

昆明理工大学进行了纤维复合电接触材料和贵金属复合电接触材料研究与制备的工作。

4.3.2.2 复合材料及技术分析

银的工业产品中，大量用于制作复合材料。根据电器产品的不同需要，现有生产设备和工艺技术允许生产的复合带材，按其断面形状的不同，可包括面复合材料、内嵌条和外嵌条复带材、包复丝材以及异型复合丝材等。1954 年美国申请了室温固相轧制复合技术专利，使复合带材大批量生产具备了技术基础。20 世纪 60 年代日本和西欧开始批量生产嵌镶复带。为了适应不同材料的最佳生产工艺，发明了多种复合方法。

A 冷复合材料

用冷复合技术生产的复合材料，即在室温条件下，用大变形量轧制、冷拔、冷拉、爆炸等方法，使复材与基材之间的距离达到原子间距尺度，经原子扩散热处理，在复合界面实现原子渗透，形成金属键结。

B 热复合材料

用热复合技术生产的复合材料。对于塑性差异大，流动性不好的复合组元材料，将其加热到可塑温度再进行轧制、静压、挤压等加工，使复层与基体结合牢固。该方法必须采用加热保护措施防止复合界面氧化。

C 液相复合材料

在保护条件下，将液态金属与固态金属复合制成液相复合材料，最常用的有浇注复合、焊接复合两种方法。其中连续滚焊复合工艺生产效率最高。

D 气相沉积复合材料

对一些面积要求大，复层要求薄的复合材料，利用真空蒸发沉积、溅射沉积和离子喷涂技术生产复合材料。

E 电镀复合材料

用长带热压塑料屏蔽局部连续电镀技术与压力加工工艺相结合生产复合材料。已用于批量生产条状复合带，与零件电镀方法相比，不但生产效率高，而且节省贵金属，镀层致密性好。

F 其他复合材料

主要包括新发明的界面过渡层钎焊复合材料、自蔓延高温合成复合材料等。我国以昆明贵金属研究所为首的研究单位，从20世纪80年代开始研究，另外昆明理工大学材料与冶金工程学院曾获得云南省重点科研项目和攻关项目，进行了自蔓延高温合成复合材料的研究与制备工作。

4.3.2.3 硝酸银及技术分析

硝酸银按其用途不同，分为电镀银及银合金用硝酸银类和感光材料用硝酸银类。两类对杂质的要求不同，生产方式也不同。

制作感光材料的硝酸银要求很高，微量的杂质会影响成像效果，故感光材料用硝酸银纯度应达到99.999%。我国是感光材料消耗大国，由于国产的硝酸银质量低，达不到制作感光材料的要求，每年从美国的柯达公司以及日本的富士公司进口约500t的银感光材料。由这两家公司通过收购、兼并方式在我国建分厂或联营占据国内胶卷市场。国内急需生产高品质硝酸银。

硝酸银的另一个市场是饰品电镀。由于饰品电镀用的硝酸银要求不是很严格，关键是高智能化连续电镀设备、电镀技术。昆明理工大学研究出制备纯度为99.999%的硝酸银的全套技术。

4.3.2.4 电镀和电镀用银及技术分析

在所有贵金属电镀中，银电镀应用最广且用量最大，如各种首饰、餐具、乐器、奖杯等。功能性镀银主要有接插件、印刷电路板、汇流环、波导器件、簧片、半导体、仪器仪表以及火箭发动机系统中的气密封等。各种产品经过镀银后，或获得华丽外观，或改善材料的电性能、光学性能、耐蚀性能和焊接性能，从而达到提高产品档次，提高产品可靠性和延长使用寿命的目的。使用薄层形式的银电镀，不仅可节约大量贵金属，而且银镀层的某些性能（如硬度、摩擦系数等）明显优于锻造的金属银。银及银合金电镀用于饰品和电子元件，其中电子元件电镀用的硝酸银要求也很严格，纯度达99.99%以上，通常还加入氰化银、氰银酸钾等，改变镀层的粗糙度。电镀的可溶性阳极由99.99%以上的纯银铸成，这样的银是我国大多数冶炼厂的产品。我国每年出口99.99%以上的纯银1000t，购回含银800t的产品，包括硝酸银、氰化银、氰银酸钾等。

制备银镀层仍广泛采用化学法和电化学法，开展无公害电镀研究将继续受到重视，物理沉积技术将得到迅速发展。化学气相沉积、离子束、溅射、等离子体、激光表面合金化、电子束镀膜技术将会在制备银镀层方面得到广泛应用。我国多家专业镀银厂先后从日、美、法、荷等国引进高速选择性镀银生产线和镀银工艺。通过消化、吸收，国内已相继研制出适合我国电镀厂家需要的线材、带材、接插件和印刷线路板等连续电镀或选择性电镀生产线，将来还需研制适合我国国情的智能化连续电镀设备。

昆明理工大学掌握了制备99.999%的硝酸银、氰化银、氰银酸钾等盐类的关键技术，长期进行高智能化连续电镀设备、电镀技术的研究，已经研发出多种产品。

4.3.2.5 银合金钎料及技术分析

银合金钎料钎焊温度广泛（150～1200℃），焊件精度高，易于实施异种材料连接，特别适用于精度高、结构复杂、微型或异型多道焊缝构件的钎焊。因此在军工产品、电子、机械、家电、交通、化工、石油等部门获得广泛应用。

银基钎料的主要组成是银、铜、锌，根据使用目的不同，它还可以与镉、铟、锡等组成合金。银基钎焊合金大多数含铜，含银量从9%至80%不等，选用不同的成分和比例可以得到具有不同熔点和强度的钎料。含银钎料的组分通常有银铜锌合金，银铜锌镉合金和银铜磷合金等，这些合金有时也含锰或镍，真空钎焊合金也含金或钯。添加少量的锂，可提高钎料的流动性和润湿性，这种效果在钎焊不锈钢或钛时尤为显著。银基钎焊合金主要用于钎焊铜合金、镍合金、钴合金、不锈钢和贵金属。特殊配料组分的银基钎焊合金还可用于钎焊钨、碳化钨、金刚石等。美国、德国、日本、前苏联都制定有各自的银钎料标准。我国也采用银合金钎料的国际标准，此外还制定了航空、电子工业等专用和军用银基钎料的国家标准。

银钎焊料是银在工业上应用的一个新领域，用量占银产品总用量的份额很小，但随着家用电器的日益普及，高性能的冰箱、洗衣机、空调等产品中所需的银焊料越来越多，而且银焊料正向高银焊料方向发展，故银焊料的需求会很大。有关专家呼吁国内银焊料生产企业注意跟上国际发展，开发出具有自己知识产权的产品，占领国际市场。昆明贵金属研究所长期进行贵金属钎焊料的研究，有较大发展潜力。

4.3.2.6 银浆料及技术分析

在导体浆料中，使用的导体材料（即功能相）通常是金、银、铂、钯的纯金属或其合金粉末（小于10μm），约占浆料总重量的50%～70%，它们在烧结温度（700～900℃）下十分稳定，且具有良好的可焊性。其中银成本最低，可焊性极好，应用普遍。银浆料中同时加入钯可改善焊剂耐侵蚀性和防止银产生迁移现象，故银钯合金粉体广泛用作导体浆料。

银导体浆料用于制造厚膜导体，在厚膜电路中形成互连线、多层布线、微带线、焊接区、厚膜电阻端头、厚膜电容极板和低阻值电阻。由于厚膜导体用途不同，性能要求也不相同。国外已开发出多种导体浆料系列，如杜邦公司的“QM”银基多层系列、“QS”高导电性系列、可用锡焊的高可靠性厚膜导体系列产品等，广泛应用于军工和汽车电子领域。

银浆料也大量用于多层陶瓷电容器（MLCC）的内电极和端电极。制作时把浆料作为内电极印刷在半干的陶瓷片（生片）上，经干燥并烧结而成。在1350℃的烧结温度下，需用铂浆料作内电极，烧结温度在1000℃下则可使用银基、钯基和钯浆料。外电极则使用纯银或低钯含量的银钯可电镀浆料和银铂玻璃型浆料。

高温烧结银浆历史悠久，浆料含玻璃料，在300℃以上烧结形成导电回路或在各种介电基片上形成电极。在700～800℃下烧结的银浆可用作陶瓷片或筒式电容器、热敏电阻、变阻器等的电极。玻璃基片用银浆在400～650℃下烧结，应用于荧光字符显像管、等离子显像管、炊用电加热器和汽车后窗化霜器等。

低温固化银浆是一类不用烧结，在300℃下经固化处理而形成导电膜的银浆，其应用已扩展到碳膜电阻器和印刷电阻电路的端电极、固体钽电解电容器电极、电磁屏导电膜等。

国外以银浆料为主要产品的电子浆料生产厂家主要集中在美、日、德等少数发达国家。如美国的杜邦公司，是全球最大的电子浆料生产企业，年产800～900种各类浆料，产量600t，销售额占世界市场的50%以上，在厚膜电路浆料和电位器浆料方面，其技术和工艺特性堪称全球之冠。日本的住友金属矿山公司生产各类电子浆料160余种，主要产品为厚膜电路浆料、片式元件浆料，尤其是片状电阻系列浆料性能优良。德国的德古萨（Degussa）公司所属Demetron浆料厂除生产厚膜电路浆料、MLC电极浆料外，还生产太阳能电池浆料及汽车驱雾窗浆料等。美国的福禄公司（Ferro Co.）主要产品为厚膜电路浆料，品种达100余种，所产浆料触变性好，印刷性能优良。

国外银钯合金导体浆料的生产技术已相当成熟，银和银合金浆料的应用已相当广泛，特别是用作电极浆料更为理想，而最通用的银钯电极浆料是70Ag-30Pd和80Ag-20Pd两种。而对于银导体浆料的研究工作仍在继续。昆明贵金属研究所长期进行电子浆料、片状银粉的研制，具有一定的研发基础。

4.3.2.7 银催化剂及技术分析

化工反应过程中的银催化剂：银在化工反应过程中除作为主催化剂外，也可用作助催化剂。纯银一般以颗粒状或网状使用，也可以多孔银、载体银形式使用，可以是单组分或多组分，也有氧化银参与反应的。

燃料电池等用银催化剂：在燃料电池中用多孔银催化剂，作为石棉膜氢氧燃烧电池的阴极；也有用银作为催化剂，用活性炭附于聚四氟乙烯上作为石棉膜空气燃烧电池的阴极等。

昆明贵金属研究所进行银催化剂研发具有良好的基础，发展潜力较大。

4.3.2.8 新型光电发射薄膜及技术分析

现在研制出一种新型光电发射薄膜材料——银钡氧薄膜。银钡氧和银铯氧都属于金属纳米粒子埋藏于半导体中构成的复合介质薄膜，都具有超快光电时间响应特性。银钡氧的光电积分灵敏度比银绝氧低，但它可以在较高温度下工作。它的最大特点是可以在大气中暴露，在真空中恢复光电发射。激光作用下的多光子光电发射使其可以应用于近红外波的超短光脉冲检测中。

银钡氧的光电薄膜具有以下特点：（1）当激光波长为1.06μm、激光功率密度为107～108W/cm^2、选单光脉冲宽度为40ps时，经历暴露大气的银钡氧薄膜光电量子产额为10^{-6}数量级。在同等条件下，虽然这个量子产额数值比银铯氧等不能在大气中暴露的含有碱金属的光电阴极低一个数量级，但比纯金属铜（Cu）、铱（Y）等要高两个数量级，所以它是可用于超短光脉冲检测的新型光电薄膜。（2）银钡氧薄膜在大气中暴露后，可见光的积分灵敏度全部损失，但在1.06μm激光作用下，光电量子产额不比未暴露大气的样品低。这为银钡氧薄膜应用于红外超短激光脉冲的检测奠定了基础。（3）银钡氧薄膜在功率密度为107W/cm^2、脉冲宽度为40ps的选单光脉冲作用下表现为单光子发射，在相对应的序列脉冲的激光作用下表现为多光子发射。

4.3.2.9 牙科用银合金及技术分析

银大量用于口腔修复，用量最大的是修复龋齿用的银汞合金填充材料。其次是用作牙冠、牙桥等的铸造合金以及相互连接处用的钎焊合金材料成分之一。随着我国人民生活水平提高，经济情况好转，质量好价格高的牙科修复材料需求量与日俱增。因此，银及其各种合金材料的用量会有较大增长。

银可与金、钯和铂形成合金用于牙科，但使用最多的是银汞合金。由于汞污染环境且对人体有毒，人们一直努力寻找无汞合金作为代用品，如镓合金，但其综合性能仍未达到汞齐合金的要求。银汞合金是口腔修复中用量最大的银基合金。为克服汞毒造成的危害并降低成本，还开发了银铜锌合金、银铜锡等汞齐合金。银本身就能杀菌，载银抗菌材料具有广泛的抗菌、防霉和抑藻能力，特别是银不分解、长效、无刺激，使其可用于制造日常生活用的纤维制品和抗菌陶瓷系列产品。

为降低汞齐成本（主要是降低银含量），研究开发了银铜锡（或含镓）汞齐合金。不管哪种银汞合金，它的耐蚀性和抗变色性都无法与铂、钯和金合金相比，但其成本低，仍被广泛使用。银合金用作铸造、嵌镶体等的用量也相当大。

4.3.2.10 纳米材料及技术分析

已经研发的银纳米材料及技术主要有：

（1）纳米厚度片状银粉和纳米银粉。使用银纳米粉末制备的导电带具有优良表面状态和稳定电阻。片状银粉的导电性优于超细银粉，是独石电容器、滤波器、碳膜电位器、钽电容器、薄膜开关、半导体芯片等电子元器件的主要电极材料。在电子浆料中用纳米银粉代替微米级银粉可以提高电子元器件产品质量。国内电子工业用银粉平均尺寸通常为0.1~0.5μm，离制造商的要求仍有距离。纳米银粉可广泛应用于平板显示领域的场发射（FED）中。该应用是天津大学利用纳米银作为导电材料和黏合剂与碳纳米管混合，低温烧结制备碳纳米管场发射阴极，不仅可以明显降低烧结温度，同时利用银的良好导电性，还可以使发射的电子源源不断地得到补充，具有稳定电流的作用。纳米片状银粉制造方法有高能球磨法、光化学合成法和化学还原法。

（2）银纳米线。银纳米线因其不同寻常的量子性质可用于纳米设备的连接线，可以满足小直径、高比表面积和均匀取向要求。制造方法是通过自组装反应设计合成有机纳米管，然后在酸性溶液和光化学条件下，银离子聚集在纳米管内形成纳米线。

（3）纳米氧化银。用微米（超细）氧化银和纳米氧化银替代氧化银可以满足不同的行业对氧化银产品的颗粒度的具体要求。可用于电子元器件中的表面银涂层的主要原料；扣式氧化银电池的主要原料；有机合成中常用的氧化剂和催化剂；还经常作为其他含银化合物的原料、分析试剂、防腐剂、玻璃着色剂、玻璃研磨剂和饮用水净化剂。制造方法主要是化学还原法。

（4）银纳米颗粒。银纳米簇合物可以传输更高更强的信号，与有机物相比具有更强的吸收和发射信号的能力。纳米颗粒的银光性质常常反射出影像电子空洞重新组合的分子表面间相互作用。这些纳米颗粒被设计成笼状，光效率会被大大增强，这种笼状银光颗粒可以迅速开启和闭合，可用于纳米光储存器件开关和生物探针。制造方法主要是生物还原法。

(5) 纳米金属银新型抗菌产品。在烫伤、烧伤植皮中，纳米银敷料可为创面持续提供一定浓度的动态活性银。在皮肤科中，用于治疗寻常痤疮，用纳米溃疡贴治疗褥疮。在口腔科中，纳米银抗菌剂可用来防治口腔龋齿和黏膜疾病，还可解决牙科材料生产使用过程中易污染的问题，纳米银-托玛琳复合材料对于控制牙龈的炎症有显著疗效。纳米金属银是制造抗菌纤维的理想材料。纳米金属银的制造方法主要有物理法（光量子还原法、激光制离法、高压磁控溅射法等）和化学法（银氨配离子还原法、电化学还原法、反胶团法）。

(6) 纳米载银抗菌材料。将这类颗粒均匀分布于纸张、纤维、木材和塑料中，将使这些材料具有杀菌消毒的作用，其应用十分广泛；但缺点是由于银的成本高，而且银离子化学性能不够稳定，使它的应用受到一定的影响。制造方法主要是离子交换技术。

(7) 银与银合金纳米晶块体材料。这是一种近几年发展的新型银材料，它们比银粗晶材料具有更高的强度性质，可发展为高强度纳米晶实体材料。利用共晶组织和采用大变形制备的铜银合金纳米纤维复合材料具有高强度和高电导率。

(8) 银与光催化活性无机物的复配。二氧化钛表面负载银膜，由于银在二氧化钛膜上的负载，使膜的抗菌性能得到很大的提高。制作方法是将银离子与纳米二氧化钛配合使用。

(9) 贵金属插层蒙脱土。该纳米材料有望成为一种新型催化剂用于汽车尾气净化、石油化工等领域。

(10) 其他纳米银材料。氧化银纳米膜在不同波长光照射下呈现不同颜色的荧光，在光学性质研究中具有理论价值。正在研究银、金、铂纳米粒子掺杂有机改性硅酸盐的新型光学材料，可生产红宝石、高档次玻璃等产品。纳米银粒子与原子氧反应灵敏，有可能生产一种探测空间原子氧的新型测量仪器。

4.3.3 产业发展水平分析

云南银工业起步早，已经形成较为完善的工业体系，在硬质合金用中温银复合钎料、银合金电接点材料、导电环材料等部分银金属材料的研发和生产上已处于技术领先地位，为深化发展银新材料建立了坚实基础。

4.3.3.1 已形成较为完善的银工业体系

由于云南在贵金属的提取、贵新材料研发和生产上形成了技术优势和产业优势，具有产业关联效应，云南的银产业已形成较为完整的工业体系。云铜集团等一批铜、铅锌冶炼企业回收生产银，掌握了从铜电解阳极泥中回收银的先进技术；昆明贵金属研究所、昆明理工大学等一批研发机构研究开发出系列银新材料；贵研铂业等一批高科技企业已具备较强的银新材料生产能力。

4.3.3.2 部分银新材料处于国内先进水平

云南在部分银新材料的发展上处于国内先进水平。已形成生产能力的主要有：

(1) 硬质合金用中温银复合钎料。中温银复合钎料已广泛用于冶金、机械等领域。使用49FK-690中温银复合钎料钎焊各种硬质合金工件，抑制硬质合金产生裂纹效果显著，焊件成品率高、寿命长。该钎料是一种不含有毒元素镉的多元中温银合金钎料，配用102

银钎剂，在硬质合金和各类钢表面上具有优良的润湿性和漫流性，适用于钎焊面积小于10mm×10mm硬质合金/钢工件的钎焊，其接头强度可满足常用刀具类的技术要求。

该钎料适用于硬质合金、钢件钎焊，钎焊后，因钎料芯层不熔化且相对柔软，可吸收因异种材料膨胀系数差异所产生的残余应力，有利于提高钎焊产品质量和成品率。焊件在使用中，存在焊缝内的芯层还可以减震，增强焊件抗冲击负荷的能力，从而可延长焊件的使用寿命。

（2）银和银合金电接触材料。银是所有金属中导电性和导热性最高的金属，而且具有较好的抗氧化性和良好的加工性。一般来说，纯银及其合金适用于大负荷和中等负荷的电接触材料。

（3）导电环材料。银具有最高的导电率和热导率，但熔点低，硬度低，易产生硫化物膜。添加适当元素可以克服银的缺点，制成导电环，用于条件不是十分恶劣的场合。

4.3.4 产业发展思考

加快发展电子电器领域应用白银新材料。把握电子电器技术创新和产品更新换代动态，加快发展银-氧化锡电接触材料、纤维复合电接触材料和贵金属复合电接触材料等电接触材料系列产品，开发银-氧化镉、银-氧化锡、银镍、银石墨和银钨等系列强电接触材料。加快发展冷复合材料、热复合材料、液相复合材料、气相沉积复合材料、电镀复合材料及界面过渡层钎焊复合材料、自蔓延高温合成复合材料等复合材料。加快发展电镀用银系列产品，开发线材、带材、接插件和印刷线路板等连续电镀或选择性电镀生产线，研制适合我国国情的智能化连续电镀设备。围绕着高性能冰箱、洗衣机、空调的发展动态，加快发展高银焊料、具有不同熔点和强度的银基钎焊合金。针对航空航天领域应用，加快发展银浆料系列产品，实现替代进口。

积极研发光电子、电池等领域应用白银新材料。积极研发电镀银及银合金用硝酸银和感光材料用硝酸银，研发高品级硝酸银。积极研发在化工、燃料电池等领域中使用的银催化剂。研发银钡氧（Ag-BaO）、银铯氧（$Ag\text{-}Cs_2O$）等新型光电发射薄膜。

积极发展纳米银及新材料。积极发展电子工业用纳米银粉系列产品，发展纳米银线系列产品，发展电子元器件用纳米氧化银、扣式氧化银电池用纳米氧化银、有机合成用氧化剂和催化剂。积极发展信息技术和生物材料用银纳米颗粒。积极发展银纳米抗菌材料系列产品。针对汽车尾气净化和节能减排要求，积极发展银插层蒙脱土等新兴催化剂。

5 有价金属材料产业

镉、铼、铊、钼是重要的稀有金属，具有应用领域广，附加价值高的特点。我国镉、铼、铊、钼资源丰富，未来需要提升有价金属镉、铼、铊、钼的国际市场话语权，加快培育和发展镉、铼、铊、钼功能性新材料产业。

5.1 镉金属材料产业

5.1.1 镉的应用领域

镉自20世纪初就开始在工业上得到广泛的应用。镉主要用于钢、铁、铜、黄铜和其他金属的电镀。

镉（98.65%）镍（1.35%）合金是飞机发动机的轴承材料。镍镉和银镉电池具有体积小、容量大等优点。

镉作为合金基本组元能配成很多合金，如特殊的易熔合金、耐磨合金、钎料合金等，广泛用作钢结构的电镀防腐层、原子反应堆控制棒、光电池和制造颜料、塑料稳定剂、电工触头材料、钎料、印刷电路板、光学玻璃、荧光粉等。其中，触头材料、颜料、聚氯乙烯（PVC）热稳定剂、中温钎料4个领域中的镉用量约占其总用量的90%以上（不包括镍镉电池）。这4类含镉产品在几乎所有的家用电器设备、汽车产品、日用陶瓷、橡胶塑料制品、皮革制品中均有使用。

镉还用于制造合金等。因为镉氧化电位高，因此可用作铁、钢、铜的保护膜，广泛用于电镀上，并用于充电电池、电视映像管、黄色颜料及作为塑料安定剂。镉化合物还可用于杀虫剂、杀菌剂、颜料、油漆等制造业。

日用陶瓷和建筑陶瓷都离不开装饰，装饰的物质基础是装饰材料，即色釉料；而所有色釉料中最鲜艳的且不能被其他系统所取代的是硒、镉类色釉料。

硒镉系列颜料（或色料、色素）是硫化镉和硒化镉的固溶体 $n\mathrm{CdS}\cdot\mathrm{CdSe}$，调整两者的配比，可呈现不同的颜色。镉硒红是陶瓷行业最常用的色料，硫化镉、硒化镉、碲化镉具有较强的光电效应，用于制造光电池。

金属镉的主要用途是制造镍镉电池，约占世界镉总消耗量的75%。

5.1.2 技术分析

镉主要在锌冶炼过程中提取，镉金属材料以蓄电池用镉、镍镉合金、碲化镉太阳能电池、硫化镉及颜料、陶瓷工业用镉为主。镉金属材料技术研发步伐不断加快。

5.1.2.1 镉的制备技术

镉的主要矿物有硫镉矿、菱镉矿与方镉矿等，但都不形成独立的镉矿床，而是以微粒晶体赋存于锌矿、铅锌矿和铜铅锌矿石中，尤其是在浅色闪锌矿中含量较高，一般为

0.1% ~0.5%，有时高达5%。

镉在浮选时大部分进入锌精矿，在焙烧过程中富集于烟尘中。在湿法冶金炼锌厂的硫酸锌溶液净化过程中产出的铜镉渣（含镉4% ~20%），火法冶金炼锌厂的粗锌精馏过程中产出的镉灰（含镉10% ~30%）和某些铜、铅冶炼厂的富镉尘均可提取镉。由于镉污染环境，铅锌冶炼厂必须从排放物中回收镉。镍镉和铁镉蓄电池的极板等各种工业废料也是提取镉的二次原料。

也可用多种方法从含镉的烟尘或镉渣（如煤或炭还原、硫酸浸出法、锌粉置换）中获得金属镉。进一步提纯可用电解精炼和真空蒸馏。

5.1.2.2 镍镉合金材料及技术分析

镍镉合金扩散电镀层是一种高温防护镀层，从常温至500℃高温的工作环境下具有良好的防护能力。该合金层具有底镍层、镍镉扩散层、表面微薄的富镉层结构，在高温下抗腐蚀能力非常强，对钢基体而言属于阳极防护层。其作为一种理想的高温防护层早在前苏联的P13-300，美国的JT-30、JT4A，英国的斯贝等发动机中广泛应用。国内将其用于涡喷-13、涡喷-6、AN-24等发动机压气机和涡轮部分零件，还用于中美共同研制的FT-8燃气轮机的动力涡轮零件中。镍镉合金扩散层对基体防腐蚀性好，但对钢基体的抗疲劳性能有所减弱，为确保宇航飞行安全可靠，必须在工艺中克服这个缺点。有研究通过配制适当的电镀液或化学镀液，镀取低应力镍镉镀层，基体再经液体喷丸，可提高镍镉扩散层疲劳极限及抗应力腐蚀能力。

镍镉合金扩散层基本工艺过程为先镀一层较厚的镍层，再镀一层镉，经过（340 ± 5)℃加热形成热扩散合金镀层。航空发动机的叶片及其他零件镀取镍镉合金扩散层后，其耐高温性以及耐腐蚀性显著提高。

5.1.2.3 碲化镉太阳能电池及技术分析

世界太阳能发展迅速。中国是世界上最大的光伏太阳能电池生产国和出口国，95%的产量出口到其他国家。中国超过90%的地区可支持太阳能发电形式，特别是中国的西部。因此，中国在太阳能的利用上前景广阔。

碲化镉已成为薄膜光伏技术的研发重点。碲化镉太阳能电池潜力很大，有数百名研究人员在德国、中国、印度和美国的4个研究中心正在进行研究开发。中国是发现碲化镉原材料最多的国家。位于上海的中国技术中心重点要研究碲化镉材料和它们对设备性能的影响，需要解决的关键问题就是提高材料质量、开发先进的材料特性技术。

大规模使用碲化镉光伏技术的另一大障碍与镉的毒性有关。根据美国布鲁克文国家实验室的科学家们对晶体硅太阳能电池、碲化镉太阳能电池与煤、石油、天然气等常规能源和核能的单位发电量的重金属排放量的研究结果，发现石油的镉排放量是最高的，达到44.3g/(GW · h)；煤次之，为3.7g/(GW · h)；太阳能电池的排放量均小于1g/(GW · h)，其中又以碲化镉的镉排放量最低，为0.3g/(GW · h)，与天然气相同。硅太阳能电池的镉排放量大约是碲化镉太阳能电池的两倍。同时，废品经精炼后将稀有材料再利用，可部分解决一些稀有材料如碲元素的料源问题。该机制已经被德国、美国等主要太阳光电应用国家所接纳，为碲化镉生产企业消除外界的环保疑虑提供了一个值得借鉴的成功案例。

生产碲化镉的最大特点是受到原材料（碲和镉）的制约，碲（还包括一定量的镉）

已成为非常重要的战略资源。

5.1.2.4 硫化镉制备方法

通过光催化方法来解决能源和环境问题，已成为国内外学者研究的热点。开发可见光响应、高稳定性、高活性的光催化剂则是这项工作的重点。通过研究制备和改性方法，将会为研发新型高效的光催化材料奠定基础。

硫化镉属窄禁带半导体材料，能级非常接近太阳光谱。当照射光子的能量等于或大于半导体的禁带能级时，半导体即会被激发，电子会从价带跃迁到导带，产生电子-空穴对，这些电子和空穴部分会发生表面和体相的再结合，部分电子和空穴向粒子的表面迁移与吸附在表面的物质发生氧化还原反应。硫化镉在水溶液中易发生光腐蚀反应，这些反应缩短了硫化镉的使用寿命，限制了硫化镉的应用。为此，国内外学者在硫化镉制备与改性方面进行了大量研究工作，以提高硫化镉的光利用效率，减缓光腐蚀，延长催化剂的使用寿命。

纯硫化镉光利用效率较低、易发生光腐蚀。通过沉积贵金属、与宽禁带半导体复合、嵌入层状化合物、载体负载等方法，对纯硫化镉进行改性，可改善其光催化效果。

A 沉积贵金属

沉积于半导体表面上的贵金属粒子不仅可起到光敏剂的作用，增加半导体对光的吸收，而且还可起到传输电子和空穴的作用，阻止电子-空穴对的复合，同时也可作为氢离子还原反应的活性位，进而提高半导体的光催化活性。沉积量对催化活性也有影响，当沉积量超过最佳值后，表面金属会起到相反作用，即作为电子-空穴对的复合中心。

B 硫化镉/二氧化钛复合

二氧化钛（TiO_2）是一种研究较为广泛的光电半导体材料。它具有高光活性、高稳定性和无毒等优点，但其能级较宽，当颗粒尺寸达到纳米级时会进一步蓝移，仅对紫外光有响应，而太阳光中紫外光仅占约5%，很大程度上限制了对太阳光的利用。国内外学者已通过过渡金属离子和非金属元素掺杂、表面贵金属沉积以及与窄禁带半导体复合等方法对二氧化钛进行了改性。硫化镉（CdS）是一种理想的可见光响应的光催化剂，与二氧化钛复合，可以提高光催化性能。CdS/TiO_2复合的方法主要包括水热法、反相微乳法、熔胶-凝胶法、固相机械混合法等工艺。硫化镉与二氧化钛的复合有利于电子的传输，可以有效降低电子与空穴的结合率。在光催化降解有机废物和光催化制氢反应中，表现出了较好的光催化反应活性。

C 硫化镉/硫化锌复合

硫化锌是一种紫外光响应的半导体材料。利用高温焙烧的方法将铜、镍、铅掺杂到硫化锌的晶格内，形成了一种固溶体，其吸收边均向可见光方向移动，在可见光照射下表现出较高的产氢活性。而硫化镉作为一种可见光响应的半导体材料，将两者进行复合也可达到理想的光催化效果，有利于电子的跃迁，延长了电子-空穴的寿命，光催化反应活性有了很大提高，在光催化产氢上有很好的应用前景。

D 硫化镉嵌入层状化合物

无机层状化合物具有在不改变主体结构的情况下，进行层间粒子交换的性质，交换后的产物具有较高稳定性的结构特点，自身具有氢活性生成中心，在光催化领域具有广阔的应用前景。

E 负载型硫化镉

负载型光催化剂是将具有光活性的半导体负载在载体上，常见的载体主要有二氧化硅、氧化铝、分子筛、高分子膜等。实验表明，将硫化镉负载在不同的载体上，不仅增大了催化剂的比表面积、易于离子交换及电子传输，而且还可避免反应过程中粒子的凝聚及沉积，从而提高其光活性及使用寿命。

5.1.3 产业发展思考

提取金属镉。一方面以云南省铅锌冶炼企业为重点，加快从铅锌矿中提取金属镉；另一方面从废旧镍镉电池等含镉废旧物中回收提取镉金属。

高纯镉的制备。针对镍镉电池等新材料对 4N 以上高纯镉需求，引进国内外先进技术，加快高纯镉的制备。

镍镉电池。跟踪镍镉电池在各个领域应用的研究进展，引进国内外先进技术及投资者来云南省投资镍镉电池生产。

航天等尖端领域装备用镍镉合金。跟踪国内外航空航天、国防工业等尖端领域装备对耐高温、耐腐蚀材料的开发和应用，大力发展镍镉合金及涂层。

碲化镉太阳电池。跟踪国内外薄膜光伏技术的研发进展，引进投资者来云南省生产碲化镉太阳能电池。

光催化反应用硫化镉。营造良好的投资环境和产业转化环境，吸引在光催化反应用硫化镉制备技术具有突破性的科研人员来云南省实施成果转化，生产光催化反应用硫化镉。

颜料、陶瓷工业用镉。引进国内外颜料、陶瓷用镉产品生产的技术优势企业来云南省投资办厂，发展颜料工业和陶瓷工业用镉新材料。

5.2 铼金属材料产业

5.2.1 铼的应用领域

铼在人造卫星、火箭等高尖端领域的应用不可替代，其他领域的应用也在快速推进，主要应用领域有：

（1）石油化工领域。铼的最大用途是作为石油化学工业的催化剂，大约占全部铼的20%以上。金属及合金表面镀铼及铼合金的复合材料，还可用于石油化学工业的防腐、抗蚀，特别是防止盐酸的腐蚀。现已研制出在铜、黄铜及镍上电解镀铼方法，以及铼的卤化物分解在钨丝上气相沉积铼的方法。

（2）航空航天领域。铼及其合金成型件主要用于航空航天元件、各种固体推进热敏元件、抗氧化涂层等。用铼与其他金属可制作一系列耐高温、抗腐蚀、耐磨损的合金，如Re25-W 曾是空间站核反应堆材料；铼铂合金用作原子能反应堆结构材料，可抗 1000℃高温下载热体的腐蚀；铼钼合金到 3000℃仍具有高的机械强度，可用来制造超声速飞机及导弹的高温高强度部件。镀铼（如航天器金属表面）的金属可增加耐磨性能。

（3）冶金工业。铼在冶金工业上可用作合金添加剂。合金中加入铼可以大大改善合金的性能，特别是作为钨或钼的添加剂可以提高钨、钼合金的强度，克服这些金属在再结晶后的脆变倾向，改善金属的成型性和焊接性，使钨和钼合金具有更好的坚固性和稳定性。

(4) 电子材料和高温材料。铼、钨铼合金具有良好的耐蚀性、抗电弧烧蚀性、抗"水循环"侵蚀性以及高硬度、较高的热电子发射性能，是一种良好的电接触材料，即使有部分氧化也不影响其导电性能，特别适用于温度高、湿度大的环境中。铼的耐高温性，被广泛应用于加热元件、热电偶、特殊金属丝以及电子管中的元件。在这一领域，铼最突出的应用是制造超高温发射极。

钨铼和钨钍铼合金用作电子管元件，能提高电子管元件的强度，做成加热器的加热丝，即使在再结晶和渗碳之后也可以避免受到损坏。

铼与钨、钼或铂族金属所组成的合金或涂层材料，因其熔点高、电阻大和对环境的稳定性好而广泛应用于电子工业。掺3% ~20%铼的钨丝或高铼酸涂层的钨丝，不像普通钨丝那样易脆，具有较高抗冲击与抗振动性能，故在真空技术及易振动场所的电子器件或灯丝中展示了其重要用途，如作X射线靶、闪光灯、声谱仪、高真空测定电压部件、飞机灯泡的钨铼丝等。

铼在电动机、电子和仪器仪表等领域的用途更是令人瞩目。

自动电子继电器等很多电子设备中使用的一个重要器件——电触器，通常是用钨制作的，在一些不利的工作条件下，这种电触器的寿命很短，有时用了几昼夜就损坏了。而铼制电触器由于具有独特的性能，能连续使用数月甚至数年。铼合金是制造阴极头的良好材料，一些大功率发射管、磁电式仪表和其他电真空仪表，已采用铼合金阴极头。

铼极其耐磨，用铼合金制作罗盘及精密仪表的转轴及指针，既精确又耐用。普通钨灯丝的表面假如涂上一层铼，使用寿命可延长5~10倍。铼还可用于制作笔尖，铼金笔堪称"长寿笔"。

(5) 医药和电视。铼体系的二元相图以及化合物的形成的定义一般比较明确，关于其合金的机械数据方面的报道比较少，特别是其合金在高温下的性能。在铼所有的合金体系中，钨铼合金主要用作X射线靶材，用于制作医疗用的X射线管中的靶子。相比于其他的用于制造这种靶子的材料，比如纯钨、钨钼合金或者钨石墨合金，钨铼合金材料有非常好的塑性，不易脆化和龟裂，并且能很好地保持X射线的焦径，起到提高辐照效果的作用。医用放射性铼-氨基磷酸化合物可治疗癌症，高铼酸钾可用作制备彩色照相胶片的敏化剂等。另外，钨铼合金在彩色电视的快速启动用加热器的制备上也有应用。

5.2.2 产业发展态势

5.2.2.1 铼金属的生产情况

全世界铼的年产量大约有40t是原金属，另有10t是从二次原料提取获得。智利是世界上最大的铼供应国，占据了美国60%以上的进口铼制品市场。其他主要生产国家有美国、俄罗斯、德国、哈萨克斯坦、日本、澳大利亚等。我国的江西铜业集团在科技攻关项目"铜冶炼还原终液中回收铼酸铵"获得突破后，已形成年产铼1.8t的生产能力，成为我国最大的铼生产基地。由于资源化综合利用技术的迅速提高，从废催化剂等回收的铼量呈现稳步增长，原生铼的产量也逐年扩大。

5.2.2.2　铼金属的消费情况

铼的市场需求与高新技术产业的发展呈现密切的关系。作为一种战略物资，铼的主要消费国家是美国、西欧、日本等发达国家及军事大国俄罗斯。近几年世界总的年消费量达到了40t，并逐年有所递增。其中欧洲消费量迅速增加，年消费量将近10t。美国年铼消费量保持在20～25t。日本的年铼消费量达到2～3t的规模，主要用于电子材料，如汽车排气传感器铼钨丝、集成电路的薄膜电极等。俄罗斯铼的年需求量约5t。

据英国Adams金属公司称，在现货市场中，铼供应量只占到总需求量的5%。世界最大的钼生产商Molymet公司现在每年提供铼约23.5t。美国密西根的Cannon-Muskegon公司消耗了世界上大部分的铼，用以生产极重要的高性能涡轮机用的重熔锭。世界最大的铜矿商Codelco正计划重新启动20世纪90年代初关闭的生产铼的公司。Molymet公司正打算将该公司钼的生产能力扩大到22680t/a，并计划加强铼的生产。对回收铼技术的投资也正在产生效果，生产废料、报废产品及磨削废渣中回收的铼已经能够满足Cannon-Muskegon公司40%～60%的铼供应量。

5.2.3　技术分析

5.2.3.1　铼的分离提取技术

在钼、铜冶炼过程中，金属铼几乎全部转化为较易挥发的七氧化二铼（Re_2O_7）混入到烟尘中，烟尘中大部分的七氧化二铼在湿法处理烟尘的过程中与水反应生成高铼酸进入废液。因此，在钼、铜的冶炼过程中分离提取铼（见图5－1），既能够提高资源的综合利

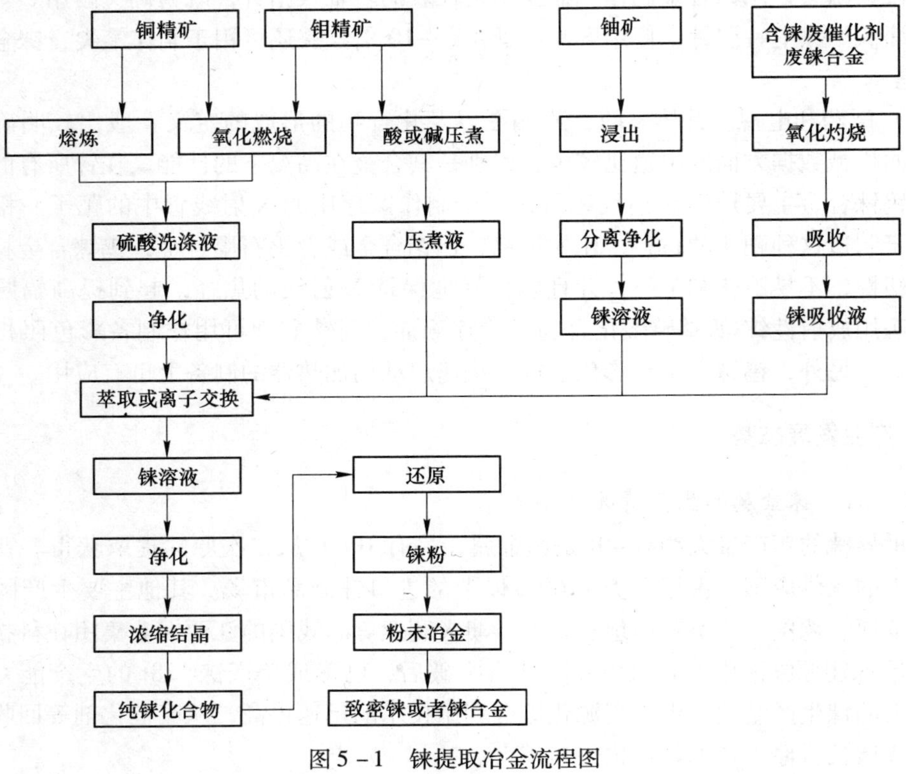

图5－1　铼提取冶金流程图

用率，又能够有效治理废液造成的污染，具有重要的市场价值和环境效益。铼提取技术主要有离子交换法、溶剂萃取法和萃淋树脂法。

A 离子交换法

离子交换法是利用离子交换树脂的活性基团与溶液中的含铼离子发生离子交换从而实现铼与其他离子的分离。铼在水溶液中主要以高铼酸根离子（ReO_4^-）形式存在，故以阴离子交换树脂提取铼的研究较多。用氨水溶液即可将含铼离子从树脂上洗脱下来，不会引入杂质离子，能够制得高纯度的高铼酸铵。

B 溶剂萃取法

溶剂萃取法富集铼的工艺已经比较成熟，是工业生产中分离提取铼的主要方法。溶剂萃取法的基本原理是利用物质在不相混溶的两相中的不同分配特性进行分离的。通常是利用与水不混溶的有机溶剂，借助于萃取作用使一种或几种组分进入有机相，而另外的组分仍留在水中，从而达到分离富集目的。应用较多的萃取剂是胺类、酮类萃取剂溶剂萃取法，其中所用萃取剂以胺类萃取剂为主，但胺类萃取剂易挥发、毒性大、反萃困难且萃取介质大多是酸性或很弱的碱性条件；而酮类萃取剂与碱熔法配合使用不需进行介质的酸碱性转换即能获得较好的分离效果，但其萃取能力相对较低，也仅限于岩石中微量铼含量的测定分离。因此，迫切需要一种兼具离子交换法与溶剂萃取法优点的新技术出现，以实现对铼的分离富集既操作方便又环境友好的目标。

C 萃淋树脂法

萃淋树脂是一种含液态萃取剂的树脂，采用干法、湿法或加入改性剂法将萃取剂浸渍在多孔材料上制得，常用的多孔材料有交联聚苯乙烯、聚四氟乙烯、纤维素和硅胶等。萃淋树脂的外形与一般圆球状的离子交换树脂相同，圆球内的活性组分为萃取剂。萃淋树脂法在提取金属的过程中兼有树脂和萃取剂的某些特性，也有人称作固-液萃取技术。用于富集铼的萃淋树脂以含中性有机膦萃取剂的萃淋树脂为主。萃淋树脂分离法将离子交换和溶剂萃取两种技术结合起来，萃淋树脂在使用时的操作类似于离子交换剂的吸附与淋洗过程，但在与某些金属离子结合时按萃取机理进行。萃淋树脂把萃取剂固态化，减少了萃取剂的损失。萃淋树脂中的多孔材料在实际操作中能够形成多级萃取，萃淋树脂既有萃取分离的高选择和高效性，又具有离子交换的操作方便、无污染特点。

D 氧压氧化辉钼矿精矿法

在高压釜中，于200～220℃、2MPa 下将70%～80%的辉钼矿精矿充氧氧化2～3h，钼精矿几乎完全被氧化为工业氧化钼，同时从高压釜排出的液相回收伴生的铼。这种氧化钼精矿的方法，2008 年已在美国第二大钼生产公司通过设计并开始建厂，这是世界上第一座大规模采用氧压氧化法生产工业氧化钼的生产线，年产工业氧化钼约 20000t，回收金属铼约 4t，铼产量约占全球总产量的 8%，也是世界上最大的产业化示范项目。氧压氧化辉钼矿精矿方法对环境友好，铼资源利用率大幅度提高。

5.2.3.2 铼器件制造技术

铼的制备加工比较困难。铼器件的制造主要有电化学沉积、粉末冶金、物理气相沉积和化学气相沉积4种方法。铼丝和铼片一般用粉末冶金法加工，然后经多次冷轧成型。铼管的制备一般采用化学气相沉积法。

A 应用电化学方法

可以在较低温度下制得铼涂层或铼薄膜，这项技术已被广泛地应用于在金属表面制备铼涂层。但电化学本身存在的一系列缺点，如沉积产物结构疏松、均匀性差、尺寸精度不高等使制备铼构件（如铼管材、丝材）受到限制。

B 粉末冶金法

粉末冶金法是制备难熔金属的一种比较有效的方法，被广泛地应用于制造金属铼制品。粉末冶金制造的零件坯体，将其加热到1500℃进行预烧，之后，再将其加热到2200℃最终烧结后进行热等静压，其尺寸精度进一步提高。在热等静压之后，对制品进行线切割、粗磨、精磨和抛光等加工，可以制得尺寸精度非常高的零件。美国铼合金公司应用这项技术已经制得壁厚为4mm的薄壁件。应用粉末冶金法，虽然可以制备一些金属铼构件，但是对于形状比较复杂、小直径、壁厚比较薄的结构件，粉末冶金法存在着相当大的困难。

C 电子束-物理气相沉积法

电子束-物理气相沉积法（EB-PVD）是物理气相沉积法的一种，是净成型制备铼制品以及铼薄膜的有效方法。EB-PVD技术是在真空中将高能聚焦电子束打在原材料上，使挥发出的原材料分子冷凝在基体上的一种材料制备技术。涂层的形成分为两步，即形核和生长。其沉积速度以及涂层厚度取决于挥发速度、沉积时间、炉室压力、挥发源和基体的距离以及电子束功率等。

D 化学气相沉积法

化学气相沉积法是利用化学反应的原理，从气相物质中析出固相物质沉积于工作表面形成镀层薄膜的一项新技术。通过化学气相沉积法，可以在基体表面获得厚度达数毫米的金属铼薄膜。并且，制备的金属铼的纯度非常高，可达99.99%～99.999%；其密度可达理论值的99.5%以上。化学气相沉积对于制备难加工的金属具有优越性，从原料可以一次得到所需尺寸的管材，避免了繁琐的加工工序。化学气相沉积工艺过程在密封的真空系统中进行，极少污染，纯度高。

5.2.3.3 铼合金材料及技术分析

超耐热合金是消费铼最多的领域，消费量约占铼总消费量的80%，而用作石油化工行业催化剂占铼消费量的20%左右。

超耐热合金主要有钼铼、钨铼和加铼镍基高温合金三大类型。火箭发射时，几秒钟内便加热到接近铼熔点的高温，进入宇航空间后，温度又急剧下降到零度以下，只有拥有优良高温抗蠕变性能的铼和铼合金才能满足这种要求。钼铼合金的开发是各国超耐热合金研究领域的重点，我国已将其列入军工配套新材料科研计划。钼铼合金是一种固溶合金，铼含量一般不超过50%。

钼铼合金的制造有粉末冶金工艺和电弧熔炼工艺，粉末冶金工艺占主导地位。生产钼铼合金所用的铼和钼原料，其化学纯度要求在99.195%以上，主要用离子交换或化学萃取技术获得高纯度原料，且质量必须稳定。

Mo-40Re合金可用于空间站高性能电加热控制发动机。Mo-41Re的硬度比纯钼高60%，强度提高75%，伸长率可达15%～20%，比其他过渡金属合金有相对较高的电阻率，在非氧化性气氛（如氢气、惰性气体）或真空的高温环境中工作，不产生脆化，用于制造高温加热元件。Mo-47Re合金具有高的抗拉强度和较好的延性，用于生产微米尺寸截面的箔带和极细丝材的弹性元件，该合金弹性元件在塑性变形超过80%时达到最大强化，如再添加铪、锆或钒元素，则合金变形45%～50%时即可达到明显强化。Mo-50Re的蠕变断裂寿命高于纯钼，用于温度高达2127℃的加热器、反射器和空间站部件等，Mo-50Re合金无缝管是极好的高温热电偶保护管材料。此外，Mo-41Re、Mo-47.5Re、Mo-50Re、Mo-5Re-0.5HfC、W-35Re-18Mo等也都用作火箭推进器的结构材料。

钼铼合金除可用于制造火箭发动机的喷嘴和核能工业中的部件（如国际热核实验装置中的转换器的散热片，控热核装置中的转换元件）外，还用于其他高科技领域的国防尖端产品，如各种固体推进热敏元件，单、双推进热敏元件，氢氧气体推进元件，碳氢化合物燃烧装置，超声波仪器以及测量战略导弹轨迹的卫星站等。钼铼合金具有良好的导电性、耐磨性和抗电弧烧蚀性，用作触点材料时它所产生的氧化物具有良好的导电性，接触电阻变化较小，使用寿命长。钼铼合金用作电子管、特种灯泡的热离子材料、射线靶和集成电路的薄膜电极，在各种气体中不但具有高抗热震性和热离子特性、高电子逸出、高电阻，并且在热处理后仍保持着较好的塑性、较高的再结晶温度、良好的热电性能和抗机械冲击性能，因此，在电子学领域应用前景十分广阔。

钨铼合金主要用于电热丝和测温仪器。钨铼合金丝构成的热电偶，测温范围广（0～2500℃），温度与热电动势的线性关系好，价格比铂铑热电偶便宜，用在氢气体中测温最理想。在钨中加10%～26%的铼，可显著改善合金性能，如W-26Re合金的硬度比纯钨的高20%，抗拉强度为纯钨的2倍。在合金中加铼是新一代单晶高温合金的显著特征，在镍基单晶高温合金中加入铼，可以显著提高它的抗蠕变性能、疲劳性能及抗氧化性能。研究表明铼的扩散行为直接影响铼的偏析行为、合金中沉淀相的粗化以及合金的焊接性能，对镍基高温合金的显微组织、高温力学性能及蠕变动力学有着重要的影响。含3%～7%铼的镍基高温合金，可用来制造新一代喷气发动机的热区涡轮叶片。铼和铼合金还用于速射炮炮筒衬里，这种衬里采用化学气相沉积法制造。

5.2.3.4 铼的超硬材料化合物及技术分析

超硬材料因其具有高硬度、耐磨、抗热震性好等特殊的物理和化学性质，而迅速成为现代工业和科学技术研究领域内重要的基础功能材料之一。铼的轻元素化合物材料是超硬材料研究热点之一，是潜在的新型超硬材料。

超硬材料被定义为维氏硬度测量值大于40GPa的材料。1955年和1957年美国科学家分别合成人造金刚石和立方氮化硼，被认为是超硬材料发展史上的两座里程碑，开创了功能材料在工业及相关应用领域的新篇章。但目前得到广泛应用的超硬材料仍停滞在金刚石和立方氮化硼这两种材料上。

2007 年 Chung 等人用等离子体烧结（SPS）的工艺方法合成了具有超低压缩性和高硬度的二硼化铼（ReB_2），实验测得其维氏显微硬度更是超过了 40GPa，是一种新型超硬材料。且相比于轻元素超硬材料，其具有化学性质更加稳定、合成成本更加低廉的优点。这激发了人们对锇、铼、钨等重过渡金属与氮、硼、碳等形成的化合物的研究兴趣。研究结果也表明，具有高价电子密度的过渡金属铼与轻元素形成的化合物具有成为超硬材料的潜质。Locci 等人使用 SPS 工艺方法，Otani 等人使用高温下的自蔓延工艺方法均顺利合成了 ReB_2，且在实验中均证实 ReB_2 是超硬材料。虽然多种铼的轻元素化合物，如二硼化铼（ReB_2）、四硼化铼（ReB_4）等，都表征出超硬特性，但对其超硬性质产生机理的分析还比较欠缺。国内燕山大学、大连理工大学就硬度的本质与键合性质之间的联系展开了一系列的探讨。

我国铼及铼合金的研究正在逐步开展，重点是要在制备技术、加工处理、复合合金化、焊接性能、热处理制度和防氧化处理等应用方面进一步加强研究。

5.2.4 产业发展思考

5.2.4.1 铼资源勘探、获取

根据铼的性能和特征，积极开展云南境内铼资源的勘探工作；鼓励云南钼、铜矿山企业与国内外研究机构和科研人员合作，开展云南铼资源成矿理论的研究和找矿工作。积极研发从云南钼、铜等金属冶炼中获取铼的技术和可行性，以便多渠道获取铼资源。

5.2.4.2 铼合金的研发

依托昆明贵金属研究所、贵研铂业等研究机构和高科技企业，加快铼合金及其器件的研发，推进钼铼、钨铼超耐热合金和加铼镍基高温合金等的发展。以增强合金的抗蠕变性能、疲劳性能及抗氧化性能为思路，积极研发在镍基、铜基、锡基、铁基合金等各种合金中加铼的性能和应用。

5.3 铊金属材料产业

5.3.1 铊的应用领域

铊广泛用于电子、军工、航天、化工、冶金、通信、医学等领域。

铊能与大多数金属形成合金，增强合金的抗腐蚀性和耐久性。某些铊合金具有独特的性质，例如由 72% 铅、15% 锑、8% 铊、5% 锡组成的轴承合金在质地方面已超越由铅基合金制成的轴承；由银和铊制成的轴承合金具有高耐久性和很低的磨损系数以及良好的抗酸性能，在力学性能方面胜过银铅合金、铜铅合金；由金银铊制成的轴承合金（25% ~ 50% 金、25% ~50% 银、1% ~8% 铊）有很高的抗腐蚀性和很高的耐久性能。在铜的电解中，可使用由 70% 铅、20% 锡、10% 铊组成的合金作为不溶性阳极。最独特的铊合金是能形成低共熔物的汞铊合金（含 8.7% 铊），这种合金可用于温度计、电键、密封等场合。铊也可用作红外线探测器。

在电子工业中，用铊激活碘化钠晶体可制作光电倍增管。铊及其化合物可用作光学玻璃、电子元件的玻璃密封以及放射线的屏蔽窗等。硫化铊和硫氧化铊可以制造对红外线很

灵敏的光电管。溴化铊或碘化铊的固溶体单晶能透过红外线，可用于红外线通信。含铊8.5%的汞铊合金，其熔点为-60℃，比汞的熔点低20℃，可用于低温仪表。铊激活的碘化钠晶体用于制作光电倍增管，铊的化合物还可做有机合成的催化剂。

铊盐对光有特殊的灵敏性，硫化亚铊（Tl_2S）可用于制造光电管，碳酸铊（Tl_2CO_3）可制造光学玻璃。溴化铊（42%）和碘化铊（58%）的晶体混合物可用作信号系统的红外辐射源。氧硫化铊对红外线很敏感，用氧硫化铊制成的光电池已经在测辐射热的仪器以及照相曝光、测量星球辐射信号系统、光学光度计上对温度的控制和调节等场合中使用。

环戊二烯基铊是唯一稳定的有机铊化合物，它在有机合成中的应用与更普遍使用的环戊二烯基钠相似，但比后者更具优越性。

羧酸铊与化学计量的酰卤反应可生成定量的酸酐，这是一个合成对称酸酐或非对称酸酐的特别有效的温和的方法。

溴化铊是从芳香族格氏试剂中制备联苯的一个非常有效的试剂。氧化铊与相应的卤代物反应可制备α-酮基腈、氰基甲酸酯和氰基三甲硅烷。

三乙酸铊是多种芳香族化合物控制溴化的极好的催化剂，与一般方法相反，这个溴化方法只生成单一的纯溴化合物，对于取代苯来说只生成对位溴代物。

三氟醋酸铊是芳香族取代中的一个特制的铊化试剂，它所生成的有机铊衍生物也是芳香族取代中的新中间体，通过这些中间体可制备多种芳烃衍生物。

三硝酸铊作为氧化剂比其他铊盐应用更加广泛，具有选择性强，产率高，反应条件温和等优点，广泛应用于烯烃、酮、有机硫和有机硒及酚类的氧化，尤其是一些特异的反应性能可用于其他方法难以合成的或产率不高的化合物的制备。

铊在现代医学中应用潜力大。铊同位素被广泛用于心脏、肝脏、甲状腺、黑素瘤以及冠状动脉类疾病的检测诊断。

5.3.2　技术分析

国际上对铊的研究集中在冶炼金属过程回收铊、铊的生理毒性和病理研究，国内对铊的研究集中在成矿机制、成因研究及部分病理研究。此外，在铊金属的工业应用上的研究还在不断深入。

铊作为一种高科技金属材料，随着科技的发展其用途越来越广，提取金属铊既有巨大的经济效益，更具有重大的社会效益。随着我国经济建设的发展，铊金属提取和新材料制备技术正在向深度和广度不断拓展。

5.3.2.1　金属铊的提取技术

除矿石外，铊主要是从有色重金属硫化矿冶炼过程中作为副产品回收，铊的氧化物氧化铊（或三氧化二铊，Tl_2O_3）、氧化亚铊（或一氧化铊，Tl_2O）挥发性强，在铜、铅、锌硫化物精矿焙烧、烧结和冶炼时大部分挥发进入烟尘。如炼铅时约有60%～70%的铊进入烧结、焙烧烟尘中。铅鼓风炉烟尘的铊含量约占精矿中铊含量的23%。硫酸厂焙烧黄铁矿时，炉气净化系统的富铊烟尘也可作为提取铊的原料。在有色重金属冶炼流程中回收铊，既有利于有色重金属资源的综合利用，又能防止污染环境。

铊在冶炼原料中含量很低，必须先行富集。火法富集可使物料的含铊量提高10倍以上。烟尘中的铊多半是氧化铊、硫酸铊和氯化铊。用稀硫酸浸出含铊烟尘时，锌、镉、铁及其他元素同时进入溶液。含铊 0.05～1g/L 的稀溶液可用高锰酸钾将 Tl^{+} 氧化成 Tl^{3+}，根据铊、锌、镉在不同的 pH 值溶液中沉淀的原理，以氢氧化钠中和溶液 pH 值至 4～5，并加热至 70～80℃，使铊从溶液中以氢氧化铊的形态沉淀析出。如溶液含铊大于 5g/L 时，可在 20℃加过量的氯化钠使铊以难溶的氯化铊形态沉淀下来。

工业上回收铊的方法很多，以铅烧结烟尘回收铊为例：铅烧结烟尘经反射炉熔炼富集后，得到含铊 2% 左右的富铊灰，用浓度为 120～150g/L 硫酸浸出，固液比为 1 : 5，温度为 90℃，搅拌 4h，浸出率在 95% 以上。利用处理铝、锌、铜、锰等金属冶炼过程的副产品作为原料，经湿法冶炼制得金属铊。湿法将有色金属冶炼过程的副产品作为原料，加入硫酸进行抽提时生成硫酸铊，再用锌粉制成海绵状铊，加入硫酸溶解海绵铊，再加入碳酸钠进行反应生成碳酸铊，向其中加入硫酸，所制得的溶液再用锌处理，得到纯度为 99% 的铊。最后向 99% 铊中加入氰化钾，用电炉熔融处理，制得纯度大于 99.9% 的铊成品。

5.3.2.2 铊新材料及技术分析

虽然铊的用量不大，全世界每年铊的消费量近 15t，但在高科技领域占有重要地位。

A 高纯铊的制备

高纯度铊可采用电解精炼法。用一般方法制得的铊，尚含有铜、铅、镉等杂质，先用碱和硝酸钠与金属铊进行熔炼，使铅生成铅酸钠（Na_2PbO_2）而被除去，如铅含量超过 0.03%，则需熔炼两次。这样也可使铜、镉成为氢氧化物而被除去。电解精炼时，阴极用纯铊或钽片，电解质中铊含量为 30～40g/L，硫酸浓度为 70g/L，温度为 55～60℃，阴极电流密度为 $100A/m^2$，阳极电流密度为 $200A/m^2$，阳极套以布套。经过两次到三次电解精炼，可获得 99.999% 的高纯铊。

B 铊化合物

铊主要以化合物的形式应用。国内外已经开发出不同纯度的硫酸铊、硝酸铊、醋酸铊、碳酸铊、磷酸铊、氧化铊、氯化铊、溴化铊、碘化铊、氢氧化铊、甲酸铊、乙酸铊等铊化合物（均为剧毒化合物）。云南作为铊资源丰富的省份，应该大力发展铊化合物。

（1）氯化铊。氯化铊为无色或白色粉末或结晶，在空气及光线中变成紫色，熔点 430℃，沸点 720℃，微溶于水，不溶于醇、丙酮，主要用作氯化反应催化剂，也用于极谱分析及制药等。

（2）氟化铊。氟化铊为白色结晶粉末，四方晶系结构，熔点 322℃，沸点 840℃，相对密度 8.36，室温稳定，易溶于水，遇热分解，81℃发生晶型转变，由氟氢酸和碳酸铊作用制取，主要用于作为特种玻璃添加剂。

（3）溴化亚铊。溴化亚铊为黄白色结晶性粉末，熔点 460℃，沸点 815℃，微溶于水，溶于乙醇，不溶于丙酮，相对密度 7.56，具有较好的稳定性，主要用于制造药物。

（4）硫酸亚铊。硫酸亚铊为无色或白色斜方晶系结晶，熔点 632℃，相对密度 6.77，能溶于水，主要用于作为分析试剂。

（5）碘化铊。碘化铊为红色立方体结晶或黄色粉末，熔点 440℃，沸点 824℃，相对密度 8.00，具有较强的稳定性，微溶于水，不溶于酸，溶于王水及浓硫酸，主要用于制造药物、光谱分析、热定位的特种过滤器、与溴化铊组成混合结晶、传送极长波长的红外线辐射。

(6) 硝酸铊。硝酸铊为白色结晶，熔点206℃，沸点450℃，相对密度5.55，溶于水，溶于丙酮，不溶于乙醇，用于烟花、分析试剂、制作海上标记物。

(7) 氧化亚铊。又名一氧化铊，是一种黑色粉末，熔点300℃，沸点1865℃，具有潮解性，暴露在空气中易氧化，可用作分析试剂，也可用于制造光学玻璃及玻璃装饰品。

C 铟铊合金

有研究认为，铟铊合金具有典型的形状记忆合金特征。记忆合金已用于管道结合和自动化控制方面，用记忆合金制成套管可以代替焊接，方法是在低温时将管端内圈扩大约4%，装配时套接在一起，一经加热，套管收缩恢复原形，形成紧密的接合。美国海军飞机的液压系统使用了10万个这种接头，多年来从未发生漏油和破损。船舰和海底油田管道损坏，用记忆合金配件修复起来十分方便。在一些施工不便的部位，用记忆合金制成销钉，装入孔内加热，其尾端自动分开卷曲，形成单面装配件。

记忆合金特别适合于热机械和恒温自动控制，已制成室温自动开闭臂，能在阳光照耀的白天打开通风窗，晚间室温下降时自动关闭。记忆合金热机的设计方案也不少，它们都能在具有低温差的两种介质间工作，从而为利用工业冷却水、核反应堆余热、海洋温差和太阳能开辟了新途径。

由于记忆合金是一种“有生命的合金”，利用它在一定温度下形状的变化，就可以设计出形形色色的自控器件，它的用途正在不断扩大。云南省作为铟资源和铊资源都很丰富的省份，应加大力度研发和生产铟铊合金。

D 铊系氧化物超导材料

铊与钯、钙、铜等金属形成的合金可作为超导材料。如美国的P. Parkin等制备出125K的Tl-Ba-Ca-Cu-O（Tl-2223）超导体。1991年日本的T. Kanek等制备出（126.9 ± 0.2）K的Tl-Ba-Ca-Cu-O（Tl-2223）超导体。1992年长沙矿冶研究院先后制备出127.8K和128.7K的Tl-Ba-Ca-Cu-O（Tl-2223）超导体。之后，美国堪萨斯大学研究出铊系氧化物超导体。

5.3.3 产业发展思考

提取有价金属铊。加大资源综合利用，提高资源综合利用率；制定激励政策，鼓励云南省的铅锌矿、黄铁矿选冶企业回收铊金属；制定约束政策，监督相关冶金企业建设铊金属回收装备和工艺，回收铊金属和其他稀散金属；积极探索老矿山固体废弃物和老矿山的铊富集物中回收金属铊的工艺和技术。

开发含铊矿产。在制定科学、安全利用铊资源，减少环境污染方案的基础上，积极稳妥地开发云南省的含铊矿床。

生产并推广运用铊化合物。大力发展铊化合物。

研制高纯铊及高纯铊化合物。以我国高科技发展和国际市场需求为导向，引进国内外先进技术和人才，鼓励科技企业研制高纯铊及高纯铊化合物。

发展铊金属合金。瞄准国际国内航空航天、国防工业的需求和未来应用方向，加快研发铊与各种金属合金的制造工艺、性能和应用，大力发展铊金属合金。

5.4 钼金属材料产业

5.4.1 钼的应用领域

钼在不锈钢、高端领域用耐高温、耐腐蚀合金等方面应用广泛。

钼的传统性应用是钢铁行业。世界钼产品的消费市场主要集中在北美、西欧、日本等发达国家，占世界消费量的85%以上。钼作为合金钢中重要的添加剂，在一定程度上有着不可替代性，所以钢铁业对于钼的需求一直稳定而强劲。

从国际钼业协会的统计资料来看，全球约75%的钼产品以焙烧钼精矿或钼铁等钼炉料的形式应用于钢铁业，而其他25%则用于钼化工、钼金属制品等行业。钼的最终消费领域包括建筑工程、机械制造、汽车、造船、航空器、石油管道与钻井平台以及生产催化剂、色素、润滑剂等化工产品（见图5－2）。

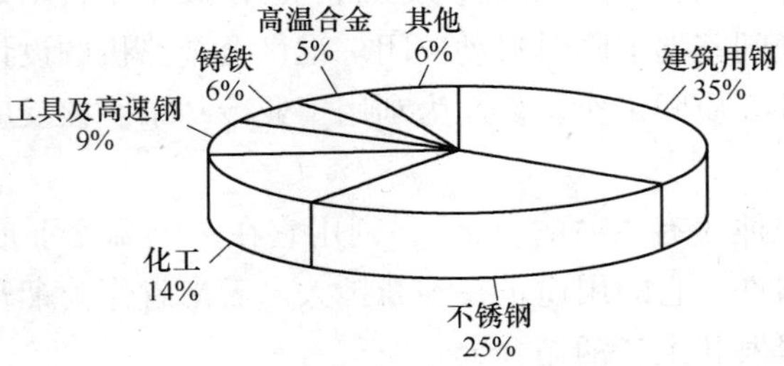

图5－2 钼消费结构图
（资料来源于国际钼业协会IMOA）

随着钢铁业的增长以及在多种新型合金钢中含钼量的上升，全球钼消费显著增长。全球经济景气和基础建设的良好势头带动了钢铁行业的稳步增长，将在未来几年内为全球钼行业带来稳定而强劲的需求增长。

我国钼产品主要以焙烧钼精矿和钼铁为主，而国内需求也主要表现为钢铁业对钼铁的需求。我国钼产品以出口为主，达到总产量的50%以上。出口产品包括钼矿砂、钼精矿、钼铁、钼酸铵、钼粉等初级产品，钼深加工制品较少。

光伏产业将是金属钼的重要新兴消费市场。钼在光伏产业中主要通过溅射靶材用于太阳能薄膜电池（CIGS）。中国的太阳能薄膜电池有着巨大的发展空间，CIGS技术一旦成熟，成本会加速下降，这是钼产业深加工的一个发展方向。

5.4.2 产业发展态势

钼金属生产集中在美国，由于中国工业化对钼及钼制品的需求不断提高，中国钼金属产量不断扩大，已经成为产量仅次于美国的钼产品生产大国，而云南省的钼产业规模非常小。

5.4.2.1 钼产业链形态

从钼产业链看（见图5－3），一般将钼产品分为：钼初级产品（钼精矿、氧化钼、钼铁）、钼化工产品（钼酸铵、钼酸钠、钼酸钡等）、钼金属制品（钼粉、钼条、钼板、钼棒、钼丝、钼异型件等）。其中钼精矿、焙烧钼精矿及钼铁是国际市场交易最活跃的品种，而钼废碎料也有相当活跃的市场。

全球钼市场一般按照产品类型的不同，可分为钼精矿产品市场、钼炉料产品市场、钼化工产品市场和钼金属产品市场四个层次：

（1）钼精矿产品。全球产量领先的钼精矿生产商包括美洲的菲尔普斯·道奇公司（美国）、智利国营铜公司（智利）、肯尼考特公司（美国）以及我国的金钼股份和滦川钼业。

（2）钼炉料产品。钼炉料又称为钼合金添加剂，包括钼铁、工业氧化钼、氧化钼球（块）、钼酸钙、钼精矿以及钼条等。全球不锈钢产量的约7%是含钼不锈钢，其中含钼量约为2%～3%。不锈钢约占每年钼消费量的25%，是钼最大的消费市场。含钼不锈钢具有抗腐蚀的独特性能，大多被用于中高度腐蚀性环境和特殊要求之处，例如建筑的外表、石油化工及海洋工程等。工具钢和高速钢一般含1%～4%的钼，但也有含钼超过9%的个别品种。工具钢和高速钢被广泛地应用于机械制造业，尤其是汽车和航空器制造。全球主要的钼炉料厂商包括菲尔普斯·道奇公司（美国）、莫利迈特公司（智利）、肯尼考特公司（美国）以及我国的金钼股份和滦川钼业。

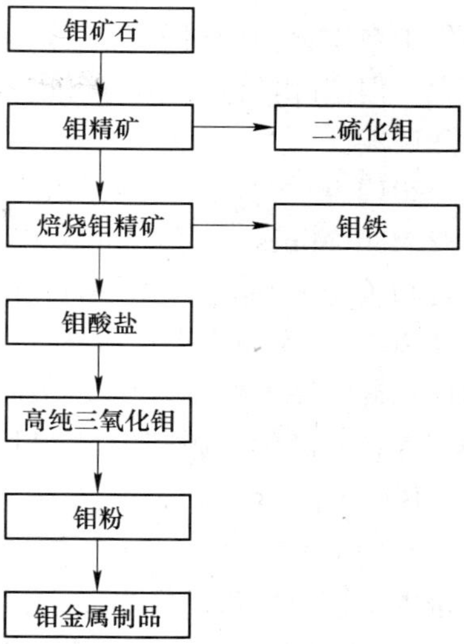

图5-3 钼产业链结构示意图

（3）钼化工产品。钼化工产品是钼的另一重要消费市场。钼化工产品中最主要的品种为钼催化剂，就石油冶炼行业来说，钼催化剂可以被广泛地应用于煤油、汽油、循环油、脱沥青油、柴油提炼方面。钼化工产品的其他应用方向包括润滑剂、油漆以及其他抗腐蚀性的外层涂料和着色剂等。全球主要的钼化工产品生产商包括菲尔普斯·道奇公司（美国）、莫利迈特公司（智利）、世泰科公司（德国）以及金钼股份（中国）。

（4）钼金属产品。钼金属及钼基合金由于其良好的导电性、高温性能以及耐腐蚀性，被广泛地应用于灯泡制造、电子管和集成电路等电子工业、模具制造、高温元件、航空航天工业以及核工业等领域。全球主要的钼金属产品生产商包括普兰西公司（奥地利）、世泰科公司（德国）、有色新金属公司（中国）以及金钼股份（中国）。

5.4.2.2 世界钼产品供给较为集中

A 世界钼产品主要由中、美、智三国供给

钼资源储量位居世界前三的中国、美国和智利也是全球前三大钼生产国。这三个国家的钼产量占全球钼产量近80%，秘鲁和加拿大也有丰富的产量。根据中国有色金属工业协会《有色金属信息》及其钼业分会2006年度统计资料和《中国钼业》杂志等资料的统计，2006年度全球钼炉料产品产量约为34万吨，钼化工产品产量约为5万吨，钼金属产品产量约为1.6万吨。

由于钼的资源状态不同，钼产品的生产模式也具有明显的差别。在美洲只有少量的大型矿产资源类公司具有自己的钼焙烧设施，钼大多以钼精矿等初级状态出售，或者将焙烧业务外包给专门的焙烧厂以获得焙烧钼精矿。我国的钼矿多为单一钼矿，并且我国钼业企业大多拥有配套的焙烧产能。

钼铁是钼的另外一种重要的商品形态。钼铁的产能除了我国的专业化钼业企业外，大多集中在铁合金公司手中，作为其整体综合性铁合金产能的一部分。这部分名义产能虽然很大，但实际可供使用的产能较为紧张，钢铁业对于其他类型铁合金的需求会影响钼铁的实际产能。

2010 年全球钼市场供应出现新情况，美国 General Moly 公司 Mount Hope 项目、澳大利亚 Moly Mines 公司 Spinifex Ridge 项目、加拿大 Thompson Creek 金属公司 Endako 矿扩建项目和美国 Freeport-McMoRan 铜金公司 Climax 钼矿重启项目等国外新建、扩建项目均未能在 2010 年实现投产。另外，中国继续发现大量钼资源，如信阳千鹤冲钼矿、新疆哈密白山钼矿和东戈壁钼矿、安徽皖南祁门县钼矿、西藏甲玛铜多金属矿床、黑龙江伊春鹿鸣钼矿等，新增钼资源储量在 300 万吨钼以上。

B 我国已成为钼产品生产大国

我国的钼生产呈现不均衡的分布，金钼股份和滦川钼业是我国最主要的钼业企业，合计产量占全国总产量的一半以上，其他钼业企业生产规模都比较有限。出于加强环境保护力度、保证生产安全以及提高资源利用效率等考虑，我国政府在 2004 ~ 2005 年间停止了辽宁省葫芦岛地区和浙江省青田矿区的钼开采。停产前，青田矿区年产钼精矿约 7000 ~ 8000t，葫芦岛地区年产钼精矿约 30000t。上述停产措施使 2005 年全国钼精矿产量下降，造成国际国内市场供应紧张并对国际国内钼市场格局产生了一定影响。我国钼产品的生产情况如下：

（1）钼精矿产能和产量持续增长。自 2003 年以来，我国钼选矿生产能力逐年大幅度增加，截至 2006 年年底我国钼选矿生产能力已由 2003 年的 12 万吨增加到 16 万吨以上，且不包括国内小钼矿点选矿生产能力的增加。

（2）氧化钼、钼铁的焙炼能力大于精矿的生产能力。国内氧化钼、钼铁的焙炼能力要远大于钼精矿的生产能力，有钼选矿的地方几乎都有氧化钼、钼铁的焙炼，尤其是东北独立存在的氧化钼、钼铁焙炼厂较多。现在我国的氧化钼、钼铁的焙炼能力在 12 万吨以上。2006 年，氧化钼产量 46795t，同比增长 10.14%；钼铁产量 48981t，同比减少 4.21%。

（3）钼化工产品发展较快。2003 年以来，由于钼价暴涨，我国钼酸钠产能有了较大幅度的提升，从 2003 年的 2.6 万吨增长到 2006 年的 4.5 万吨以上；钼酸铵的产能保持在约 7900t；高纯二硫化钼粉的产能现为 1700t/a；高纯三氧化钼是钼酸铵生产钼粉过程中的中间产品，一般作为产品单独出售的较少。2006 年，钼酸铵产量 14360t，同比增长 14.72%；钼酸钠产量 1315t，同比减少 7.69%；高纯二硫化钼粉产量 442.5t，同比增长 0.68%；高纯三氧化钼产量 2327.3t，同比增长 192.04%。

（4）钼粉及其制品也有所增长。钼粉及其制品包括钼粉、未锻轧钼金属产品、已锻轧钼金属产品、钼丝、其他钼制品等。由于钼粉是其他钼金属产品的原料，以钼粉的产能、产量作为统计标准。2003 年以来，我国钼粉及其制品的产能也有了较大幅度的增加，钼粉产能由 2004 年的约 8000t 增加到 2006 年的 1.2 万吨。2006 年钼粉及其制品的产量为 5026t，同比增长 6.89%。

2007 年以前，我国钼金属生产高速增长，2006 年钼精矿[1]产量为 97646.31t，增长 48.8%；2007 年产量达到 147440.43t，增长 48.4%；2008 年后增速下降，2008 年产量为

[1] 钼精矿折合量（折纯率为 45%）。

180589.11t，增长14.7%；2009年产量为216528t，增长18.5%。其中，钼精矿生产产量最大的是河南、陕西、内蒙古、河北四省区，产量分别为111270.6t、38220.56t、23343.4t、14852.82t，四省区产量合计187687.4t，占全国产量的86.7%。云南省钼精矿产量只有563.5t，仅占全国的0.26%，产业地位很小，与钼矿资源丰富的特点不匹配。

钼产品的消费结构正在发生变化，钼的深加工制品的需求在不断增加。这种需求的相对变化使得钼产量占世界钼产量四分之一左右的中国在1992～2006年间钼制品进口呈现出增长趋势。

以上分析可以看出，我国钼产品生产情况基本处于一个良好的状态，钼精矿产能和产量持续增长，钼化工产品发展较快，钼粉及其制品也有所增长。但与钼工业强国的差距还是较大，需要加强技术创新，增强国际竞争力，实现我国钼业可持续发展。

5.4.2.3 我国与发达国家的差距

我国钼采选及加工工业与国际水平相比存在较大差距，主要表现在企业规模均较小、人均劳动生产率低、钼加工程度低、产品附加值低、资源利用率低、生产工艺较为落后和产品质量水平低等几个方面。

（1）加工环节薄弱，自动化水平低。市场主要集中在钼粗丝、钼材、钼棒等初级加工品上激烈竞争，缺少技术含量高、规格大、形状特异的精品，如精度极高的钼窄带及超大规模集成电路亚微元件用的高纯和超高纯钼材，冶金用大型钼板、长钼丝、大钼顶头和大型钼盐浴锅。同时，制造过程中自动化控制水平低。国外先进企业都普遍应用了计算机集成制造技术，整个生产线上没有从事简单劳动的工人，只有维修保养机器的工人，生产线的受控能力非常强，而我国许多钼加工厂过多地依赖于技术素质偏低的劳动者，质量的稳定性难以保证。

（2）装备技术落后，改造速度缓慢。国外设备的更新周期一般为5～10年，我国许多加工设备大多是在20世纪70年代发展起来的，现在仍在服役，有些地方还存在作坊式生产，距离连续化、自动化的现代生产方式甚远，造成产品质量不稳定，形成不了规模效益（见表5－1）。

表5－1 中国钼工业与世界相关企业技术指标比较

技术指标	中国				世界			
	采矿业	选矿业	冶炼	加工	采矿业	选矿业	冶炼	加工
规模 $/t \cdot a^{-1}$	20000～30000	精矿最大15000	MO_3：5000 钼铁：2000 钼盐：1000	约50	20000～80000t/d	精矿5000	—	可达4500
劳动生产率 $/t \cdot (人 \cdot 班)^{-1}$	1.0～2.5	1.0～2.5	2～5	0.5～1	10～25	50～120	50～100	1.0～2.5
回收率/%	平均±70	70～90	85～92	钼丝成材率65	平均85～95	85～95	90～96	丝材成材率85
采用主要设备	中小型	针对性一般	焙烧以反射炉为主	1000t压机	以大型为主	针对性强	焙烧以多膛炉为主	有5500t万能挤压机

续表 5－1

技术指标	中国				世界			
	采矿业	选矿业	冶炼	加工	采矿业	选矿业	冶炼	加工
产品质量/%	原矿品位低	精矿 Mo 45～50	钼粉 99.5 钼铁 60～70	可按用户要求供应	原矿品位高，以 Cu-Mo 为主	精矿 Mo50～55	钼粉 99.95 钼铁 60～70	可按用户要求供应
产品品种规格	—	—	—	只有 30 种	—	—	—	普兰西公司产品品种达 1.5 万种

（3）钼产品深加工程度低。虽然我国新的钼资源在不断被发现，新矿山的投产也在不断增加，但具体到钼深加工，进入时间短，投入不够，与世界先进国家仍存在较大差距，主要表现在以下几个方面：1）钼加工制品以初级产品为主，无论是加工规模、产品品种、规格及附加值均与世界先进水平存在较大差距。2）钼加工工艺技术落后，整体装备水平低，生产效率低，缺少深加工所必需的核心技术。3）钼深加工产品质量波动较大，与国外标准及企业相比存在较大差距。4）钼深加工行业科研能力弱，创新能力差，与市场衔接不畅，适应客户需求的能力弱。5）供给过剩，价格低迷。以氧化钼为例，2011 年，全球钼市场继续低迷，钼价持续下滑。5 月欧洲桶装氧化钼均价为 6.7～17.02 美元/lb，西方钼铁均价为 39.6～40.8 美元/kg，现货需求低迷，市场供应过剩。

国内钼业生产企业和国外先进企业存在差距，加之钼资源管理不力、市场不规范，使主要生产企业受到强烈的冲击，企业的发展存在客观上的困难；更主要的是如何改变国内钼业的低级产品生产将关系到中国钼业的生存和发展。所以，我国钼企业无论从自身生存需要，还是从适应市场的转变建立起新的竞争优势，发展钼深加工产品都是企业发展的重要方向。

5.4.3 技术分析

自金属钼被人们发现以来，已广泛应用于冶金、电光源、电子工业、化工工业、玻璃和玻璃纤维工业、医学工业等方面，但由于它本身性能的缺陷（如塑-脆转变温度低、强度硬度有限等），人们尝试采用各种方法对它进行改善，促使它走上了合金化道路。

5.4.3.1 钼合金材料及技术分析

A 钼铼合金

钼铼合金的强度、塑性以及焊接性都同时得到提高，并使合金具有较低的韧-脆转变温度，因而钼铼合金在航空航天和电子工业等领域得到了广泛的应用。研究表明，性能最好的是含铼 11%～50% 的钼铼合金，而含铼 40%～50% 的合金用途最广。

美国能源部的研发人员研发出几种新型钼铼合金。其中最引人瞩目的是弥散强化❶

---

❶ 弥散强化指一种通过在均匀材料中加入硬质颗粒的材料强化手段，利用不溶于基体金属的超细第二相（强化相）进行强化。为了使第二相在基体金属中分布均匀，通常用粉末冶金方法制造。第二相一般为高熔点的氧化物或碳化物、氮化物，其强化作用可保持到较高温度。弥散强化是强化效果较大的一种强化合金的方法，很有发展前途。

（ODS）钼铼合金，即氧化镧、氧化铈或氧化钍强化的钼铼合金。该新型钼基合金的制法是将氧化钼、硝酸镧（或醋酸镧）分散在水溶液中，在氢气环境下，将氧化钼和硝酸镧加热还原为钼粉和氧化镧，再加入铼粉混合后压制，而后在氢气气氛中烧结成合金锭，最后将合金锭压制成型，即得到含氧化镧的钼铼合金。该合金强度高，加工性能和高温性能好。与纯钼和 TZM（钛锆钼）合金相比，ODS 钼合金（La_2O_3第二相弥散强化钼合金）的再结晶温度较高，具有较高的高温强度和塑性。用于真空高温烧结炉隔热屏时，ODS 钼合金的这种优越性能可得到充分发挥。ODS 钼合金已成为硅铝钾掺杂钼的代用品。

B 钼钛锆合金

钼钛锆合金（TZM 合金）是在钼中加入一定量的钛（Ti）和锆（Zr）而形成的一种高温合金。钛（Ti）和锆（Zr）的加入使得在钼中出现 Mo-Ti 固溶体和弥散的质点，因而使钼基体得到 Mo-Ti 固溶体的固溶强化和碳化钛（TiC）质点的弥散强化。TZM 合金具有熔点高、强度大、弹性模量好、线膨胀系数小、蒸气压低、导电导热性好、抗蚀性强以及高温力学性能良好等特点，从而在很多领域得以广泛应用，如在高温、高压下表现出的良好力学性能使其在军事工业上应用较多，如鱼雷发动机中的配气阀体、火箭喷嘴、燃气管道、喷管喉衬；利用它对金属液体的抗蚀性，将其用作彩色显像管玻壳生产线上玻璃熔炉搅拌器的主轴（铂铑包覆）；由于具有较高的熔点，因此可用来做黑色或有色金属的压铸模具材料及无缝不锈钢管的穿孔顶头；TZM 合金板材被大量用作高温炉的炉壁和热等静压机的隔热屏等；TZM 合金在电子电气工业上用作电子管阴极、栅极、高压整流元件等；在核能源设备上用作辐射罩、支撑架、热交换器、轨条等。

C 钼硅合金

随着宇航、航空和先进能源等科学技术的发展，钼硅系金属间化合物作为高温结构材料的应用研究得到了广泛的重视。钼硅系中存在 3 种金属间化合物，即二硅化钼（$MoSi_2$）、三硅化五钼（Mo_5Si_3）、一硅化三钼（Mo_3Si）。由于 $MoSi_2$ 具有优良的高温抗氧化性，早期的工作主要集中在对它的研究上。与 $MoSi_2$ 相比，Mo_5Si_3 最大的优点是具有更高的熔点和更好的抗高温蠕变性能，但其高温抗氧化性较差。

D 稀土钼合金

与纯钼制品相比，稀土钼制品更有优势，广泛应用于冶金、机械、石油、化工、航空、电子等领域。其中稀土掺杂钼材是集结构和功能于一身的新型材料，受到广泛的关注。但迄今为止，国内外对稀土氧化物掺杂钼还缺乏系统性和深入性的研究。稀土对钼合金的性能有着极为重要的影响，研究其作用机理对于提高改善钼合金性能有着极为重要的意义。

添加稀土元素不仅能提高钼的再结晶温度和高温抗蠕变性能，而且也明显降低钼的塑-脆转变温度，增加延展性，改善钼的室温脆性和高温抗下垂能力。稀土钼合金有着非常广阔的应用，主要有：稀土钼丝主要用作电光源灯丝、电火花加工电极和高温炉发热体等；稀土钼板、片冲压成可控硅用的圆片，以及用于电子管隔热屏蔽、飞船蒙皮、导向片等；稀土钼合金可做优质的钢铁热穿孔顶头，还可做宇航和核工业材料、X 射线极靶、压铸模具和挤压模具；稀土钼异型产品用于玻璃熔化电极、稀土冶炼电极、坩埚、高温烧结舟、高温辐射隔热屏、流口、导轨、垫板等；中大功率电子管的热阴极材料。稀土钼合金热阴极材料取代工作温度高、有放射性污染、脆性大的钍钨阴极，可大大降低电子管的工作温度，提高可靠性。有学者用镧钼合金电极丝代替纯钼电极丝，进行了线切割加工的对比试验。试验结果显示，在合理控制镧钼丝加工工艺的条件下，镧钼丝具有较高的抗拉强度和高温强度，使用寿命比纯钼丝提高约50%。用镧钼丝代替纯钼丝作为电火花线切割电极丝，可有效降低成本，极具推广应用价值。

E 钼铜合金

钼铜合金是由两种互不固溶的金属所组成的假合金，兼有钼和铜的特性，具有良好的综合性能。钼铜合金具有以下特性：（1）高电导高热导特性。钼是金属中除金、银、铜等金属外，电导和热导性比较好的金属，钼和铜组成的钼铜合金具有很高的电导热导性。（2）低的可调节的热膨胀系数。铜的热膨胀系数较高，而钼的热膨胀系数很低，可以根据不同的成分组合制成所需要的较低的热膨胀系数，从而使它们可以与其他材料的热膨胀系数匹配组合，避免因热膨胀系数差别过大而引起的热应力破坏。（3）特殊的高温性能。钼的熔点为2610℃，而铜的熔点仅为1083℃，钼铜合金在常温和中温时，既有较好的强度，又有一定的塑性，而当温度超过铜的熔点时，材料中的铜可以液化蒸发吸热，起到冷却作用，可以作为特殊用途的高温材料，如耐火药燃烧温度的喷管喉衬，高温电弧作用下的电触头等。（4）无磁性。钼和铜均为非铁磁性金属，所组成的钼铜合金是一种优良的无磁材料。（5）低气体含量和良好的真空性能。无论是钼或铜，其氧化物极易被还原，其中的氮、氢、碳等杂质也易于去除，从而保持在真空下极低的放气率而具有很好的真空使用性能。（6）良好的机械加工性。纯钼金属本身由于较高的硬度和脆性，机械加工比较困难。而钼铜合金由于加入铜后材料硬度降低、塑性增加，故有利于机械加工，可以加工成复杂形状的部件。

钼铜合金应用前景广阔，体现在：（1）真空触头，国内正在大面积推广其应用；（2）导电散热元件，可满足大功率的集成电路和微波器件的高电导性、高热导性、耐热性能、真空性能及定热膨胀系数等要求；（3）作为一些特殊要求的仪器仪表元件，满足其无磁性、定热膨胀系数、高弹性模量、高电导热导性等；（4）用于使用温度稍低的火箭、导弹的高温部件，也可代替钼作为其他武器中的零部件，如增程炮等；（5）用作固体动密封、滑动摩擦的加强肋，高温炉的水冷电极头，以及电加工电极等。其他应用还可进一步开发。

F 综合强化钼合金

Si-Al-K（硅铝钾）掺杂钼综合性能较差，主要存在的问题是成分均匀性差，性能不稳定，因此人们在不断地寻找新的添加剂来代替硅、铝、钾添加剂。

5.4.3.2 钼溅射靶材及技术分析

随着平面显示器行业和光伏行业的迅速发展，钼溅射靶材的需求量越来越大。溅射作为一种先进的薄膜材料制备技术，具有“高速”及“低温”两大特点。它利用离子源产生的离子，在真空中加速聚集成高速离子流，轰击固体表面，离子和固体表面的原子发生动能交换，使固体表面的原子离开靶材并沉积在基材表面，从而形成纳米（或微米）薄膜，而被轰击的固体是用溅射法沉积薄膜的原材料，称为溅射靶材。

钼溅射靶可在各类基材上形成薄膜，这种溅射膜广泛用作电子部件和电子产品，如广泛应用的薄膜半导体管-液晶显示器（TFT-LCD）、等离子显示屏、无机光发射二极管显示器、场发射显示器、薄膜太阳能电池、传感器、半导体装置以及具有可调谐功函数互补金属氧化物半导体（CMOS）的场效应晶体管栅极等。在电子行业中，钼溅射靶材主要用于平面显示器、薄膜太阳能电池的电极和配线材料以及半导体的阻挡层材料。这些应用基于钼的高熔点、高电导率、较低的比阻抗、较好的耐腐蚀性以及良好的环保性能。

5.4.3.3 高纯钼及技术分析

随着高新技术的飞速发展，高科技领域对钼及钼合金材料性能提出的要求在许多方面已经超出了传统的性能指标，因此现代钼制品制备技术既面临挑战也迎来了机遇。高纯钼粉主要用于对纯度具有特殊要求的材料加工，如半导体相关材料、高新技术材料、火箭喷嘴等。制备方法与其他钼粉制备技术原理相同，区别在于制备原料必须以化学净化法、离子交换精制法、蒸气分流精制法等获得的高纯三氧化钼、二氧化钼、钼酸铵、氯化钼为原料，采用相应的还原工艺，可得到不同要求的高纯钼粉。

以金属废料、钼酸铵铝热还原或硫化钼铝热还原得到的粗金属钼做可溶性阳极，采用氯化物熔盐电解精炼法，对除去非金属杂质和大多数金属杂质有相当好的效果，产品为树枝状的钼粉，纯度可达99.95%以上。

日本一家公司研究出一种从三氧化钼中分离钨，制备高纯钼粉的新方法，以满足钼溅射靶材对原料纯度越来越高的要求。在一般的纯钼粉中，含有一定量的钨，其中的钨去除起来非常困难，虽然实验室中有一些净化方法，但未能用于工业生产。新方法易于分离三氧化钼中的钨，并能进一步清除其他杂质。这种新方法是用无机酸调节含钨的钼酸铵溶液至酸性（pH值为2.5~4.5），使钼酸铵结晶后首先析出，与氧化钼中的钨分离。采用这种方法，能使钼氧化物中钨的含量降至10mg/kg以下，其他杂质的含量也大大减少，从而提高钼粉的质量，同时容易实现工业化生产，降低生产成本。

5.4.4 产业发展思考

钼矿的开发与利用。发挥资源优势，提高钼资源综合利用效率，加快钼矿开发，选用先进工艺，减少尾矿中氧化钼的浪费。

发展钼合金。加快发展具有抗下垂性能和良好高温性能TZM、TZC等钼合金板、带、箔、棒、丝材。

发展钼溅射靶材。高起点研发、制备出高质量的钼溅射靶材产品，打破国外钼溅射靶材的垄断地位。

6 稀土金属材料产业

稀土具有稀缺性和不可再生性的特点。随着应用领域的不断扩大，稀土在国民经济和国防建设中的重要战略地位也越来越明显。我国钪、钇、铈等稀土资源丰富，后续开发潜力大。必须扩展钪、钇、铈的产业控制领域，加快培育和发展钪、钇、铈功能性新材料产业。

6.1 钪金属材料产业

6.1.1 钪的应用领域

钪的应用领域非常广泛，可作为光源材料、有色金属合金、精密陶瓷、固体电解质、催化剂、激光晶体和半导体、超导材料等高科技产品的主要材料。

6.1.1.1 合金材料

钪的应用比较广泛，因为同时拥有过渡族金属和稀土金属的特性，所以添加在合金中可以提高合金的强度和抗热震性，使合金有强烈的时效硬化效应，还能改善合金的焊接性能等。

A 铝合金

微量钪对铝和铝合金有强烈的细化作用。在铝镁合金中加入 0.18% 钪，铸态晶粒尺寸比没有添加钪的铝镁合金颗粒度减小了 40%。在铝铜合金中加入 0.3% 钪，可以减小合金在浇铸前后出现的固溶体熔点差距，使合金晶粒尺寸明显细化，并且呈等轴状。此外，少量钪对铝铜镁合金中的纤维组织也有细化作用。

添加微量钪可以提高合金的强度。加入了微量钪的铝镁锰合金，其抗拉强度在不同的退火制度下都有明显提高。

钪能提高铝合金的抗热震性，使再结晶温度升高。99.99% 纯铝中加入 0.33% 钪后再结晶温度提高了 220℃；铝锰合金中加入 0.33% 钪后再结晶温度提高了 85℃。铝锌锰合金在 460℃ 固溶处理后已经完全再结晶，加入锌后只在表面有结晶现象，若同时加入钪、锌，则完全没有再结晶现象。

钪还能改进铝合金的时效硬化行为。在铝锂合金中加入微量钪，达到峰值的时效时间会缩短近 30h，加快了铝锂合金的时效硬化速度。

钪对铝合金的焊接效果也有显著提高。在铝合金中加入钪，可以使焊缝形成细化焊缝晶粒，改善焊接裂纹倾向性，显著提高焊缝的强度。例如在铝锌镁合金焊料中加入微量钪可以使焊接强度系数从原来的 0.8 提高到 0.97 ~ 1.0。

B 钛合金

微量钪能显著提高钛铝基合金高温压缩变形时的屈服强度，提高的幅度均在 110MPa 以上，钪在钛铝基合金中主要以抗热震性好的钪、钛三铝化合物形式存在。钪和富镧稀土在加热过程中由于氧的扩散而造成内氧化生成三氧化二钪（Sc_2O_3）和三氧化二铼（Re_2O_3）等稀土氧化物，提高了合金在900℃时的峰值流变应力，没有发现（钛、铝、钪）三元化合物的存在。

C 激光材料

在已有的钆镓激光材料（GGG）中加入金属钪是第三代激光材料。加入钪制得新的$Gd_3Sc_2Ga_3O_{12}$激光材料（GSGG，其中钪代替了部分钆）。这种新型激光材料做成的新型激光器的发射功率比同体积的其他激光器提高了3倍，并可达到大功率化和小型化的器件要求。目前已在军工方面获得实际应用，效果很好，且发展较快，也不断向民用工业发展。

6.1.1.2 耐火材料

钪的熔点（1540℃）远比铝的熔点（660℃）高，但钪的密度（3.09g/cm^3）则与铝的密度（2.79g/cm^3）相近。可用钪代替铝作火箭和宇航器中的某些结构材料。美国在研究宇宙飞船的结构材料时要求材料密度要小，在920℃下材料还应具有较高的强度和抗腐蚀性能。钪钛合金和钪镁合金是较为理想的候选材料。钪也可用作钨和铬高温合金的添加剂。

6.1.1.3 电光源材料

国内外用钪箔，ScI_3（碘化钪）和NaI（碘化钠）制成的新型电光源材料，并用于制作钪钠卤素灯。这种新型照明灯发出接近自然光的光。由于其具有发光效率高、显色性好、寿命长和破雾能力强等特点，被广泛应用于电影、电视摄像、广场、体育场馆、机场、网球场和多雨多雾场地的照明。比白炽灯节电约80%，使用寿命在5000～25000h（白炽灯1000h，汞灯3000h）。我国2000年消费钪钠灯为700万只，2006年增至1600万只，增长128.6%，消费钪约32kg。日本、美国于1984年分别用灯量达1000万只以上。预计2018年世界用灯量约1.0亿只，其发展潜力很大，也是钪较大的应用领域。

6.1.1.4 其他领域

含钪的阴极枪用于彩电显像管内，使枪的电流密度增加数倍，使用寿命提高3倍，彩电画面清晰度倍增。加钪的铝钪合金可制成焊丝和体育器材（如制作棒球棒、垒球棒和曲棍球杆），也可作自行车横梁。在钇铁石榴石中加钪后，可提高磁矩和磁导，降低居里温度，有利于其在微波技术中的应用。加入钪的电池材料可制成太阳能蓄电池，改进了应用性能。加入钪的核能屏蔽材料可用于高能辐射的核能屏蔽器件。

6.1.2 产业发展态势

由于钪具有独特的性能，在近20年中的开发利用取得了较快的发展。金属钪已在宇航、火箭、导弹、电子、核能、激光、电光源和冶金等领域有较好的应用，其应用发展前景看好。

6.1.2.1 我国是钪生产大国

从数量上看，我国是钪生产大国，占世界钪产量的三分之一。同时，我国还有生产99.999%高纯钪的能力。因此，从历史上看，我国已成为世界钪的生产国及出口大国。从总体上看，我国钪的发展前景较好，因为我国已有成熟的生产技术及设备和较大的产能，有市场销售经验和管理能力等条件和基础，一旦国内外市场急需钪，就可迅速的转入生产，以满足用户要求，其发展前途是光明的。

6.1.2.2 钪需求的价格弹性大

从生产历史看，世界生产钪的国家有中国、俄罗斯、日本、美国、挪威、法国和乌克兰等，但主要是中国和俄罗斯。

多年来，我国金属钪的国内外销售市场变化较大，竞争激烈。20 世纪 90 年代初，欧洲及日本等对钪的需要量急增，促进我国钪的生产大发展，有 10 多个厂家投入生产，钪的生产能力猛增到每年 700kg，产量约 150kg，出口量增加到 130kg 左右，这是历史上最大的钪出口量。因此，从 20 世纪 70 ~ 90 年代初，我国钪主要以出口为主。2000 年以来，由于俄罗斯大量生产钪，并降价出口，给我国出口市场以极大的冲击，引起了钪产量国外销售市场的突然缩小，出口市场的销量几乎灭绝，这造成了一些生产厂关闭与停产。我国钪的总销量约几十千克，主要以销售国内为主，出口量极少，且竞争很激烈。由于我国用于钪钠灯的电光源材料的增加，以及对于含钪的铝钪合金的研发拓展，促进了钪的用量有所发展，以国内市场为主的这两方面的销量近百千克左右。

6.1.2.3 我国钪消费结构附加值层次低

据统计，发达国家的钪产品消费结构为：电光源材料为 50%，激光材料为 20%，铝钪合金材料为 10%，超导及其他材料为 20%；我国消费结构为：电光源材料占 18%，激光材料占 9%，出口量为 11%，铝钪合金材料为 58%，超导及其他材料为 4%。我国钪的消费结构与西方国家相比，附加值层次低。从应用领域状况来看，我国的市场发展重点为铝钪合金及电光源材料。

6.1.3 技术分析

稀土材料在传统领域和新兴高科技领域都存在着科技经济制高点，新兴领域主要表现在军事高科技、航天航空、医学等。

6.1.3.1 主要钪金属材料

A 军事工业用钪

纯度为 99.9% ~99.99% 的三氧化二钪加入到钆镓钪石榴石制得钆镓钪石榴石。美国和日本等发达国家把钆镓钪石榴石用于反导弹防御系统、军事通信、潜艇用水下激光器以及工业各领域。铌酸锂晶体中掺入三氧化二钪后，其二次光折射率降低，适于制造参数频率选择器、波导管和光导开关。在光学玻璃、硅酸盐玻璃和硼玻璃中添加钪，可以提高玻璃的折射指标，改善反射性能。氟化钪玻璃可以制作光谱中红外区光导纤维。

B 航天航空工业用钪

通过添加微量钪可在现有铝合金的基础上开发出一系列新一代铝合金材料，如超高强高韧铝合金、新型高强耐蚀可焊铝合金、新型高温铝合金、高强度抗中子辐照用铝合金等。这些合金在航天航空、轻型汽车和高速列车等方面具有非常诱人的开发前景。俄罗斯已经开发出一系列性能优良的钪铝合金。如 1420 合金已广泛用作米格-29 型、图-204 及雅克-36 垂直起落型等飞机的结构件。1421 合金还以挤压异型材的形式用于运输机机身纵梁。

C 催化材料

化工领域用催化、石油裂化催化、合成橡胶领域用催化和汽车尾气净化催化都是加入钪作为催化剂方面重要的科技经济制高点。钪作为材料加入能提高催化剂载体的性能、提高催化剂的活性、提高催化剂的储氧能力、提高催化剂的抗毒能力、提高氧传感器的性能，是非常高效的催化剂。

如在机动车尾气净化催化中，在净化处理中使用稀土钪催化剂，其特点是价格低、抗热震性好、活性高、使用寿命长，特别是具有抗铅中毒的特征，一氧化碳的转化率为90%左右，碳氢化合物的转化率为85%，氮氧化物转化率为70%以上。我国机动车保有量已超过2亿辆，其中汽车超过8500多万辆，每年新增机动车2000多万辆。机动车尾气净化的市场空间巨大。

6.1.3.2 钪新材料生产技术分析

A 钪生产工艺技术

由于钪主要掺杂在各种矿合物中，而且含量不高，考虑到资源利用的合理性，一般会在矿物的提炼过程中综合回收钪。如冶炼矿物后的废渣、废气等都是很好的钪提取源。在钛的冶炼过程中，钪主要集中在氯化烟尘里，以氯化烟尘为源头提取钪。从氯化烟尘中电解回收钪，钪的回收率可达40%。进一步用离子交换法处理氯化烟尘，得到三氧化二钪的含量为73.9%。如果用磷酸三丁酯直接对氯化烟尘萃取，再用草酸沉淀，可以得到99.5%的三氧化二钪，钪的回收率在56%～60%。用化学法从钛尾矿中分选提取三氧化二钪，经过二次萃取后，得到三氧化二钪的含量为99.985%。除了钛矿物以外，锰矿石也是很好的钪源矿物。采用2-乙基己基磷酸（P204）、磷酸三丁酯（TBP）、仲辛醇（Octanol-2）三元萃取剂，从含钪锰矿硫酸浸出液中萃取钪，萃取率达到96.82%～97.88%。另外，河道淤砂也能提取钪，先用盐酸加助溶剂在河道淤砂中浸出钪精矿，得到钪精矿含量为80.94%，再用碱熔合—水解—浸出钪，钪的提取率也能达到99.79%。

三氧化二钪通过与金属钠和钙在不同的温度下进行还原反应即可得到金属钪，如熔盐电解法、钙还原法、钠还原法等。

钪生产工艺技术关键是高纯钪的制备。一般纯金属钪都是由无水氟化钪转变得来的，先通过钙热还原无水氟化钪制得粗钪，再根据粗钪中各种杂质的熔点、沸点以及蒸气压和蒸馏速度的不同，用真空蒸馏法提纯金属钪。

粗钪中的杂质根据其蒸气压高低的不同大致可分为3类，很显然只有蒸气压与钪差不多的元素，如铝、铜、钴、铬、铁、镍、硅等，很难用简单蒸馏法将它们与钪彻底分离。如果在蒸馏时控制炉内真空度小于1.5Pa，温度在1550℃左右，可以有效去除杂质中的铁元素，用等离子质谱仪（ICP）分析元素含量，结果表明铁的去除率达到了72.7%。这种方法虽然可以大量去除铁，但是不能很好地分离钴、铬、镍等杂质。李国栋等在熔融金属钪中添加少量高纯金属钨，依据这类杂质元素与钨的结合强度远远小于与钪的结合强度，明显降低了钪中硅、镍、铬、钴等难去除杂质的含量。湖南稀土金属材料研究所分两步提纯粗金属钪：真空熔炼和蒸馏。经过真空熔炼除去大量过剩的钙和其他挥发性杂质，再在1650℃真空蒸馏熔炼金属钪，让钪蒸馏出来而留下钽和氧化钪及高沸点、低蒸气压的杂质，使钪的纯度提高到99.95%以上，甚至达到99.99%。

B 钪材料产业链技术

钪产业链是稀土资源通过若干产业层次不断向下游产业转移直至达到最终消费产品的路径，即稀土—新材料—元器件—终端应用，具体有：

（1）氧化钪→金属钪→添加剂→铁氧体磁体→永磁器件→精密仪器、仪表领域。

（2）氧化钪→金属钪→合金添加剂→钪钠合金→钪钠灯→大功率照明光源→电光源。

（3）氧化钪→钪作为示踪剂→化工、冶金、海洋等领域。

（4）氧化钪→催化剂→生产乙烯和用废盐酸生产氯气时的高效催化剂→化工领域。

（5）氧化钪→脱氢及脱水剂→酒精脱氢及脱水剂→化工领域。

（6）氧化钪→激光晶体→固体激光器。

C 钪应用技术特点

（1）钪应用产业链较长。钪应用中产业链很长，例如氧化钪→金属钪→合金添加剂→钪钠合金→钪钠灯→大功率照明光源→电光源。实际上，后面还可以链接很多。在这个很长的链条中，可以看出其中大部分不属于钪产业。这说明钪产业属于上游产业，它的发展如何，影响着这个链条上的所有产品和产业。

（2）钪应用产业链链接的是高科技产品和产业。从上述钪材料产业链技术最末端看，应用到相应领域的钪材料都属于高科技产品或产业。

（3）钪技术应用的低成本趋势。钪应用的技术成本较高，钪价格高的时候是黄金的近10倍，低的时候也是黄金的两倍。钪应用的关键技术就是降低钪的萃取成本，钪生产和研究人员的目标是要把钪的成本降低到用户能接受的水平。

（4）钪技术的军转民趋势。把钪的科技应用扩展到民用领域是钪技术发展重要特征之一，例如高速列车和轻型汽车结构材料上。

6.1.4 产业发展思考

高纯金属。稀土钪矿开采（或尾矿或赤泥）→溶剂萃取分离→氧化钪→金属钪→蒸馏净化→高纯钪（纯度在99.99%以上）。钪的纯度每提高一个九，价格将数十倍甚至上百倍的增长。高纯钪的附加值高。以云南有色金属冶炼技术和人才储备为基础，掌握高纯钪的提炼技术，拔高起点，生产高纯钪，占领钪产业的科技经济制高点。

合金。稀土钪矿开采（或尾矿或赤泥）→溶剂萃取分离→氧化钪→金属钪→有色金属添加剂→有色金属→钪铝合金。结合云南有色金属冶炼优势和有色金属材料发展方向，积极发展钪铝合金。

照明。稀土钪矿开采（或尾矿或赤泥）→湿法分离技术→氧化钪→金属钪→合金添加剂→钪钠合金→钪钠灯→大功率照明光源→电光源。积极发展钪钠照明产业，加快发展高效高品质三基色钪钠节能灯等新产品。

催化。稀土钪矿开采（或尾矿或赤泥）→湿法分离技术→氯化钪→石油裂化催化剂→汽油、柴油→汽车、飞机。以石油化工和橡胶化工用催化材料为导向，积极发展钪催化材料。

6.2 钇金属材料产业

6.2.1 钇的应用领域

钇具有其他金属所不具有的光、电、磁、热等特殊性能，添加钇能改善和优化材料的性能，应用领域广泛。

6.2.1.1 合金领域

金属钇是镁、铝、铁等金属的优良净化剂和改性添加剂。

A 钇钢合金

稀土钇易与氧和硫生成高熔点且在高温下塑性很小的氧化物、硫化物以及硫氧化合物等。在钢水中加入稀土，可起到脱硫脱氧、改变夹杂物形态及改善钢的低温韧性和断裂性、减少某些钢的热脆性并改善其热加工性和焊接件牢固性的作用。

B 钇铸铁

稀土钇在铸铁中作为石墨球化剂、形核剂和对有害元素的控制剂，可提高铸件质量，改善其力学性能，主要用于钢锭模、轧辊、铸管和异型件等的生产中。例如，钇在铸铁中不但具有除气净化的作用，还可细化晶粒，从而提高铸铁的强度、耐磨性以及铸造性能等。

C 钇镁铝合金

钇镁铝合金拥有良好的高温力学性能和优异的高温抗氧化性能，可用作航空、航天、家用电器和机器人等方面的结构材料。日本开发出具有高强度、高延展性、耐热、质轻的含钇2%的镁合金，声称是世界上强度最高的镁合金，其强度至少是普通镁合金的2.5倍，在其横截面积为1mm^{2}的合金丝上挂60kg的重物也不会变形。

6.2.1.2 陶瓷材料

在陶瓷和瓷釉中通过添加稀土钇，可减少陶瓷和釉层的破裂并使其增加光泽。钇更主要是用作陶瓷的颜料，由于稀土元素钇可以吸收或发射从紫外、可见光到红外光区不同波长的光，且每种光区发射的范围小，故使陶瓷的颜色（如黄色、紫罗兰色、绿色、桃红色、橙色、棕色、黑色等）更为柔和、纯正，色调新颖，粗糙度好。

稀土氧化物还可以制造应用于激光等领域的耐高温透明陶瓷和应用于冶金工艺的耐高温坩埚。超导陶瓷中大部分含有稀土成分，故稀土陶瓷材料被视为稀土应用的重要研究领域。稀土超导陶瓷的分子式为$Ba_2YCu_3O_{7-x}$，其中钇可被其他稀土元素特别是重稀土元素取代，用钆、镝、钬、铒、铥、镱、镥取代钇后可形成相应的超导单相或多相材料。因$Ba_2YCu_3O_{7-x}$的临界温度$T_c=93K$，已接近液氮温区（77K），故具有重要的实际意义。

由于稀土超导陶瓷材料具有许多优越性，其应用极为广泛，故可实现人们多年来所梦想的无能量损耗远距离输电、建造高强度磁场（用于粒子加速器等方面）、新型发电设备（磁流体发电）及受控热核反应等。此外，稀土钇还能使金属陶瓷中的硬质相颗粒得到细化，净化黏结相和硬质相界面，从而使其硬度和抗拉强度均得到提高。

6.2.1.3 发光材料

含有稀土钇的发光材料吸收能量的能力强，转换效率高，可发射紫外到红外的光谱，荧光寿命从纳秒到毫秒跨越 6 个数量级，物理化学性能稳定。1964～1968 年人们已成功研制出用铕分别激活的四氧钒钇、三氧化二钇红色高效阴极射线发光材料，并很快应用于彩色电视中，至此稀土发光材料的研究和发展开始覆盖整个固体发光领域。

6.2.1.4 生物医学领域

稀土化合物作为药物使用的临床实验和有关研究也是当今一个极为重要的研究领域。大量研究工作表明，在医学上稀土化合物可用于抗凝血剂，并具有降血糖、抗炎杀菌、抗动脉硬化、抗肿瘤和抗诱变的作用，还可用作烧伤药物。由于稀土钇具有独特的光磁特性，常作为磁共振探针和荧光探针用于医学的临床诊断试验。

6.2.1.5 农业领域

稀土钇作为植物的生长、生理调节剂，在一定条件下对农作物具有增加产量、改善品质和提高抗逆性三大特征；同时稀土钇属低毒物质，对人畜无害，对环境无污染。大量研究证明稀土钇对农作物的作用主要体现为：（1）提高种子的发芽率；（2）促进作物的根系发育；（3）促进叶绿素的增加；（4）提高酶的活性；（5）提高植物的抗逆性。此外，稀土钇与其他稀土元素相配可制成稀土微肥，促进农作物生长，达到增产和改善品质的效果。

6.2.1.6 环境保护领域

应用稀土钇代替部分贵金属制成催化剂，不仅成本低，而且能获得满意的净化效果。稀土钇是汽车尾气净化催化剂原料。

6.2.2 产业发展态势

中国是世界钇资源集中地，也是钇产品的主要供给地，钇的特殊性能使国际市场对钇的需求十分旺盛，产业发展势头良好。

6.2.2.1 中国是全球稀土钇的供给者

中国钇的生产与销售仍处于优势地位，钇的价格变化相对稳定，保持在每千克 150 美元。全球大部分的钇产品源自中国，产地为南方的离子吸附矿，主要分布在福建、广东及江西，广西和湖南也有少量的离子矿。加工厂主要位于广东、江苏和江西。钇的应用形式主要是用于荧光粉的高纯氧化物和化合物。少量钇用于陶瓷、电子设备、激光和冶金应用。

6.2.2.2 国际市场对钇的需求旺盛

钇主要用于生产彩色电视机和计算机显示器、温度传感器、三基色荧光灯和 X 射线增感屏用的荧光粉。氧化钇稳定的氧化锆用于氧化铝-氧化锆研磨剂、轴承与密封件、连铸注口用的高温耐火材料、喷气发动机涂层、汽车发动机中的氧传感器、人造宝石以及耐磨抗腐蚀切削工具中。在电子行业中，钇铁石榴石是微波雷达控制高频信号的部件。钇是钇铝石榴石激光晶体的重要组分，这种激光晶体被广泛用于牙科与医疗手术、数字通信、距离与温度感应、工业切削与焊接、非线性光学光化学和光致发光等领域。钇还可用于发热合金、高温超导体和超级合金。钇在终端领域中的应用比例为：荧光粉（各种类型）87%、陶瓷 10%、冶金 2%、电子与激光 1%。

就钇的发展前景而言，其广阔程度有目共睹。据美国商业通信公司和戈勒姆新材料研究所预测，陶瓷材料的需求量将会大幅度增长。美国商业通信公司认为，陶瓷基本复合材料在市场上的每年增长率为14.6%，市面价值可达到50900万美元。用作切削工具镶入件的陶瓷复合材料预计每年将增长12.5%，这一部分将占市场份额的20%。耐磨部件和纤维增强陶瓷复合材料，每年将以24.5%的速度增长，占市场的最大部分（约为40%）。美国商业通信公司和戈勒姆新材料研究所认为，热喷涂市场将以年平均7.5%的速度增长。

6.2.3 技术分析

稀土钇的科技经济制高点主要表现在合金材料、发光材料、环保催化材料和陶瓷材料领域。

6.2.3.1 主要钇金属材料

A 钇钢合金材料

大量研究实验证明，在钢中添加微量的稀土钇所产生的作用是十分明显的，它可以有效提高钢的强韧性、耐磨性、耐蚀性、抗疲劳性能、提高抗氧化性等。并且在钢中添加的稀土钇是微量的，不会增加更多的成本。比如按照稀土钇价格，在1t钢中加入的稀土钇费用大约是20~40元，但它产生的作用是非常大的，能使钢的横向冲击韧性提高近1倍；使稀土低合金钢的耐腐蚀性提高近10倍；用这种钢材制造的耐候货车车厢，使用寿命提高近1倍；返厂大修周期由6年延长至10年。稀土钢特别是稀土超强韧钢、不锈钢、管材钢、重轨高碳钢、工模具钢、耐磨钢、耐热耐候钢、抗氢裂钢等合金钢，能广泛用于汽车、船舶、火车、飞机、大型机械和航空、航天等精尖现代设备。由于稀土钢性能的不断改善和提升，对这些相关领域发展的促进和质量的提升，会发挥越来越重要和不可替代的作用。

B 钇铸铁

钇加入到铸铁中始于20世纪70年代，经过近40多年的开发研究，钇在铸铁领域的应用工艺和技术日臻成熟，在数量和质量方面均达到了一个新的水平。使用稀土处理（添加稀土）的铸铁件主要有：球墨铸铁件、蠕墨铸铁件、高强度灰铸铁件和合金铸铁件。稀土对铸铁的作用十分明显，稀土可使铸铁的宏观组织和微观组织细化和均匀化，使铁中的石墨形态由长片状向球状方向发展，从而改变了铸铁的性能，提高其强度、韧性和耐腐化性，对相关产业的发展发挥了关键性的作用。

铸铁是铸件的基本材料，铸铁的质量直接影响铸件的性能和质量。稀土球墨铸铁广泛应用于曲轴、齿轮、凸轮轴、吊钩、牵引架和磨球等重要的保安件和耐磨件中。稀土蠕墨铸件兼有球墨铸件和灰铸件的性能，在钢锭模、发动机、排气管、玻璃模具、柴油机缸体、缸盖、制动零件等方面具有独特性能。在高温下有较高的强度，氧化生长较小，组织致密，断面敏感性小和热导率高。稀土灰铸铁就是在灰铸铁中加入适量稀土，与不加稀土相比，明显提高了铸件的力学性能、耐磨性、致密性和耐压性等多种功能。稀土灰铸铁铸成的暖气片，其抗拉强度达到20~50MPa，耐压性能提高0.1~0.2MPa，铸造成品率也有很大提高。

C 钇有色金属合金

大量研究和实践表明，在铝、铜、镁金属等及合金中加入适量的钇，会产生极为显著的效果。主要是可以改善有色金属或合金的铸造性能、挤压性能、热轧性能和冷变形拉拔性能等，提高了有色金属材料的耐热性和耐腐性以及成材率，降低了有色金属的消耗量，延长了材料的使用寿命。添加稀土的有色金属，被广泛应用于电子、电讯、航天、航空、军工、汽车、机械和建筑装饰等许多领域。

a 钇铝合金

钇在变形铝合金中的应用，加入稀土的建筑及工业型材铝合金、铝板和铝箔以及铝制品，与不加稀土相比，热塑性得到改善，强度和挤压速度、耐磨性和表面光亮度以及成品率均有较大提高。在铝中加入 13.5% 钇的合金，其布氏硬度可提高 5 倍以上。如添加了稀土的6063 铝合金，型材强度提高了 20% 以上，伸长率提高 50%，成材率提高 2% ~ 3%，热扩散能力增加7%，腐蚀速率大幅降低，表面粗糙度降低 13% ~16%，氧化膜厚度增加 5% ~8%，着色性能提高 3% 左右，并且可以缩短或取消对这类合金的均匀化处理工序（对于直径大于 200mm 的棒锭，均匀化时间可减少 50% 以上），从而节约了大量电能。

b 钇镁合金

由于镁合金的比强度和比刚度高，阻尼容量和减振性能好，因而在航空航天领域的应用较为广泛，但是也由于它的耐热、铸造、焊接和力学性能欠佳，其应用也受到一些影响。在镁合金中加入适量的稀土钇以后，可以增加合金的流动性，降低微孔率，提高气密性，使热裂和疏松现象有显著改善，使合金在 200 ~ 300℃ 高温下仍具有较高的强度和抗蠕变性能。因此，稀土钇在镁合金中的应用一直受到发达国家的高度重视。

D 钇发光材料

在一定的激发条件下能发光的材料称为发光材料，稀土元素独特的电子层结构使其具有特殊的发光性能，稀土化合物广泛地应用于发光材料。稀土发光材料的优点是吸收能量的能力强；转换效率高；可发射从紫外光到红外光的光谱；荧光寿命从纳秒到毫秒，跨越 6 个数量级。此外，它们的理化性能稳定，能承受大功率的电子束、高能射线和强紫外光的作用。稀土发光材料品种很多，已知的稀土发光材料就达到 300 多种。按应用领域，大致可以分为三类：一是显示用稀土发光材料，主要包括阴极射线管（CRT）用荧光粉、投影管用荧光粉、等离子显示（PDP）用荧光粉、场发射显示（FED）用荧光粉等；二是照明用稀土发光材料，主要包括稀土三基色荧光粉、白光发光二极管用荧光粉、稀土卤化物发光材料等；三是检测用特种稀土发光材料，如主要用于 X 射线成像的增感屏和用于军事、探测、防伪的上转换稀土发光材料，以及具有蓄光、夜光或长时间发光的稀土长余晖荧光粉等。

E 钇环保催化材料

催化剂是一种能够改变反应速度但自身不发生化学变化的物质。它不参与反应，但少量存在就能加快反应，即加快化学反应速度。稀土催化剂和助催化剂等稀土催化材料，几乎在所有的催化反应中都具有较高的催化活性，无论是氧化还原型还是酸碱型的，无论均相的还是多相的都一样。与传统催化材料相比，稀土催化材料具有催化活性高、比表面积大、稳定性好、选择性高和加工周期短等特点。在机动车尾气净化处理中使用稀土催化剂，其特点是价格低、热稳定性好、活性高、使用寿命长，特别是具有抗铅中毒的特征。

我国用稀土催化剂制成的净化装置对尾气的转化率已接近国际水平。一些使用纳米稀土复合氧化剂的尾气净化试验，能够达到国外先进的尾气排放标准。

此外，在许多化工过程中使用稀土催化剂，可以提高催化剂的催化活性和选择性。在天然气、液化石油气、煤气等燃烧中加入稀土燃烧催化剂，能够提高燃烧热效率和降低污染物排放。比如，采用天然气催化燃烧可提高能源利用率10%～15%，氮氧化物排放量低于0.0003%，具有显著的节能和环保效果。

F 稀土陶瓷材料

高技术陶瓷材料具有低密度、高硬度、高压缩强度、优异的耐磨性及耐腐蚀性等金属无法比拟的优异性能，因而成为备受国内外关注的高新技术新材料。美国称之为“先进陶瓷”，日本则称之为“精细陶瓷”。高技术陶瓷材料按性能可分为结构陶瓷和功能陶瓷两大类。结构陶瓷是以力学性能为主的一大类陶瓷，特别适于高温下应用的称之为高温结构陶瓷。功能陶瓷则主要利用材料的电、磁、光、声、热和力学性能及其耦合效应，如铁电、压电陶瓷、正（或负）温度系数陶瓷、敏感陶瓷、快离子导体陶瓷等，以及主要从电性能上考虑的如绝缘陶瓷、介电陶瓷、半导体陶瓷、导体陶瓷以及高临界温度的超导陶瓷。此外，由于某些陶瓷材料的强度、耐磨性，特别是对生物体的兼容性和活性，使它们非常适合于用作人工牙齿、牙根、人工骨等，称为生物陶瓷。稀土高技术陶瓷材料中的稀土元素是以掺杂的形式加入的。微量的稀土掺杂可以极大地改变陶瓷材料的烧结性能、致密度、显微结构、相组成及其物理和力学性能。

6.2.3.2 钇新材料生产技术分析

A 稀土钇生产工艺技术

采用环烷酸体系只需一步萃取即可获得高纯钇，而传统的萃取法需两步萃取提纯钇。该工艺具有萃取剂来源广泛、生产成本低、工艺简单、产品纯度和回收率高、劳动卫生条件好等优点，是我国独创的具有国际先进水平的工艺技术，已成为萃取法提纯钇的典型工艺，并形成了规模化的工业生产线。

中国稀土分离提纯工艺技术可以说在世界上是领先的，如环烷酸萃取分离大于5N氧化钇、P507萃取法制备大于5N氧化镧、电解还原—萃取法或碱度法制备大于5N氧化铕等。但分离提纯工业自动化控制水平较低，部分企业高纯稀土产品质量稳定性、一致性还较差。因此，还需进一步提高企业的装备水平。

氧化钇可通过分解褐钇铌矿所得的混合稀土溶液经萃取、酸溶、再萃取、直接浓缩、灼烧而得。

B 稀土钇材料产业链

氧化钇产业链主要有以下几条产业链：

（1）氧化钇→发光材料→阴极射线管（CRT）。

（2）氧化钇→发光材料→等离子显示（PDP）。

（3）氧化钇→发光材料→场发射显示（FED）。

（4）氧化钇→发光材料→三基色灯、高压汞灯。

（5）氧化钇→发光材料→X射线增感屏→X射线仪→医疗。

（6）氧化钇→发光材料→闪烁体→断层扫描（CT）。

(7) 氧化钇→发光材料→上转换发光材料→将红外光转变为可见光。

(8) 氧化钇→金属钇→有色金属的添加剂→特种合金材料→航空、电力、机械等领域。

(9) 氧化钇→添加剂→氮化硅陶瓷材料→发动机部件→结构陶瓷领域。

(10) 氧化钇→添加剂→钕钇铝石榴石激光晶体→激光器→机械加工。

(11) 氧化钇→添加剂→功能陶瓷→钇钡铜氧超导材料→超导薄膜、块体→电子、信息。

C 稀土钇应用产业链技术特点

无论从稀土钇的应用范围看，还是从稀土应用产业链来看，稀土的用途都十分广泛，涉及的产业非常多。主要特点有：

(1) 产业链长。氧化钇→金属钇→有色金属的添加剂→特种合金材料→航空、电力、机械等领域。

(2) 产业链多样化。稀土钇可以引出许多条不同的应用产业链来。氧化钇多达 11 条应用产业链。实际上，能够引出的稀土钇应用产业链远不止这些。

(3) 产业链科技高端化。从稀土钇元素的每一条应用产业链中都可以看到，它们所制成的材料或元器件，其应用的领域都属于高科技产品或产业。因此，发展稀土钇对改造传统产业，使其升级换代具有重要意义。

6.2.4 产业发展思考

钇发光材料。稀土钇矿开采→湿法分离技术→氧化钇→发光材料→三基色灯、高压汞灯。从需要的角度，云南首先应发展钇发光材料。云南矿产业、林产业、旅游业的发展都对钇发光材料需求量比较大。云南可从云南实际需求出发，立足云南，走向东南亚发展钇发光材料。

钇线外转光材料。稀土钇矿开采→湿法分离技术→氧化钇→上转换发光材料→将红外光转变为可见光。从云南省产业发展基础的角度，在红外方面有比较好的产业基础和市场口碑，借助稀土钇提升红外产品的质量和丰富云南红外产品的数量，进一步巩固和发展红外产业。

钇有色合金。稀土钇矿开采→湿法分离技术→氧化钇→金属钇→有色金属的添加剂→特种合金材料→航空、电力、机械等领域。结合我国有色金属产业的优势和有色金属产业发展规划，发展钇有色合金产业。延伸产业链，提高附加值。稀土钇合金材料将是有色金属产业产延伸产业链和提高附加值的重要发展方向。

钇超导材料。稀土钇矿开采→湿法分离技术→氧化钇→添加剂→功能陶瓷→钇钡铜氧超导材料→超导薄膜、块体→电子、信息。借鉴在铜超导材料方面的积累和经验，率先研发突破钇钡铜氧超导材料，带动抗压和导电等领域钇超导材料发展。

6.3 铈金属材料产业

6.3.1 铈的应用领域

铈具有亲氧和亲硫的特殊性能，添加铈能显著改善材料的性能而被广泛应用。由于铈对氧和硫有很强的化学亲和力，故对钢材的性能有重要影响而广泛用于钢铁工业中。铈涂层能阻止腐蚀介质与不锈钢的相互作用，阻止阳极金属的溶解、电子的传输，增强阴极的极化作用，使不锈钢得到有效的保护。铈是不锈钢中优良的脱氧脱硫剂，可改变不锈钢中夹杂物的形态和分布，使不锈钢中气体及非金属夹杂物明显降低，净化晶界，尤其是对提高不锈钢的耐腐蚀性抗氧化性及高温蠕变塑性有独到的功效。

铈应用领域非常广泛，几乎所有的稀土应用领域中都含有铈，如抛光粉、储氢材料、热电材料、铈钨电极、陶瓷电容器、压电陶瓷、铈碳化硅磨料、燃料电池原料、汽油催化剂、某些永磁材料、各种合金钢及有色金属等。铈的氧化物是化工与环保催化剂、玻璃陶瓷添加剂和着色剂、抛光粉。

铈作为玻璃添加剂，能吸收紫外线与红外线，现已被大量应用于汽车玻璃。不仅能防紫外线，还可降低车内温度，从而节约空调用电。从 1997 年起，日本汽车玻璃全部加入氧化铈。

目前的研究正将铈应用到汽车尾气净化催化剂中，可有效防止大量汽车废气排到空气中，美国在这方面的消费量占稀土总消费量的三分之一以上。

硫化铈可以取代铅、镉等对环境和人类有害的金属应用到颜料中，可对塑料着色，也可用于涂料、油墨和纸张等行业。目前在这方面领先的是法国罗纳普朗克公司。

Ce：LiSAF 激光系统是美国研制出来的固体激光器，通过监测色氨酸浓度可用于探查生物武器，还可用于医学。

铈在金属合金中的应用广泛，可作为钢铁铝镁铜钛钨贵金属等金属材料改性剂。

铈的无机盐作为农业植物生长调节剂、蚀刻剂、荧光粉（灯用绿粉）、塑料颜色。有机化合物可作为催化剂、塑料稳定和改良剂、饲料添加剂。

铈作为第一个具有电子的稀土元素，是物理和材料学的研究热点之一。由于铈和铝两者原子半径和电子化学性质的极大差异，只能形成大量的化合物，但是却不能形成取代型固溶体合金。

6.3.2 技术分析

铈的提取和铈金属材料生产都是高新技术，铈金属材料主要有含铈不锈钢、储氧材料、催化材料和稀土永磁材料，在金属材料中添加铈所形成的新材料还在不断研发中。

6.3.2.1 铈的提取技术

稀土的提取本身就是高技术，氟碳铈矿的冶炼和铈的提取也是高技术。主要用氯化铵法提取分离稀土，该工艺未引进酸、碱，稀土形态转化少，氯化条件温和、选择性好，但其稀土氯化率为 84% 左右，稀土元素利用率低。

A 氧化焙烧—盐酸浸出法

氧化焙烧—盐酸浸出法为美国钼公司 1965 年分解氟碳铈矿的经典方法。20 世纪 60 年代彩色电视高速发展，红色荧光粉需要大量的氧化铕作为激活剂，加之含富镧稀土的石油裂化催化剂在美国大量使用，因此开发出氧化焙烧—盐酸浸出法分解芒廷帕斯氟碳铈矿的工艺流程。当时氧化铈、氧化钕、氧化镧等单一稀土用量均很少，铈被作为“废渣”堆存。此工艺一直被美国使用了 30 年。现在氧化铈用途增加，美国钼公司又开始采用浓硫酸分解法从大量氯离子的铈富集物中回收铈。该工艺流程复杂、冗长、化工原材料消耗大，随着市场需求的扩大，将会有新的工艺技术来取代它。

B 氧化焙烧—硫酸浸出法

20 世纪 60 年代，包头钢铁（集团）有限公司从白云鄂博铁铌稀土矿中生产出氟碳铈矿和独居石的混合型稀土精矿，但精矿中稀土氧化物（Re_2O_3）含量只有 30% 左右。包头稀土精矿中的氟碳铈矿在 450～500℃ 下氧化焙烧后，可以用稀硫酸溶液将其快速溶解溶液中 98% 以上的铈以四价状态存在。氧化稀土的浓度可达到 100g/L 左右。对于这种含高铈的溶液，曾采用过三种工艺，首先把铈从稀土中分离出来。

C 硫酸钠法

向含高铈的硫酸稀土溶液中加入硫酸钠时，三价稀土离子与硫酸钠形成硫酸稀土钠复盐沉淀析出。20 世纪 80 年代后期四川冕宁发现了丰富的氟碳铈矿，包头稀土研究院用此法来处理氟碳铈矿，生成出二氧化铈等稀土产品，并建立了许多中小工厂。此法制取二氧化铈流程长、固液分离工序多、稀土回收率低和劳动强度大，工艺还需要改进。

D 萃取法

早在 20 世纪 60 年代，包头稀土研究院就研究了从含氟硫酸稀土溶液中用 P_2O_4 萃取四价铈工艺。1996 年哈尔滨稀土材料总厂也用此法提取铈（原料均来自碳酸钠焙烧包头稀土精矿，经稀硫酸浸出得到的硫酸稀土溶液）。1977 年美国专利报道，从含氟硝酸高铈溶液中用磷酸三丁酯（TBP）萃取四价铈的工艺，也是采用添加硼酸的方法抑制氟化稀土的生成，制得了不含氟的 99.9% 氧化铈，氧化铈回收率 92%，但这只是小试验结果。采用氧化焙烧制得的高铈硫酸稀土溶液，铁和磷含量低，有利于后续工序直接与萃取流程衔接。北京有色金属研究总院 30 多年来一直未放弃此研究课题，最近的工作又有了较大进展，摆脱了靠硼酸或铝盐抑制氟的旧方法，采用改变萃取体系、革新反萃技术等措施，控制萃取过程中产生氟化稀土。

E 硫酸强化焙烧法

氟碳铈矿可以用硫酸强化焙烧法冶炼。由于此矿中不含磷，所以比包头混合型稀土精矿更好处理，稀土回收率高。甘肃稀土新材料股份有限公司每年处理几千吨冕宁氟碳铈矿，就是将它与包头稀土精矿混合在一起，用“第二代酸法”冶炼，效果很好。

F 合金法

20 世纪 90 年代以前我国主要以包头稀土矿为原料生产稀土硅铁合金，作为球墨铸铁的球化剂。稀土矿经过高炉或电炉脱铁除磷，炼成稀土富渣，再将富渣在电炉中用硅铁还原，制得稀土硅铁合金。自从山东微山湖和四川冕宁大量生产氟碳铈矿以来，由于氟碳铈矿中磷含量低，生产出的合金不易粉化，可以省去脱铁除磷工序。国内除包钢以外的大多数合金厂均转向使用山东、四川的氟碳铈矿作为生产稀土硅铁合金的原料。此工艺流程是国内最常用的，两次还原的稀土回收率分别为 70% 和 20%，总回收率 90%。东北大学对该方法进行了改进，一次还原的稀土回收率可达 90% 以上，使合金成本下降。

G 烧碱法

用烧碱溶液在 140～200℃ 与氟碳铈矿作用，能完全将氟碳铈矿分解成可溶性的氢氧化稀土，伴生的铁、钍、碱土金属等也生成相应的氢氧化物。此法比较成熟，但在国内外大型工厂中很少采用，只在我国一些小厂应用。原因在于该法要求精矿品位高，特别是由于碱土金属与稀土一道在碱分解时形成氢氧化物，酸溶时也一起进入溶液，从而影响氯化稀土产品质量。尤其当今市场上要求氯化稀土产品中钙、镁含量低于0.1%，使烧碱分解法的应用受到了一定限制。

H 加碳氯化法

高温熔盐加碳氯化法处理高品位氟碳铈矿是德国戈尔得士米特公司首先用于工业生产的，多年来一直以美国钼公司的氟碳铈矿为原料，生产无水氯化稀土，再通过电解法制取混合稀土金属。电解残渣为钐铕钆富集物，通过湿法冶金工艺回收氧化钐和氧化铕。此法在工业上已使用多年，工艺技术成熟。对于生产氯化稀土和混合稀土金属，工序简单，化工材料消耗少。该法的缺点是所生产的无水氯化稀土中含有大量的氟，放射性钍分散，会污染稀土产品，在20世纪80年代已停止使用。

I 电解法

我国和美国均通过选矿方法制得很纯的氟碳铈矿，金属回收率达到98%。此法为当前生产混合稀土金属最简单的工艺，但由于混合稀土金属中含放射性钍，对生产和使用不利，一直未在工业生产上应用推广。

6.3.2.2 铈新材料生产技术研发进展

A 含铈不锈钢研究进展

国内外冶金工作者开展了许多含铈不锈钢的相关研究工作，取得了不少研究成果：

（1）铈在铁素体不锈钢中的应用。在不锈钢中加入稀土元素铈后，夹杂物形态得到了改善，基本接近球形。随着铈加入量的增加，不规则夹杂物基本消失，其腐蚀电位逐步升高，腐蚀电流密度逐渐降低，耐蚀性能逐步提高。

（2）铈对奥氏体不锈钢性能的影响。稀土能明显提高铬镍奥式体不锈钢❶的耐蚀性能。试验结果表明，由于稀土元素的加入，不仅使非金属硫化物变性，氧化物也变性，改善了夹杂物的大小与分布，使夹杂物的平均直径显著减小、细化。发现加入0.02%～0.06%的稀土可使铬锰氮不锈钢的腐蚀电位正移，维钝电流降低，热力学稳定性增加，耐蚀性能提高，抗晶间腐蚀和抗点蚀能力增强。稀土也能使铬锰氮不锈钢的抗磨性得到一定程度改善，加之耐蚀性的显著提高，使其在腐蚀磨损过程中腐蚀与磨损的交互作用减轻，从而获得了良好的抗腐蚀磨损性能。含铈奥氏体不锈钢的塑性、抗拉强度、减少热加工废品、成材率等力学性能明显提高，含铈奥氏体不锈钢抗菌性能明显增强。

（3）铈在双相不锈钢❷中的应用。铈是强奥氏体元素，固溶微合金化不仅可以延缓碳化物在α相的析出，而且对α相的腐蚀过程和电化学特性产生明显的影响，能显著提高双相不锈钢的耐蚀性能。铈是极有效的非自发形核剂，加入钢中可细化晶粒，减少钢中有

---

❶ 奥氏体不锈钢，是指在常温下具有奥氏体组织的不锈钢。钢中含Cr约18%、Ni 8%～10%、C约0.1%时，具有稳定的奥氏体组织。奥氏体铬镍不锈钢包括著名的18Cr-8Ni钢和在此基础上增加Cr、Ni含量并加入Mo、Cu、Si、Nb、Ti等元素发展起来的高Cr-Ni系列钢。奥氏体不锈钢无磁性而且具有高韧性和塑性，但强度较低，不可能通过相变使之强化，仅能通过冷加工进行强化，如加入S、Ca、Se、Te等元素，具有良好的易切削性。

❷ 双相不锈钢就是奥氏体+铁素体双相不锈钢，是指不锈钢中既有奥氏体又有铁素体组织结构的钢种，而且此两相组织要独立存在，含量都较大，一般认为最少相的含量应大于15%。而实际工程中应用的奥氏体+铁素体双相不锈钢（习惯称α+γ双相不锈钢或双相不锈钢）多以奥氏体为基并含有不小于30%的铁素体，最常见的是两相各约占50%的双相不锈钢。

害气体和杂质含量，改变钢中夹杂物的性质、形态和分布，因而对双相不锈钢的力学性能产生有益的影响。加铈的双相不锈钢 SG52 具有优良的力学性能，其屈服强度大约是奥氏体不锈钢 316L 的两倍，比 0Cr18Ni12Mo2Ti 不锈钢提高约 200MPa 并具有良好的延性、塑性和常温、低温冲击韧性。SG52 双相不锈钢由于其优异的耐蚀性能、良好的力学性能，广泛应用于尿素合成塔中的高温高压耐蚀阀芯、化工厂管道、转鼓和搅拌桨、冷凝器和光化反应塔、陆上和海上石油平台、化学品运输船和槽车、核电站冷凝器、烟尘通风管以及石油化工、酸碱工业的反应器等。

B 新型铈锆铝稀土储氧材料的研究进展

铈锆铝复合氧化物（CeO_2-ZrO_2-Al_2O_3）是一种新型的储氧材料，兼有储氧材料和氧化铝共同的优点。自 20 世纪 80 年代初开始，氧化铈基稀土储氧材料在汽车尾气净化三效催化剂（TWCs）中应用广泛。它最大的特点就是能够在富氧的条件下储存氧、贫氧的条件下释放氧，在三效催化剂中起着氧缓冲器的作用。然而，氧化铈氧化锆（CeO_2-ZrO_2）储氧材料在高温下织构热稳定性差，比表面积迅速下降，从而影响储/放氧性能的发挥。因此对于稀土储氧材料而言，当前需要解决的关键技术问题在于如何提高其高温热稳定性能。

C 铈锆固溶体的研究与应用

稀土催化材料广泛用于汽车尾气、工业废气、室内空气的净化等领域，铈锆固溶体是其中重要的稀土催化材料。氧化铈作为汽车尾气三效催化剂的助催化剂是必不可少的，有关氧化铈在其中的主要作用是：

（1）有助于贵金属在表面的均匀分散，提高活性组分的利用率及可阻止氧化铝载体因烧结而造成的聚集和相转变；

（2）可促进还原条件下水煤气变换反应的进行，使一氧化碳易于在还原条件下被表面晶格氧氧化而除去；

（3）Ce^{4+}/Ce^{3+} 低的还原电势，使 Ce^{4+}/Ce^{3+} 有很好的储氧能力，有助于一氧化碳和 HC 在还原条件下的氧化和 NO_x 在氧化条件下的还原；

（4）高的储氧能力扩大了空燃比的可操作范围，提高了三效催化剂（TWC）的总催化利用率。

$Ce_xZr_{1-x}O_2$ 固溶体用作汽车尾气净化催化剂受到了国内外广泛的关注，也是稀土催化材料研究的热点之一。将氧化锌引入氧化铈的晶格中生成 $Ce_xZr_{1-x}O_2$ 固溶体，在 x 为一个确定值时，$Ce_xZr_{1-x}O_2$ 用于三效催化剂具有更高的储氧能力（OSC）、释氧能力、热稳定性、抗老化性和催化活性。

6.3.2.3 镧铈与镨铈混合稀土金属材料研发进展

我国是稀土永磁材料产量大国，金属钕是否能满足钕铁硼不断高速增长的要求，剩余大量的镧铈/镧镨铈（LaCe/LaPrCe）混合稀土，如何找到合理的应用途径是重点考虑的问题之一。2005 年中国工程院院士张国成认为不久的将来，稀土应用不平衡问题将更加突出，钕供不应求，而大量镧铈混合稀土积压，将是稀土工业不可避免的难题。

四川良友稀土金属有限责任公司研制的 LPC 新型混合稀土金属在钢和有色金属中的除氢、细化组织能力优于普通混合稀土金属，通过电解所得到的产品是国内首创的新型混合稀土金属。国内相关稀土研究取得如下结果。

A 用 LC/LPC 金属作为添加剂提升金属材料综合性能方面的应用

（1）脱硫脱硝（LPC）和镧铈混合稀土（LC）在电线电缆、电工用铝和铝合金中的应用：

1）广州有色金属研究院和中科院长春应用化学研究所等单位的科技工作者利用稀土独特的化学活性，用微量 LPC/富铈混合稀土处理铝液。稀土与溶解于铝液中的硅作用，使之呈硅化物形式析出于晶界，加上稀土的微合金化作用，不仅提高了我国铝电线电缆的导电性，还细化了晶粒，强化了基体，提高了强度，改善了加工性能。现在我国生产的铝电线电缆的导电性能略高于国际电工委员会标准，而且强度提高 20%，耐磨性高出 10 倍。该研究成果一举改变了我国铝电线电缆行业的落后面貌，为我国铝电线电缆行业全面赶超世界先进水平铺平了道路。稀土铝电线电缆已经成为国家级电网的规范性产品，成功用于各种级别高压和超高压输电线路。

2）LPC/LC 金属在导电铝排中的应用。脱硫脱硝可以取代富铈稀土应用于电工用铝中，在改善导电性能方面脱硫脱硝优于富铈稀土。稀土元素在导电铝中有一定量的固溶度，起到了固溶强化作用，提高了铝的硬度。适量的稀土元素添加剂，明显细化了晶粒，因而提高了导电铝的塑性。生产性试验结果表明，稀土铝排与原有铝排相比，色泽亮度、使用性能均明显提高，轧制废品率明显降低。

3）脱硫脱硝在高强铝合金中的应用。中科院长春应用化学研究所与长白山轮毂厂协作，以改进用作汽车轮毂的 A356 合金（美国）的性能为目标，研制成功加铼（LPC）A356 合金。以实现奥迪车门国产化为目标，在 $AlMg_3W$ 中加稀土，共同研制成功 Re（LPC）$AlMg_3W$，合金的物理化学性能均优于 A356 和 $AlMg_3W$。微量富铈混合稀土是一种有效的变质剂，可使工业纯铝中富铁杂质相由粗大针片状或骨骼状态变为细小的团球状、短棒状，且能改善和提高铝材的质量，提高材料的强度、塑韧性及其加工成型性。

（2）脱硫脱硝在铸钢中的应用。用脱硫脱硝混合稀土处理钢水的效果与普通富铈混合稀土处理的效果相当。用富铈混合稀土处理的铁道部资阳内燃机车 ZG230-450，力学性能数据显示处理效果更好，钢液中氢和硫的含量更低。

（3）LC/LPC 在钢体热镀锌和耐磨铜合金中的应用。四川稀土材料及应用工程研究中心对 LPC 在热镀锌中的应用结果表明，可以降低锌耗，改善钢体热镀锌层的附着力，成倍提高耐腐蚀性能。脱硫脱硝应用于四川成都冶金机械厂生产的 ZQSn6-6-3、ZQAl9-4 等合金中，结果表明上述合金铸造的轴瓦类耐磨零部件遇水不裂，使用寿命增加 1 ~ 3 倍，脱硫脱硝（LPC）的作用与富铈混合稀土相当。

（4）LC/LPC 混合稀土作为少量添加剂在镁合金中的应用。镁合金是工程应用中最轻的金属结构材料，具有密度低、比强度高、比刚度高、减震性好、易加工、易回收等优点，在航天、军工、电子通信、交通运输等领域有着巨大的市场，被誉为“21 世纪绿色工程材料”，世界各经济大国都在大力开发镁合金。面临国际镁金属材料的高速发展，我国又是镁资源生产和出口大国。稀土作为添加剂改善传统镁合金耐热、耐蚀、抗氧化、抗蠕变等综合性能和用稀土作为重要合金化元素开发新型耐热高强镁合金已被国内外研究单位和生产厂家认可。

(5) LC/LPC 混合稀土在商用镁合金板（AZ91D）中的应用。AZ91D 和镁合金（AM60）占汽车压铸镁合金用量的 90%，AZ91D 合金用量世界年增长率为 15%，它具有优良的铸造工艺性能、抗腐蚀性能和较高的室温拉伸强度，但是这种合金耐热性能差，故长期使用温度一般不超过 120℃，严重影响了镁合金在汽车工业和制造业上的广泛应用。而镧铈混合稀土（LC）混合稀土不仅提高了 AZ91D 的力学性能，而且还提高了 AZ91D 的抗腐蚀性能与蠕变性能，加入镧铈混合稀土后耐腐蚀性能较 AZ91D 提高 22 倍。

B 以 LC/LPC 金属作为合金主要成分研发高性能合金材料产品

(1) 用镧铈混合稀土代替普通富铈（LCPN）稀土作为合金主要成分的耐热镁合金。由于铈和镧的特殊化学活性，加入镁合金中都能产生净化、活化、细化和合金化作用，镧和其他稀土元素相比对合金具有更好的除杂净化作用，铈相对镧在镁合金中具有较高的固溶度和更好的细化合金组织的作用，铈和镧组合对镁合金综合性能提升已经得到广大研究者的认可。组合利用铈镧稀土，发挥它们的各自优势，有望开发出新型高性能稀土镁合金。

(2) 铈镧混合稀土的加入有效细化了晶粒，有效地除去氧、氢和氧化物等杂质，加上微合金化强化作用，从而提高了合金的力学性能，使新型 AlC44 耐热稀土镁合金的抗拉强度、屈服强度都明显大于 AE44 和 AZ91 镁合金。铈镧混合稀土与合金中的铝生成的化合物具有很高的熔点，这些化合物弥散于晶界，表现出很高的热稳定性，可有效地钉扎住晶界阻碍晶界滑移，抑制晶内的位错攀移，另外铈镧混合稀土能够除去熔炼时镁合金熔体中的杂质，达到除气精炼、净化熔体的效果。

C LaCe/LaPrCe 作为合金化合物在镍氢电极负极材料的应用

(1) 无钕稀土系镧镨铈 D 型镍氢电池。该电池具有材料成本低、低温性能好的特点，与国外多种商品化的镍氢电池对比试验表明，无钕镍氢动力电池综合性能优于国内产品，常温综合性能与所对比的日本电池相当。

国内外对镍镧合金（$LaNi_5$）型储氢合金做了大量研究，采用富铈混合稀土、富镧混合稀土作原料的都有不少报道，其中多数工作要求混合稀土钕含量超过 10%，有的甚至要求钕含量达 35% ~40%。已研究开发出充放电综合性能优良的储氢合金粉。在富镧系储氢合金中，脱硫脱硝储氢合金的综合充放电性能很好。

(2) 无钕储氢合金制备的宽温区镍氢电池。采用无钕储氢合金制备 D 型镍氢电池，额定容量 7A · h/kg，该电池可在 -50 ~ +60℃宽的温度范围内使用。在批量生产条件下所测试的电池综合性能优异，处于世界领先水平。该电池在我国国防、电动车、南极考察以及寒冷地区等的环境中使用的优势非常明显。

(3) 无钕无镨无钴低成本储氢合金。初步进行的循环稳定性试验表明，这种储氢合金经过热处理后在电流达 1C 充放电循环 30 次的容量保持率达到 98.7%，显示出良好的循环稳定性，这一开发对于稀土战略资源的平衡利用和钴资源的节约起到积极作用。

(4) LPC 系储氢合金制作 AA 型镍氢电池。利用长虹电源公司的电池制造设备，制作了两批 AA 型脱硫脱硝稀土储氢合金电池。经测量脱硫脱硝（LPC）和低杂质富铈混合稀土系镍氢电池的容量大约在 1150mA · h/g，其充放电容量较稳定。与长虹等合作开发脱硫脱硝镍氢动力电池，主要应用于电动自行车、电动工具和灯具。

脱硫脱硝储氢电池的研究开发缓解了市场和未来市场钕铁硼永磁材料对金属钕的大量

需求的矛盾，有助于混合稀土金属各元素的平衡利用，且该类储氢合金成本低于过去的储氢合金，同时其充放电性能良好。

6.3.3 产业发展思考

催化材料。依托云南在稀贵金属催化材料研发上形成的技术优势和生产能力，加快研发和生产在汽车尾气、工业废气、室内空气的净化等方面所需的新型铈锆固溶体等稀土催化材料。

含铈不锈钢。以改善昆钢集团的产业结构、产品结构为重点，依托昆钢的生产能力和研发基础，加快开发含铈不锈钢。

新型铈锆铝等储氧、储氢材料。加快发展氧化铈基稀土储氧材料、氧化铈氧化锆储氧材料。

镧铈/镨铈混合稀土金属材料。加快引进国内的稀土开发公司，加快研发能提高各种金属材料性能的镧铈/镨铈混合稀土金属材料，尤其是加快推进镧铈/镨铈混合稀土金属在电线电缆、电工用铝和铝合金中的应用、在导电铝排中的应用、在高强铝合金中的应用、在铸钢中的应用、在钢体热镀锌和耐磨铜合金中的应用、在镁合金中的应用。加快以 LC/LPC 金属作为合金主要成分研发高性能合金材料产品，尤其是用镧铈混合稀土代替普通富铈（LCPN）稀土作为合金主要成分的耐热镁合金、加入铈镧混合稀土的性能变化和应用、LaCe/LaPrCe 作为合金化合物在镍氢电极负极材料的应用，积极引进技术优势企业到云南省开发铈金属材料，即加快开发无钕稀土系镧镨铈 D 型镍氢电池、无钕储氢合金制备的宽温区镍氢电池。无钕无镨无钴低成本储氢合金、脱硫脱硝（LPC）系储氢合金制作 AA 型镍氢电池等。

参 考 文 献

[1] 戴永年. 金属及矿产品深加工 [M]. 北京：冶金工业出版社，2007.
[2]《稀有金属手册》编辑委员会. 稀有金属手册 [M]. 北京：冶金工业出版社，1992.
[3] 蒋兴明. 稀贵金属产业发展 [M]. 北京：冶金工业出版社，2014.
[4] 郭学益，田庆华. 高纯金属材料 [M]. 北京：冶金工业出版社，2001.
[5] 李全林. 前沿领域新材料 [M]. 南京：东南大学出版社，2008.
[6] 刘学敏，王玉海，李强，等. 资源开发地区转型与可持续发展：鹰手营子矿区、灵宝、靖边转型案例 [M]. 北京：社会科学文献出版社，2011.
[7] 国家统计局、科学技术部. 2008 中国科技统计年鉴 [M]. 北京：中国统计出版社，2008.
[8] 蒋兴明. 论小金属成为大产业 [J]. 学术探索，2012 (12)：64 ~ 68.
[9] 蒋兴明. 水力电能密集型工业发展论 [J]. 经济问题探索，2012 (5)：149 ~ 154.
[10] 蒋兴明. 产业转型升级内涵路径研究 [J]. 经济问题探索，2014 (12)：43 ~ 49.
[11] 刘法彬，袁正勇，袁良杰，等. 氧化亚锡基贮锂材料的合成、性质及结晶化原因分析 [J]. 武汉大学学报（理学版），2006 (6)：671 ~ 674.
[12] 何则强，李新海，熊利芝，等. 锡基复合氧化物的高能球磨法制备及其电化学性能 [J]. 无机化学学报，2004 (1)：102 ~ 104.
[13] 赵胜利，文九巴，李谦，等. 锡基氧化物薄膜的制备与电化学性能 [J]. 材料研究学报，2006 (3)：262 ~ 266.
[14] 韦栋梁，何绘宇，夏斌. 对我国锡矿业发展的几点思考 [J]. 中国矿业，2006 (1)：58 ~ 61.
[15] 王少鹏，费敬银，王卫康，等. 耐蚀锌基镀层的研究进展 [J]. 材料保护，2010 (3)：49 ~ 51.
[16] 王丽丽，徐利华，连芳，等. 铅基复合钙钛矿型材料的电子结构和介电性能 [J]. 硅酸盐通报，2010 (3)：657 ~ 661.
[17] 杨瑞成，聂福荣，郑丽平，等. 镍基耐蚀合金特性、进展及其应用 [J]. 甘肃工业大学学报，2002 (4)：29 ~ 33.
[18] 吴凯，刘国权，胡本芙，等. 新型镍基粉末高温合金的高温变形行为 [J]. 航空材料学报，2010 (4)：1 ~ 7.
[19] 郑冀，郑志强，岳建民. 铜基功能梯度复合材料的摩擦性能研究 [J]. 稀有金属材料与工程，2007 (S3)：604 ~ 607.
[20] 崔兰，季小娜，陈小平，等. 高强高导纯铜线材及铜基材料的研究进展 [J]. 稀有金属，2004 (5)：917 ~ 920.
[21] 武音茜，万维萱，韩润生. 云南省铜产业结构分析与对策建议 [J]. 矿物学报，2008 (1)：98 ~ 104.
[22] 顾晓春. 云南省铜矿冶的技术进展 [J]. 矿业研究与开发，2006 (5)：6 ~ 7.
[23] 王冲. 云南省铜产业现状及发展设想 [J]. 云南冶金，2006 (2)：81 ~ 82.
[24] 禹建敏，顾晓春. 我国铜加工业现状及对云铜加工业的思考 [J]. 有色冶炼，2003 (5)：87 ~ 95.
[25] 迟广俊，范君，姚素薇. 抗菌功能性铝基材料的制备及表征 [J]. 稀有金属材料与工程，2006 (4)：659 ~ 661.
[26] 范美强，曾巨澜，邹勇进，等. 铝水推进剂用铝基复合材料的制备及性能研究 [J]. 固体火箭技术，2007 (6)：510 ~ 513.
[27] 赵群. 云南氧化铝工业的发展方向 [J]. 云南冶金，2010 (1)：39 ~ 44.
[28] 周曲波. 我国铁矿业产品结构调整的方向 [J]. 金属矿山，2001 (8)：1 ~ 4.

[29] 刘海云，张德进，王全意．我国钢铁业的国际竞争力比较分析［J］．国际贸易问题，2004（9）：27～43.

[30] 汪琦．日美钢铁业技术创新与贸易竞争优势的实证分析［J］．亚太经济，2006（1）：83～86.

[31] 刘泽照．对当前世界金融阴霾下中国钢铁业发展路径的思考［J］．辽东学院学报（社会科学版），2009（3）：50～52.

[32] 江权．锰的存在及应用［J］．中国锰业，2001（3）：36～38.

[33] 曾起雄．打造绿色锰业的新途径［J］．中国锰业，2005（1）：41～43.

[34] 陆磊．锑的冶炼工艺和生产实践［J］．云南冶金，2002（4）：23～25.

[35] 张小萍．我国钨产业政策的分析与建议［J］．有色金属，2006（2）：116～119.

[36] 赵慕岳，范景莲，刘涛，等．中国钨加工业的现状与发展趋势［J］．中国钨业，2010（2）：26～30.

[37] 刘兵，曾大本，苏竣．我国镁产业发展政策的分析与评价［J］．中国科技论坛，2007（8）：34～39.

[38] 邹俊义．支持我国铟产业发展的对策研究［J］．有色金属加工，2007（6）：1～3.

[39] 冯同春，杨斌，刘大春，等．铟的生产技术进展及产业现状［J］．冶金丛刊，2007（2）：42～46.

[40] 王树楷．铟的应用与提取进展［J］．中国工程科学，2008（5）：85～94.

[41] 刘大春，杨斌，戴永年，等．云南省铟资源及其产业发展［J］．广东有色金属学报，2005（1）：1～3.

[42] 尹书刚，陈后兴，罗仙平．镓的资源、用途与分离提取技术研究现状［J］．四川有色金属，2006（2）：24～27.

[43] 程挺宇，熊宁，彭楷元，等．铼及铼合金的应用现状及制造技术［J］．稀有金属材料与工程，2009（2）：373～376.

[44] 张德尧．铼资源及其应用［J］．稀有金属快报，2002（2）：15～16.

[45] 吴贤，李来平，张文钲，等．铼的性质及铼资源分布［J］．矿业快报，2008（11）：67～69.

[46] 陈永亨，谢文彪，吴颖娟，等．中国含铊资源开发与铊环境污染［J］．深圳大学学报（理工版），2001（1）：57～62.

[47] 谢文彪，常向阳，陈穗玲，等．铊资源的分布及利用中的环境问题［J］．广州大学学报（自然科学版），2004（6）：510～512.

[48] 臧纯勇，汤慧萍，王建永，等．钼金属高温抗氧化能力的研究概况［J］．热加工工艺，2008（24）：125～128.

[49] 李大成，杨刘晓，孙院军．钼金属深加工产品现状及技术应用分析［J］．中国钼业，2008（1）：8～13.

[50] 林河成．中国金属钪材料的发展现状及其前景［J］．中国有色冶金，2010（2）：34～38.

[51] 林河成．金属钪的资源及其发展现状［J］．四川有色金属，2010（2）：1～5.

[52] 谢建昌，李全安，李建弘，等．稀土钇及其应用现状［J］．稀有金属与硬质合金，2008（1）：56～58.